"十三五"普通高等教育规划教材
江苏省"十三五"高等学校重点教材立项建设成果

# 财务管理基础

主　编　张英明

中国财经出版传媒集团
中国财政经济出版社

### 图书在版编目（CIP）数据

财务管理基础 / 张英明主编. —北京：中国财政经济出版社，2020.2

"十三五"普通高等教育规划教材

ISBN 978-7-5095-9572-5

Ⅰ.①财⋯　Ⅱ.①张⋯　Ⅲ.①财务管理-高等学校-教材　Ⅳ.①F275

中国版本图书馆 CIP 数据核字（2020）第 021517 号

责任编辑：蔡　宾　　　　　　　责任校对：胡永立
封面设计：陈宇琰

中国财政经济出版社 出版

URL：http://www.cfeph.cn

E-mail：cfeph@cfeph.cn

（版权所有　翻印必究）

社址：北京市海淀区阜成路甲 28 号　邮政编码：100142

营销中心电话：010-88191537　编辑部门电话：010-88190666

北京富生印刷厂印刷　各地新华书店经销

787×1092 毫米　16 开　19.5 印张　480 000 字

2020 年 4 月第 1 版　2020 年 4 月北京第 1 次印刷

定价：48.00 元

ISBN 978-7-5095-9572-5

（图书出现印装问题，本社负责调换）

本社质量投诉电话：010-88190744

打击盗版举报热线：010-88191661　QQ：2242791300

# 前　言

　　本教材是为高等学校工商管理类财务管理及会计学专业本科生的财务管理基础课程设计而编写的，全书以资本市场为背景，以公司制企业为对象，以公司资本运动与价值管理为主线，在系统阐述财务管理对象、目标与原则的基础上，重点阐述了财务管理环境与组织、金融市场与金融工具、财务报表分析、货币时间价值、风险与收益、资本成本与现金流量、财务估价、期权与公司财务等财务运作的基本理论和方法，凝练了财务管理的核心概念与基本内容框架，反映了财务管理原理在我国的最新实践。本教材获得了江苏省"十三五"高等学校重点教材立项支持。

　　与同类财务管理基础教材对比，本教材的主要特色与创新体现在以下几点：

　　1. 构建了简明新颖的内容框架

　　本教材以金融市场为背景，以价值创造为目标，以货币时间价值与投资风险价值为基本理念，以预测、决策、预算、控制、分析等为手段，全面系统地阐述了财务管理基础的核心内容，从章节设计，到内容的具体安排与组织，逻辑分明、合理有序，使讲授过程更具系统性、全面性与新颖性。

　　2. 突出了价值创造这一主线，并贯穿始终

　　本教材以公司价值创造为内容主线，按照公司价值创造与管理的一般过程，从第一章强调企业价值最大化的理财目标，到最后一章介绍期权估价的基本原理，围绕着公司财务分析、公司财务规划、时间价值与风险价值、证券估价等对公司价值创造具有重要影响的财务活动，构造了与其相关的理论与方法知识模块，帮助学生梳理与提炼财务价值创造的一般原理与内在逻辑。

　　3. 体现了以问题为导向的研究性课程的教学思想

　　研究性课程教学思想在财务管理课程教学中的体现，主要是运用公司理财的基本理论与方法对公司财务的现实问题进行思考与分析，尝试得出符合逻辑的基本判断。本教材充分借鉴了这一思想，每一章都精心设计了学习目标、本章小结、复习思考题、案例分析题和主要参考文献，在内容安排与教学方法选择上，努力使学生通过案例分析与讨论、课程研究专题报告撰写与陈述、自主阅读等多样化的训练载体，领悟相关知识点与现实问题之间的逻辑关系，达到提高自主学习能力的目的。

**4. 博采众长，内容全面**

本教材在结构框架上紧紧围绕资本运动与价值管理这一内容主线，安排相关篇目与章节。全书共分十章，分别是：第一章财务管理导论，主要阐述财务管理的含义与特征、财务管理的对象与环节、财务管理的目标与原则，以及财务管理的产生与发展等；第二章财务管理环境与组织，主要阐述财务管理的内外部环境与财务管理组织机构的设置；第三章金融市场与金融工具，主要阐述金融市场的概念、功能与种类，金融工具的属性与类型、利率的种类与构成、利率期限结构理论等；第四章财务报告分析，主要阐述财务报告体系构成、财务报表分析方法、基本财务指标的计算与分析等；第五章货币时间价值，主要阐述货币时间价值的概念与表现形式、货币时间价值的实质、货币时间价值的计算方法等；第六章风险与报酬，主要阐述风险的含义与种类、风险与报酬的关系、单项资产与投资组合的风险报酬计算等；第七章资本成本和现金流量，主要阐述资本成本的含义与性质、个别资本成本、综合资本成本、边际资本成本的计算，现金流量的内涵与种类、项目现金流量的估算等；第八章财务估价，主要阐述财务估价的基本原理与方法、债券与股票估价的方法等；第九章财务管理方法，主要阐述财务预测、财务决策、财务预算与财务控制的基本方法；第十章期权与公司财务，主要阐述期权的概念与运作机理、期权定价的基本方法、期权在公司财务中的应用等。

**5. 努力实现国际化与本土化、先进性与实用性相融合**

从内容安排来看，本教材既在理念与方法上借鉴西方财务管理的成熟理论与主流思想，也充分考虑我国市场经济与财务管理实践环境的发展与变化，注意基本理论和通用方法能够解释或解决我国市场经济中的现实财务问题，努力实现财务管理理论的先进性与实用性、国际化与本土化的融合。

本教材由江苏师范大学张英明教授提出编写提纲，各章的编写分工如下：第一章、第二章、第五章、第六章由张英明教授撰写；第三章、第四章由刘春燕副教授撰写；第七章、第八章由苗连琦博士撰写；第九章、第十章由孙乃立博士撰写。全书由张英明教授负责修改和总纂。

本教材是江苏省"十三五"高等学校重点教材立项建设的成果，书稿虽经多次讨论与修改，但仍存在不足之处，恳请读者提出宝贵意见，以便我们再版时进一步修订完善。

编者

2019 年 9 月

# 目 录

第一章 财务管理导论 ......................................................... 1
  第一节 财务管理的概念 ..................................................... 1
  第二节 财务管理的对象与环节 ............................................... 8
  第三节 财务管理的目标 .................................................... 12
  第四节 财务管理的假设与原则 .............................................. 22
  第五节 财务管理的产生与发展 .............................................. 32
  第六节 财务管理与相关学科 ................................................ 38

第二章 财务管理环境与组织 .................................................. 43
  第一节 财务管理环境概述 .................................................. 43
  第二节 财务管理的内部环境 ................................................ 46
  第三节 财务管理的外部环境 ................................................ 52
  第四节 财务管理组织机构 .................................................. 59

第三章 金融市场与金融工具 .................................................. 65
  第一节 金融市场 .......................................................... 65
  第二节 金融工具 .......................................................... 72
  第三节 利率 .............................................................. 76

第四章 财务报告分析 ........................................................ 86
  第一节 财务报告分析概述 .................................................. 86
  第二节 财务报告分析方法 .................................................. 89
  第三节 财务比率分析 ...................................................... 93
  第四节 综合财务分析 ..................................................... 107
  第五节 财务报告分析中存在的问题 ......................................... 111

第五章 货币时间价值 ....................................................... 117
  第一节 货币时间价值概述 ................................................. 117
  第二节 一次性收付的货币时间价值的计量 ................................... 119
  第三节 等额系列收付的货币时间价值的计量 ................................. 124
  第四节 货币时间价值计算中的几个特殊问题 ................................. 133

第六章 风险与报酬 ......................................................... 139
  第一节 风险与报酬概述 ................................................... 139
  第二节 单项资产的风险与报酬 ............................................. 146

第三节　投资组合的风险与报酬……………………………………………………… 155
　　　第四节　资本资产定价模型…………………………………………………………… 169
第七章　资本成本与现金流量……………………………………………………………… 179
　　　第一节　资本成本……………………………………………………………………… 179
　　　第二节　现金流量……………………………………………………………………… 191
第八章　财务估价…………………………………………………………………………… 201
　　　第一节　财务估价基本方法：现金流量折现法……………………………………… 201
　　　第二节　债券估价……………………………………………………………………… 203
　　　第三节　股票估价……………………………………………………………………… 213
第九章　财务管理方法……………………………………………………………………… 224
　　　第一节　财务预测……………………………………………………………………… 224
　　　第二节　财务决策……………………………………………………………………… 236
　　　第三节　财务预算……………………………………………………………………… 262
　　　第四节　财务控制……………………………………………………………………… 277
第十章　期权与公司财务…………………………………………………………………… 286
　　　第一节　期权的概念与运作机理……………………………………………………… 286
　　　第二节　期权的定价原理……………………………………………………………… 293
　　　第三节　实物期权……………………………………………………………………… 299
参考文献……………………………………………………………………………………… 304

# 第一章 财务管理导论

本章作为财务管理基础的开篇,主要阐述了财务管理的含义与特征、对象与内容、目标及其协调、假设与原则、产生与发展,以及财务管理与相关学科的关系。通过对这些问题的学习与理解,目的是要明确财务的本质、财务管理的特征;掌握财务管理的内容及对象;了解财务管理的工作程序和一般方法;明确财务管理应达到的根本目标;理解财务管理的主要假设与基本原则;了解财务管理的产生、发展历程及其与相关学科的关系,为进一步学习财务管理的后续内容打下牢固的理论基础。

财务管理是企业管理的重要组成部分,关系到企业的生存与发展。作为一门独立学科,财务管理学形成于20世纪初,其理论和方法还处于不断发展与完善过程中。本章将主要讨论财务、财务管理的概念,财务管理的对象与内容、财务管理的目标、财务管理的假设与原则、财务管理的演变、财务管理与相关学科的关系等。

## 第一节 财务管理的概念

### 一、企业财务

"财"是钱和物资的总称。"财务",顾名思义,就是涉及钱和物资的事务(或业务)。

企业经营需要投入"财"力,即货币和物资,一切物资都具有一定量的价值,它表现为耗费于物资生产中的社会必要劳动量,而在社会再生产过程中,物资价值的货币表现就是资金(也称为资本)。资金的实质是企业再生产过程中运动着的价值。随着实物商品的运动,其价值形态会发生变化,由一种形态转化为另一种形态,周而复始,不断循环,形成了资金运动。资金运动是构成企业经济活动的一个独立方面,具有自己的运动规律,这就是企业的财务活动。所谓财务活动,是指资金的筹集、投放、使用、收回及分配等一系列活动。

企业的资金运动,从表面上看是钱和物资的增减变动。其实,企业要能有效地组织好资金运动,必然要与有关各方发生广泛的经济联系,这种联系的核心是经济利益。这种由于资金运动所体现的经济利益关系,称为财务关系。

企业财务就是指企业在组织再生产过程中客观存在的资金运动及其所体现的经济利益关系。前者称为财务活动,后者称为财务关系。

#### (一) 企业财务活动

企业财务活动是指企业在生产经营活动或其他业务活动过程中涉及的与资金有关的活

动，包括资金的筹集、资金的运用、资金的耗费、资金的回收、资金的分配等活动。

从财务的视角来看，企业的资金运动过程可分为以下四个方面：

1. 企业筹资引起的财务活动

在市场经济条件下，筹集资金是企业进行生产经营活动的前提，企业如果没有筹集到必要的资金，生产经营活动所必需的物质技术基础就无法建立。因此，筹资是企业资金运动和财务管理的起点和基本环节，是一项重要的财务活动，它包括确定企业资金需要量和选择资金来源渠道。无论企业筹集资金的来源渠道和筹集方式如何，其取得资金的途径不外乎两种：一种是企业接受的投资者投入的资金，即企业的资本金；另一种是向债权人借入的资金，即企业的负债。

资本金是企业在工商行政管理部门登记的注册资金总额，企业设立时必须有资本金，并不得低于国家规定的限额。根据投资主体的不同，资本金包括国家资本金、法人资本金和个人资本金等。资本金筹资的方式，根据有关法律、法规的规定，可以采取国家投资、各方集资或者发行股票等形式。

企业的负债包括长期负债（如长期借款、应付长期债券、长期应付款项）和短期负债（如短期借款、应付款项及预收款项等）。

2. 企业投资引起的财务活动

企业筹集资金的目的是把资金用于生产经营活动以取得盈利，不断增加企业价值。企业把筹集到的资金用于购置自身经营所需的固定资产、无形资产等，便形成企业的对内投资；企业把筹集到的资金投资于其他企业的股票、债券，与其他企业联营进行投资以及收购另一个企业等，便形成企业的对外投资。企业无论是购买内部所需的各种资产，还是购买各种证券，都需要支出资金。当企业变卖其对内投资的各种资产或收回其对外投资时，会产生资金的收入。这种因企业投资而产生的资金的收支，便是由投资引起的财务活动。

在进行投资活动时，由于企业的资金是有限的，因此应尽可能将资金投放在能带给企业最大报酬的项目上。由于投资通常在未来才能获得回报，因此，财务人员在分析投资方案时，不仅要分析投资方案的资金流入与资金流出，而且要分析公司为获得相应的报酬需要等待多久。当然，获得回报越早的投资项目越好。另外，投资项目几乎都是有风险的，一个新的投资项目可能成功，也可能失败，因此，财务人员需要找到一种方法对这种风险因素加以计量，通过比较收益与风险，科学选择投资项目或方案。

3. 企业经营引起的财务活动

经营含有筹划、谋划、规划、组织、治理等含义。经营和管理相比，经营侧重指动态性谋划发展的内涵，而管理侧重指使其正常合理地运转。企业经营是企业或经营者有目的的经济活动，是经营者根据企业的资源状况和所处的市场竞争环境对企业的经济活动进行的筹划、设计与安排等活动。

企业在经营过程中，必然会发生一系列的资金收支。首先，企业要采购材料或商品，以便从事生产和销售活动，同时，还要支付工资和其他营业费用；其次，当企业将产品或商品售出后，便可取得收入，收回资金；再次，如果企业现有资金不能满足企业经营的需要，还要采取短期借款方式来筹集所需资金。上述各方面都会产生资金的收支，属于企业经营引起的财务活动。

在企业经营引起的财务活动中，主要涉及的是流动资产与流动负债的管理问题，其中关键是加速资金的周转。流动资金的周转与生产经营周期具有一致性，在一定时期内，资金周转快，就可以利用相同数量的资金生产出更多的产品，取得更多的收入，获得更多的报酬。因此，如何加速资金的周转、提高资金的利用效率，是财务人员在这类财务活动中需要考虑的主要问题。

4. 企业分配引起的财务活动

分配，就是按一定标准或规定对经营成果的分割。企业筹资、投资和营运资金日常管理的最终目的是要取得收益并进行合理的分配。企业的营业收入扣除营业成本、销售税金及附加、销售费用、管理费用、财务费用和资产减值损失，加公允价值变动净收益和投资净收益为营业利润；营业利润加营业外收入，再扣除营业外支出为利润总额。企业的利润要按规定的程序进行分配。首先要依法纳税；其次要用来弥补亏损，提取盈余公积；最后要向投资者分配股利。这种因收入或利润分配而产生的资金收支便属于由分配引起的财务活动。

在分配活动中，收入或净利润是收益分配的对象。为了使企业的再生产过程能够顺利进行，公司价值不至于下降，分配活动应着重处理好四个方面的关系：企业与投资者以及投资者之间的分配关系；短期利益与长远利益的关系；分配与再融资的关系；财务资本投入者和人力资本投入者的分配关系。为此，财务人员要根据国家有关法律法规及公司自身状况确定最佳的分配政策。

上述企业的筹资活动、投资活动、营运资金日常管理活动和收益分配活动是密切联系的，规划、组织财务活动需要综合地从这四个方面着手进行。这四个方面也正是财务管理的基本内容：企业筹资管理、企业投资管理、营运资本管理、利润及其分配的管理。

### （二）企业财务关系

企业财务关系是指企业在组织财务活动过程中与各有关方面发生的经济关系。企业的筹资活动、投资活动、经营活动、利润及其分配活动与企业内部和外部的方方面面有着广泛的联系。只有有效地处理和协调好这种联系，企业财务活动才能顺利进行。总体来看，企业财务关系主要包括以下几个方面：

1. 企业与投资者及被投资单位之间的财务关系

按照公司法等有关法律的规定，企业从事生产经营活动必须筹集资本金。资本金的提供者称为主权投资者，或称为企业所有者。企业所有者对企业投资以后，有权参与企业生产经营活动的管理，参加企业利润的分配，企业清算时有权按规定索偿企业剩余财产；同时，企业所有者应该对企业生产经营活动承担经济责任。

在市场经济条件下，企业不仅需要接受主权投资者的投资，而且有权将其闲置资金以购买股票或直接投资的形式向其他企业投资，这就形成企业与被投资单位之间的财务关系。此时，企业享受主权投资者的权益并承担相应的经济责任。

从性质上看，企业与主权投资者之间以及企业与被投资单位之间的财务关系，都属于所有权关系，正确处理这种关系，有利于维护企业所有者、被投资者和企业自身的合法权益。

2. 企业与债权人及债务人之间的财务关系

企业从事生产经营活动除了需要向主权投资者筹集资本金外，往往还需要向债权人筹集债务资金，如从银行和非银行金融机构取得借款、从企业债券投资者取得借入资金、从商品和劳务供应者获得商业信用资金等。债权人向企业提供的资金是企业的债务资金，企业必须按规定还本付息。虽然债权人通常对持续经营的债务企业没有参与经营管理的表决权和剩余收益的控制权,但是当债务企业不能清偿到期债务,并且资产不足以清偿全部债务或者明显缺乏清偿能力的,依照破产法规定债务企业要破产偿债。此时,债权人会获得相机治理权,控制权就会从所有者转移至债权人。

当然,企业同样有权购买债务人发行的债券或向商品、劳务求购者提供商业信用,并要求按规定收回本金和获取利息。此时,企业处于债权人的地位。

从性质上看,企业与债权人和债务人由于经济往来所形成的财务关系属于债权、债务关系,正确处理这种关系有利于维护债权人、债务人和企业自身的合法权益。

3. 企业与政府之间的财务关系

政府担负着社会管理和公共服务职能,为了保证其社会管理职能和公共服务职能的行使以及国家机器的正常运转,包括为企业营造良好的经营环境,需要一定的物质基础。而政府不直接从事物质财富的创造,只能以税收的形式参与社会产品的分配,取得物质财富,用于行使国家职能。企业是社会上主要的纳税人,必须履行纳税义务,其纳税的税种主要有流转税、所得税、财产与行为税、资源税等。

从性质上看,企业与政府之间的财务关系是一种依法征纳税关系,具有强制性和无偿性的特点。正确处理这种征纳关系,有利于维护社会共同利益、创造良好的经营环境,促进企业的长远发展。对于国有独资企业、国有控股企业、国有参股企业,国家有关部门履行出资人职责或受托管理职责,从而和企业形成的财务关系,属于企业和投资者之间的财务关系。

4. 企业内部的财务关系

企业是独立的营利性组织。企业在追求利润的过程中,企业内部各个职能部门之间及企业与员工之间也形成了多种多样的财务关系,这就是企业内部的财务关系。这类财务关系包括以下三个方面:

(1)企业财务管理部门与企业内部各单位之间的财务关系。在实行内部经济核算的条件下,这种关系主要表现为财务部门与各单位之间的资金调拨关系或借贷关系,以及货款结算关系。

(2)企业内部各单位之间的财务关系。在实行内部经济核算的条件下,企业内部各单位是相对独立的经济组织,为了明确经济责任、维护各单位的经济利益,各单位之间发生经济往来以后,应按内部财务制度的规定进行款项结算。企业内部各单位之间的财务关系,主要表现为款项结算关系。

(3)企业与员工之间的财务关系。企业员工是企业生产经营活动过程中的主体,员工的知识和技能是一种潜在的生产力,处理好企业和员工的关系,充分发挥员工的创造力和积极性,能够给企业带来源源不断的现金流。企业应根据员工的劳动数量与质量支付劳动报酬,企业应从业务收入中扣除应付给员工的劳动报酬和由企业支付的保险费用等,计量经营成果。对于允许实行员工持股的企业,企业还应根据员工持股的份额,支付投资报酬。在企业分配关系中,员工应通过企业的最高权力机构或者员工持股会、工会发挥应有的财务管理作用。员工也应根据企业制定的劳动定额按质、按量地完成本职工作。

从性质上看,企业与员工之间的财务关系,其实质是企业与员工在劳动成果上的分配关系。

## 二、企业财务管理

### (一) 财务管理的含义

综上所述,财务管理是基于企业生产经营中客观存在的财务活动和财务关系而产生的、利用价值形式对企业生产经营过程进行的管理,是组织财务活动、处理财务关系的一项综合性经济管理工作。

关于财务管理到底是什么,我国学术界有过争论,主要观点有以下几种:

1. 资金运动论

此观点认为财务管理就是对企业资金运动及其所形成的经济关系进行的管理。类似观点还有认为财务管理就是对企业的资金进行规划运筹和控制的一项管理活动(曹侠,1992;陆正飞,2001)。

2. 货币关系论

此观点认为商品经济要讲价值,并用货币来体现。财务一般地定义为商品生产经营者同各方面的货币关系。而财务管理就是对商品生产经营者同各方面的货币关系进行的管理(谷祺,1989)。

3. 分配关系论

此观点认为财务的本质与财政的本质是一致的,即它们都是一种分配关系。因此,所谓财务管理就是对企业纯收入的分配活动的管理(张国干,1979)。

4. 经济活动论

此观点认为财务管理是指企业在生产经营活动中有关资金的筹集、使用、回收和分配等方面的经济活动。从本质上看,此观点与"资金运动论"类似,但强调财务管理的经济属性(陆建桥,1994)。

5. 价值创造活动论

此观点认为财务的本质是进行资本管理以实现价值创造的活动。首先要确定不同的理财主体并筹集资本;然后,通过对筹集资本的运用,形成不同的资产及其价值转移;在资本运用过程中,通过合理地核算与控制成本、风险、收入,最终实现价值创造(袁业虎,2005)。

上述观点各有所长。要厘清财务管理的本质,需要从财务管理的对象、职能、内容等多方面进行分析。我们认为,财务管理的对象是资金,财务管理主要是要做好资金运动的控制和管理;财务管理的职能包括预测、决策、计划、控制、分析和评价;财务管理的主要工作内容是筹资、投资、利润分配和营运资本管理等日常事务,以及企业合并、财务战略等特殊事务。

综上所述,财务管理是以资金运动为中心,通过预测、决策、计划、控制、分析和评价等工作方式,对企业的筹资、投资、利润分配和营运资本管理等日常事务以及企业合并、财务发展战略等特殊事务进行的价值管理,其目的是使企业价值实现最大化。

【阅读材料 1-1】

### 财务本质的重塑:一种契约观

当企业契约取代市场契约来进行社会资料配置时,财务就成为企业契约集合中的一个子契约，即财务契约，它是企业签订契约与履行契约的前提和基础。如果财务管理被看作企业管理的中心，资本运作被看作财务管理的中心，那么作为实现财务资源配置职能载体的财务契约就是企业契约集合的中心。因为利益相关者必然会关心其在企业契约的签订与履行过程中的责、权、利关系。财务契约作为一种共同认识被引入企业契约中，可以降低各利益相关者之间信息不对称的程度，有利于降低契约履行成本，以便确定利益相关者之间的这种经济关系。

财务契约是企业利益相关者在财务活动中所形成的各种有关财产权利流转的协议或约定。财务的本质是指财务活动固有的内在属性，无论资金运动论、价值运动论、资金分配论，还是本金投入收益论、财权流论等，体现的都是财务活动的事实或现象，即使这些理论已考虑到财务的某些内在属性，但都不是具有抽象意义的一般属性，而契约属性能够反映出抽象意义上的财务内在属性。因此，从新制度经济学角度来看，我们将财务的本质定位于契约属性或许更为恰当，这就是财务契约论。

资料来源：张正国. 财务本质的重塑：一种契约观［J］. 财会月刊（理论），2008（3）：67.

### （二）财务管理的特点

财务管理和企业其他管理工作比较，具有以下一些特点：

#### 1. 管理形式的价值化

现代企业的管理活动，通过有效的分工和分权，形成了一系列专业化管理模式。在这些不同的专业化管理模式中，有的侧重于使用价值的管理，有的侧重于价值的管理，还有的侧重于劳动要素或信息的管理。财务管理是以价值形式为主的专业化管理。具体地讲，财务管理主要通过资金、成本和利润等货币性指标，对资金筹集、运用和价值的形成、实现与分配等进行管理，它具有高度的系统性、联系性和完整性，这是其他管理形式所无法替代的。

#### 2. 管理内容的综合性

在企业生产经营管理体系中，各项管理的综合程度是不同的，有的属于单项管理，它们只能控制某一领域的生产经营活动，不能控制别的领域，如设备管理、物资管理。有的虽是综合性管理，但它只能从使用价值或劳动力的角度促进企业全面改善生产经营管理，如质量管理、人力资源管理。而财务管理主要是运用价值形式对企业生产经营活动实施管理。通过价值形式，财务管理可把企业的一切物质条件、经营过程和经营结果都合理地加以规划和控制，通过资金占用、成本与费用、收入与利润等价值指标，综合地反映企业生产经营活动过程及其成果，反映企业各项工作的质量和数量。这是企业管理体系中其他各项管理所不及的。正因为如此，财务管理在企业管理中扮演着越来越重要的角色，发挥着越来越重要的作用。

#### 3. 管理循环的相对独立性

财务管理的对象主要是财务活动，而财务活动的内容主要是资金运动，包括资金的筹集、投放、配置、耗费、收回和分配等一系列行为活动。企业的生产经营活动，从外在表象来看，表现为物资的流动过程；而从内在本质来看，它是一种资金的流动过程，也就是企业的财务活动。企业的生产经营活动不断进行和延续就会不断形成企业资金的收支和流转活动。这种资金的不断收支和流转构成了企业经营活动的一个独立方面，并形成了一系列相对独立的管理方法，从而使企业的财务活动及其管理不但具有综合性，也具有相对独立性的特点。

4. 管理决策的不确定性和复杂性

在企业生产经营过程中，风险无处不在。财务管理由于其联系及影响因素的广泛性、管理内容的综合性，使得现代企业的财务决策受众多不确定性因素的影响。例如，商品及要素价格的变化、利率及汇率的变化、决策者偏好、竞争对手策略、市场结构与市场需求的变化、国内外金融市场的波动、宏观经济政策的调整、技术创新与变革等，都将对企业的财务活动和财务决策产生重要影响。由于影响因素的众多及其具有较大的不可预知性，使得现代企业财务管理面临着极大的不确定性，财务决策变得更加复杂。因此，财务管理必须时刻关注市场环境的变化，结合企业自身实际，有针对性地建立财务管理制度和监控体系，并随时做出适应性调整，才能真正有效地对企业各项经营活动实施全方位的有效管理。

【阅读材料1-2】

## 价值型财务管理

价值型财务管理是指企业紧紧围绕价值最大化目标，适时地根据环境变化，通过投资机会的准确把握，合理配置企业资源。其中包括战略性投资和结构的战略性调整，采取兼并收购、资本重组等超常方式，提高组织的灵活性和环境适用性，以增加社会和公众对企业收益和增长的预期，最终为投资者创造更多财富的各种方法的汇总。

价值型财务管理的基本内容，包括：

一、重视机会成本观念

只有公司投入资本的回报超过资本成本（包括负债成本与权益成本）时，才会为公司创造价值。传统经济效益概念界定没有反映市场经济的本质要求，脱离了市场价值和创造价值的理念，提高经济效益只不过是一种不着边际的空谈。正确的理解应是以尽可能少的资本投入获取预期尽可能多的资本市场价值。

二、企业价值最大化是一个多方利益协调问题

企业价值是股东价值、社会价值、顾客价值、员工价值等的集合。最兼顾眼前利益和长远利益的集合。公司管理层首先要为市场提供有价值的产品和服务，为顾客创造价值，这是营销管理的基本目标。当今市场竞争已不再是单个企业之间的竞争，而是企业与供应商、用户组成的价值链之间的竞争，这种价值链之间的竞争意味着合作的重要性。通过合作，使企业、用户、供应商共同创造 $1+1>2$ 的价值。在生产经营过程中公司管理层要激励部属，为全体员工创造价值，这是人力资源管理的目标。然后，作为所有者代理人的公司管理层其生产经营框架是以企业价值最大化目标为出发点，以现金收益和风险的平衡发展为基本财务管理理念，强调财务分析技术和决策模型的量化财务管理方法，全方位对接发展战略；以公司治理结构、管理流程、信息系统、组织资本为基础设施，以经理人的经营才能与努力以及各层级业务单位经理、研发人员和一般员工的才能与努力为其中的活性要素；以企业各种能力和财务管理的基本出发点和最终目标是为所有者、股东创造价值。否则，管理层也就不能实现其自身价值，不能为以上利益相关者创造价值，也不能履行公司应有的社会责任。

三、财务目标的可操作性（可以计量、追溯、控制）

企业价值最大化、相关者利益最大化都有道理。但是用什么方法、用什么指标来衡量和评价却是个问题。这就是在理财目标问题上形成的"现实的不理想、理想的不现实"两难局面。对上市公司而言，股价的高低代表了投资大众对于公司价值的客观评价和对公司未来

发展的预期。因而,股价体现了企业的价值。但由于股价是时点的,而且我国股市并不规范、会计信息失真、人为操纵股价等并未从根本上改变,因而股价很难客观地反映公司的价值,也很难直接用它来评价和考核公司的经营业绩。经济增加值(EVA)是公司税后经营利润扣除资本成本后的余额,它与股价在理论上已经证明呈正相关关系,在逻辑上与净现值是一致的。EVA是时期性的、以调整后的会计收益为基础,可以用于年度考核,是可控的、可衡量和可操作的。鉴于EVA与价值创造高度相关,不易受会计操纵的影响,又最能反映当期的经营业绩。通过激励与约束,有利于促使经理人员追求股东价值,简单、清晰,易于接受和沟通。因此,如果把企业价值最大化作为战略目标,EVA最大化应当成为企业财务管理的目标。

四、强调以"过程"为导向

价值型财务管理模式强调"以过程为导向"。它包含着确立价值最大化为公司的战略目标,以制订战略、制订计划、分解确立短期目标、激励和指导员工为完成目标而进行的一系列行动,即战略、组织、控制、评价等。它特别关注如何运用这些概念实现战略和日常经营决策的连接,这正是价值型财务管理模式关注的焦点。

价值型财务管理与传统财务管理的比较:

一、从财务指标的确立角度

在某些条件下,基于会计指标的决策可能给长期目标决策带来误导,一个在会计指标上没有诱惑力的项目却可能是对企业的整个长期发展计划有益的。价值型财务管理从是否能够实现企业价值的角度出发,从长远计划的实施考虑,从而避免了对企业有利项目的遗漏。

二、从无形资产方面考虑

传统的财务管理往往忽略风险和对企业无形资产方面的慎重思考,在知识经济时代,企业的决策过程很显然不可能忽略对这两部分的分析。而价值型财务管理统筹全局,尤其是其时代的先进性将风险与企业无形资产等方面充分考虑,更加有利于企业的决策工作。

三、从账表的动静态角度出发

传统的财务管理只是从账簿的表面静态数据出发为企业决策提供财务信息。价值型财务管理将成本控制和竞争优势有机地结合起来,有利于对企业价值创造的动态控制。

四、从财务处理角度考虑

与传统财务管理单方面的财务处理不同,价值型财务管理强调从财务和长期目标发展计划两个目标来进行企业的组织变化管理。

资料来源:[1]柯树林.论价值型财务管理模式(A).财会研究.2005,11;[2]马彦杰.价值型财务管理初探(A).北方经贸.2009,5.

# 第二节 财务管理的对象与环节

## 一、财务管理的对象

财务管理对象,又称理财对象,主要是指资金及其运动。财务管理正是对资金运动的职能性管理,其工作重点是具体操作资金运动过程。

在市场经济条件下,企业作为独立的商品生产者和经营者,其生产过程表现为使用价值生产与价值生产相统一的过程。在这个过程中,劳动者不但生产出新的商品,而且将生产中消耗掉的生产资料的价值转移到产品中去,并创造出新的价值,通过销售使商品的价值得以实现。因此,企业的生产经营过程,一方面表现为实物形态的物资运动;另一方面表现为价值形态的资金运动。资金运动和物资运动,是企业生产经营活动的两个方面,它们既相互联系又相对独立,其中物资运动是资金运动的基础,资金运动是物资运动的价值表现。企业生产经营活动过程正是物资运动和资金运动的统一。

在企业再生产过程中,资金运动总是从货币资金形态开始,依次通过供应、生产和销售三个阶段,分别表现为固定资金、生产储备资金、未完工产品资金、成品资金等各种不同形态,然后又转化为货币资金。企业资金,从货币资金开始,经过若干阶段,又回到货币资金形态的过程,就是资金的循环。企业资金周而复始、不间断的循环过程,就是资金的周转。资金的循环与周转,都体现着资金运动的形态变化。

企业资金运动过程的一般规律如图 1-1 所示。

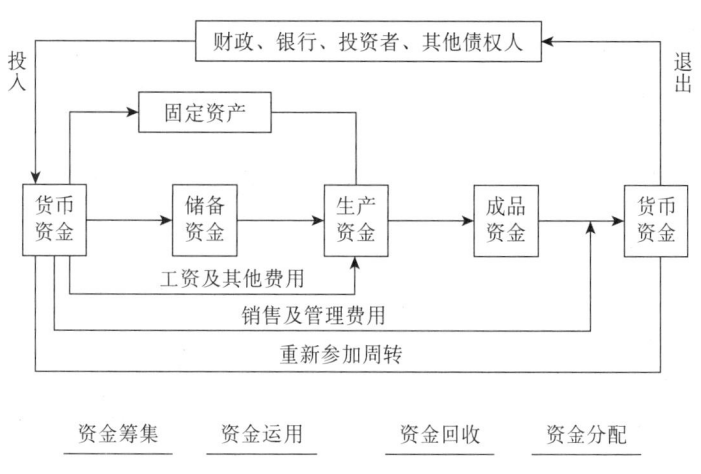

图 1-1 企业资金运动的过程

## 二、财务管理的内容

既然财务管理的对象是资金及其运动,那么财务管理的主要内容就是要做好资金运动的控制和管理。从财务视角看,资金运动过程主要包括筹资活动、投资活动、经营活动与分配活动,相应地,财务管理的主要内容也就包括筹资管理、投资管理、营运资本管理和收益分配管理。

(一) 筹资管理

筹资是企业通过一定的渠道和方式筹措所需资金的行为。在筹资过程中,企业一方面要确定筹资的总规模,以保证投资所需要的资金;另一方面要通过筹资渠道、筹资方式或工具的选择,合理确定筹资结构,以降低筹资成本和风险,提高企业价值。

筹资管理的内容,主要包括:①确定具体财务目标;②预测资金需要量;③建立全面预算制度;④选择有效的筹资渠道和方式;⑤确保合理的资本结构。

## （二）投资管理

筹资的目的是为了投资。投资是指以收回现金并取得收益为目的而发生的现金流出。企业投资可以分为广义的投资和狭义的投资两种。广义的投资是指企业将筹集的资金投入使用的过程，包括企业内部使用资金的过程（如购置设备、材料、技术等）和对外投放资金的过程（如购买其他公司发行的股票、债券等）。狭义的投资仅指对外投资。

投资活动将影响和改变企业的资产结构，进而影响到企业经营的风险收益特征。例如，决策者如果提高企业流动资产（如现金、应收账款、存货等）的比重，就可能降低企业的流动性风险，但同时也可能由于流动资产过多而降低企业的收益水平。资产结构的改变通常与企业的生产经营状况有着密切的关系。在投资过程中，企业一方面要确定投资规模，以确保获取最佳投资收益；另一方面要通过投资方向和投资方式的选择来确定合理的投资结构，以提高投资报酬率、降低投资风险。

投资管理的内容，主要包括：①确定投资管理的财务目标；②进行投资项目的可行性分析；③选择投资项目；④实施投资项目；⑤进行投资再评价。

## （三）营运资本管理

企业投资项目、投资方式确定以后，即进入日常资金营运阶段，这一阶段会发生一系列资金收付。首先，企业要采购材料或商品，以便从事生产和销售活动，同时，还要支付工资和其他营业费用；其次，当企业把产品或商品售出后，便可取得收入，收回资金；第三，如果企业现有资金不能满足经营需要，还要通过商业信用或短期借款融通所需资金。上述因企业经营而引起的财务活动，称为资金营运活动。为满足企业日常经营活动需要而垫支的资金，称为营运资金（或营运资本）。营运资本的周转与企业生产经营周期具有一致性。在一定时期内，营运资本周转速度越快，资本利用效率就越高，企业就可能生产出更多的产品，取得更多的收入，获取更多的利润。

营运资本管理的内容，主要包括：①确定营运资本管理策略；②现金和交易性金融资产持有计划的确定；③应收账款的信用标准、信用条件和收账政策的确定；④存货订货计划、订货周期、经济订货量的确定；⑤短期借款计划、商业信用筹资计划的确定。

## （四）收益分配管理

企业通过投资或资本营运活动可以取得相应的收入，并实现资本的增值。这些收入或收益应按现行法律法规的要求在利益相关者之间进行分配。广义的分配是指对企业各种收入进行分割和分派的过程，包括税收缴纳、利息支付、租金支付、薪酬分配和利润分配等；而狭义的分配仅指对利润尤其是净利润的分配。

收益分配管理的内容，主要包括：①制定分配政策，协调解决好企业与利益相关者之间、企业近期与远期利益之间的矛盾；②确定分配程序；③选择分配方式；④建立完善的责任考核制度；⑤协调处理好各项财务关系。

## 三、财务管理的工作环节

财务管理的工作环节是指财务管理的工作步骤和一般程序，包括财务预测、财务决策、财务预算、财务控制、财务分析等五个基本环节。这些环节相互配合、紧密联系，形成周而复始的财务管理循环过程，构成完整的财务管理工作体系。

### (一) 财务预测

财务预测是根据财务活动的历史资料，考虑现实的条件和要求，对企业未来的财务活动和财务成果做出科学的预计和测算。作为财务管理循环起始环节，财力预测的主要任务在于：测算各项生产经营方案的经济效益，为决策提供可靠的依据；预计财务收支的发展变化情况，以确定经营目标；测定各项定额和标准，为编制计划、分解计划指标服务。

财务预测的步骤主要包括明确预测目标，搜集相关资料，建立预测模型，确定财务预测结果等。

财务预测的起点是销售预测。虽然销售额的预测本身不是财务管理的职能，但却是财务预测的基础。

财务预测的主要方法和手段通常包括销售百分比法、回归分析法和计算机辅助技术等。

### (二) 财务决策

财务决策是指财务人员根据财务目标的总体要求，对财务方案、财务政策进行选择和决定的过程。财务决策的目的在于确定最为令人满意的财务方案。财务管理的核心是财务决策，财务预测是为财务决策服务的，决策成功与否直接关系到企业的兴衰成败。

一个财务决策系统由决策者、决策对象、信息、决策理论与方法以及决策结果五个要素构成。财务决策的步骤主要包括确定决策目标、提出备选方案、选择最优方案等。

财务决策的具体方法有很多，常见的方法有优选对比法、数学微分法、线性规划法、概率决策法、损益决策法等。

### (三) 财务预算

财务预算是指运用科学的技术手段和数量方法，对未来财务活动的内容及指标所进行的具体规划。其内容包括制定主要的财务计划指标，拟定增产节约措施，协调各项计划指标等。财务预算是以财务决策确立的方案和财务预测提供的信息为基础编制的，是财务预测和财务决策的具体化，是控制财务活动的依据。

财务预算是企业全面预算的一部分，是全面预算体系中的最后环节，可以从价值方面总括地反映特种决策预算与业务预算的结果。

财务预算的编制一般包括以下三个步骤：①分析预算环境，确定预算指标；②协调财务能力，组织综合平衡；③选择预算方法，编制财务预算。

### (四) 财务控制

财务控制是指在财务管理的过程中，运用有关信息和财务手段，对企业财务活动施加影响或进行调节，以实现预算指标、提高经济效益的过程。实行财务控制是落实预算任务、保证预算实现的有效措施。

财务控制是企业内部控制和风险管理的一个重要方面。依据内部控制和风险管理的基本原理，财务控制包括控制环境、目标设定、事项识别、风险评估、风险应对、控制活动、信息和沟通以及监控等八个要素。

财务控制的方法和手段通常包括授权批准控制、职务分离控制、全面预算控制、财产保全控制、标准成本控制、责任会计控制、业绩评价控制等。

财务控制一般要经过以下步骤：①制定控制标准、分解落实责任；②实施追踪控制、及时调整误差；③分析执行情况、搞好考核奖惩。

### (五) 财务分析

财务分析是以企业财务报表为主要依据，运用专门的方法，对企业财务状况和经营成果所做的分析和评价。通过财务分析，掌握各项财务计划的完成情况，评价财务状况，掌握企业财务活动的规律性，改善财务预测、决策、预算和控制，提升企业经营管理水平，提高企业经济效益。

财务分析包括财务比率分析和财务综合分析。用于反映和评价企业财务状况与经营成果的分析指标主要包括偿债能力指标、营运能力指标、盈利能力指标和发展能力指标。

财务分析的方法主要包括比较分析法、比率分析法、趋势分析法和因素分析法。

财务分析的步骤通常包括：①收集资料，掌握信息；②指标对比，揭露矛盾；③分析原因，明确责任；④提出措施，改进工作。

## 第三节　财务管理的目标

目标是导向和标准。财务管理目标是指通过企业的理财活动所要达到的根本目的，它是企业一切理财活动的出发点和归宿，也是评价企业理财活动是否合理的标准。从根本上说，财务管理的目标取决于企业的目标。

### 一、财务管理目标的意义与特征

任何管理活动都是有目的的行为，财务管理活动也不例外。企业财务管理的目标，从总体上说，是企业经营目标在财务上的集中反映和概括，是在特定的理财环境中，通过组织财务活动、处理财务关系所要达到的目的或所希望实现的结果。

财务管理目标是财务管理研究的起点，是财务管理系统良性循环的前提条件。它是评价企业理财活动是否合理有效的基本标准，是企业财务管理工作的行为导向，是财务人员工作实践的出发点和归宿。

财务管理目标制约着财务运行的基本特征和发展方向，不同的财务管理目标会产生不同的财务管理运行机制。因此，科学地设置财务管理目标，对优化理财行为、实现财务管理的良性循环具有重要意义。

一个合理的财务管理目标应当具备如下特征：

1. 相对稳定性

任何一种财务管理目标的出现，都是一定的政治、经济环境的产物，随着环境因素的变化，财务管理目标也可能发生变化。例如，发达国家企业在财务管理的不同发展阶段就有不同的财务管理目标，如"筹资数量最大化""利润最大化""股东财富最大化"等。但是，在一定时期或特定条件下，财务管理目标应保持相对稳定，只有这样，财务管理目标才能实现对企业理财行为的理性化牵引，促进财务决策的科学性与合理性。

2. 整体性

财务管理目标必须服从企业整体发展战略和发展规划，也即企业目标决定着财务管理目标。企业财务管理是企业管理的一个方面，且是企业管理的中心，其本质是对企业经济活动的价值方面及资金方面进行规划、运筹和控制，作为企业目标的盈利或以盈利为基础的企业价值持续增长恰恰就是一种财务目标。因此，动态地看，财务目标在企业目标体系中居于支配性地位，财务管理系统内部的筹资、投资、资本运营、收益分配等各个方面的目标，需要围绕一定时期的企业目标进行设置，体现整体性。

3. 多元性

财务管理目标的多元性是指财务目标不是单一的。由于企业财务涉及财务活动的各方面和财务工作的各环节，且都有其特定的目标，这些目标反映了不同的财务活动处于不同的财务管理发展阶段之中，需要处理不同的财务关系，从而形成了目标的多样性，包括企业筹资目标、投资目标、资本营运目标、收益分配目标等。

4. 层次性

财务管理目标按一定标准可划分为总体目标与具体目标两个层次。总体目标是指一般目标，它在财务目标体系中处于支配地位，决定着整个财务管理过程的发展方向，是企业财务活动的出发点和归宿。具体目标则是指在总体目标的制约下，从事某一具体财务活动所要达到的目标，这些目标在财务目标体系中处于从属地位。财务管理的具体目标要服从、服务于总体目标，二者在方向上应保持一致性。

5. 可度量性

财务管理目标的提出既要有定性的分析判断，又要有定量的衡量指标，这样才能对财务决策的成败与否进行度量。如果财务管理目标的实现程度无法准确计量，就无法判断财务决策的科学性与效果，无法评价理财活动的合理有效性，也就无法实现对理财行为的理性化牵引。

## 二、财务管理的总体目标

财务管理的总体目标是全部财务活动实现的最终目标，它是企业开展一切财务活动的基础和归宿。中西方财务理论对于财务管理的总体目标有很多不同的表述，其中最具代表性的观点有以下几种：

### （一）利润最大化

这种观点认为：利润代表了企业新创造的财富，利润越多则说明企业的财富增加得越多，越接近企业的目标，越能满足投资人对投资回报的要求，因此，利润最大化就是财务管理的目标。利润最大化目标的提出源于亚当·斯密的"经济人"假说，是西方微观经济学的传统观点。以利润最大化作为财务管理的目标，其原因有以下几个方面：①人类进行生产经营活动的目的是为了创造更多的剩余产品，在商品经济条件下，剩余产品的多少可以用利润这个价值指标来衡量；②利润最大化有利于企业资源的合理配置。资源是企业创造利润的基础，在自由竞争的资本市场中，企业只有掌握了资本才能取得各种需要的资源。资本的使用权最终属于获利最多的企业；③每个企业都最大限度地获得利润，整个社会的财富才可能实现最大化，从而带来社会的进步和发展；④利润是一个最容易被社会各界广泛接受的财务概念，具有一定的可操作性。

但是，在企业长期的经营实践中，利润最大化目标又暴露出许多难以克服的缺点，主要表现在以下几个方面：

1. 没有考虑利润实现的时间因素

例如，有 A、B 两个投资项目，其预期利润都是 100 万元，如何选择？如果不考虑利润实现的时间因素，就无法选择。假定 A 项目利润的实现时间比 B 项目早一年，考虑到资金时间价值因素，人们自然会得出该选择 A 项目的结论。

2. 没有考虑到利润实现的风险因素

高风险往往伴随着高利润，如果为了利润最大化而选择高风险的投资项目，或进行过度的借贷，企业的经营风险和财务风险就会大大提高。仍以上面两个企业为例。假设 A、B 两个投资项目在今年都赚取了 100 万元利润，但 A 项目的利润全部为现金收入，而 B 项目的 100 万元全部是应收账款，显然，B 项目的应收账款存在不能收回的风险，因此，A 项目的目标实现得更好一些。

3. 没有考虑到所获利润与投入资本之间的关系

假设 A、B 两个项目都于今年获得了 100 万元利润，并且取得的都是现金收入。但是，如果 A 项目只需投资 100 万元，而 B 项目需要投资 200 万元，显然 A 项目更好一些，如果单看利润指标就无法得到这一结论。即利润作为绝对数指标，无法表现企业一定时期的投入和产出关系，更无法在不同企业之间进行财务状况的比较。

4. 不符合现代企业战略管理的要求

现代企业战略管理需要对企业进行长远的、全局性的规划，其着眼点在于增强企业的核心竞争能力，保证企业长远良性发展。而利润最大化是基于企业过去某一期间的盈利水平，并不能反映企业未来的盈利能力。有时，为了增强核心竞争力，企业需要加大人才引进力度、增加技术研发的投入，这些不可避免地会降低企业一定时期的利润，与利润最大化目标可能背道而驰。

5. 易诱发企业的短期行为

追求利润最大化往往会诱使企业只顾实现目前的最大利润，而不顾企业的长远发展。比如企业可能通过减少产品开发、人员培训、技术装备水平方面的支出来提高当年的利润，但这显然对企业的长期发展不利。也有企业通过非主营项目的超常发展提升账面利润，美化企业业绩，掩盖企业主营项目发展不好的事实，这些均不利于企业的长远发展。

可见，利润最大化目标只是对经济效益浅层次的认识，存在一定的片面性。基于上述一系列难以克服的缺陷，现代财务管理理论认为，利润最大化不是企业财务管理的理想目标。

**（二）每股收益最大化（或权益资本净利率最大化）**

这种观点认为：应当把企业利润和股东（所有者）投入的资本联系起来考察，用每股收益（或权益资本净利率）来概括企业的财务目标，以避免"利润最大化"目标的缺陷。

但是，由于每股收益或权益资本净利率是以利润为基础来计算的，虽然它考虑到了所获利润与投入资本额的关系，可以剔除企业资本规模对企业财务目标考察的影响，但是，"利润最大化"目标的其他缺陷仍然难以克服，表现在：

1. 仍然没有考虑利润取得的时间因素，没有考虑货币时间价值。即没有考虑股本或公司权益资本获取利润的时间性差异和持续性特征。

2. 仍然没有考虑取得利润的风险因素。要提高每股收益或权益资本净利率，最简单的办法就是扩大负债比重，减少权益资本，同时最大限度地表现利润，承担最大的税收成本。这样不可避免地会加大企业的财务风险，对企业的长远发展造成损害。

3. 仍然容易诱发企业财务决策的短期行为，不符合企业战略管理的要求。

当然，如果风险相同、时间相同，每股收益最大化也是一个可以接受的财务目标。事实上，许多投资者把每股收益作为评价公司业绩的最重要指标。

**（三）股东财富最大化**

这种观点认为：增加股东财富是财务管理的目标。即通过财务上的合理运营，为股东创造最多的财富。

支持这种观点的学者认为企业是由股东投资所组建的，股东作为公司的所有者承担着企业的全部风险，因而享有企业收益的剩余要求权。这种剩余要求权赋予股东的权利、义务、风险、收益都大于公司的债权人、经营者和其他利益相关者。因此，在确定公司财务管理目标时，应从股东的利益出发，选择股东财富最大化。在市场经济条件下，股东财富是由其所持有的股票数量和股票市场价格两方面决定的，在股票数量一定的前提下，股票价格最高时，股东财富最大。因此，股东财富最大化对于上市公司而言可表示为股票价格最大化；对于非上市公司，可表示为每股收益最大或者净资产收益率最大。

1. 将股东财富最大化作为财务管理目标的积极的意义：

（1）股票的内在价值是公司价值按照风险调整折现率折现后的现值，因此，股东财富这一指标能够考虑取得收益的时间因素和风险因素；

（2）由于股票价值是一个预期值，股东财富最大化在一定程度上能够克服企业在追求利润上的短期行为，保证了企业的长期发展；

（3）股东财富最大化能够充分体现企业所有者对资本保值与增值的要求，促进社会财富的增长。如何每个企业都将股东财富最大化作为自己的财务目标，整个社会的财富将会得到相应的增加；

（4）每股收益、净资产收益率或者每股市价作为相对数指标，能够反映企业一定时期的投入资本与报酬之间的关系，有利于不同资本规模的企业之间的比较；

（5）比较容易量化，便于考核和奖惩。

2. 将股东财富最大化作为财务管理目标存在的问题：

（1）股东财富最大化作为财务目标，较适用于上市公司，对于大量的非上市公司而言，股东财富（或所有者权益）需借助于评估等手段估价，如果估值方法的选择失当就有失公允与客观。

（2）对于上市公司而言，股东财富最大化可表示为股票价格最大化。但是，股价受许多因素的影响，即便在有效的资本市场中，影响股价的某些外部因素也是企业无法控制的，在资本非有效市场上，股票价格的高低实际上并不能完全反映股东财富或企业价值的大小。

（3）追求股东财富最大化，过分重视股东利益，易忽视其他利益相关者的利益，可能导致公司所有者与其他利益主体之间的矛盾与冲突。

另外，股东财富最大化也会诱发管理层的一些短期行为，如减少社会责任的履行，通过粉饰财务报表诱导股价上升等。可见，股东财富最大化也存在一定的局限性。这在资本市场不够发达时尤其明显。如果资本市场高度发达，市场效率很高，上述股东财富最大化这一财务管理目标的缺陷就不突出，此时上市公司可以把股东财富最大化作为理财目标。

**（四）企业价值最大化**

这种观点认为：财务管理应该以企业价值最大化作为最优目标（这是目前公司财务主流理论采纳的观点）。其理由是：企业价值是指企业未来现金流量的现值（即企业未来现金流量按加权平均资金成本进行折现所得到的现值），企业价值最大化是指企业未来现金流量现值的最大化，企业价值最大化的计量充分考虑了企业的持续发展因素、时间价值因素和风险价值因素，最能体现企业发展的根本目标。因此，企业的一切财务活动都应该围绕企业价值最大化这一目标展开。

企业价值如何计量？这是构建这一财务管理目标面临的最大问题。从理论上讲，企业价值可以通过下列公式进行计量：

$$V = \sum_{t=1}^{n} \frac{FCF_t}{(1+i)^t}$$

式中，$V$ 表示企业价值；$FCF_t$ 表示第 $t$ 年的企业报酬，通常用现金流量表示；$t$ 表示取得报酬的具体时间；$i$ 表示与企业风险相适应的贴现率；$n$ 表示企业取得报酬的持续时间，在持续经营的假设下，$n$ 可以理解为无穷大。

1. 现代财务理论与实务的研究表明，以企业价值最大化作为财务管理的目标是较为科学和合理的。主要原因包括：

（1）企业价值最大化考虑了货币的时间价值。因为评估企业价值的计算方法是按企业未来现金流量进行贴现的，它要考虑未来收益的获得时间，并按时间价值的原理进行计量。

（2）企业价值最大化考虑了投资的风险价值。这一点主要体现在计算企业价值时应选择与企业风险相适应的贴现率，强调将风险限制在企业可以承受的范围之内。

（3）企业价值最大化有利于克服企业财务决策上的短期行为。因为在评价企业价值时，不仅要看企业已经获得的利润水平，更看重企业未来、潜在的获利能力。

（4）企业价值最大化考虑了利益相关者的利益。追求企业价值最大化，不能只关注股东利益，而忽略债权人、经理层和一般职工的利益。否则，试图通过损害一方利益而使另一方获利，只会导致企业利益相关者的矛盾冲突，损害企业价值最大化目标的实现。

2. 受市场环境与计量方法的制约，企业价值最大化作为财务管理目标，也存在一些不足，主要有：

（1）企业价值概念抽象、计量复杂，不如利润与每股收益等财务指标直观，不易为社会各界普遍接受；

（2）对于上市企业来讲，股票价格是企业价值的直接表现。但是在非有效资本市场上，股价可能并不真正反映企业的财务状况或企业价值；

（3）对于非上市企业，企业价值需通过资产评估方式进行测评，受评估主体、评估环境、评估标准和评估方式的影响，估价结果不易客观和公正；

（4）用未来现金流量的现值来反映企业价值还存在一些不确定因素，比如：未来期间的确认、未来现金流量的估算，尤其是贴现率的选择，直接影响企业价值计算对时间价值与风险因素的考量，而合理的贴现率选择还缺乏公认一致的标准等。

3. 一般认为，"企业价值最大化"仍是现阶段企业财务目标的理想选择。从股东财富最大化向企业价值最大化的转变是财务管理目标理论的又一次飞跃，其意义体现在以下几个方面：

（1）企业价值最大化扩大了设立财务目标考虑问题的范围。现代企业理论认为，企业是多边契约关系的总和，股东、债权人、经理阶层、内部员工等，都是企业的利益相关者，都有自身的利益目标，共同参与并构成企业的利益制衡机制。只有充分考虑并有效协调各方利益，企业才能和谐发展、实现财务目标。如果试图通过损害一方利益而使另一方获利，结果只会导致利益冲突，出现诸如职工罢工、债权人拒绝提供贷款、股东抛售股票、税务机关监管趋严甚至开出罚单等，这些都不利于企业发展。从这个意义上看，企业价值最大化在设立财务目标过程中考虑问题的范围扩大了，更强调相关者利益的全面考虑、相互妥协与共同发展。

（2）企业价值最大化注重在企业发展中实现财务目标。为实现企业的和谐发展，确立财务管理目标必须考虑与企业有契约关系的各方利益。但如何考虑仍是一个十分重要的问题。企业价值最大化强调在企业发展中、增长中来满足各方利益诉求。因为，当企业财富总额一定时，各方的利益是此消彼长的关系，无论如何合理分配，都很难满足各方期盼。而当企业的财富增加后，各方利益都会有所增加，各种契约关系人的利益都会较好地得到满足，这反过来又会促进企业财富的增长，实现财务管理的良性循环。

（3）企业价值最大化更符合我国现阶段的国情。现阶段我国是一个以社会主义为政治制度、以市场经济为经济模式的国家，现代企业制度在我国有着独特、复杂的发展历程。与以私有制为主要政体的国家相比，我国企业应更强调职工的利益与权利，强调社会财富的积累，强调协调各方利益、实现共同富裕、共同发展。所以，以企业价值最大化作为财务管理目标更符合社会主义初级阶段的特点。

**【阅读材料1－3】**

### 我国企业财务管理目标的选择

我国著名的财务管理学教授王化成在1997年下半年对财务管理进行了一项问卷调查，调查主要在华北地区进行，共发出问卷105份，回收问卷70份，合格问卷60份。在此项问卷调查中，有两个涉及财务管理目标问题：（1）您认为财务管理的目标是应什么？（2）您单位的财务管理目标实际是什么？两个问题的备选答案一样，均有以下5个：A. 企业价值最大化；B. 股票价格最高；C. 利润最大化；D. 财务风险最小；E. 筹资数量最多。问卷结果的统计情况见表1－1。

表1－1　　　　　　　　　财务管理目标问卷调查统计表

| 项目 | 你认为应该是 | | 你所在单位实际是 | | 差异 | |
|---|---|---|---|---|---|---|
| | 人数 | 百分比（%） | 人数 | 百分比（%） | 人数 | 百分比（%） |
| 企业价值最大化 | 50 | 84 | 19 | 31 | 31 | 53 |
| 股票价格最高 | 0 | 0 | 0 | 0 | 0 | 0 |
| 利润最大化 | 8 | 13 | 33 | 55 | −25 | −42 |
| 财务风险最小 | 2 | 3 | 4 | 7 | −2 | 4 |
| 筹资数量最多 | 0 | 0 | 4 | 7 | −4 | −7 |
| 参加人数合计 | 60 | 100 | 60 | 100 | 0 | 0 |

资料来源：王化成. 财务管理理论结构. 现代财务理论前沿专题［M］. 大连：东北财经大学出版社，2000：34－35.

## 三、财务管理的具体目标

财务管理的具体目标是由财务管理的具体内容决定的，主要包括以下四个方面：

### （一）筹资管理目标

筹资活动是资金运动的起点，在市场经济条件下，企业生产经营所需资金可以从多种渠道、以多种方式筹措。而不同来源的资金，其使用期限、附加条款的限制及资本成本的大小均不相同。企业的筹资决策要贯彻财务管理总体目标的要求，就必须在资本成本、财务风险等因素之间进行权衡，以筹资渠道多样化、筹资方式多元化、筹资成本最小化、筹资风险最低化和资本结构最优化作为筹资决策主要标准，及时、足额地筹措到企业所需资金，促进企业总体财务目标的实现。

### （二）投资管理目标

投资的最终目的在于获取一定的投资收益，但由于投资收益的未来性使得投资决策不可避免地带有一定的风险性。重大投资项目一旦投资失败，将使企业遭受巨大的投资损失，甚至影响企业的前途和命运。因此，企业投资的具体目标是：合理选择投资方向或项目，在优化投资方案设计、可行性分析和正确决策的基础上，务必使投资取得成功，并以较少的投资成本和较低的投资风险，获得较大的投资回报。

### （三）营运资本管理目标

营运资本通常是流动资产与流动负债的差额，它是为满足企业日常营业活动的要求而垫支和占用的资金。营运资本的周转表现往往与企业的生产经营周期具有一致性。营运资本管理的重点是强调它的周转性和占用性。一定时期内，资金周转速度越快，资金占用量就越少。因此，企业营运资本管理的具体目标是：通过制定切实可行的营运资本管理政策，合理使用资金，加速资金周转，以较少的资金占用完成较多的营业任务，不断提高资金的利用效率。

### （四）收益分配管理目标

广义的收益分配，既包括对收入的分配，也包括对利润的分配，分配过程本质上看是对利益分割的过程。分配是否公平公正，直接影响企业与利益相关者之间的合作能否持久、有效，影响企业的发展。因此，企业收益分配的具体目标是：通过制定合理的收益分配政策，选择适当的分配标准和分配方式，在满足企业自身积累和发展需要的同时，兼顾企业和各方面的经济利益关系，既能提高企业的即期市场价值和财务稳定性和安全性，又能使企业的未来盈利水平不断增加，从而使企业的市场价值不断上升。

## 四、代理理论对财务管理目标的影响

代理理论是20世纪下半叶契约理论最重要的发展之一，它是20世纪60年代末70年代初，一些经济学家不满Arow-Debrer体系中的企业"黑箱"理论，而深入研究企业内部信息不对称和激励问题发展起来的，其代表人物是詹森（Jensen）麦克林（Meckling）。根据该理论，企业实际上是各种契约的集合体，企业与其利益相关者之间的经济关系可以视为一种契约，这些契约有些是明确的，有些是模糊的。这些契约关系大多表现为代理关系。所谓代理关系，是指委托人雇佣并授权被委托人（代理人）代其行使某些特定的权利而在彼此之间所形成的契约关系。企业与政府、供应商、客户、员工等之间存在着广泛而密切的代理关系。在现代企业中，最主要的代理关系包括：股东（所有者）与经营者之间的代理关系；股东与债权人之间的代理关系。股东、债权人、经营者作为企业最主要的利益相关者，由于各方利益目标的不一致性，它们三者之间不可避免地会产生利益矛盾与冲突，进而影响到企业财务管理目标的实现。

### (一) 股东与经营者之间的代理关系

股东是企业的出资者，更是企业的所有者；经营者即企业的经理人。在两权分离的条件下，股东和经营者之间形成了一种委托代理关系。股东的目标是追求财富最大化，而经营者的目标是得到更好的待遇，包括物质的和精神的；较多的闲暇时间，较少的工作时间及较低的工作强度；尽量避免风险。经营者得到的利益正是股东所失去的利益，这种被放弃的利益也称为股东支付给经营者的享受成本。但问题的关键不是享受成本的多少，而是在增加享受成本的同时是否更多地提高了股东财富。因此，经营者和股东的主要矛盾就是，经营者希望在增加股东财富的同时能更多地增加享受成本，而股东则希望以较小的享受成本支出带来更多的股东财富。

由于经营者的目标和股东目标并不完全一致，经营者有可能为了自身的目标而背离股东的利益。这种背离表现在两个方面：(1) 道德风险。指经营者为了自己的目标，不是尽最大努力去实现企业财务管理的目标。他们没有必要为提高股价而冒险，股价上涨的好处将归于股东，如若失败，他们的"身价"将下跌。他们不做什么错事，只是不十分卖力，以增加自己的闲暇时间。这样做，不构成法律和行政责任问题，只是道德问题。股东很难追究他们的责任。(2) 逆向选择。指经营者为了自己的目标而背离股东的目标。例如，装修豪华的办公室，买高档汽车等；借口工作需要乱花股东的钱；或者蓄意压低股票价格，以自己的名义借款买回，导致股东财富受损，自己从中渔利。

为了防止经营者背离股东目标，通常可以采用以下两种方法：

1. 监督。经营者背离股东目标的条件是双方信息不对称，经营者了解的企业信息比股东多。避免"道德风险"和"逆向选择"的出路是股东获取更多的信息，对经营者进行监督，在经营者背离股东目标时，减少其各种形式的报酬，甚至解雇他们。

但是，全面监督在实践中是行不通的。股东是分散的或者远离经营者，得不到充分的信息；经营者比股东有更大的信息优势，比股东更清楚什么是对企业更有利的行动方案；全面监督管理行为的代价是高昂的，很可能超过它所带来的收益。因此，股东支付审计费聘请注册会计师，往往限于审计财务报表，而不是全面审查所有管理行为。股东对情况的了解和对经营者的监督总是必要的，但受监督成本的限制，不可能事事都监督。监督可以减少经营者违背股东意愿的行为，但不能解决全部问题。

2. 激励。防止经营者背离股东利益的另一种措施是实施激励计划，使经营者分享企业增加的财富，鼓励他们采取符合股东利益最大化的行动。通常是将经营者的奖金与其经营绩效挂钩，促使经营者与股东的利益目标趋于一致。激励的具体方式有两种：一是绩效股方式，即企业运用一定的业绩评价指标评价经营者的业绩，视其业绩好坏给予经营者数量不等的股票作为报酬。二是经理股票期权计划，即允许管理层在未来某一时期内以预先确定的价格购买股票。无论哪一种方式，报酬过低，不足以激励经营者；报酬过高，股东付出的激励成本过大，也不能实现自己的最大利益。因此，激励可以减少经营者违背股东意愿的行为，但也不能解决全部问题。

通常，股东同时采取监督和激励两种措施来协调自己和经营者的目标。尽管如此，仍不可能使经营者完全按股东的意愿行动，经营者仍然可能采取一些对自己有利而不符合股东利益最大化的决策,并由此给股东带来一定的损失。监督成本、激励成本和偏离股东目标的损失之间此消彼长,相互制约。股东要权衡轻重,力求找出能使三者之和最小的解决办法,它就是所有者与经营者利益协调的最佳解决方案。

### (二) 股东与债权人之间的代理关系

当公司向债权人借入资金后,两者也形成一种委托代理关系。这种关系通常表现为债权人与经营者之间的关系,但经营者是股东雇佣的,因此其实质是股东与债权人之间的代理问题。

债权人把资金借给企业,其目标是到期收回本金,并获得约定的利息收入;公司借款的目的是用它扩大经营,投入有风险的生产经营项目,两者的目标并不一致。

债权人事先知道借出资金是有风险的,并把这种风险相应的报酬纳入利率。此时确定的利率要考虑的因素包括:公司现有资产的风险、预计公司新增资产的风险、公司现有的负债比率、公司未来的资本结构等。

但是,借款合同一旦签订,资金划归企业,债权人就失去了控制权,股东有可能为了自身利益、通过经营者而损害债权人的利益,其常用方式是:

1. 股东不经债权人同意,投资于比债权人预期风险高的新项目。如果高风险的计划侥幸成功,超额的利润归股东独吞;如果计划不幸失败,公司无力偿债,债权人与股东将共同承担由此造成的损失。尽管按法律规定,债权人先于股东拥有"剩余财产分配权",但多数情况下,剩余财产(破产财产)不足以偿债。所以,对债权人来说,超额利润肯定拿不到,发生损失却有可能要分担,权利与义务不平衡。

2. 股东不经债权人同意而迫使管理当局发行新债,致使债权人旧债价值下降,使旧债权人蒙受损失。旧债券价值下降的原因是发新债后公司负债比率加大,公司破产的可能性增加,如果企业破产,旧债权人和新债权人要共同分配破产后的财产,使旧债券的风险增加、价值下降。尤其是不能转让的债券或其他借款,债权人没有出售债权来摆脱困境的出路,处境更加不利。

债权人为了降低贷款风险,除了寻求立法保护(如破产时优先接管、优先于股东分配剩余财产等)外,通常采取以下措施:第一,在借款合同中加入限制性条款,如规定资金的用途、规定不得发行新债或限制发行新债的数额等。第二,发现公司有剥夺其财产意图时,拒绝进一步合作,不再提供新的借款或提前收回借款。

## 五、企业社会责任对企业财务管理目标的影响

企业在实现企业价值或股东财富最大化目标时,需要承担必要的社会责任。这里的社会责任是指企业对于超出法律和公司治理规定的、对利益相关者最低限度义务之外的、属于道德范畴的责任。具体来讲,企业社会责任主要包括以下内容:

### (一) 对员工的责任

员工为企业提供劳动服务,企业对员工承担的社会责任有:(1)按时足额发放劳动报酬,并根据社会发展逐步提高工资水平。(2)提供安全健康的工作环境,加强劳动保护,实现安全生产,积极预防职业病。(3)建立企业职工的职业教育和岗位培训制度,不断提高职工的素质和能力。(4)完善工会、职工董事和职工监事制度,培育良好的企业文体。

## （二）对债权人的责任

债权人向企业提供债务资本，企业对债权人承担的社会责任有：(1) 按照法律法规与公司章程的规定，真实、准确、全面、及时地披露公司信息。(2) 诚实守信，不滥用公司人格，不欺骗债权人。(3) 主动偿债，不无故拖欠。(4) 切实履行债务合同，确保交易安全。

## （三）对消费者的责任

企业的价值实现，很大程度上取决于消费者的选择，因此，企业理应重视对消费者承担的社会责任，这些责任包括：①确保产品质量，保障消费安全。②诚实守信，确保消费者的知情权。③提供完善的售后服务，及时为消费者排忧解难。

## （四）对社会公益的责任

企业对社会公益的责任主要涉及慈善、社区等。企业对慈善事业的社会责任是指承担扶贫济困和发展慈善事业的责任，表现为企业对不确定的社会群体（尤指弱势群体）进行帮助。捐赠是其履行责任最主要的表现形式，受赠对象主要有社会福利院、医疗服务机构、教育事业、贫困地区、特殊困难人群等。此外，还包括招聘残疾人、生活困难的人、缺乏就业竞争力的人到企业工作，举办与企业经营有关的各种公益性的社会教育宣传活动等。

## （五）对环境和资源的责任

企业对环境和资源的社会责任主要包括两个方面：一是承担可持续发展与节约资源的责任；二是承担保护环境和维护自然和谐的责任。

人们普遍认为，企业应当承担社会责任并遵守商业道德。然而，承担社会责任需要花费一定的成本，为了补偿成本，企业就要提高产品的价格，这必然使企业在与同行业其他企业的竞争中处于不利地位。而且，如果企业将大量的资源贡献给社会公益活动，也会受到来自资本市场的压力。因为在资本市场上，投资者更青睐那些专注于利润和股价上升的企业，而不是那些将大量的资源贡献给社会公益活动的企业。

这是否意味着股东利益与承担社会责任之间存在矛盾，企业就不要承担社会责任了呢？实际上，实现企业价值或股东财富最大化与其承担的社会责任是息息相关的。企业要为员工提供合理的薪金和安全的工作环境，否则员工就没有积极性，劳动生产率就会下降，影响企业的盈利，最终将损害股东的利益；企业要为顾客提供合格的产品和优质的服务，否则就会面临失去顾客和遭遇诉讼的危险，这必然会提高企业的成本，最终也将损害股东的利益；企业在满足自身利益的同时，也要维护供应商的利益，否则供应商将会提高供货价格，或者取消对企业的赊销；企业还要承担必要的社会公益责任，因为良好的社会形象有利于企业长远的发展，许多消费者也更愿意从对社会负责的企业那里购买产品。

股东只是社会的一部分人，他们在谋求自己利益的时候，不应当损害他人的利益。国家要保护所有公民的正当权益。为此，国家颁布了一系列保护公众利益的法律，如《公司法》《反不正当竞争法》《环境保护法》《劳动合同法》《消费者权益保护法》和《质量法》等，通过这些法律调节股东和社会公众的利益关系。一般说来，企业只要严格遵守了这些法律，在谋求自身利益的同时也会使公众受益。

但是，法律不可能解决所有问题，况且目前我国的法制尚不够健全，企业有可能在合法的情况下从事不利于社会的事情。因此，企业还要受到商业道德的约束，要接受政府有关部门的行政监督,以及社会公众的舆论监督,进一步协调企业和社会的矛盾,切实承担起社会责任。

**【阅读材料1-4】**

瘦肉精与双汇集团

2011年,中央电视台在3·15消费者权益日播出了一期《"健美猪"真相》的特别节目,其中披露了双汇集团子公司河南济源双汇公司收购使用含有"瘦肉精"猪肉的事实。据央视记者调查,在河南孟州市、沁阳市、温县和获嘉县调查了十几家养猪场,发现几乎家家都在使用"瘦肉精",添加量大小不一,几乎成了公开的秘密。

消息传出后对双汇集团经营产生了巨大的冲击,各地大型超市均撤出双汇产品。为恢复市场信誉,2011年3月31日,处在"瘦肉精"危机中的双汇集团在河南漯河召开"万人职工大会",集团董事长万隆再次向消费者致歉,并称双汇因"瘦肉精"事件受损超过121亿元。双汇集团董事长万隆承认"瘦肉精"事件对双汇影响巨大:3月15日双汇发展股价跌停,市值蒸发103亿元;3月15日至今,影响销售额15亿元;济源双汇处理肉制品和鲜冻品直接损失预计3 000多万元;由于"瘦肉精"事件改为生猪头头检查,全年预计增加检测费3亿多元;品牌美誉度受到巨大伤害。为了消除影响,杜绝类似事件的再次发生,万隆宣读了双汇集团的六项决定:(1)强化源头控制;执行生猪头头检验,原辅料强化批批检查。(2)成立双汇集团食品安全监督委员会,监督企业各个环节;(3)建立双汇集团食品安全奖励基金,每年"3·15"做总评;(4)建立食品安全举报制度;(5)引入"中国检验认证集团"作为独立监督机构进行第三方监测;(6)加快养殖业发展,进一步完善产业链,提高企业对产业链上下游的控制力。

思考:(1)双汇集团是否应该对农户使用"瘦肉精"而给自己市场声誉造成损失负责?(2)"瘦肉精"给企业管理者带来的启示是什么?(3)通过这一事件,你如何考虑股东财富最大化和企业社会责任之间的关系?

资料来源:新浪网,http: finace.sina.com.cn。

## 第四节 财务管理的假设与原则

### 一、财务管理假设

假设是人们根据特定环境和已有知识所提出的、具有一定事实依据的假定或设想,是进一步研究问题的基本前提。任何基础理论的形成都需要事先提出各种基本假设,然后在此基础上经过演绎推理,验证后上升为指导实践的理论框架体系。

财务管理假设是对财务管理领域中存在的尚未确知或无法论证的事物按照客观事物的发展规律所作的合乎逻辑的推理或判断。财务管理假设是建立财务管理理论体系的向导和前提条件,是组织财务活动和处理财务关系必须具有的思维形式。

财务管理假设包括有关财务管理的空间(理财主体假设)、时间(持续经营假设)、环境(有效市场假设)、对象(资本增值假设)和行为(理性理财假设)等五个方面的假设。

### (一) 理财主体假设

理财主体是指财务管理为之服务的特定单位,通常是指具有独立或相对独立的物质利益的经济实体。理财主体假设是指企业的财务管理工作应限制在每一个经济上和经营上具有独立性的组织之内。它明确了财务管理工作的空间范围,将一个主体的理财活动同另一个主体的理财活动相区分。在现代的公司制企业中,客观上要求将公司的财务活动与股东的财务活动划分清楚,如果将成千上万的股东和企业混在一起,就无法判断企业的经营业绩和财务状况,而使用理财主体假设,将企业与股东、债权人、职工等主体分开,无疑是十分必要的。

理财主体应具备以下特点:

1. 独立性。独立性是指理财主体能够在不受外界直接干扰的情况下,自主地从事财务活动,它是理财主体最主要的特征。独立性主要体现在两个方面:其一,理财主体有自己所能控制的资金;其二,理财主体能够自主地进行融资、投资、分配等一系列财务活动,并对其财务活动的结果承担责任。

2. 目的性。理财主体从事财务活动应有自己的目标,根据目标来规划自己的行动。理财主体作为一个完整的经济组织,不仅有其行动的总目标,而且在筹资、投资、日常营运、收益分配等不同阶段有不同的具体目标。如果理财主体的目标不明确,必将分散其管理活动力量,最终导致其在竞争中失败。

3. 主要运用价值手段进行财务活动。在现代经济生活中,一个经济组织的活动主要有两个流程:物流和资金流。财务管理的对象是资金流,对资金这种特殊的对象进行管理,决定了理财主体只能运用价值手段。在财务管理中,价值的观念无处不在,其中资金时间价值和风险价值是贯穿于整个财务活动的两个主要价值观念。

理财主体假设为正确建立财务管理目标、科学划分权责关系奠定了理论基础。

### (二) 持续经营假设

持续经营假设是指理财主体持续存在且能够执行预计的经济活动,即每一个理财主体在可以预见的未来都会无限期地经营下去。它明确了财务管理的时间范围。

在设定企业作为理财主体以后,就面临一个问题,这个企业能存在多久?企业可能是持续经营的,也可能因为某种原因发生变更甚至终止营业。因为在任何一个时点上,企业的前景只有两种可能,即持续经营和停业清算,非此即彼,没有第三种可能。在正常情况下,当企业进行筹资、投资和分配时,假定持续经营是完全合理的,推测企业破产反而有悖常理。因为,只有在持续经营的情况下,企业的投资在未来产生效益才有意义,企业才会根据其财务状况和对未来现金流量的预测、业务发展的要求安排其借款的期限,如果没有持续经营假设,这一切都无从谈起。

但是,一旦有迹象表明企业经营欠佳,财务状况恶化,不能偿还到期债务,持续经营假设就失去了支持其存在的事实基础,进而,以这项假设为基础的财务管理原则和方法也就失去了其应有的效用。这时,财务管理就必须放弃该项假设,而改为在清算假设下进行工作。例如,在企业破产清算中,一年期的债务和三年期的债务、未到期的债务和已到期的债务是没有区别的;而在持续经营的条件下,它们却有实质性的差异。

持续经营假设对企业的理财活动具有重要的意义。在确定筹资方式时,要注意合理安排短期资金和长期资金的关系;在进行投资时,要合理确定短期投资和长期投资的关系;在进行收益分配时,要正确处理各个利益集团短期利益和长期利益的关系,所有这些都是建立在持续经营假设基础之上的。

### (三) 有效市场假设

有效市场假设是指财务管理所依据的资本市场是健全和有效的。只有在有效市场上,财务管理才能正常进行,财务管理理论体系才能建立。

什么样的市场才是有效的呢?一个重要标准就是看市场有效配置资源的能力,或者市场调节和分配资本的效率,而在资本市场中,这常常取决于证券价格对相关信息的反映程度。如果证券价格能够完全且及时地反映所有可获得的相关信息,则该证券市场即为有效市场。反之,证券价格不能及时、正确地反映全部相关信息,则该证券市场就不是有效市场。也就是说,资本市场的有效性是指将有关信息融入证券价格的速度和完全程度。

美国学者法玛(Fama)较早对此问题展开了研究,他根据证券价格对有关信息的反映程度将有效市场划分为三类:一是弱式有效市场,即证券价格完全反映了历史上一系列交易价格和交易量中的信息,即历史信息,任何投资者仅仅根据历史信息进行交易,均不能获得额外收益。二是半强式有效市场,即证券价格完全反映了所有公开有用的信息,即公开信息,如公司的年度报告、投资咨询报告、董事会公告等,投资者无法利用已公开的信息获得额外收益。三是强式有效市场,即证券价格完全地反映了所有已公开的或未公开的信息,即全部信息。任何人包括内线人物即使掌握内幕信息也无法获得额外收益。

如果资本市场是有效的,则意味着,当企业需要资本时,能以合理的价格在资本市场上筹集到资本;当企业有闲置资本时,能在市场上找到有效的投资方式;企业理财上的任何成功或失误,都能在资本市场上得到反映。

有效市场假设是确立财务管理原则,决定筹资方式、投资方式,安排资本结构、确定筹资组合的理论基础。如果市场无效,很多理财方法和财务管理理论都无法建立。但是,虽然利用内幕信息在资本市场获利是非法的,这在任何国家都一样,然而,事实上,总是存在着利用内幕信息获利的行为,即便在发达国家较为完善的资本市场中亦是如此,因此,完全强势有效的资本市场尚不存在。

### (四) 资本增值假设

资本增值假设是指通过财务管理人员的合理运营,企业资本的价值可以不断增加。这一假设指明了财务管理存在的现实意义。因为财务管理是对企业资本进行规划和控制的一项管理活动,如果在资本运作过程中不能实现资本增值,财务管理也就没有存在的必要了。

在市场经济条件下,从整个社会来看,资本增值是一种规律,而且这种增值只能来源于生产过程。但从个别企业来考察,资本增值并不是一种规律,财务人员进行资本运营,可能实现资本增值,也可能发生资本减值,还可能出现资本价值不变。因此,从个别企业进行考察,资本增值只能是一种假设、并不是一项规律。但是,在财务管理中,财务人员做出某种投资决策时,一定是假定这笔投资在未来是增值的,如果预期这笔投资会亏损,则相关投资就不会发生了。

资本增值假设说明了财务管理存在的现实意义,该假设为科学地确立财务管理目标、合理地安排资本结构、不断地优化资本投向等奠定了理论基础。

### (五) 理性理财假设

理性理财假设是指从事财务工作的人员都是理性的,他们的理财行为也是理性的,他们会在众多方案中选择最有利的方案。一般而言,财务人员可分为两类:理性的和盲目的。尽管实践中确实存在一部分盲目的或不理性的财务人员,但从财务管理研究来看,只能假设所有的理财人员及其理财行为都是理性的,因为盲目的理财行为是没有规律的,而没有规律的东西无法上升到理论的高度。

在财务实践中,理性理财行为有以下四个表现:

1. 理财是一种有目的的行为。即企业的财务活动都有一定的目标。当然,在不同的时期、不同的理财环境中,人们对理性理财的看法和财务管理目标的追求是不同的,在过去看来是正确的、理性的行为,在今天看来可能是非理性的。也就是说,理性是相对的,是相对于具体理财环境与时间而言的。

2. 理财人员会在众多方案中选择一个最佳方案。即财务管理人员要通过比较、判断、分析等手段,从若干个方案中选择一个有利于财务管理目标实现的最佳方案。

3. 知错必纠。当理财人员发现正在执行的方案是错误的方案时,会及时采取措施进行纠正,以便使损失降至最低。

4. 与时俱进。理财人员能吸取以往工作的教训,总结工作经验,不断学习新的理论,合理应用新的方法,使理财行为由不理性变为理性,由理性变得更加理性。理性理财行为是确立财务管理目标、建立财务管理机制的理论前提。

## 二、财务管理原则

财务管理原则,也称理财原则,是企业组织财务活动、处理财务关系、进行财务决策所依据的准则,是人们对财务活动共同的、理性的认识。它包括一系列基本的价值观或理念,这些价值观或理念产生于理财实践,是为实践所证明了的并且为多数理财人员所接受的理财行为准则,它是财务理论和财务决策的基础。

关于如何概括理财原则,人们的认识不完全相同。例如,有人提出了现金流转平衡、资金占用最小化、集成化、利益相关者的利益协调、风险与收益匹配等原则,有人认为理财活动应遵循系统原则、平衡原则、弹性原则、比例原则和优化原则等。美国财务学家道格拉斯·R. 爱默瑞和约翰·D. 芬尼特的观点更具有代表性,他们将理财原则概括为三类,共十四条。

### (一) 有关竞争环境的原则

有关竞争环境的原则,是对资本市场中人的行为规律的基本认识。这类原则有四条。

1. 自利行为原则

自利行为原则是指人们进行财务决策时按照自己的财务利益行事,在其他条件相同时所有利益主体都会选择对自己经济利益最大的行为方法。

自利行为原则的依据是理性理财假设。该假设认为,人们对每一项交易都会衡量其代价和利益,并且会选择对自己最有利的方案来行动。自利行为原则假设企业决策人对企业目标具有合理的认识程度,并且对如何达到目标具有合理的理解。在这种假设情况下,企业会采取对自己最有利的行动。自利行为原则并不认为钱是任何人生活中最重要的东西,或者说钱可以代表一切。问题在于商业交易的目的是获利,在从事商业交易时人们总是为了自身的利益做出选择和决定,否则他们就不必从事商业交易。自利行为原则也并不认为钱以外的东西都是不重要的,而是说在"其他条件都相同时",所有财务交易主体都会选择对自己经济利益最大的行动。

自利行为原则的一个重要应用是委托代理理论。在代理理论中，各种自利人或其集合构成公司的各个利益主体，他们各自追求自身经济利益的最大化，由于各自的目标函数不同，他们之间存在着利益上的矛盾。这种矛盾需要通过委托人和代理人之间的"契约"来进行协调。委托人促使代理人采取与委托人利益相一致行为的方法，是对代理人进行激励与约束。代理理论是以自利行为原则为基础的。

自利行为原则的另一个应用是机会成本概念的提出。当某人采取了一种行动时，就等于取消了其他可能的行动，因此他必须要将这种行动和其他行为相比，看该行为是否对自己最有利，一种行动的价值和最佳选择的价值之间的差异构成机会成本。就财务决策来看，采用一个方案而放弃另一个方案时，被放弃方案的收益是被采用方案的机会成本，也称择机代价。尽管人们对机会成本或择机代价的概念有分歧，它们的计算也经常会遇到困难，但是人们都不否认机会成本是财务决策时不能不考虑的重要问题之一。

2. 双方交易原则

双方交易原则是指每一项交易至少存在两方，在一方根据自己的经济利益决策时，另一方也会按照自己的经济利益行动，即交易的双方都在交易中试图赢得自己的经济利益，交易的双方一样聪明、勤奋和富有创造力，因此在进行财务决策时要正确预见对方的反应。

双方交易原则的建立依据是商业交易至少有两方、交易是"零和博弈"，以及各方都是自利的假设。每一项交易都有一个买方和一个卖方，这是不争的事实。例如，在证券市场上卖出一股就一定有一股买入。既然买入的总量与卖出的总量永远一样多，那么一个人的获利只能以另一个人的付出为基础。一个高的价格使购买人受损而卖方受益；一个低的价格使购买人受益而卖方受损，一方得到的与另一方失去的一样多，从总体上看双方收益之和等于零，故称为"零和博弈"。在"零和博弈"中，双方都按自利行为原则行事，谁都想获利而不是吃亏。那么，为什么还会成交呢？这与事实上人们的信息不对称有关。买卖双方由于信息不对称，因而对金融证券产生不同的预期。不同的预期导致了证券买卖，高估股票价值的人买进，低估股票价值的人卖出，直到市场价格达到他们一致的预期时交易停止。如果对方不认为对自己有利，他就不会和你成交。因此，在决策时不仅要考虑自利行为原则，还要使对方有利可图，否则交易就无法实现。除非对方不自利或者很愚蠢，不知道自己的利益是什么，然而，这样估计商业对手本身就不明智。

双方交易原则对于理财的意义在于：

（1）决策者在进行财务决策时不能"以我为中心"，在谋求自身利益的同时要注意对方的存在，以及对方也在遵循自利行为原则行事。这条原则要求我们不要总是"自以为是"，错误地认为自己优于对手、比对手高明。过于傲慢和不尊重别人，常常会导致错误的决策。

（2）决策者在进行财务决策时要注意税收的影响。政府是不请自来的交易第三方，凡是交易政府都要从中收取税金。减少政府的税收，交易双方都可以受益。由于税收的存在，主要是利息的税前扣除，使得一些交易表现为"非零和博弈"。在进行财务决策时，必须考虑税收对理财活动的影响，例如，选择筹资渠道或确定资本结构时，应当考虑债务利息的抵税作用。通过合理的财务安排，有可能形成交易双方税负都减轻的"非零和博弈"状况。筹划纳税的结果使交易双方受益但其他纳税人会承担更大的税收份额，因此，从更大范围来看并没有改变"零和博弈"的性质。

**3. 信号传递原则**

信号传递原则,是指行动可以传递信息,并且比公司的声明或公告更有说服力。

信号传递原则是自利原则的延伸。由于自利行为,一项资产买卖决策能暗示出这项资产的状况或有关决策者对未来预期或计划的信息,资产的买进意味着该项资产对于买方"物有所值",暗示着买方具有利用该项资产赢得未来收益的预期;对于卖方,则暗示着资产的价值与资产目前的效用等值,卖方具有出售该项资产以赚得现实收益的意图。同样地,一个公司决定进入一个新的行业反映出管理者对公司实力和对未来前景充满信心。

信号传递原则对于公司理财的意义在于:

(1) 要求根据公司的行为判断它未来的收益状况。例如,一个经常用配股的办法找股东要钱的公司,很可能自身产生现金能力较差;一个大量购买国库券的公司,很可能缺少净现值为正数的投资机会;内部持股人出售股份,常常是公司盈利能力恶化的重要信号。特别是在公司的宣告(包括它的财务报表)与其行动不一致时,行动通常比语言更具说服力。这就是人们通常所说的,"不但要听其言、更要观其行"。

(2) 要求公司在财务决策时不仅要考虑行动方案本身,还要考虑该项行动可能给人们传达的信息。在资本市场上,每个人都在利用他人交易的信息,自己交易的信息也会被别人所利用,因此应考虑交易的信息效应。例如,当把一件商品的价格降至令人难以置信的程度时,人们就会认为它的质量不好,它本来就不值钱。再比如,在信息不对称的状况下,公司内部控股股东或高层职员掌握的公司的信息量远远高于外部股东,外部股东可以根据内部股东买进或卖出本公司股票的情况,来判断公司未来的相关信息。当公司内部管理人员在大量买进本公司股票时,说明公司未来发展前景良好,公司有了对未来有利的内幕消息。反之,如果公司管理人员在大量抛售手中持有的本公司股票,则说明公司发展前景暗淡。所以,在进行财务决策时,我们既需要获取支持财务决策的足够的信息,需要通过观察有关方面的行动来验证信息的实质,同时也必须考虑财务决策本身所传递的信息的准确性。

**4. 引导原则**

引导原则是指当所有办法都失败时,寻找一个可以信赖的榜样作为自己行为的向导。所谓"当所有办法都失败",是指我们的理解力存在局限性,不知道如何做对自己更有利;或者寻找最准确答案的成本过高,以至于不值得把问题全搞清楚。在这种情况下,不要继续坚持采用正式的决策分析程序,包括收集信息、建立备选方案、采用模型评价方案等。而是直接模仿成功榜样或者大多数人的做法。例如,你在一个自己从未到过的城市寻找一个就餐的饭馆,既无必要也没时间调查每个饭馆的有关信息,如何抉择?你应当找一个顾客较多的饭馆去就餐,而不要去顾客很少的地方,那里不是价格太贵就是服务很差。

引导原则不同于"盲目模仿"。它只在两种情况下适用:一是理解存在局限性,认识能力有限,找不到最优的解决办法;二是寻找最优方案的成本过高。在这种情况下,跟随值得信任的人或者大多数人才是有利的。引导原则不会帮你找到最好的方案,却常常可以使你避免采取最差的行动。它是一个次优化准则,其最好结果是得出近似最优的结论,最差的结果是模仿了别人的错误。

引导原则对于公司理财的意义在于:

(1) 提出参考"行业标准"的理念。例如,资本结构的选择问题,理论上不能提供公司最优资本结构的实用化模型。观察本行业成功企业的资本结构,或者多数企业的资本结构,不要与它们的水平偏离太远,就成了资本结构决策的一种简便、有效的方法。再例如,对一项房地产的估价,如果系统的估价方法成本过高,不如观察一下近期类似房地产的成交价格。

(2) 提出"免费跟庄(搭便车)"的理念。在自由跟庄状态下,一个"领头人"花费资源得出了一个最优行动方案,而"追随者"通过模仿就获得了好处而节约了信息成本,实质上领头人是在资助追随者。例如,快餐业投资中的追随"麦当劳"的现象,企业债权人团队中的主要债权人发生监督成本获取债务人财务信息的真实情况而他人则通过观察模仿主要债权人的行动而节约监督成本等。有时领头人不幸成了"革命烈士",而追随者却成了"成功人士"。《中华人民共和国专利法》和《中华人民共和国著作权法》是在知识产权领域中保护领头人的法律,强制追随者向领头人付费,以避免自由跟庄问题的负面影响。在财务领域中并不存在这种限制。许多小股民经常跟随"庄家"或机构投资者,以节约信息成本。当然,"庄家"也会利用免费跟庄(搭便车)现象,进行恶意炒作,损害小股民的利益。因此,各国的证券监管机构都禁止操纵股价的恶意炒作,以维持证券市场的公平性。

### (二) 有关创造价值的原则

有关创造价值的原则,是人们对增加企业财富基本规律的认识。此类原则也有四条。

#### 1. 有价值的创意原则

有价值的创意原则,是指新创意能获得额外报酬。

竞争理论认为,企业的竞争优势主要来源于经营奇异和成本领先两方面。经营奇异,是指企业产品本身、销售交货、营销渠道等客户广泛重视的方面在行业内独树一帜,并且由于该奇异所带来的产品溢价为消费者所接受且远远高于保持奇异而附加的成本,企业就可以获取超过同行业平均收益水平的利润。经营奇异来源于企业的创意与发明。

有价值的创意原则主要应用于直接投资项目。重复过去的投资项目或者别人的已有做法,最多只能取得平均的报酬率,维持而不是增加股东财富(这也是引导原则导致的局限性)。这一现象也说明,新的创意迟早会被别人效仿,所以只有不断创新,不断维持产品的差异化,才能营造更多的短期优势,从而不断增加股东财富。

#### 2. 比较优势原则

比较优势原则是指专长能创造价值。在市场上要想赚钱,必须发挥你的专长。大家都想赚钱,你凭什么能赚到钱?你必须在某一方面比别人强,并依靠你的强项来赚钱。麦克尔·乔丹的专长是打篮球,若他改行去打棒球就违背了比较优势原则。没有比较优势的人,很难取得超出平均水平的收入;没有比较优势的企业,很难增加股东财富。

比较优势原则的依据是分工理论。让每一个人去做最适合他做的工作,让每一个企业生产最适合它生产的产品,社会的经济效率才会提高。

比较优势原则有两个重要的应用:

(1) "人尽其才、物尽其用"。在有效的市场中,你不必要求自己什么都能做得最好,但要知道谁能做得最好。对于某一件事情,如果有人比你自己做得更好,就支付报酬让他代你去做。同时,你去做比别人做得更好的事情,让别人给你支付报酬。如果每个人都去做能够做得最好的事情,每项工作就找到了最称职的人,就会产生经济效率。每个企业都做自己能做得最好的事情,一个国家的效率就提高了。国际贸易的基础,就是每个国家生产它最能有效生产的产品和劳务,这样通过贸易,可以使每个国家都受益。

（2）优势互补。合资、合并、收购等，都是出于优势互补的考虑。一方有某种优势，如独特的生产技术，另一方有其他优势，如杰出的销售网络，两者结合可以使各自的优势快速融合，并形成新的优势。

比较优势原则要求企业把主要精力放在自己的比较优势上，而不是日常的运行上。建立和维持自己的比较优势，是企业长期获利的根本。

3. 期权原则

期权是指不附带义务的权利，它是有经济价值的。期权原则是指在进行财务估价时要考虑期权的价值。

期权概念最早产生于金融期权交易。在金融期权交易中，期权是指所有者（期权的购买者）能够要求出票人（期权的出售者）履行期权合同上载明的交易的权利，但是出票人不能要求所有者去做任何事情。在财务上，一个明确的期权合约通常是指按照预先设定的价格买卖一项资产的权利。购买的权利是一项买进期权，出售的权利是一项卖出期权。保险赔偿是一种卖出期权，投保的资产因具有期权而比未投保的资产的价值要高。

广义的期权不限于财务合约，任何不附带义务的权利都属于期权。许多资产都存在隐含的期权。例如，一个企业可以决定某个资产出售或者不出售，如果价格不令人满意就什么也不做，如果价格令人满意就出售。这种选择权是广泛存在的。一个投资项目，本来预期有正的净现值，因此被采纳并实施了，上马以后发现它并没有原来设想的那么好。此时，决策人不会让事情按原计划一直发展下去，而会决定方案下马或者修改方案，使损失减少到最低。这种后续的选择权是有价值的，它增加了项目的净现值。

期权是有价值的，在对资产进行估价时，必须要考虑资产的期权价值。例如，在评价项目时，应考虑到后续选择权是否存在以及它的价值有多大。有时，一项资产附带的期权可能比该资产本身更有价值。

4. 净增效益原则

净增效益原则是指财务决策建立在净增效益的基础上，一项决策的价值取决于它和替代方案相比所增加的净收益。

在财务决策中净收益通常用现金流量计量，一个方案的净收益是指该方案现金流入减去现金流出的差额，也称为现金流量净额。一个方案的现金流入是指该方案引起的现金流入量的增加额；一个方案的现金流出是指该方案引起的现金流出量的增加额。"方案引起的现金流量增加额"，是指这些现金流量依存于特定方案，如果不采纳该方案就不会发生这些现金流入和流出。

净增效益原则在财务决策中有两个主要应用：

（1）差额分析法。就是在分析投资方案时只分析它们有区别的部分，而省略其相同的部分。净增效益原则初看似乎很容易理解，但实际贯彻起来需要非常清醒的头脑，需要周密地考察方案对企业现金流量总额的直接和间接影响。例如，一项新产品投产的决策引起的现金流量，不仅包括新设备投资，还包括动用企业现有非货币资源对现金流量的影响；不仅包括固定资产投资，还包括需要追加的营运资金；不仅包括新产品的销售收入，还包括对现有产品销售积极或消极的影响；不仅包括产品直接引起的现金流入和流出，还包括对公司税务负担的影响等。

（2）沉没成本概念。沉没成本是指已经发生、不会被以后的决策改变的成本。沉没成本与将要采纳的决策无关，因此在分析决策方案时应将其排除。

**（三）有关财务交易的原则**

有关财务交易的原则，是人们对于财务交易基本规律的认识。此类原则有四条。

1. 风险—报酬权衡原则

风险—报酬权衡原则是指风险和报酬之间存在一个对等关系，投资人必须对报酬和风险作出权衡，为追求较高报酬而承担较大风险，或者为减少风险而接受较低的报酬。所谓"对等关系"，是指高收益的投资机会必然伴随巨大风险，风险小的投资机会必然只有较低的收益。

在财务交易中，当其他一切条件相同时人们倾向于高报酬和低风险。如果两个投资机会除了报酬不同以外，其他条件（包括风险）都相同，人们会选择报酬较高的投资机会，这是自利行为原则所决定的。如果两个投资机会除了风险不同以外，其他条件（包括报酬）都相同，人们会选择风险小的投资机会，这是风险反感决定的。所谓"风险反感"是指人们普遍对风险有反感，认为风险是不利的事情。肯定的 1 元钱，其经济价值要大于不肯定的 1 元钱。

如果人们都倾向于高报酬和低风险，而且都在按照他们自己的经济利益行事，那么竞争结果就产生了风险和报酬之间的权衡。你很难在要求低风险的同时获取高报酬，因为这是每个人都竭力想得到的。即使你最先发现了这样的机会并率先行动，别人也会迅速跟进，竞争终会使报酬率降至与风险相当的水平。因此，现实的市场中只有高风险同时高报酬和低风险同时低报酬的投资机会。

如果你想有一个获得巨大收益的机会，你就必须冒可能遭受巨大损失的风险，每一个市场参与者都在他的风险和报酬之间作权衡。有的人偏好高风险、高报酬，有的人偏好低风险、低报酬，但是每个人都要求风险与报酬对等，不会去冒无谓的、没有价值的风险。

2. 投资分散化原则

投资分散化原则，是指不要把全部财富投资于一个企业或相同的投资项目，而要分散投资。投资分散化原则的理论依据是投资组合理论。马克维茨的投资组合理论认为，若干种股票组成的投资组合，其收益是这些股票收益的加权平均数，但其风险要小于这些股票的加权平均风险，所以投资组合能降低风险。

如果一个人把他的全部财富投资于一个公司，这个公司破产了，他就失去了全部财富。如果他投资于 10 个公司，只有 10 个公司全部破产，他才会失去全部财富。10 个公司全部破产的概率，比一个公司破产的概率要小得多，所以投资分散化可以降低风险。

分散化原则具有普遍意义，不仅仅适用于投资活动，公司各项决策都应注意分散化原则。不应当把公司的全部投资集中于个别项目、个别产品和个别行业；不应当把销售集中于少数客户；不应当使资源供应集中于个别供应商；重要的事情不要依赖一个人完成；重要的决策不要由一个人做出。凡是有风险的事项，都要贯彻分散化原则，以降低风险。

3. 市场估价原则

市场估价原则，是指理财时要重视市场对企业的估价，企业的价值最终需要由市场来确定。根据市场有效原则，在资本市场上频繁交易的金融资产的市场价格反映了所有可获得的信息，而且面对新信息完全能迅速地做出调整。

金融资产信息生产的专业化，使资本市场有了利用信息来源确定价格的可能。资本市场就像一个巨型的信息处理器,通过有效地利用各种信息来组织交易、确定金融资产价格。通过价格的升降,对各类信息做出反应,不断地评判公司前景。

虽然完全强势效率的证券市场并不存在,总是存在着利用内幕信息获利的行为,但市场估价原则对于公司理财仍具有重要意义,表现在:

(1) 应相信市场。由于证券市场能够反映全部的公开市场信息,故大多数证券的价格是合理的,应该相信市场对于证券的定价。

(2) 没有财务幻觉。由于资本市场可以反映大多数公开的信息,资本市场就是企业经营状况的一面镜子,也是企业行为的矫正器,企业的价值取决于企业未来现金净流量的获取能力,只要企业采取的行动没有提高企业的未来获利能力,市场对这种行为传递的信息就会做出正确的反映。因此,试图通过操纵信息、创造财务幻觉、粉饰公司的经营状况来提高股票价格的做法,长远来看是徒劳无益的。

一些公司把巨大的精力和智慧放在报告信息的操纵上,通过"创造性会计处理"来提高报告利润,企图用财务报表给使用人制造幻觉,这在有效市场中是无济于事的。用资产置换、关联交易操纵利润,只能得逞于一时,最终会付出代价,甚至导致公司破产。市场对公司的评价降低时,应分析公司的行为是否出了问题并设法改进,而不应设法欺骗市场。妄图欺骗市场的人,最终会被市场所抛弃。

(3) 慎重使用金融工具。如果资本市场是有效的,购买或出售金融工具的交易的净现值就为零。公司作为从资本市场上取得资金的一方,很难通过筹资获取正的净现值(增加股东财富)。公司的生产经营性投资带来的竞争,是在少数公司之间展开的,竞争并不充分。一个公司,因为它有专利权、专有技术、良好的商誉、较大的市场份额等相对优势,可以在某些直接投资中取得正的净现值。资本市场与商品市场不同,其竞争程度高、交易规模大、交易费用低、资产具有同质性,使得其有效性比商品市场要高得多。所有需要资本的公司都在寻找资本成本低的资金来源,大家机会均等。机会均等的竞争,使财务交易基本上是公平交易。在资本市场上,只获得与投资风险相称的报酬,也就是与资本成本相同的报酬,很难增加股东财富。

4. 货币时间价值原则

货币时间价值原则,是指在进行财务计量时要考虑货币时间价值因素。"货币的时间价值"是指货币在经过一定时间的投资和再投资所增加的价值。

货币具有时间价值的依据是货币投入市场后其数额会随着时间的延续而不断增加。这是一种普遍的客观经济现象。要想让投资人把钱拿出来,市场必须给他们一定的报酬。

货币时间价值原则的首要应用是现值观念。由于现在的1元货币比将来的1元货币经济价值大,不同时间的货币价值不能直接加减运算,需要进行折算。通常,要把不同时间的货币价值折算到"现在"时点,然后进行运算或比较。把不同时点的货币折算为"现在"时点的过程,称为"折现",折现使用的百分率称为"折现率",折现后的价值称为"现值"。财务估价中,广泛使用现值计量资产的价值。

货币时间价值的另一个重要应用是"早收晚付"观念。对于不附带利息的货币收支,与其晚收不如早收,与其早付不如晚付。货币在自己手上,可以立即用于消费而不必等待将来消费,可以投资获利而无损于原来的价值,可以用于预料不到的支付,因此早收、晚付在经济上是有利的,当然其前提是不破坏信用原则。

## 第五节　财务管理的产生与发展

### 一、财务管理的产生

现代财务管理的产生是社会生产力发展的结果，其直接原因是代表现代化大生产的新的企业组织形式——股份公司的产生。随着人类生产经营活动的发展，产生了原始形态的财务活动，比如古代手工业者为了建立自己的作坊，常常需要向大地主、大商人借款，这种原始的高利贷实际上就是现代意义上的筹资活动。但是，在中世纪以前，由于生产力水平低下、生产经营管理相对落后，财务管理活动还只是人类生产经营过程中的零星、自发的活动，没有形成社会化的系统活动。

到了15~16世纪，地中海沿岸的城市商业得到了迅速发展、私人资本已不能满足商业规模扩大的要求。在商业活动繁荣的热那亚、威尼斯等城市，出现了邀请公众入股的城市商业组织，股东包括商人、王公、廷臣和一般市民。当时的这类组织（股份公司）大多由官方设立，业务行为受官方监督，股份不能转让，但投资者可以收回，国外有些学者视其为原始的股份制企业。这虽然还不是现代意义上的股份公司，但已开始把向公众筹集的资金用于商业经营，也已出现红利的分配与股本的收回等财务活动。因此，这实际上就是早期财务管理的萌芽，只不过这时的财务管理还没有作为一项独立的职能从商业经营中分离出来。

17、18世纪，随着资本的原始积累和金融业的兴起，生产规模不断扩大，当时的海洋强国荷兰、英国为了开展海外贸易，需要大量的资本支持，他们尝试以股份的形式募集资本，由此产生了早期的股份公司。

19世纪50年代以后，欧美产业革命进入完成时期，制造业迅速崛起，新机器、新技术不断涌现，企业规模不断扩大，企业需要更大量的资本，股份公司得到了迅速的发展。随着大量股份公司在欧美出现，就需要法律确认其法人地位。1837年，美国的康涅狄格州颁布了第一部一般公司法，规定了标准的公司注册程序。1856年，英国议会通过了一般有限责任法案，正式确认了注册公司股东对公司债务只负有限的赔偿责任，现代意义上的公司制度已现雏形。1890年，新古典经济学的代表人物马歇尔在他的《经济学原理》中，描述了股份公司股东所有权与经营权分离的现象。而财务管理权是经营权或控制权的重要组成部分，经营者在股份公司经营管理中的地位越来越重要。

19世纪末20世纪初，企业规模越发庞大，股份公司制度日益完善，促使公司出现了一种新的管理职能。这时，如何筹集资金？筹集到的资金如何使用？企业盈利怎样分配？这些问题的处理越来越重要、也越来越专业。于是，各大公司纷纷成立一个新的管理部门——财务管理部门，来应对上述情况。财务管理作为一项独立的职能，开始从企业管理中分离出来，独立的财务管理活动应运而生。

由于公司的迅速发展，需要大量专业化的财务管理人才，同时财务管理工作也迫切需要理论指导，这时在美国等发达国家的一些大学里，逐步开设了财务管理课程。财务管理的理论研究日益受到重视，相关的著作与教材开始出现。1897年，美国著名财务学者格林（Thomas L. Green）出版了《公司理财》一书，该书是世界上最早的财务管理理论著作之一,它的出版标志着财务管理学科的诞生。

## 二、西方财务管理的发展

自财务管理产生以后,西方国家的财务管理以股份公司为研究对象,着眼于日新月异的资本市场,在学科发展、理论成果上可谓异彩纷呈,至今已成为西方经济学中最耀眼的分支。西方财务管理的发展大致经历了以下几个主要阶段。

**(一)筹资财务管理阶段(19世纪末至20世纪20年代)**

在筹资财务管理阶段,财务管理的主要职能是预计公司资金的需要量和筹集公司发展所需要的资金。20世纪初,西方国家股份公司发展迅速,企业规模不断扩大,财务管理的主要任务,就是为公司的组建和发展筹集所需要的资金。这一阶段财务管理的主要特点表现在:筹集资本为重心,资本成本最小化为目标;注重筹资方式的选择,缺乏对资本结构的关注;财务管理对内部控制和资本运用涉及较少。

这一时期财务管理理论研究的重点也是筹资问题。从1897年格林的《公司理财》一书问世,到20世纪30年代西方爆发经济大危机,财务学基本是以描述金融市场和各种股票、债券的交易为主。1920年,斯通(Author Stone)的《公司财务政策》出版(Financial Policy of Corporation),该著作较全面地反映了这一时期公司理财的各种观点,是"传统财务管理学"的代表作。

**(二)内部财务管理阶段(20世纪30年代至20世纪50年代初)**

20世纪30年代,由于爆发世界性的经济危机,资本市场严重受挫,众多企业破产,投资者损失惨重。为了保护投资者利益,各国政府加强了对资本市场运作的监管,对证券融资做出严格的法律规定。如美国在1933年、1934年通过了《联邦证券法》和《证券交易法》,要求公司编制反映企业财务状况及其他情况的说明书,并按规定向证券交易委员会(SEC)定期报告。政府监管的加强,客观上要求企业把财务管理的重心转向内部控制及公司资本的有效运营上。而对于企业而言,为了尽快走出经济危机的困境、适应政府的法律规定,加强内部控制、提高资金的使用效率也显得十分必要。

这一阶段财务管理的理论和内容发生了较大的变化,表现在:财务管理不仅要筹措资本,而且要进行有效的内部控制,管好用好资本;对资本的控制需要借助于定量方法,各种计量模型被开发出来,并逐渐应用于现金、应收账款、存货、固定资产的管理与控制;如何根据政府的法律法规来制定公司的财政政策,成为公司财务管理的重要方面。

这一时期财务管理的理论研究也体现了这一变化,如美国的洛弗(W. H. Lough)在《企业财务》一书中,首先提出企业财务除筹措资本外,还要对资本周转进行有效的管理。英国的罗斯(T. G. Rose)在他的《企业内部财务论》中,特别强调企业内部控制的重要性,认为资本的有效运用是财务研究的中心。

**(三)投资财务管理阶段(20世纪50年代中后期至70年代)**

第二次世界大战后,科学技术、资本市场得到了空前的发展,市场竞争更加激烈。投资作为企业增加收益的一条重要途径以及企业重要的财务活动日益受到重视。企业管理当局为了在竞争中维持生存和发展,越来越关注投资决策问题。投资决策在企业财务管理中逐渐取得了主导地位,而与资本筹集有关的问题逐渐退居到第二位。

这一阶段财务管理的主要特点表现在：公司财务分析项目扩展到了整个资产负债表的左侧，即资产的投资；财务管理强调决策程序的科学化，建立了从投资项目提出，到评价、决策、实施、再评价的完整决策程序；投资分析评价指标从传统的投资回收期、投资报酬率等向考虑货币时间价值的贴现现金流量指标体系转变，净现值法、现值指数法、内含报酬率法等得到了广泛应用；建立了系统的风险投资理论和方法，为正确进行风险投资决策提供了科学依据。

这一时期的财务理论研究取得了较大的突破，多项成果后来陆续获得诺奖。1951年，美国著名财务学家乔尔·迪安（Joel Dean）出版了最早研究投资财务理论的著作《资本预算》，该著作在这一领域起了极其重要的先导和奠基作用，并成为此后在这一领域众多论著的思想与理论源泉。1952年H·马科维茨（H. M. Markwitz）提出了投资组合理论。1958年，莫迪格莱尼（Franco Modigliani）和米勒（Merton H. Miller）在《美国经济评论》上发表的"资本成本、公司财务和投资理论"一文中提出了著名的MM理论，两人由于在资本结构理论研究上取得的突出贡献，分别于1985年和1990年获得了诺贝尔经济学奖。1964年W·夏普（William Sharpe）、J·林特纳（John Lintner）和J·莫森（Jan Mossin）在马科维茨的投资组合理论基础上，提出了著名的资本资产定价模型（CAPM），夏普与马科维茨因此获得了1990年的诺贝尔经济学奖。

### （四）企业价值财务管理阶段（20世纪80年代后至20世纪末）

20世纪80年代后，西方财务管理理论的重点逐步转移到对不确定条件下企业价值的确定、市场不完善性对企业价值的影响等方面，财务管理环境日益复杂，财务管理业务范围不断拓展。比如，大规模的通货膨胀，造成信贷资金利率不断上升，提高了企业资金成本，并致使企业利润虚增、成本虚降、资金周转困难，增大了企业的融投资风险。为此，通货膨胀财务受到学者们的重视，通货膨胀对财务活动的影响具有哪些影响？如何加强财务融资、投资、营运资本运作等内部管理方面的反通胀财务策略，以实现企业价值的增长？这些是通货膨胀财务的基本任务。再比如，20世纪80年代中后期，随着经济全球化的发展，国际贸易和跨国经营空前活跃，进出口贸易融资、外汇风险管理、国际转移价格、国际投资分析、跨国公司财务业绩评价等内容，成为财务管理研究的新热点，由此产生了新的财务学分支——国际财务管理。

这一阶段财务管理的特点表现在：随着资本市场的发展，财务管理从原来重视现金流转问题，拓展到日益重视企业控制权问题，企业并购、分离、控股公司、接管防御等研究控制权取得与流动的内容逐渐成为新的财务研究热点；专项财务问题日益增多（如税收的财务影响、通货膨胀财务、集团财务、国际化财务等）；财务研究方法从规范性研究向实证研究和与实证研究的结合上转变，效用理论、线性规划、对策论、概率论与数理统计、模拟技术等数量方法的应用与日俱增。

### （五）网络与共享财务管理阶段（21世纪初至今）

进入21世纪后，财务管理环境发生了巨大的变化，计算机、信息与网络技术、互联网金融、电子商务飞速发展，商业模式已发生革命性变革，财务管理作为企业经营管理的核心部分，无论在管理环境、技术方法运用，还是在职能执行以及管理观念等方面都受到网络的强烈冲击。基于此，诞生了一门新兴的边缘交叉学科——网络财务管理。它通过网络财务软件可以实现财务与业务的协同管理、在线管理和对电子商务的管理,实现事中动态会计核算与在线经济资源管理,实现企业对分支机构的远程财务管理、物资管理以及诸如远程报表、报账、查账、审计等远程控制行为,从而解决一系列传统管理手段无法解决的问题,极大地提高了财务管理效率。

随着现代信息技术的日新月异,网络财务正朝着共享财务方向发展,基于Internet技术,以财务管理为核心,业务管理与财务管理一体化,能够实现各种远程操作、事中动态会计核算和在线财务管理,并能处理电子单据和进行电子货币结算,这种时空改变下的网络财务使财务管理方式正在发生质的改变,必将大大提高企业的管理水平和管理效率,改变着生产与生活。

### 三、中国财务管理的发展

1949年新中国成立,依照苏联模式建立了社会主义国有企业制度,其财务管理模式完全仿照苏联的做法,即企业的生产产品由国家规定,全部生产计划由国家制定,产品也由国家统一包销。企业生产所需要的资金由国家统一拨付,盈利全部上交国家,因此不存在企业投资、筹资和利润分配问题,从这个角度说,当时的企业财务完全由国家财政统一管理,企业财务成了国家财政和银行的"附庸",只有成本核算和控制由企业掌握。

1979年的改革开放,国有企业逐步获得了经营自主权,有了自身的经济利益,国有企业逐步从国家的完全管理中摆脱出来,企业财务管理在摸索中前进,理论与实务也逐渐有了发展。这表现在如下几个方面的事件。

#### (一)"承包制"的实施

1987年开始,国有企业进入第一轮承包期,当时实行这一经营方式的主要动机是搞活国有企业,使国有企业从国家计划的实施者角色中摆脱出来,企业承包者可以根据市场的需求,确定产品的价格、产量和生产方式。由此,企业的日常营运逐渐由企业自行负责,与其相关的"班组核算""岗位工资""车间成本"等一系列具有我国特色的营运资金管理方法逐渐发展起来。

承包制,是我国国有企业治理结构变化中的一种过渡性选择,在当时有其进步意义。它使国有企业产生了一种具有活力的新的经营机制,促进了政、企分开,促进了市场的形成和发展,解放了生产力,既提高了企业绩效、也促进了财政收入增长,有利于在当时实现全社会总供给与总需求的平衡。

#### (二)利改税制度

所谓利改税,是将国营企业原来向国家上交利润的大部分改为缴纳所得税,是我国改革国家与国营企业利润分配关系的一项重大措施。改革开放以前,我国国有企业在经营中所形成的利润要全部上交国家。由于缺乏对企业和员工的激励,员工对企业经营效益缺乏关注,企业则吃国家的"大锅饭"。1983年,在确立了有计划的商品经济体制以后,中央政府要求国有企业从过多的行政干预中摆脱出来,成为自主生产经营、独立核算、自负盈亏的经济实体,其资产所有权仍归国家,但企业拥有长期使用权。国家在参与企业纯收入分配时,放弃以资产权力为依据的利润上交方式,改为以政治权力为依据的缴纳所得税方式,借以理顺国家与企业的分配关系,克服"大锅饭"的弊端,促进企业经济责任制的建立,并为财政体制的改革准备必要的条件。利改税的实施分两步进行。

1983年进行了国有企业利改税第一步改革。第一步"利改税"办法规定，对国有大中型企业征收55%的所得税。税后利润根据企业的不同情况分别采取递增包干、固定比例上交、征收调节税、定额上交等办法。1984年实行第二步"利改税"。对国有大中型企业缴纳了55%的所得税后的利润统一开征调节税，设想把国家同国有企业的分配关系完全作为税收关系固定下来。国务院于1984年9月18日发布的《中华人民共和国国营企业所得税条例（草案）》和《国营企业调节税征收办法》，对第二步"利改税"的内容做了具体规定。

利改税的理论观点尽管存在某些不足之处，但对于在当时破除非税论、促进单一税制向复合税制过渡，促成工商税收制度的全面改革，以税法形式调整并固定国家与企业的分配关系，保证财政收入的稳定增长等，都有一定的积极意义。从财务管理视角看，利改税提出了国有企业利润分配和留存的问题，既提高了企业参与改革的积极性，也促使企业积极思考如何增加留存、利用留存的问题。

### （三）"拨改贷"

"拨改贷"是指国家为提高财政资金使用效益，将国家预算内基本建设投资由拨款改为贷款，该政策从1979年开始试行至1989年止。它是我国在特定历史背景下出现的经济现象。在计划经济时代，国有企业补充资本金由国家财政直接拨款解决，企业利润全部上缴财政。20世纪80年代初，国家为了提高国有资金使用效率，将原来的财政直接拨款方式改为通过银行转贷给企业使用的方式。后来在国有企业改革过程中，国家陆续出台了一些将"拨改贷"资金直接转为国有企业资本金的政策。

"拨改贷"对国有企业筹资产生了巨大影响。在"拨改贷"前，企业只要有资金需求，就向国家伸手，国家下拨资金后，由企业无偿使用，由此造成许多企业为上规模、上项目拼命向国家要钱，既造成资金浪费，又降低了投资项目的效率。"拨改贷"后，由于银行贷款的约束力，企业在筹资时既要认真考虑资本成本，又要考虑偿还压力，因此就必须充分考虑投资项目的回收和效益，这大大改进了企业的经营思路。

### （四）证券市场

证券市场是金融市场的重要组成部分，在金融市场体系中居重要地位。上海证券交易所、深圳证券交易所的成立标志着我国证券市场开始发展。1990年12月19日，上海证券交易所开业；1991年7月3日，深圳证券交易所正式开业。从20世纪90年代初开始，中国证券市场经历了20多年的发展历程，从不成熟逐步走向成熟，从监管缺位到监管逐步完善，从初具规模到发展壮大，证券市场为企业融投资提供了平台，对推动国民经济增长做出了重大贡献。

截至2018年12月，上海证券交易所的上市公司总数达到1 449家，总市值规模达到约27.85万亿。至于深圳证券交易所，目前上市公司总数达到2 134家，总市值规模达到17.08万亿。经过了近30年时间的高速发展，沪深两市3 583家公司上市总市值近45万亿，位居世界第三，债券规模超过80万亿人民币，也位居世界第三。期货、衍生品的种类也在不断增加，发展速度可以用"奇迹"来形容。显然，中国证券市场的发展规模已经达到了一个非常大的体量，并逐渐在国际大舞台中形成一定的话语权与影响力。

证券市场的建立与发展，对我国企业财务管理产生了重大的推动作用，表现在：

（1）使得财务管理的目标得到强化。在股份公司上市前，作为公司财务管理目标的企业价值最大化很难落实；公司股票上市后，每天公布的股票价格使公司的价值计量成为现实，成为激励企业财务管理者努力工作的推进器。

（2）使公司融资渠道得到拓展。企业可以通过股票、债券、可转换债券等多种证券发行筹集资本，其筹资容量也远远超出了金融机构的融资潜力。

（3）使公司投资的选择机会更多，公司可以选择债券、股票等多种组合投资，分散投资风险，也为企业并购提供了平台。

### （五）混合所有制

2013年11月，中国共产党十八届三中全会在《关于全面深化改革的若干重大问题的决定》中首次提出要"积极发展混合所有制经济"，明确指出"国有资本、集体资本、非公有资本等交叉持股、相互融合的混合所有制经济是基本经济制度的重要实现形式"，同时提出要"完善国有资产管理体制，以管资本为主加强国有资产监管"。

混合所有制改革要求国有企业的管理方式要实现从管人、管事、管资产向管资本的转型。所谓管资本就是通过委派股东代表进驻董事会、监事会的方式行使股东职能，而非直接对企业人财物、供产销的实体经营层面的全覆盖式管理。混合所有制的本质是利益相关者的资本管理，是政府和其他形态资本的所有者将多种形态的资本进行融合从而形成企业自有资本并重新分配企业控制权的过程。

单一国有资本构成的国有企业，经营管理层的责任和权力不一致，仅仅靠经营业绩考核，容易导致短期行为，经营者缺乏战略眼光，企业运行的活力和效率低下。而国有控股的混合所有制企业，国有资本通过控股形式，与其他性质的资本进行融合，引进多元化投资主体，对国有企业的产权结构进行改造，推动其在产权多元化的基础上，逐步建立规范的现代企业制度和市场化的运作机制，实现企业价值的持续增长，其好处表现在：一是有利于企业经营管理层的职责相统一，优化资源配置，提高企业运营效率；二是可以有效放大非国有资本对国有资本的辐射功能，提高国有经济的控制力、影响力和活力；三是有利于完善我国国有企业的治理结构。完善的公司治理结构能促进公司的运营效率和降低潜在风险，是有效解决财务管理问题的重要抓手。非国有经济参股必然引起国企治理结构发生变化，国有资本"一股独大"、监事独立董事"花瓶"化、经营管理层的逆向选择和道德危机等情况将会有所改变。同时，非国有经济的经验智慧会融入国企，与国企传统的文化理念发生冲击，使国企富有活力并实现以少量国资带动经济发展，达到治理增效、活力提效的目的。

当然，混合所有制改革在实践中也遇到了不少问题，突出表现在：混合所有制企业资本融合存在国有资本与民营资本的目标追求不一致、混合所有制企业的主导动力缺乏、资产定价和国有资产评估的市场化程度低和国有资本管理存在行政化和激励不足等，解决这些问题，仍需要深化改革，需要放开竞争性领域混合所有制企业国有股权比例，规范国有资产评估机制和程序，完善法人治理结构，实施管理层激励，形成公开市场化的资本交易机制。

# 第六节 财务管理与相关学科

## 一、财务管理与经济学

经济学是一门研究人类行为及如何将有限或者稀缺资源进行合理配置的社会科学。从研究范围来看，经济学可分为宏观经济学与微观经济学两个层次，前者主要研究研究一国经济总量、总需求与总供给、国民收入总量及构成、货币与财政、人口与就业、要素与禀赋、经济周期与经济增长、经济预期与经济政策、国际贸易与国际经济等宏观经济现象；后者主要研究个体家庭企业、生产者与消费者、产品与交易、供给与需求、成本与利润、效用与价格、市场边界与政府干预、博弈与对策、竞争与合作、均衡与配置等微观经济现象。

财务管理学是以企业为主体（单个主体），以资本的稀缺性为前提，研究如何通过企业内部的资源优化配置和有效利用，以实现资本收益最大化的学科。

财务管理作为一门学科，具有经济学属性，是经济学的一个分支，即财务经济学。

首先，财务管理是以微观经济单位——企业为主体，以资本的稀缺性为前提，研究资本在企业中的优化配置和有效利用问题，以便实现资本收益的最大化。

其次，财务管理建立在一些重要的经济学理论的基础上。例如，财务管理引入了经济学中的资本、价值、边际、均衡等概念作为其基本范畴；财务管理引入了经济学中的经济人假设、有限理性假设、市场有效性假设，作为其理论基础。

最后，财务管理研究采用了经济学研究中的实证研究方法，实证研究在财务研究中占有越来越重要的地位，其在财务管理研究中的广泛应用，促进了财务理论的发展，而这又进一步丰富了经济学的内容。

## 二、财务管理与管理学

管理学是研究管理活动基本规律和一般方法的科学。按照不同的研究对象，管理学可细分为很多分支学科。按照我国教育部颁布的学科分类目录，管理学下设管理科学与工程（可授管理学、工学学位）、工商管理（会计学，企业管理，财务管理，市场营销，人力资源管理，旅游管理，技术经济及管理）、农林经济管理（农业经济管理，林业经济管理）和公共管理（行政管理，社会医学与卫生事业管理，教育经济与管理，社会保障，土地资源管理，图书馆、情报与档案管理，图书馆学，情报学，档案学）等四个一级学科。管理学与财务管理的关系可从以下三方面去理解：

（1）财务管理作为一门学科，具有管理学属性，是管理学的一个分支。管理学作为研究管理活动基本规律的科学，下辖工商管理等一级学科，企业管理学是该一级学科的一个组成部分。企业管理学是针对企业主体而言的，它以企业组织和职能分工为研究对象，包括生产管理学、市场营销学、财务管理学、人力资源管理学等众多管理学分支。财务管理学是研究"企业再生产过程资金运动及其规律性的科学"，是一门经济管理学。

（2）财务管理作为一种管理活动，是企业管理的重要组成部分。企业管理包括一系列专业管理，如：生产管理、技术管理、物资管理、营销管理、财务管理等。财务管理只是企业管理的一个组成部分。财务管理主要运用价值形式，对企业资本活动实施管理，并通过价值形式这个纽带，把企业各项管理工作有机地协调起来，保证企业管理目标的实现。所以，财务管理不仅是企业管理中的一个独立方面，而且也是一项综合性的管理工作。

（3）管理学理论为财务管理的发展奠定了坚实的理论基础。例如，管理学的计划理论认为，科学的计划有赖于合理的预测与决策，它构成了财务管理学中的财务预测、财务决策和财务计划的理论依据。又比如战略管理理论认为战略表现为一种计划、一种定位、一种计谋，为此要对一个企业或组织在一定时期的全局的、长远的发展方向、目标、任务和政策，以及资源调配做出决策，这一思想可以为企业的战略财务提供理论支持。毫无疑问，企业的财务管理必须遵循管理学的基本原理。

### 三、财务管理与会计学

一般认为，会计是以货币形式、按公认会计准则的要求，对企业生产经营过程中的资金运动进行确认、计量、记录与报告的信息系统。可见会计学是一门研究如何对企业的资金运动进行确认、计量、记录与报告的学科。

财务管理学与会计学是企业管理中两门不同的管理学科，二者既有联系又有区别。二者的区别表现在：

（1）目标不同。财务管理的目标主要是通过对财务活动的管理及财务关系的协调，实现企业价值最大化；而会计的目标则是运用会计特有的方法，通过对会计要素的确认、计量、记录与报告，提供决策相关的信息或为确认与解除受托责任提供相关的信息。

（2）假设不同。财务管理的财假设包括有关财务管理的空间（理财主体假设）、时间（持续经营假设）、环境（有效市场假设）、对象（资本增值假设）和行为（理性理财假设）等五个方面的假设；而会计公认的假设为会计主体假设、持续经营假设、会计期间假设和货币计量假设。前提假设的不同，意味着学科研究内容的不同。

（3）内容不同。财务管理的研究内容主要是财务活动的管理与财务关系的协调。具体而言，财务管理学主要研究资金的筹集、投资的管理、资金的运作、股利的分配、企业与上下左右各方关系的协调等。而会计学的主要研究内容就是对会计要素的确认、计量、记录和报告，侧重于对已发生经济事项进行反映和监督。

（4）方法不同。财务管理主要运用预测、决策、计划、控制、监督、评价、考核、分析等方法，实现对财务活动的管理及财务关系的协调；而会计主要运用会计科目和账户的设置、复式记录、填制凭证、登记账簿、成本核算和编制报表等方法，按公认会计准则，反映经济活动。

二者的联系表现在：

（1）会计为财务管理提供信息，并参与财务管理。财务管理中的预测、决策、计划、控制、评价、考核所需的信息大多来自会计，也有相当一部分来自统计。财务管理只有在充分掌握信息的基础上，才能做出科学的决策，提高资本运作效率。

（2）财务管理制度框架与理论的进步推动着会计的发展。财务管理制度为会计核算与会计信息的可靠性提供了制度保障。财务管理理论的进步与财务管理实践环境的变化，对会计提出了更高的要求，比如，财务管理对企业未来收益的预期分析，要求会计提供更为详细的、具有前瞻性的信息，这样会计核算仅仅局限于历史成本可能就不够了。

### 四、财务管理与金融学

英文"Finance"一词有财务、金融、财政、理财等许多含义,财务与金融是难以明确区分的。一般认为,金融学是以融通货币和货币资金的经济活动为研究对象,具体研究个人、机构、政府如何获取、支出以及管理资金以及其他金融资产的学科,它是从经济学中分离出来的,主要研究的方向是金融市场(Financial Market)的活动,具体来讲就是研究人们在金融市场上的行为。

财务管理与金融学的联系主要体现在以下方面:

(1)金融市场是企业融资的最重要、最常见的场所,是企业融资(无论是直接融资还是间接融资)的最重要渠道。金融市场也是企业投资的重要领域。

(2)在有效率的金融市场中,企业一切重要的(财务的和非财务的)信息都必须在金融市场中公开,并反映到股票价格中。因此,金融市场所提供的关于企业的各种信息,成为投资者对企业进行业绩评价、价值评估、资产估价、IPO定价的重要因素或变量。

(3)在开放的金融市场中,企业的财务活动将受到资本市场、外汇市场等诸多因素变化的影响。货币供求、货币政策的变化对利率、汇率、资本市场乃至国民经济增长都具有重要影响,而利率和汇率的变化对企业的投资收益、融资成本、资本结构、公司价值、股票价格等均有重要影响,进而影响企业的投融资决策。

(4)财务管理或财务经济学,建立起了企业与金融市场的联系。财务决策不仅仅是在企业内部,而是面对整个金融市场。金融市场的存在使企业理财从企业内部延伸到企业外部甚至整个经济领域。同时,作为金融市场的重要参与元素,企业的理财行动也会对金融市场产生一定影响。

财务管理与金融学的区别主要体现在研究内容与关联学科等方面。财务管理与微观金融学、会计学联系密切,更关注金融市场、金融中介机构等微观金融的内容,而金融学则是宏观、微观都涉及,且与经济学的联系更密切一些,而财务管理的一些内容则属于管理学范畴。

要学好财务管理,首先必须学好货币银行学、金融学基础知识,了解金融市场的功能、要素、作用及其影响,熟悉金融市场的运作机理和交易规则,了解货币政策及其效应和传导机制,了解宏观经济政策变化对金融市场和财务管理决策所产生的影响。

本章首先介绍了财务管理的概念与特点,分析了财务管理的对象与财务工作的主要环节,然后探讨了各种财务管理目标及其优缺点,分析了财务管理目标的实施及其可能产生的利益冲突,接着介绍了财务管理的基本假设与一般原则,财务管理的产生背景与发展阶段,最后介绍了财务管理与相关学科的关系。通过本章的学习,可以明白:

1. 财务管理,是根据经济发展规律与企业资金活动的特点,对企业财务活动进行的决策、计划、组织、监督和控制,对企业的财务关系进行协调的一项工作。财务管理的对象包括财务活动与财务关系两个方面。与企业其他管理工作比较,财务管理具有管理形式价值化、管理内容综合性、管理循环相对独立、管理决策复杂且风险较大等特点。

2. 企业财务管理的目标，主要有利润最大化、股东财富最大化和企业价值最大化等观点。利润最大化（或每股收益最大化）在实际运用中存在许多缺陷，不是一个完全正确的公司财务目标；股东财富最大化的观点影响最为广泛，是目前财务管理教科书中提及最多的主流观点。虽然还存在一些缺点和争议，但还是为越来越多人所接受或认同；更流行、合理的观点是企业价值最大化，强调企业应追求内在价值和长期价值，不仅要考虑股东利益，还应考虑其他利益相关者的利益。但以企业价值最大化为目标的困难是企业价值难以计量。

3. 财务管理假设，是对财务管理领域中存在的尚未确知或无法论证的事物按照客观事物的发展规律所做的合乎逻辑的推理或判断。它是建立财务管理理论体系的向导和前提条件，是组织财务活动和处理财务关系必须具有的思维形式。主要的财务管理假设包括理财主体假设、持续经营假设、有效市场假设、资本增值假设和理性理财假设等五个方面。

财务管理原则，是企业组织财务活动、处理财务关系、进行财务决策所依据的准则，是人们对财务活动共同的、理性的认识。美国财务学家道格拉斯·R.爱默瑞和约翰·D.芬尼特把财务管理原则归纳成三类、十二条，三类分别为：有关竞争环境的原则，有关创造价值的原则，有关财务交易的原则。

4. 现代财务管理的产生是社会生产力发展的结果，其直接原因是代表现代化大生产的新的企业组织形式——股份公司的产生。西方财务管理的发展大致经历了五个主要阶段：筹资财务管理阶段（19世纪末至20世纪20年代）；内部财务管理阶段（20世纪30年代至20世纪50年代初）；投资财务管理阶段（20世纪50年代中后期至70年代）；企业价值财务管理阶段（20世纪80年代后至20世纪末）；网络与共享财务管理阶段（21世纪初至今）。

而在我国财务管理发展史上，"承包制"的实施、利改税制度、"拨改贷"、证券市场的建立、混合所有制改革等，是有影响的重大事件，他们对我国财务管理理论与实务的发展具有重大影响。

## 复习思考题

1. 何谓财务活动和财务关系？各包括哪些内容？
2. 何谓财务管理？它有哪些基本特点？
3. 企业资金运动过程包括哪些环节？请对现金流转不平衡的原因进行分析。
4. 举例说明自利行为原则的具体应用。
5. 如何解决股东与经营者、股东与债权人之间目标的冲突？
6. 企业目标对财务管理具有怎样不同的要求？
7. 你所了解的财务管理原则有哪些？举例说明比较优势原则的具体应用。
8. 西方财务管理的发展经历了哪些阶段？影响我国财务管理理论与实践的重大事件有哪些？
9. 如何理解财务管理与会计学、金融学的关系？

## 宏伟公司财务管理目标与利益冲突

宏伟公司是一家从事 IT 产品开发的企业，由三位志同道合的朋友共同出资 100 万元，三人平均分配股权比例共同创立。企业发展初期，创始股东都以企业的长远发展为目标，关注企业的持续增长能力，所以，他们注重加大研发力度，不断开发新产品，这些措施有力地提高了企业的竞争力，使企业实现了营业收入的高速增长。在开始的几年间，销售业绩以每年 50% 的递增速度提升。然而，随着利润的不断快速增长，三位创始股东开始在收益分配上产生了分歧。股东王力、张伟倾向于分红，而股东赵勇则认为应将企业取得的利益用于扩大再生产，以提高企业的持续发展能力，实现长远利益的最大化。由此产生的矛盾不断升级，最终导致坚持企业长期发展的赵勇被迫退出，出让持有的三分之一股份而离开企业。但是，此结果引起了与企业有密切联系的广大供货商和分销商的不满，因为许多人的业务发展壮大都与宏伟公司密切相关，他们深信宏伟公司的持续增长能力将为他们带来更多的机会。于是，他们威胁如果赵勇离开企业，他们将断绝与企业的业务往来。面对这一情况，企业两位股东提出他们可以离开企业，条件是赵勇必须收购他们的股份。赵勇的长远发展战略需要较多投资，这样做将导致企业陷入没有资金维持生产的境地。这时，众多供应商和分销商伸出了援助之手，他们或者主动延长应收账款的期限，或者预付货款，最终使赵勇又重新回到了企业，成为公司的掌门人。

经历了股权风波后，宏伟公司在赵勇的领导下，不断加大投入，实现了企业规模化发展，在同行业中处于领先地位，企业的竞争力和价值不断提升。

思考题：

1. 赵勇坚持企业长远发展，而其他股东要求更多分红，你认为赵勇的目标是否与股东财富最大化的目标相矛盾？
2. 拥有控制权的大股东与供应商和客户等利益相关者之间的利益是否矛盾，如何协调？
3. 像宏伟这样的公司，其所有权和经营权是合二为一的，这对企业的发展有什么利弊？
4. 重要利益相关者能否对企业的控制权产生影响？

# 第二章 财务管理环境与组织

熟悉财务管理环境的概念、特征;理解和掌握财务管理环境的分类;了解研究财务管理环境的意义;掌握企业组织的主要形式及其对财务管理的影响;熟悉公司治理结构的类型及其对财务管理的影响;掌握经济环境的主要因素及其对财务管理的影响;了解法律环境、文化环境的主要因素及其对财务管理的影响;熟悉公司制企业中财务组织机构的设置与财务人员职责分工。

## 第一节 财务管理环境概述

企业的创立、生存和发展始终处于一定的环境之中。环境是某项事物周围的境况。企业从事财务管理工作所面临的形势、条件和氛围,就是财务管理环境。研究财务管理环境,不仅能使企业深刻认识、不断适应变化着的环境,而且能够不断开拓、利用环境,使财务运行始终处于良性状态。

### 一、财务管理环境的概念

财务管理环境也称为理财环境,是指对财务活动和财务管理产生影响和作用的企业内、外部各种客观条件和影响因素的统称。环境构成了企业财务活动的客观条件。企业财务活动是在一定的环境下进行的,必然受到环境的影响。企业的资金的取得、运用和收益的分配会受到环境的影响,资金的配置和利用效率会受到环境的影响,企业成本的高低、利润的多少、资本需求量的大小也会受到环境的影响,企业的兼并、破产与重整与环境的变化仍然有着千丝万缕的联系。所以,财务管理要获得成功,必须深刻认识和认真研究自己所面临的各种环境。财务人员只有充分考虑这些环境因素,并遵循市场规律,才能进行正确的财务管理活动。

### 二、财务管理环境的特征

要全面、正确地理解财务管理环境的概念,必须把握财务管理环境的主要特征。财务管理活动所依托的环境具有复杂性和不确定性、动态性、区域性和国际性等特征。

#### (一)复杂性和不确定性

财务管理活动总是在一定的时空条件下进行的,影响因素众多,这些因素有些是渐变的、其发展与变化有章可循,有些则是忽变的、其变化难以预期,企业对这些忽变因素往往难以预料、不能控制，如突发事件会影响企业的销售、成本和利润，使成本控制与利润管理的不确定性增大。正是这种复杂性与不确定性，使得企业理财收益与风险并存成为必然。为此，要求企业既要重视对理财环境变化的预测，更要注意对收入、成本、现金流等预测误差范围、发生概率及影响程度的估计，把握并利用收益机会，同时合理规避风险损失。

### （二）动态性

无论财务管理环境因素是稳定渐变的，还是频繁突变的，动态变化是其一般特征。当然，有些财务环境因素的变化过程因缓慢而不易被人察觉，如社会文化环境、自然地理环境等；有些财务环境因素的变化是突变的，其变化过程因剧烈、明显而容易被人们所直接感知，如税法、货币政策的变化等。无论是渐变的因素还是突变的因素，其对财务管理活动的影响均不容小觑。这就要求企业财务管理主体在分析、利用财务管理环境时，应当注意观察和预测相关环境因素的变化及其趋势，采取有效措施对企业财务管理活动进行调整，以充分利用环境变化所带来的机遇或有效应对因环境变化所带来的挑战。

### （三）区域性和国际性

财务管理环境的区域性是指不同国家、地区、行业的企业，同一国家、地区、行业的不同企业以及同一国家、地区的不同时期所面临的财务管理环境是不尽相同的，同一财务管理环境对不同主体财务管理活动的影响也不尽相同。但随着经济全球化的趋势不断加强，各地区企业财务管理环境的共性也越来越多。财务管理环境的这一特性要求企业财务部门在分析、利用财务管理环境时，要立足于自身的特点，扬长避短，充分利用有利的环境因素，规避不利的环境因素，有重点、有针对性地开展财务管理活动。

## 三、财务管理环境的分类

财务管理环境十分复杂。为了进一步了解和认识财务管理环境，有必要按照一定的标准对其进行适当的分类。

### （一）按理财环境的性质划分

按企业理财环境的性质不同，可以分为政治环境、经济环境、法律环境、文化环境、自然与社会环境等。

政治环境包括一个国家的政治制度、国体与政体、政党与党派、政府政策、机构设置、宏观管理水平等。经济环境是指在一定时期企业所面临的宏观及微观经济状况，如经济体制、经济结构、经济增长、物价水平、经济周期等，也包括企业的组织形式、企业制度、行业竞争与发展、生产技术条件等。法律环境是指企业和外部发生经济关系时应遵守有关的法律、法规和规章。文化环境是指企业内外所有与企业经营有关的人或群体的文化水平、价值观念、生活习惯等。自然与社会环境是指一个国家或地区的地理位置、气候特征、社会制度、社会结构等。

### （二）按理财环境的范围划分

按对企业财务环境产生影响的范围划分，通常分为宏观理财环境和微观理财环境。

宏观理财环境是指对企业理财活动具有重要影响的各种宏观的外部因素，主要指国家的政治经济形势、经济发展水平、经济增长、通货膨胀、经济周期、经济政策、税收制度等。微观理财环境是对企业的运营和理财活动产生影响的各种内部因素，如企业的组织形式、企业内部财务制度、企业的生产、销售和采购方式、生产技术条件、基础管理及管理水平、人员素质等。

### （三）按与企业的关系划分

按理财环境与企业的关系划分，可分为外部环境和内部环境。

外部环境是指所有作用于企业理财活动的外部因素，如上述的宏观经济环境、市场环境、法律及监管环境等。内部环境是指存在于企业内部并对企业运营和理财活动产生影响的各种因素，是由企业的性质、组织形式、管理行为自身、代理关系等所引发产生的环境，如上述的微观经济环境。

### （四）按理财环境的稳定性划分

按理财环境的稳定性划分，可分为相对稳定的理财环境和变化的理财环境。

相对稳定的理财环境也称为静态理财环境，是指在一定时期内处于一种相对稳定或不变状态的影响因素，如社会制度、经济体制、产业结构、法律制度、税收制度、文化环境、自然与社会环境等，在一定时期内通常不会有大的变化，若有变化也容易预见。而变化的理财环境也称为动态理财环境，是指经济处于变化状态的影响财务管理的各种条件和因素，如物价水平、产品价格、销售状况、资金供求、利率及汇率水平等。这些因素经济变化，有时甚至波动很大，这必然对企业的经营及理财活动产生重要影响。

### （五）按理财环境是否可控划分

按理财环境是否可以控制划分，可分为可控制的理财环境和不可控制的理财环境。

可控制的理财环境，是指企业通过自身的努力，可以改变或部分改变的环境因素，如产品销售价格、生产成本、产品质量、管理人员素质等。不可控制的理财环境，是指企业自身无法控制，只能被动适应或受其约束的环境因素，如政治环境、法律环境、经济体制、自然地理环境等。

## 四、研究财务管理环境的意义

财务管理环境是企业财务管理赖以生存的土壤，组织财务活动、协调财务关系都离不开对财务管理环境的关注。随着社会主义市场经济的建立和发展，尤其是进入 21 世纪后经济的全球化、网络化趋势的加强，企业面临的财务管理环境日趋复杂，变化迅速，这对企业财务管理工作提出了严峻的挑战，它要求企业财务管理部门必须十分重视对财务管理环境的调查和研究，趋利避害，随机应变，把握开展财务活动的有利与不利时机，为财务决策提供可靠的依据。

具体来讲，研究和调查财务管理环境的意义主要表现在：

（1）通过对财务管理环境的研究，有利于增强企业财务活动适应环境的能力。为了增强企业财务的市场竞争力，企业必须积极面对纷繁复杂的财务管理环境，认真研究财务管理环境的现状，预测财务管理环境的发展变化趋势，不断增强对环境的适应能力、应变能力和利用能力，确保财务决策的及时性、正确性和超前性，从而使企业在激烈的市场竞争中立于不败之地。

（2）通过对财务管理环境的研究，有利于企业开展财务战略管理。企业要在激烈的市场竞争中取得长足发展，离不开财务战略管理，即企业为实现企业战略、增强竞争能力，在研究、分析企业内外环境因素的基础之上,对企业资金运动进行全局性、长期性和创造性的筹划并确保其执行的管理。财务战略管理能否顺利运作主要取决于对理财环境的现状与变化趋势正确判断。企业只有审时度势,明确财务战略管理思想,制定合理的战略目标,并适时根据环境变化对企业财务战略进行修订和完善,才可以确保财务战略得以实施。

## 第二节 财务管理的内部环境

财务管理的内部环境,是指存在于企业内部的影响企业财务管理活动的条件和因素,一般属于微观财务环境。不同企业的内部环境差别较大,比较重要的有企业组织形式、企业治理结构与内部规章制度等。

### 一、企业组织形式

企业组织形式是指企业存在的形态和类型。企业采用何种组织形式,直接影响企业所有者与经营者的权力分配,也影响企业在资本市场中的地位与企业的税收待遇,因此对企业理财工作具有重大影响。企业组织形式按其法律上的特点分为独立经营人制、合伙制和公司制。

**(一)独立经营人制**

独立经营人制,是指由单个自然人独自出资、独立经营、独享收益、独担风险的企业组织形式。其对应的企业也称为独资企业。这是一种最古老、最简单的企业组织形式,从远古的手工作坊到资本主义初期的初级工厂,以及我国的个体经济都属于这种形式。其主要盛行于零售业、手工业、农业、林业、渔业、服务业和家庭作坊等。

独立经营人制由个人出资经营,资产归个人所有和控制,由个人承担全部经营风险和享有全部经营收益。从资本构成的角度来看,独立经营人制的资本主要来自于投资者个人的财产,这一类型的企业受到个人信用的约束,企业举债能力受到限制,不容易扩张,整体规模都不大;从税收的角度来看,独立经营人制企业不具备法人资格,企业收入合计到投资者个人收入中,因此只缴纳个人所得税,而无需缴纳企业所得税;从企业经营的角度来看,其投资者个人享有企业生产经营的绝对决策和控制权,独享企业利益并承担企业全部风险和责任。

1. 独立经营人制的优点

(1) 建立与解散程序简单。独立经营人制企业组织结构简单,容易组建并且费用较低;企业较少受到政府法律、法规的制约,即企业的外部法律、法规等对企业的经营管理、决策、进入与退出、设立与破产的制约较小。设立企业的条件不高,设立与破产的程序简单、方便。

(2) 经营管理方式灵活自由。企业资产所有权、控制权、经营权与收益权高度统一。投资者独揽经营决策权,可以完全根据个人的意志确定经营策略,进行管理决策。其经营方式灵活,财务决策迅速,对市场信息反应灵敏,管理效率高。

(3) 投资者独享经营收益。投资者独享企业的经营收益,只需缴纳个人所得税,无需缴纳企业所得税。一方面经营收益由投资者个人独享,不需要分配;另一方面,投资者个人自负盈亏和对企业的债务承担无限经济责任成为企业强硬的预算约束。企业经营的好坏同投资者个人的经济利益乃至身家性命紧密相连,因而,投资者有动力尽心竭力地经营好企业。

2. 独立经营人制的缺点

(1) 融资困难。首先,企业规模小,企业的资本主要依赖于投资者个人,资金实力有限,而以个人名义贷款的难度较大,很难从社会获得更多资源,导致在激烈市场竞争中面临较大的风险;其次,由于独立经营人制企业不是法人机构,不能以法人的名义在资本市场上通过发行股票和债券等方式进行融资,进而限制了企业规模的扩展;最后,独立经营人制企业资本薄弱,一旦经营不善,出现破产的状况,将会给债权人带来巨大损失,因此其对债权人缺乏吸引力,筹集资金比较困难。

(2) 企业存续期短。由于单个自然人独立出资,受制于投资者个人的健康、寿命等因素,投资者个人的病、死,个人及家属知识和能力的缺乏,都可能导致企业破产。一旦投资者死亡、丧失民事行为能力或者不愿意继续经营,企业的生产经营活动只能终止。

(3) 投资者风险巨大。在独立经营人制度下,投资者个人对企业债务承担无限责任,意味着当企业的资产不足以偿还企业债务时,投资者的个人财产将被追索,因此,投资者面临的风险巨大。

### (二) 合伙制

合伙制企业是由两个或两个以上的合伙人通过订立合伙协议,共同出资创办、共同经营、共负盈亏、共担风险的企业组织形式。合伙制企业在法律上同样不具备法人资格,它与独资企业一样要承担无限责任,缴纳个人所得税而无需缴纳企业所得税。采用合伙制企业组织形式的常见机构有会计师事务所、律师事务所、诊所等对业主个人信誉和个人责任要求较高的单位。

合伙制企业分为两类:一般合伙制和有限合伙制。在一般合伙制中,所有的合伙人同意提供一定比例的资金和参与公司经营,并分享相应的利润或亏损。每个合伙人享有的权利和承担的义务是相同的,每个人都对企业中的债务承担无限责任。而有限合伙制企业允许某些合伙人的责任仅限于个人在合伙企业中的出资额。但至少有一个合伙人是一般合伙人,即负无限责任;有限合伙人则不参与企业管理。

1. 合伙制企业的优点

(1) 资本来源相对广泛。合伙制企业的资本来源比独立经营人制的企业广泛,它可以充分发挥企业和合伙人个人的力量,由更多的人筹集资金,提高了筹集资金的能力,有利于增强企业的经营实力,扩大企业的规模。

(2) 经营管理方式相对灵活自由。由于法律对于合伙关系的干预和限制较少,因此,合伙制企业在经营管理上具有较大的灵活度和自主性。每个合伙人既是企业的所有者又是企业的经营者,有权参与到企业的经营管理中去,发挥每个合伙人的专长,提高合伙制企业的决策水平和管理水平。

(3) 投资者共享经营收益。合伙企业在生产经营活动中所取得和积累的经营收益,归合伙人共有。如有亏损亦由合伙人共同承担。损益分配的比例,应在合伙协议中明确规定;未经规定的可按合伙人出资比例分摊,或平均分摊。法律对于合伙制企业不作为统一的纳税单位征收企业所得税,因此合伙人只需将从合伙制企业中分得的利润与其他个人收入汇总缴纳个人所得税即可。

(4) 投资者风险相对较小。由于合伙制企业的合伙人共同承担企业的经营风险和责任，一方面降低了债权人的风险，有利于合伙企业取得贷款；另一方面，使得投资者面临的风险和责任相对独立经营人制企业要分散一些。

2. 合伙制企业的缺点

(1) 企业生命有限。合伙制企业具有浓重的人合性。按照法律规定，合伙人签订了合伙协议，就宣告合伙企业的成立。新合伙人的加入，旧合伙人的退伙、死亡、自愿清算、破产清算等均可造成原合伙企业的解散以及新合伙企业的成立。因此，任何一个合伙人死亡或者退出都有可能导致合伙制企业解散，企业的生命有限，其存续期限不可能很长。

(2) 相互代理。合伙制企业的经营活动，由合伙人共同决定，合伙人有执行和监督的权利。合伙人可以推举负责人。合伙负责人和其他人员的经营活动，由全体合伙人承担民事责任。换言之，每个合伙人代表合伙企业所发生的经济行为对所有合伙人均有约束力。因此，合伙人之间较易发生纠纷。另外由于合伙制企业的决策需要经过全体合伙人一致同意，因此合伙制企业的管理机制难以适应快速多变的市场环境，决策效率较低。

(3) 筹资能力有限。尽管合伙制企业的筹资能力要优于独立经营人制企业，但是其资本来源和企业信用能力仍然有限，不能在资本市场发行股票和债券，这使得合伙制企业的规模不可能很大，大量融资时较为困难。这对于一个缓慢增长的企业来讲可能不是很特别的问题，但是如果一个企业的产品符合时代潮流，急需大量资金来利用这个机遇，那么筹资困难将是一个实实在在的缺陷。

(4) 责任无限。合伙制企业作为一个整体对债权人承担无限连带责任。按照合伙人对合伙企业的责任，合伙企业可分为普通合伙和有限合伙。普通合伙的合伙人均为普通合伙人，对合伙企业的债务承担无限连带责任。有限责任合伙企业由一个或几个普通合伙人和一个或几个责任有限的合伙人组成，即合伙人中至少有一个人要对企业的经营活动承担无限责任，而其他合伙人以其出资额为限对债务承担有限责任，因而这类合伙人一般不直接参与企业经营管理活动。

### (三) 公司制

公司是依照《公司法》组建并登记的以盈利为目的的企业法人。公司的产权分属于股东，股东有权分享公司的盈利，一般对公司债务承担有限责任。公司制企业以有限责任公司和股份有限公司为典型形式。此外还有无限责任公司、两合公司等形式。在我国，公司是指《中华人民共和国公司法》（以下简称《公司法》）所界定的企业法人，它有两种最基本的组织形式，即股份有限公司和有限责任公司。

股份有限公司是指股东以其认购的股份为限对公司承担责任的企业法人。设立股份有限公司，应当有2人以上200人以下为发起人，注册资本的最低限额为人民币500万元。由于所有股份公司均须是负担有限责任的有限公司（但并非所有有限公司都是股份公司），所以一般合称"股份有限公司"。

有限责任公司，简称"有限公司"。《公司法》所称的有限责任公司是指在我国境内设立的，股东以其认缴的出资额为限对公司承担责任，公司以及全部资产为限对公司的债务承担责任的企业法人。根据《公司法》的规定，必须在公司名称中标明"有限责任公司"或者"有限公司"字样。有限责任公司的股东人数，有最高人数的限制，我国《公司法》规定，有限责任公司由1个以上50个以下股东共同出资设立。

公司制企业是企业法人，有独立的法人财产，享有法人财产权。公司制企业以其全部财产对公司的债务承担责任。股份有限公司的股东以其认购的股份为限对公司承担责任；有限责任公司的股东以其认缴的出资额为限对公司承担责任。

1. 公司制企业的优点

（1）责任有限。当公司制企业发生债务清偿时，公司的债务责任与股东的个人财产无关，股东只承担有限责任，对于有限责任公司，每个股东以其所认缴的出资额对公司承担有限责任；对于股份有限公司，每个股东以其认购的股份为限对公司承担责任。

（2）生命无限。公司制企业独立于所有者而依法存在。公司制企业的存在不依赖于所有者，它的寿命不受所有者生命的限制，即使某些所有者死亡或者出售股票，公司制企业依然能够保持其法人地位，继续存在，保持经营的连续性。

（3）筹资方便。因其永续存在以及具有较强的举债和增加股份的能力，因此公司制企业具有较强的筹集大额资金的能力。

（4）所有权转移方便。所有权分散在股份里，股份可以通过股票买卖转让，比转让独立经营人制企业和合伙制企业的所有权更为容易。

2. 公司制企业的缺点

（1）公司组建成本高。成立公司制企业需要政府的审批以及很多相关文件，设立的周期较长，程序较为繁琐。另外，成立公司制企业需要公开披露相关企业信息，上市公司则要求信息透明，因此企业的保密性较差。

（2）双重纳税。公司制企业的收益要被征收两次所得税。公司作为独立的法人，其利润需缴纳企业所得税，企业利润分配给股东后，股东还需缴纳个人所得税。

（3）代理问题。在公司制企业中，经营权和所有权已分离。两权分离在给企业带来管理效率的同时，也给经营者利用职权为自己和小团体谋利而损害所有者利益带来可乘之机。而监督和激励代理人（经营者）的成本又相对较高。

综上所述，不同的企业组织形式对企业的理财活动有着不同的影响。例如，独立经营人制企业，其理财活动相对简单。此类企业依靠投资者个人的资本和供应商提供的商业信用来筹集企业需要的资金，其利润分配和资本撤回都十分简单。对于合伙制企业，由于投资者的增加，导致资本的来源增加，信用能力增强，而利润分配也相对复杂一些。对于公司制企业，其财务活动最为复杂。公司的筹资渠道众多，筹资方式多样，其利润的分配也较为复杂。

表 2-1　　　　　　　　　　　不同类型的企业组织形式特征

| 特　征 | 独立经营人制 | 合伙制（普通） | 公司制 |
| --- | --- | --- | --- |
| 经营实体 | 是 | 是 | 是 |
| 法人机构 | 否 | 否 | 是 |
| 无限生命 | 否 | 否 | 是 |
| 有限责任 | 否 | 否 | 是 |
| 缴纳企业所得税 | 否 | 否 | 是 |

## 二、企业治理结构

企业治理结构，是指为实现资源配置的有效性，所有者（股东）对企业的经营管理和绩效进行监督、激励、控制和协调的一整套制度安排，旨在协调利益相关者之间的利益和权力关系，促使他们长期合作，以保证企业的决策效率。典型的公司治理结构是由所有者、董事会、监事会和执行经理层等形成的一定的相互关系框架。它们依据法律赋予的权利、责任、利益相互分工，并相互制衡。

现代企业组织制度主要采用公司制。在实行公司制的背景下，企业内部治理结构主要分为以下几个层次：

1. 股东大会

股东大会是指由全体股东组成的，决定公司经营管理的重大事项的机构。它是公司最高权力机构，其他机构都由它产生并对它负责。股东大会分为年度大会和临时大会。

股东大会定期会议又称为股东大会年会，一般每年召开一次，通常是在每一会计年度终结的6个月内召开。年度大会内容包括：审查董事会监事会的年度工作报告、审查公司的年度财务预算决算报告，审查分红方案，以及其他股东大会的常规事项，如选举董事，变更公司章程，讨论增加或者减少公司资本等等。

股东大会临时会议通常是由于发生了涉及公司及股东利益的重大事项，无法等到股东大会年会召开而临时召集的股东会议。我国《公司法》第101条规定，有下列情形之一的，应当在两个月内召开临时股东大会：（1）董事总人数不足本法所规定的人数或者公司章程所定的人数的三分之二时；（2）公司未弥补的亏损达实收股本总额三分之一时；（3）单独或者合计持有公司百分之十以上股份的股东请求时；（4）董事会认为必要时；（5）监事会提议召开时；（6）公司章程规定的其他情形。

2. 董事会

董事会是股东会或股东大会这一权力机关的业务执行机关，负责公司或企业和业务经营活动的指挥与管理，是公司的常设机构。董事会对公司股东会或股东大会负责并行使下列职责：负责召集股东（大）会；执行股东（大）会决议并向股东（大）会报告工作；执行股东（大）会决议；决定公司的生产经营计划和投资方案；制订公司的年度财务预算方案、决算方案；制订公司利润分配方案和弥补亏损方案；制订公司增加或减少注册资本以及发行公司债券方案；制订公司合并、分立、解散或者变更公司形式的方案；决定公司内部管理机构的设置；决定聘任或解聘公司经理及其报酬事项，并根据经理的提名决定聘任或者解聘公司副经理、财务负责人及其报酬事项；制定公司的基本管理制度；公司章程规定的其他职权。

我国法律分别对有限责任公司和股份有限公司的董事会人数作出了规定。《公司法》第44条规定，有限责任公司设董事会，其成员为3~13人。《公司法》第50条规定，有限责任公司，股东人数较少或规模较小的，可以设一名执行董事，不设董事会。《公司法》第108条规定，股份有限公司应一律设立董事会，其成员为5~19人。

3. 监事会

监事会是股份公司的常设监督机构，监事由股东大会选举产生，代表股东大会执行监督职能。监事会作为股份公司的内部监督机构，其主要职权是：检查公司财务；对董事、高级管理人员执行公司职务的行为进行监督,对违反法律、行政法规、公司章程或者股东会决议的董事、高级管理人员提出罢免的建议;当董事、高级管理人员的行为损害公司的利益时,要求董事、高级管理人员予以纠正;提议召开临时股东会会议,在董事会不履行《公司法》规定的召集和主持股东会会议职责时召集和主持股东会会议;向股东会会议提出提案;依照《公司法》第151条的规定,对董事、高级管理人员提起诉讼;列席董事会会议,对所议事项提出质询和建议;公司章程规定的其他职权。

4. 独立董事制度

独立董事制度是指在董事会中设立独立董事、以形成权力制衡与监督的一种制度。所谓独立董事是指不在公司担任除董事外的其他职务,并与其所受聘的上市公司及其主要股东不存在可能妨碍其进行独立客观判断的关系的董事。独立董事对上市公司及全体股东负责。独立董事由公司董事会、监事会、股东提名,经股东大会选举产生。独立董事必须在人格、经济利益、产生程序、行权等方面独立,不受控股股东和公司管理层的限制。独立董事一般应具有下列职权:重大关联交易应由独立董事认可后,提交董事会讨论;向董事会提议聘用或解聘会计师事务所;向董事会提请召开临时股东大会;提议召开董事会;独立聘请外部审计机构和咨询机构;可以在股东大会召开前公开向股东征集投票权等。

就世界范围来看,以大陆法系为主的国家的公司治理结构大多采用股东大会、董事会、监事会的结合;而以英美法系为主的国家的公司治理结构则以股东大会、董事会、独立董事制度三者结合的居多。我国则在上市公司中推行股东大会、董事会、监事会、独立董事制度四者结合的组织形式。

经过几百年的公司发展,不同国家及地区形成了不同的公司治理结构模式。纵观现代公司治理结构模式,最典型的模式有三种,即:英美的市场监控模式、德日的内部监控模式和东亚的家族控制模式。

### 三、内部规章制度

内部规章制度是企业用于规范企业全体成员及所有经济活动的标准和规定,它是企业内部经济责任制的具体化。内部规章制度对本企业具有普遍性和强制性,任何人、任何部门都必须遵守。

内部规章制度建设有静态(制度本身的内容)和动态(制度的执行)两个方面,只有动静结合、杜绝偏废、一体遵行,才能达到治理的目的,提升企业的工作效率,体现公平正义,保持风清气正、积极向上的工作状态。

1. 内部规章制度体系建设

内部规章制度体系通常围绕企业的六项经营活动(技术、商业、业务、安全、会计和管理)进行建设,主要包括行政管理制度、人事管理制度、公司薪酬制度、生产技术管理制度、质量检验制度、企业经济合同管理制度、采购管理制度、仓储管理制度、销售管理制度、安全生产管理制度、审计工作制度、内部控制制度、预算管理制度、信息管理制度等。

完善、适度、规范的内部规章制度体系可以使财务决策有章可循,提高财务活动效率,但是过度的规章制度体系则会变成繁文缛节,起到相反的效果。

2. 内部规章制度的执行力

内部规章制度要强力执行,一体遵行。一套再好的规章制度,若不加以实际执行或变相执行，必将导致单位的管理混乱。同样的规章制度，在执行当中对不同的人予以区别对待，厚此薄彼，必然破坏一体遵行，丧失公平与正义，助长歪风邪气。首先，单位的领导要带头遵守，做遵守规章制度的表率，建立以上率下运行机制。其次，要成立专门的监督执行机构，明确专门人员负责对规章制度在执行过程中的监督，对违规事件与违规人员要处理到位，尤其是要加大处理力度。再次，要完善民主生活会、党员评议会、干部职工评议会等会议机制，切实开展批评与自我批评，强化互相监督的力度，从而促进公平正义，有效推进各项工作。最后，规章制度要与工作绩效考核紧密挂钩，最大限度地融入工作绩效考核之中，力促工作考核的客观和公正。

## 第三节 财务管理的外部环境

财务管理的外部环境，是指存在于企业外部的影响企业财务管理活动的条件和因素，大多属于宏观财务环境，如国家的经济环境、法律环境和文化环境等，但也有些外部环境属于微观财务环境，如原材料供应市场、产品销售市场等。下面重点讨论属于宏观财务环境的外部环境。

### 一、经济环境

财务管理的经济环境是指对企业财务管理有重大影响的各种经济因素，如经济政策、经济周期、经济发展水平、通货膨胀状况、市场环境等。经济环境的好坏对企业的投资、筹资、营运资金管理和利润分配等重要财务决策都会产生重要影响。

（一）经济政策

经济政策是指政府有意识、有计划地运用所掌握的政策工具，调节控制宏观经济运行，以达到一定经济目标的行动准则和措施。宏观经济政策主要包括财政政策和货币政策。

1. 财政政策

财政政策是指为促进就业水平提高，减轻经济波动，防止通货膨胀，实现稳定增长而对政府财政支出、税收和借债水平所进行的选择。财政政策主要包括紧缩性财政政策、扩张性财政政策和稳健性财政政策。

（1）紧缩性财政政策。在经济发展过热、物价上涨、经济运行主要受供给能力制约时，政府可以采取紧缩性财政政策，通过减少财政支出、增加税收、抑制总需求、缩减政府开支、压缩投资规模等手段，稳定物价，给经济"降温"。2008年，我国经济增长速度偏快，固定资产投资增长持续高位运行，物价面临较大的上涨压力，国家通过适当减少中央财政赤字和长期建设国债发行规模，进一步调整中央政府投资结构，以防止经济增长由偏快转为过热，防止价格由结构性上涨演变为明显的通货膨胀，避免经济出现大的起落。因此，采用紧缩性财政政策，会导致企业的现金流入减少，现金流出增加，资金紧张，进而压缩投资。

（2）扩张性财政政策。扩张性财政政策也叫积极的财政政策，通常是在经济增长滞缓，经济发展主要受需求不足制约时，政府通过增加经济建设支出和减少税收，通过增加政府投资和补贴等手段来刺激总需求增长，降低失业率，拉动经济增长。2009年，我国出台了积极的财政政策，扩大政府公共投资、推进税费改革、提高低收入群体收入以及大力支持科技创新和节能减排。因此，采用扩张性财政政策，会导致企业的现金流出减少，筹资相对容易，就可能扩大投资，企业的现金流入增加，从而导致利润增加。

（3）稳健性财政政策。如果把扩张性财政政策与紧缩性财政政策看作两种"极端"的财政政策的话，那么，还有介于这二者之间的中性财政政策，我国习惯上称之为"稳健性财政政策"。稳健性财政政策的目标，首先是配合经济的宏观调控，缓解当前的结构性矛盾，从长远目标着眼，则必须标本兼治，致力于经济结构调整，转变经济增长方式，建设资源节约型、环境友好型社会，走新型工业化道路。其实质是全面协调可持续发展，也可称为协调发展政策。

2. 货币政策

货币政策也称为金融政策，是指中央银行为实现其特定的经济目标而采用的各种控制和调节货币供应量和信用量的方针、政策和措施的总称。其实质是国家对货币的供应根据不同时期的经济发展情况而采取"紧"、"松"或"适度"等不同的政策趋向。货币政策分为扩张性货币政策和紧缩性货币政策两种。

（1）扩张性货币政策。扩张性货币政策是央行通过提高货币供应增长速度来刺激总需求，货币供应量较多地超过经济正常运行对货币的实际需求量，其主要功能在于刺激社会总需求的增加。在这种政策下，取得信贷更为容易，利息率会降低。因此经济萧条时多采用扩张性货币政策。例如，当经济萧条时，央行采取扩张性货币政策，增加货币供给量和贷款规模，引起利率下降，从而投资增加，促进经济增长。

（2）紧缩性货币政策。紧缩性货币政策是指央行通过削减货币供应增长来降低社会总需求水平。即当总需求大于总供给，经济增长过热，形成通货膨胀的压力时，中央银行通过紧缩银根，减少货币供应量，以抑制总需求的膨胀势头。具体做法有：提高法定准备金率，提高贴现率，在公开市场上抛售政策的债券等。例如，当经济过热时，央行采取紧缩性货币政策，提高商业银行上缴的法定准备金率，增加贷款条件，使企业融资受到一定限制，融资成本上升，融资方式受限，从而促使企业提高财务决策的准确性，避免盲目投资。

（二）经济周期

在市场经济条件下，经济通常不会出现较长时间的持续增长或较长时间的衰退，而是带有一定的波动性。这种波动大体上经历复苏、繁荣、衰退、萧条四个阶段的循环，这种循环被称为经济周期。

经济周期是经济活动的客观规律，它对企业的生产经营活动具有重要的影响。西方财务学者曾探讨过经济周期中企业的经营理财策略，其结论可归纳为表2-2。

表2-2　　　　　　　　　　　经济周期中企业的经营理财策略

| 复　苏 | 繁　荣 | 衰　退 | 萧　条 |
| --- | --- | --- | --- |
| 1. 增加厂房投资 | 1. 扩充厂房设备 | 1. 停止扩张 | 1. 建立投资标准 |
| 2. 实行长期租赁 | 2. 继续建立存货 | 2. 出售多余设备 | 2. 保持市场份额 |
| 3. 建立存货 | 3. 提高价格 | 3. 停产不利产品 | 3. 缩减管理费用 |
| 4. 引入新产品 | 4. 开展营销规划 | 4. 停止长期采购 | 4. 放弃次要利益 |
| 5. 增加劳动力 | 5. 增加劳动力 | 5. 削减存货 | 5. 削减存货 |
|  |  | 6. 停止雇员 | 6. 裁减雇员 |

经济周期性波动对企业理财有重要影响。一般而言，在萧条阶段，由于整个宏观环境的不景气，企业很可能处于紧缩状态，产量和销售量下降，投资锐减，有时资金紧张，有时又出现资金闲置。在扩张阶段，一般来说，市场需求旺盛，销售大幅度上升，企业为了扩大生产，就要扩大投资，以增添机器设备、存货和劳动力，这就要求财务人员迅速筹集所需资金。改革开放40多年来，我国的经济发展与运行呈现其特有的周期特征，带有一定的经济波动，过去曾多次出现过经济超高速增长、发展过快、不得不进行治理整顿或宏观调控的情况。企业财务人员只有掌握了经济运行周期的规律和特征，才能根据企业的实际情况采取相应的对策和措施，及时调整企业财务工作的重点，使企业财务工作适应经济环境的变化。

### （三）经济发展水平

经济发展水平是指一个国家经济发展的规模、速度和所达到的水准。经济发展水平越高，财务管理水平越高。反映一个国家经济发展水平的常用指标有国民生产总值、国民收入、人均国民收入、经济发展速度、经济增长速度等。根据上述指标水平，把不同的国家可分为发达国家、发展中国家和不发达国家三大群体。

发达国家经历比较长时间的资本主义经济发展历程，资本的集中和垄断已达到了相当高的程度，经济发展水平在世界处于领先地位，这些国家的财务管理水平比较高。这是因为：（1）高度发达的经济水平必然要求进行完善的、科学的财务管理，这就决定了随着经济水平的发展，必然创造出越来越多的先进的理财方法；（2）经济生活中许多新的内容、更复杂的经济关系以及更完善的生产方式，也往往首先出现于这些国家，这就决定了发达国家的财务管理内容是不断创新的；（3）随着经济的发展，新的计算设备、通信设备不断涌现，为财务管理采用更复杂的方法创造了条件。

发展中国家的经济水平不是很高，但都在千方百计地谋求发展，目前一般呈现以下特征：经济基础较薄弱、发展速度较快、经济政策变更频繁、国际交往日益增多。这些因素决定了发展中国家的财务管理具有以下特征：（1）财务管理的总体发展水平在世界上处于中间地位，但发展速度比较快；（2）与财务管理有关的法律政策频繁变更，给企业理财造成许多困难；（3）财务管理实践中还存在着财务管理目标不明、财务管理方法简单等不尽如人意之处。

不发达国家是经济发展水平很低的那一部分国家，这些国家的共同特征一般表现为以农业为主要经济部门，工业特别是加工工业很不发达，企业规模小、组织结构简单，这就决定了这些国家的财务管理呈现水平很低、发展较慢、作用不能很好发挥等特征。

就我国经济发展水平来看，南方比北方发达，东部比西部发达，沿海比内陆发达，但不发达地区却在资源上占有较大的优势。经济发展水平的各个因素都将影响着企业的发展，从小的方面看会影响企业的供产销各环节，从大的方面看关系着企业现在和未来的投资发展战略。

因此，企业财务管理人员要充分重视和研究经济发展水平问题，从而有效制定和实施财务战略。

### （四）通货膨胀

通货膨胀，是指在信用货币制度下，流通中的货币数量超过经济实际需要而引起的货币贬值和物价水平全面而持续的上涨。通俗地讲就是纸币的发行量超过流通中所需要的数量，从而引起纸币贬值，物价上涨。通货膨胀会给企业经营和财务管理活动带来很大的困难。

1. 通货膨胀对财务信息资料的影响

由于通货膨胀必然导致物价变动，但会计核算一般采取历史成本计价原则，导致资产负债表所反映的资产价值低估，不能反映企业的真实财务状况；资产低估，又会造成产品成本中原材料、折旧费等低估，而收入又按现时价格计算，使企业收益情况不真实；由于固定资产价值低估，造成提取折旧不足，与实物资产和生产能力的减损；由于收入高估，成本费用低估使利润虚增，税负增加，资本流失，再加上资产不实，使投资者无法确定资本的保全情况。

2. 通货膨胀对现金流量的影响

由于通货膨胀率上升，企业原材料价格上涨，保持存货所需的现金增加，职工和其他费用的现金支付增加，售价提高使应收账款占用的资金也增加。企业唯一的希望是利润也增加，否则现金会越来越紧张。提高利润，不外乎是增收节支，增加收入，受到市场竞争的限制。企业若不降低成本，就难以应对通货膨胀造成的财务困难。

除此以外，通货膨胀还会使预测、决策及预算不实，从而使财务控制失去意义。如果企业持有债券，则债券价格将随通货膨胀、市场利率的提高而下降，使企业遭受损失。

如何消除通货膨胀对财务管理的影响，真实地反映企业的财务状况和经营成果，已成为财务管理领域的重要课题。因此企业决策层及财务人员应积极主动地研究相关对策，以减轻通货膨胀对企业造成的不利影响。

**（五）市场环境**

在商品经济条件下，每个企业都面临着不同的市场环境，而不同的市场环境会影响和制约企业的理财行为。构成市场环境的要素主要有两项：一项是参加市场交易的生产者及消费者的数量；二是参加市场交易的商品的差异程度。一般而言，参加交易的生产者和消费者的数量越多，竞争越激烈；反之，竞争越小。参加交易的商品的差异程度越小，竞争程度越大；反之，竞争程度就越小。

根据市场竞争的状况，企业所处的市场环境可分为下列四种：

（1）完全垄断市场，又称"纯粹垄断市场"或"独占市场"，是指整个行业只有一个销售者或竞争者，它可以决定商品的供应数量和价格。这类市场实际上不存在竞争。公用事业，如煤气公司、自来水公司一般都属于此。另外，有的公司可能因取得专利而形成垄断。

（2）完全竞争市场，又称"纯粹竞争市场"，是指竞争不受任何因素的阻碍和干扰，完全由买卖双方自由竞争的市场。在这种市场上，生产者和消费者的数量都很多，但都不能控制市场价格，只能接受现行的市场价格。这类市场上的商品一般都非常标准，无任何差异，如玉米、大豆、小麦等农产品市场都属于此市场。

（3）不完全竞争市场，是指存在一定程度控制力的竞争市场。在这类市场上有许多商品生产者，但不同生产厂家的产品存在一定的差异（如质量、品牌等）。这样，消费者在购买时会有所选择，使得某些厂家（如名牌产品的生产企业）可以在一定程度上控制和影响市场。

（4）寡头垄断市场，是指由少数几家生产者控制的市场，这几家企业通常控制该种产品销售量的70%～80%，剩余的较少部分由其他许多企业经营。

企业所处的市场环境，对财务管理有着重要影响。处于完全垄断市场中的企业，销售一般都不成问题，价格波动也不会很大，企业的利润稳中有升，不会产生太大的波动，因而风险较小，可利用较多的债务来筹集资金；而处于完全竞争市场上的企业，销售价格完全由市场来决定，被市场所左右，价格容易出现上下波动，企业利润也会出现上下波动，因而不宜过多地采用负债方式去筹集资金；处于不完全竞争市场和寡头垄断市场上的企业，关键是要使自己的产品超越其他企业的产品，创出特色，创出品牌，这就需要在研究与开发上投入大量资金，研制出新的优质产品，并做好广告，搞好售后服务，给予优惠的信用条件等。为此，财务人员要筹集足够的资金，用于研究开发与产品推销。

## 二、法律环境

财务管理的法律环境是指企业和外部发生经济关系时所应遵守的各种法律、法规和规章。企业的理财活动，无论是筹资、投资、营运资金管理还是利润分配，都要和企业外部发生经济关系。在处理这些经济关系时，应当遵守有关的法律规范。而法律环境既为企业生产经营规定了行为准则及限制条件，也为企业自主经营提供了法律保护。

影响企业理财活动的法律法规，涉及企业经营管理的方方面面，主要包括：

### （一）企业组织方面的法律法规

企业组织必须依法设立。企业通过依法设立，才能取得相应的法人地位，获得合法身份，得到国家法律的认可和保护。组建不同的企业，需要依照不同的法律规范。我国的企业组织法律规范主要包括：《公司法》《全民所有制工业企业法》《个人独资企业法》《中外合资经营企业法》《中外合作经营企业法》《外资企业法》等。这些法律法规对各种不同类型企业的设立、组织结构、活动需求等方面分别做出了细致全面的规定，既是企业的组织法，又是企业的行为法。企业除筹资、设立以外，投资经营以及变更或终止等经济活动都必须依法进行，否则就要受到法律的制裁。

### （二）税收征管方面的法律法规

税收是国家财政收入的重要源泉，是国家进行宏观调控的重要工具和手段。任何企业都有依法纳税的义务。因此，税收法律法规对企业理财活动有着重要的影响。我国现行税法体系中，按照课税对象的不同，税收分为以下五类：商品和劳务税类；所得税类；财产和行为税类；资源税类；特定目的税类。精通税法、依法纳税，这是对财务人员的基本要求。

对于企业来说，税收支出是一项费用，会增加企业的现金流出。税收对企业财务管理的影响主要表现在以下几个方面：

1. 对企业组织形式的影响。对于不同组织形式的企业，国家采用不同的税收政策。如对于公司制企业股东的收益要双重征税，而个体企业、合伙企业只对业主个人计征所得税，对企业不征所得税。因此，选择适当的组织形式，是投资人在投资时必须考虑的重要因素。

2. 对企业筹资决策的影响。企业筹资方式主要分为两类：一类是权益式筹资；另一类是负债式筹资。税收制度对这两类筹资的成本处理是不一样的：对于权益性筹资，其股息只能用税后利润支付，股息不允许费用化；对于负债式筹资，其利息费用通常可以在所得税前支付，允许其费用化，这样利息费用就具有抵税效用，负债筹资的成本因此也就比权益筹资成本要低。为此，企业在选择筹资方式时，需要在权益式筹资与负债式筹资之间做出权衡。

3. 对企业投资决策的影响。企业投资选择不同的地点、不同的企业类型、不同的经营业务等,都会面临不同的税收法律规范,如国家对一些特殊地区或特殊行业实行税收优惠政策。另外,进行证券投资时,选择不同的投资对象,也会有不同的税收待遇,如选择国债进行投资,国债利息收益享受免税待遇;选择股票投资,根据投资期限长短,股息收益享受不同的税收待遇。因此,企业在进行投资决策尤其是长期投资决策时,要充分了解税收环境,尽可能做出减少税收费用的有利决策。

4. 对企业分配决策的影响。企业税收费用的变动与其净利润的多少呈反向变动,即在一定时期内企业所承担的税收费用增加,则净利润会减少,可分配利润也相应会减少;反之亦然。另外,一些国家的资本利得税与股利收入所得税税率不一致,如目前我国对股利收入按20%的税率计算个人所得税,而对股票交易的资本利得收益暂不征收个人所得税。因此,是否进行利润分配、按什么比例以及什么形式向投资者分配利润,都需要考虑税收的影响。

### (三) 会计核算与财务管理方面的法律法规

"会计规范"是指人们在从事与会计有关的活动时,所应遵循的约束性或指导性的行为准则。我国的会计规范体系主要由以下几部分组成:①会计法律规范。包括与会计有关的法律和行政法规,是会计规范体系中最具约束力的组成部分,如我国的《会计法》《注册会计师法》;与会计有关的行政法规,如《企业财务会计报告条例》《事业单位会计准则》等。②会计准则与制度规范。是指从技术角度对会计事务处理提出的要求和准则、方法和程序的总称。我国现行的会计准则与规范主要有《企业会计准则——一般准则》《企业会计准则——具体准则》《小企业会计制度》《金融企业会计制度》《会计基础工作规范》等。③会计职业道德规范。指在会计职业活动中应当遵循的、体现会计职业特征的、调整会计职业关系的各种经济关系的职业行为准则和规范。如《中国注册会计师职业道德守则》等。

财务法规主要是企业财务通则和分行业的财务制度。《企业财务通则》是各类企业进行财务活动、实施财务管理的基本规范,它对以下问题进行了规定:(1)建立资本金制度;(2)固定资产的折旧;(3)成本的开支范围;(4)利润的分配。2007年开始实施的新《企业财务通则》明确了资金筹集、资产营运、成本控制、收益分配、信息管理、财务监督等六大财务管理要素,并结合不同的财务管理要素,对财务管理方法和政策要求做出了规范。

行业财务制度是根据《企业财务通则》的规定,为适应不同行业的特点和管理要求,由财政部制定的行业规范。

### (四) 公司上市交易与信息披露方面的法律法规

我国《公司法》(2018年)、《证券法》(2014)对上市公司及其交易规则、信息披露规范等提出了诸多要求,目的是为了规范上市公司的证券发行和交易行为,保护投资者利益,维护社会经济秩序。类似的规范性文件还有《首次公开发行股票并上市管理办法》《股票发行与交易管理暂行条例》《创业板上市规则》《公开发行证券的公司信息披露内容和格式准则》《公开发行股票公司信息披露实施细则》《上市公司股东大会规则》《上市公司章程指引》《关于在上市公司建立独立董事制度的指导意见》《上市公司股权激励管理办法》《上市公司收购管理办法》《企业内部控制管理规范》《上市公司信息披露管理办法》等。这些法律法规涉及一系列上市交易与信息披露的监管要求,对上市公司来说既是行为规范,也是约束和监督。

### (五) 社会责任方面的法律法规

企业社会责任(Corporate Social Responsibility,简称CSR)是指企业在创造利润、对股东和员工承担法律责任的同时，还要承担对消费者、社区和环境的责任。这就要求企业超越把利润作为唯一目标的传统理念，强调要在生产过程中对人的价值的关注，强调对环境、消费者和社会的贡献。为此，企业在经营和发展过程中，在组织财务活动、协调财务关系时，除了必须遵守上述法律法规之外，还必须遵守《劳动法》《未成年人保护法》《劳动合同法》《妇女权益保障法》《职业病防治法》《环境保护法》《安全生产法》《水污染防治法》《大气污染防治法》《企业劳动争议处理条例》《生产安全事故报告和调查处理条例》《危险化学品安全管理条例》《女职工劳动保护特别规定》《国务院关于职工工作时间的规定》等。企业只有遵守上述法律法规，主动承担社会责任，才能在追求自身利益的同时与社会和谐发展。

### 三、文化环境

财务管理的文化环境，是指对财务活动的组织与财务关系的协调具有制约和影响的各种文化因素的总和，包括思想观念、价值取向、思维方式、行为准则以及信念、习俗、道德、理想、世界观等。在不同的社会或地区，文化环境差异较大。文化环境的不同方面对财务管理的影响程度也不尽相同。相对而言，物质文化、精神文化与制度文化等对财务管理的影响要更深刻、更直接一些。

#### （一）物质文化环境为财务管理发展提供技术工具

物质文化是指人类创造的物质产品，包括生产工具和劳动对象以及创造物质产品的技术。物质文化来源于技术并与社会经济活动的组织方式直接相关。物质文化影响到一国的需求水平，因而最终对一国的财务决策产生重要影响。

在物质文化环境中，科学技术的发展对物质财富的增长至关重要，其对财务管理的影响表现在两个方面：一是科学发展为财务管理工作提供理论指导和实务工具。如 20 世纪 50 年代科学革命中创立的控制论、信息论、系统论；近代西方经济学中形成的边际、均衡、利率、预期、效率、风险等概念，计算机革命，数理统计、线性规划、管理创新、金融工具等，这些相关学科的发展一定程度上促进了现代财务管理理论的发展。二是其他科学的发展，拓展了企业理财的外延，丰富了财务管理的内容。科学的发展为人类认识自然、改造自然不断地开辟新的领域，而在人类活动的几乎所有领域，都追求劳动效率与经济效益的提高，追求资金的有效使用，这就必须催生财务新研究领域，如公司兼并财务、跨国公司财务、证券财务、可持续发展财务、网络财务等。同时，科学的不断进步也为财务管理科学的发展创造了条件，如数学科学的发展为财务管理中更好地运用数理统计、线性规划等方法奠定了基础。

#### （二）精神文化环境为财务管理目标的选择提供观念支持

精神文化环境包括宗教、观念、道德、语言和风俗习惯等。宗教是精神文化中最敏感的部分，它对人们的习俗、生活态度、消费方式、价值观念影响最深；价值观念是人们对事物的评价体系，不同的文化有不同的价值观念，因而判断是非的标准有很大差别。

精神文化环境中的观念，特别是价值观对企业财务管理目标的选择具有十分重要的影响，如是关注眼前利益还是关注长期利益。随着市场竞争日益激烈，企业必须转变观念，从更大的市场范围和更长远的生存发展角度来实施战略财务管理。当然，在市场经济条件下，市场竞争激烈,企业理财环境具有相当多的不确定因素,企业进行财务决策无疑要承担一定的财务风险。为了搞好财务管理,企业必须具有风险意识,讲求成本效益原则,制定合理的利润分配政策,从全局与长远视角协调好财务关系,谋求企业稳定、健康、可持续的发展。这些财务管理目标的选择都深受价值观等精神文化的影响。

### (三) 制度文化环境为财务管理活动的开展提供向导与边界

制度文化环境包括教育、政治体制、社会组织等。制度文化涉及一个社会中人们的相互作用,如何协调地组织生产和各项活动,如何向下一代传授各种知识和如何管理人类自身。不同的制度文化,对人们组织生产活动的方式、男女社会地位、家庭、社会阶层、团体行为以及社会如何定义廉耻和礼仪等问题存在不同的解释。

制度文化环境通过有形和无形两种方式来引导和制约企业的财务管理活动。一种是通过法规和制度的有形方式来规范企业的财务活动,这些制度与规范是由国家权力机关与部门制定的用来协调各方利益关系的行为规范。一旦违反,将会承担一定的法律责任。另一种是通过行为习惯等无形方式协调企业的财务活动,这些行为习惯与方式虽然是无形的,但是它们已经被各类理财主体广泛接受和认同,具有明显的文化特征,如诚实守信、廉洁自律。

## 第四节 财务管理组织机构

财务管理的组织机构,是指企业组织财务活动、处理财务关系的一种工作机构。为了实现企业财务管理目标,必须通过一定的组织机构,把财务活动的各要素、各环节和各方面,从上下左右关系上,科学合理地组成一个整体,以充分发挥它们的作用。作为专设的职能部门,财务组织机构是企业加强财务工作、开展理财活动的一个重要前提。

### 一、传统财务管理的组织机构

我国企业尤其是国有企业传统的财务管理组织机构,是将财务与会计机构合并设置,即将企业财务管理与会计核算合二为一,形成一元化的组织结构。通常,在大中型企业中设置总会计师岗位,并由总会计师领导财会部门——财务科(处);在不设总会计师的小型企业,由主管财会工作的副厂长(或副经理)领导财会部门。这种一元化的财务管理组织结构如图2-1所示。

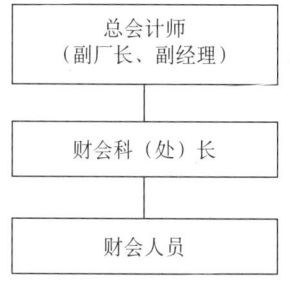

图2-1 一元化财务管理组织机构

这种模式是与高度统一的计划管理模式相适应的。在计划经济体制下，国有企业的自主经营、自负盈亏流于形式，企业财务从属于财政，财务管理的主要职能如筹集资金、投资管理、利润分配等都集中于财政部门和企业主管部门。在这种体制下，企业没有财权，资金由上级主管部门拨入，投资要逐级审批，分配由主管部门决定。由于没有独立的资金运营权，财务活动的组织就流于形式了，企业更重视会计核算工作，普遍设立了独立的会计机构而很少设立独立的财务管理机构。直到今天，我国企业仍不同程度地受计划经济体制的影响，企业重视会计核算、轻视财务管理工作的现象十分普遍。政府对会计工作监管严格，尤其是上市公司，财务报告审计和信息披露的规范迫使企业花较多的精力在会计工作上，而对资本运营等财务管理工作，许多企业领导视其为可做可不做的事务。

### 二、现代企业财务管理组织机构

在现代西方国家的企业中，在总经理下面一般设置一个财务副总经理来主管企业的财务与会计工作，在其下面设置两个重要岗位：一个是 Treasurer，可译为财务长或财务主任；另一个是 Controller，可译为主计长或总会计师。我国现代企业的财务管理组织机构，应结合我国国情，参考西方企业的二元化结构，实行财务、会计机构分设。这种结构的基本框架如图 2-2 所示。

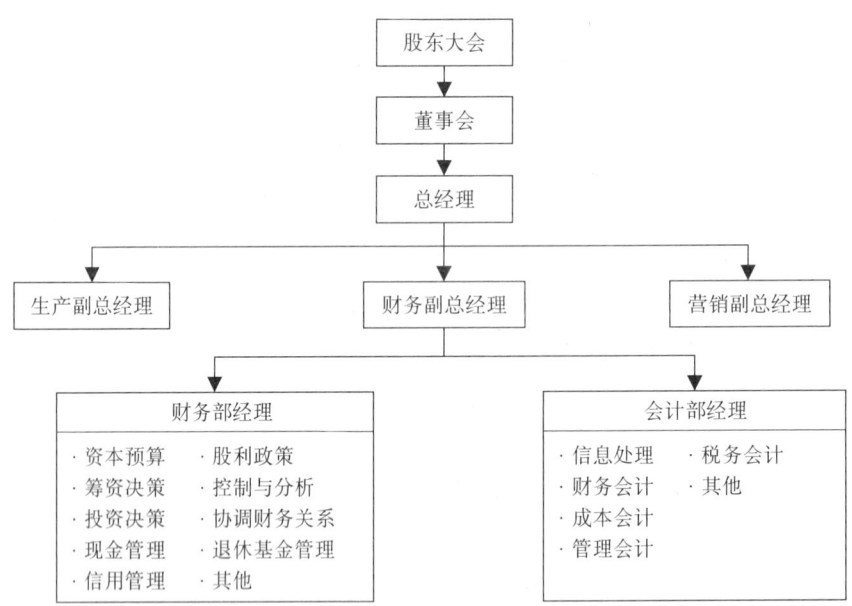

图 2-2 我国现代企业财务管理组织机构

目前，我国一些企业已借鉴西方企业的做法，将原来的财务处分解成财务处和会计处两个机构，这种一分为二的做法，有利于理顺职能部门的工作职责，强化企业财务管理工作。但财会机构分设后在实际工作中也出现了财务部门和会计部门职责不清、工作衔接不好或相互扯皮的现象，还需根据我国国情在实践中不断加以完善。

## 三、互联网时代的财务管理组织机构

随着信息技术的普及与经济全球化的快速发展,中国经济发展速度在加快,企业规模不断扩大,分支机构不断增多,传统的分散化财务管理模式的诸多弊端开始显现,譬如管理成本不断增加、内部控制难度加大、财务风险增加、财务决策效率低下、股东知情权受到挑战等。与此同时,财务共享理论得到长足发展并获得人们越来越多的认可。财务转型正是源于共享理论。

根据财务共享理论,集团性企业可以通过整合职能交叉过多的单位或部门,将组织内部的重复性工作整合集中于统一的新平台,通过集中的共享服务,避免重复成本的继续增加。共享服务的特点就在于通过构建集中统一的服务平台,共享人力资源、信息资源,以信息化为手段,打破时间与空间的限制,最大限度提高组织的绩效。共享服务通过压缩组织结构,实施扁平化的设计,不但降低了企业的管理成本,还能提高企业的快速反应能力和应变能力。

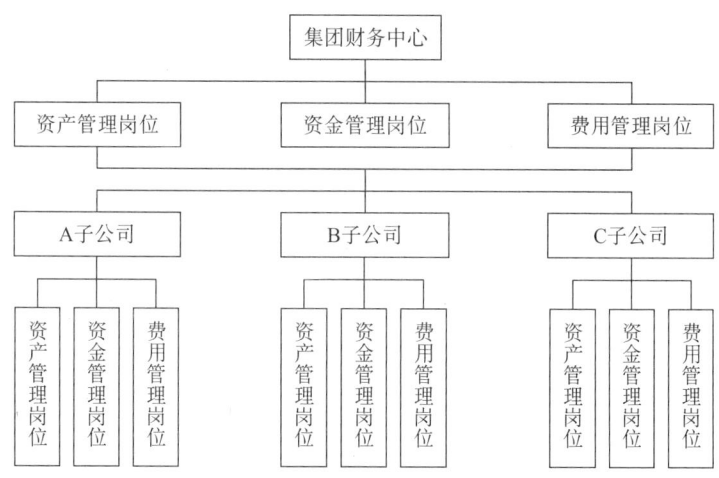

图 2-3 某企业财务共享服务前财务组织架构示意简图

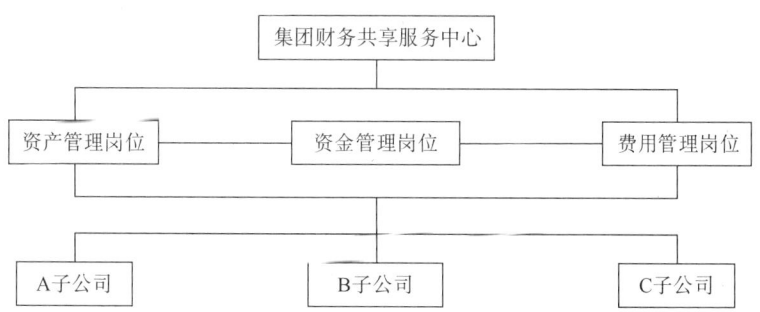

图 2-4 某企业财务共享服务后财务组织架构示意简图

2014年1月6日,财政部发布的《企业会计信息化工作规范》中明确要求:"分公司、子公司数量多、分布广的大型企业、企业集团应当探索利用信息技术促进会计工作的集中,逐步建立财务共享服务中心",这项规定为我国企业探索建立财务共享服务中心提供了政策支持。

所谓财务共享服务中心（Financial Sharing Service Center，FSSC），是指将分散的、重复的财务基本业务，从企业集团成员单位抽离出来，集中到一个新的财务组织统一处理。这一财务业务流程再造行为最早出现在美国的福特公司，随后，中兴、惠普、摩托罗拉、杜邦等跨国企业为提高自身管理水平均纷纷建立并实施了财务共享中心。财务共享中心的建立，将企业大量的财务人员从传统的会计核算中解放出来，使会计的职能不断向决策职能和战略职能转变，会计与财务的融合达到了前所未有的水平。

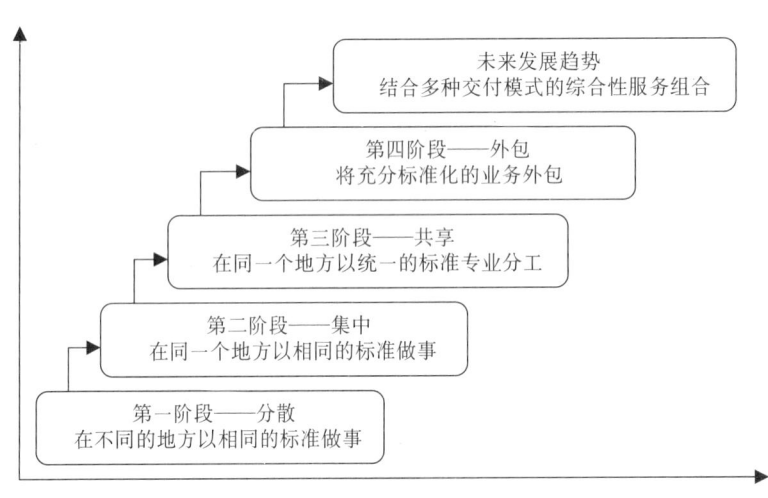

图 2-5 财务共享的发展趋势

综观国内外集团企业财务共享中心的建立及运营情况，可以发现：

1. 财务共享服务中心是在互联网时代发展起来的一种新型管理和服务模式。无论是从财务共享理论研究的视角还是从财务共享的实践效果来看，大型跨国、跨地区企业集团构建财务共享服务中心具有必要性。其通过将分散在各区域的财务业务集中在一个平台、按标准化程序进行统一处理，便于企业集团对各业务单元的实时监控以及数据信息的实时传递，使企业资源得到合理利用，财务人员得以从以前的会计核算为主转型为价值管理为主，实现职能转型，并达到整合资源、降低成本、提高效率、加强监控的目的，使财务职能发展为更为开阔、更有活力、更具创新能力的价值体系。

2. 财务共享服务中心成功建设的关键因素是流程再造和信息技术的支持。从中兴集团等公司财务共享服务中心的构建过程可以看出，在本质上共享服务是以信息技术系统为手段进行的集团管理模式的创新，财务管理服务的共享是建立在统一的系统平台 ERP 系统、统一的会计核算方法和操作流程基础上，流程的优化和标准化是基础，也是极为关键的因素。同时，在流程跨度方面，利用数字影像识别技术，实现跨区域及时高效作业处理，实现财务共享中心的业务集中。

3. 财务共享服务中心的建设很难一蹴而就，需要持续改进、优化和升级。集团公司的财务共享服务中心建成后，通过运营，会发现有许多问题尚待改进，共享服务需要优化。共享服务的持续改进是组织动态优化的过程，只有建立起涵盖系统、流程、人员、制度、质量的多维度长效优化体系，才能实现财务共享服务的不断进步、高效运营。

## 本章小结

本章首先介绍了企业财务管理面临的几种重要环境，讨论了几种主要的企业组织形式、公司治理模式，探讨了公司制企业财务管理组织机构的设置。通过本章的学习，可以明白：

1. 财务管理环境，是指对企业财务活动产生影响作用的企业内外各种因素的集合。经济环境是指对企业财务管理有重大影响的各种经济因素，它是企业赖以生存和发展的重要条件，主要包括经济体制、经济发展水平、经济增长、通货膨胀、经济周期、经济政策和税收制度等。法律环境，是指企业与外部发生经济关系时应遵守的各种法律、法规和规章。它为企业生产经营规定了行为准则及限制条件，也为企业自主经营提供法律保护。文化环境是指对财务活动的组织与财务关系的协调具有制约和影响的各种文化因素的总和，包括思想观念、价值取向、思维方式、行为准则以及信念、习俗、道德、理想、世界观等。

2. 企业采用何种组织形式，直接影响企业所有者与经营者的权力分配，也影响企业在资本市场中的地位与企业的税收待遇，因此对企业理财工作具有重大影响。企业组织形式按其法律上的特点分为独立经营人制、合伙制和公司制。

3. 企业治理结构，是指为实现资源配置的有效性，所有者（股东）对企业的经营管理和绩效进行监督、激励、控制和协调的一整套制度安排，旨在协调利益相关者之间的利益和权力关系，促使他们长期合作，以保证企业的决策效率。典型的公司治理结构是由所有者、董事会、监事会和执行经理层等形成的一定的相互关系框架。它们依据法律赋予的权利、责任、利益相互分工，并相互制衡。

4. 内部规章制度是企业用于规范企业全体成员及所有经济活动的标准和规定，它是企业内部经济责任制的具体化。内部规章制度对本企业具有普遍性和强制性，任何人、任何部门都必须遵守。完善、适度、规范的内部规章制度体系可以使财务决策有章可循，提高财务活动效率，但是过度的规章制度体系则会变成繁文缛节，起到相反的效果。

1. 什么是财务管理环境？它有哪些特征？
2. 公司影响财务决策的内部环境与外部环境主要包括哪些？
3. 经济环境、法律环境与文化环境是如何影响公司理财的？
4. 公司这种企业组织形式的优点和缺陷分别是什么？
5. 试述公司治理的内涵及其主要模式。
6. 互联网时代公司财务管理组织机构的设置有何趋向？如何应对？

## 案例分析题

### M公司财务管理环境

M公司在20世纪初在计算机行业中遥遥领先，产品类型为主机、PC等存储设备，是世界计算机设备生产制造巨头。为确保其在行业的领先地位，该企业一直进行产品研发和创新，把企业做大做强。企业总体目标为扩张业务、抢占市场份额，提高产品的创新力和竞争力，因此企业在法国、加拿大、英国和美国分别设立分公司，每个分公司都有独立的财务组织结构。

目前，M公司项目所在地区的经济形势良好，汇率稳定、税收对于公司从事的高新科技行业有所优惠、法律政策完善。企业的庞大规模导致企业需要设立一个十分详尽而且有适用性的财务组织结构。

M公司财务部门的目标为对各个部门发生的业务进行会计核算，有效进行企业估值。M公司现有的组织结构采用事业部制的组织结构，各个事业部有自己独立的财务组织。每个分公司下设预算部、财务计划部、会计核算部、信用管理部、资金管理部。

问题：

1. 以上案例涉及M公司的哪些财务环境？
2. 梳理M公司的财务组织结构。

# 第三章 金融市场与金融工具

了解金融市场的含义与种类;理解金融市场的功能;掌握金融市场的类型与特点;掌握金融工具的特点与种类;理解利率的含义与构成;了解利率期限结构理论。

融资和投资是现代企业财务活动的核心内容,而它们都离不开金融市场。金融市场是资金融通的市场,它提供各种金融工具,如股票、债券、票据等,以满足资金供求双方调节资金余缺的需要,是所有金融交易活动的总称。

## 第一节 金融市场

### 一、金融市场的相关概念

#### (一) 金融市场的含义

金融市场,是指资金供应者和资金需求者通过信用工具进行交易而融通资金的市场。在商品经济中,由于购买和出售、收入和支出在时间和数量上的不一致,企业、个人或国家在一定时点上经常出现资金盈余或短缺。资金需求者为了满足其经营活动的需要,愿意以一定代价借入一部分货币资金,以弥补其不足,使用一段时间后再归还;资金供给者则愿意将暂时闲置的货币资金贷出去,到期收回并索取一定的利息作为补偿。这样,资金需求者与资金供给者之间的资金融通就形成了金融交易活动。它们在资金融通时出具的债券债务凭证就是金融工具。资金供给者通过购买并持有各种金融工具拥有相应收益的索取权。资金需求者通过发行并出售各种金融工具承担相应的支付义务。各种不同的金融工具,构成了不同的融资市场。金融市场便是各种融资市场的总称。

广义的金融市场包括资金借贷、票据承兑和贴现、有价证券的买卖、黄金和外汇买卖、办理国内外保险等一切金融业务,是各类金融机构、金融活动所推动的资金交易的总和。狭义金融市场是指有价证券市场,其交易的对象主要包括股票和债券。金融市场可以是有形的市场,如银行、证券交易所等;也可以是无形的市场,如利用电脑、电传、电话等设施通过经纪人进行资金融通活动。

#### (二) 金融市场的构成要素

金融市场主要由以下四个基本要素构成:

1. 金融市场交易主体

金融市场的交易主体是指金融市场的参与者。按交易行为的性质,金融市场的交易主体可以分为供应主体与需求主体。前者是资金盈余者,后者是资金短缺者。按专业化程度,金融市场交易主体可分为专业主体与非专业主体。前者是专门从事金融活动的交易主体,如银行、证券公司、信托投资公司、保险公司、财务公司、城乡信用合作社等;后者是非专门从事金融活动的交易主体,如采用公司形式的非金融经济实体、追求消费最佳效果和投资收益最大化的家庭或个人、筹集资金调节财政收支状况为参与目的的政府及其行政机构等。

2. 金融市场交易对象

金融市场的交易对象或交易载体是货币资金。但是,在不同的场合,这种交易对象的表现是不同的。在信贷市场,货币资金作为交易对象是明显的,它表现为借贷资金的交易和转让。在证券市场,直接交易的是股票或债券,交易对象似乎转换了,但从本质上讲,所交易的仍然是货币资金,因为有价证券是虚拟资本,本身不具有价值和使用价值,人们取得这些金融工具不具备实质性意义,而只有货币才有价值和一般的使用价值,人们通过交易取得货币才能投入再生产。所以,通过有价证券的交易,从另一个角度反映了货币资金的交易。

3. 金融市场交易工具

由于货币资金具有价值,不能无偿转让,也不能空口无凭地出借,因此,需要一种契据、凭证,以其为载体,才能推动资金安全运转。在融资过程中,以书面形式发行和流通的,借以证明债权债务双方关系或所有权关系的书面凭证,称为信用工具或金融工具。金融工具记载着融资活动的金额、期限、价格(利息)等信息。金融工具的数量和质量是决定金融市场效率和活力的关键因素。金融工具的数量、种类越多,质量越高,就越能为不同风险偏好的投资者和筹资者提供选择机会,满足他们不同的需求,从而充分发挥金融市场的资金融通功能,对活跃经济、优化资源配置起到积极作用。

4. 金融市场价格机制

金融市场上各种交易都是在一定价格下实现的,但是与一般的商品市场相比,金融市场的价格机制要复杂得多。商品的交易价格反映交易对象的全部价值,如一台空调的交易价格为2 500元,一幢房子的交易价格为400万元等。由于金融市场上的交易对象是金融工具,交易所实现的是金融工具使用权或所有权的转移,因此交易价格反映的是转让金融工具使用权或所有权的报酬。例如,面值100元的一年期债券,年利率为5%,5%的利率或5元的利息便是获得100元资金使用权的交易价格。需要注意的是,如果这张债券的发行价格是98元,这个价格便是该金融工具买卖的交易价格。因此,在金融市场上,资金借贷的交易价格和金融工具买卖的交易价格是两个不同的概念。

## 二、金融市场的功能

金融市场的功能主要表现在以下几个方面:

### (一)满足资金的筹措与投放

社会资金的供给者与需求者往往在资金供求的时间、数量和供求方式之间存在不一致,因此在社会储蓄向投资转化过程中,必须借助一定的中介才能顺利进行。金融市场就充当了这种转化的中介。资金供给者在为闲置资金寻求出路时,要求兼顾其安全性、流动性和营利性;资金需求者在筹集资金时,也要求在降低成本的同时,在数量和时间上得到满足。由于金融市场上有多种筹资、投资形式可供双方进行选择，各种金融工具的自由买卖和灵活多样的金融交易活动也增强了金融工具的流动性和安全性，提高了融资效率，使资金供应者能够灵活地调整其闲置资金的投资形式，达到既能获得盈利，又能保证安全性和流动性的目的；使资金需求者能从众多的筹资方式中选择适当的方式，及时、灵活、有效地筹集到所需要资金。因此，金融市场对于资金供求双方都具有极大的吸引力，是投融资的理想场所。

【阅读材料 3-1】

### 内地新经济企业扎堆赴港上市，声誉风险的影响到底有多大？

**年初至今已有 37 家内地企业赴港上市**

Wind 数据显示，2018 年年初至 9 月 5 日，在港股上市的内地企业（包括 H 股、红筹股、民营股）共有 37 家，而同时间段内，所有港股 IPO 的企业有 144 家，内地企业占据 25.69% 的比例。

今年在港股上市的内地企业中，不乏"明星"企业。7 月 6 日，小米集团在港交所上市，发行价定为 17 港元/股，净筹资 240 亿港元，超额认购约为 9.5 倍。不仅上市速度快，小米集团还是港股市场首家执行"同股不同权"机制的上市公司。

今年 4 月，港交所发布新兴及创新产业公司上市制度改革新规，允许尚未盈利或者没有收入的生物科技公司赴港上市，对同股不同权企业上市给出了方案细则。

国泰君安国际执行董事兼行政总裁王冬青对澎湃新闻记者说："目前去港上市的企业不能说是扎堆，但应该说比以往同时间段上市的公司多得多，这是和新规有关的。法规是关键，其次才是市场的反应。之前这类企业去美国市场上市的比较多，现在除了美国市场之外，又有具有新规的中国香港市场可供选择了。"

8 月 1 日，歌礼制药在港交所挂牌上市，成为首家在港股 IPO 的未盈利生物科技公司。8 月 8 日，中国铁塔在港股市场完成了两年来全球规模最大的 IPO。

王冬青也提到，从上市时间的把握来看，港股目前也稍微有一定的优势。

港股市场的基本面向好，也是吸引内地企业赴港上市的重要因素之一。而且随着"沪港通""深港通"的开通，企业在港上市后纳入港股通，为通常无法在内地上市的企业吸引内地投资者和资金提供了一条通道。

德勤中国上市业务华东主管合伙人牟正非在接受澎湃新闻记者采访时说："过往两年随着沪港通深港通的推行，资金南下，港股恒生指数的涨幅也比较可观，市场的估值有了很大的提升，投资者的热情相对来说也比较高；另一方面，香港联交所今年 4 月落实的新上市规则，鼓励新经济企业来港上市，也促进了很多新经济企业来港上市。"

企业的内在需求也是这些企业纷纷寻找上市机会的促成因素。牟正非说，近期看到的这些赴港上市的新经济企业，绝大部分都是七八年前成立或起步的公司，随着 4G 技术普及引导的互联网科技由 PC 端向移动端转型的契机发展起来的，到了现在基本上已经发展成为有一定规模的、比较成熟的公司，现在确实也有融资的上市需求。

"另外，这些新经济公司在发展过程中都是有多轮的 PE 投资，一般这类 PE 投资者的资金也是募集而来，投资合同中一般都有在一定的时间段内退出的机制。所以说到了这个时点也有退出的需求。"

资料来源：佚名. 内地新经济企业扎堆赴港上市，声誉风险的影响到底有多大? https://baijiahao.baidu.com/s?id=1610856928024255211&wfr=spider&for=pc, 2018-09-06.

## （二）合理地分配和引导资金（信息作用）

在金融市场上，随着金融工具的流动，相应地发生了价值和财富的再分配。金融市场通过利率的差异和上下波动，通过对有价证券价格的影响，能够引导资金流向最需要的地方，流向那些当前经营管理好、产品畅销、有发展前途的经济单位，从而带动社会物质资源的流动和再分配，将社会资源由低效部门向高效部门转移，完成社会资源的优化配置。

在市场经济体制中，金融市场在资本配置方面起到了关键作用。股票市场上的投资者最终决定了公司的存亡。如果一家公司未来的获利前景良好，那么投资者会抬高其股价。在这种情况下，公司的管理者可以很容易地通过发行股票或举债来筹集资金以支持公司的研发，构建新的生产设施，扩大经营规模。但是，如果其获利前景不明或很差，投资者便会压低其股价，那么公司会被迫缩减规模，最终有可能倒闭。

通过股票市场来配置资本的过程有时候似乎是无效的。有些公司在短期内可能会很"火"，从而吸引了大量投资资本，但转眼几年间就会衰落，不过这是不确定性（风险）在股票市场的表现。没有人可以确切地知道哪些公司会成功，哪些会失败，但是股票市场总是促进资本流向当前前景良好的公司。现在有许多被高薪聘请的睿智的专业人士在分析上市公司的前景，股票价格正是对他们集体判断的反映。

## （三）改变消费时机的功能

在经济社会中，有的人挣的比花的多，有些人花的比挣的多，如退休人员，那么我们怎样才能把购买力从高收入期转移到低收入期？一种方法是通过购买金融资产来"储存"财富。在高收入期，我们可以把储蓄投资于股票、债券等金融资产，然后在低收入期卖出这些金融资产以供消费。这样我们就可以调整一生的消费时机以获得最大的满足。因此，金融市场可以使人们的现实消费与现实收入相分离。

## （四）实现分散风险的功能

金融市场上多样化的金融工具为资金盈余者提供了多种投资选择，避免了金融投资的集中与单一，实现了投资风险的分散。同样，资金的需求者为筹集资金向众多的投资者发行金融工具，这就使得众多的投资者与该金融工具发行者共同承担了运用这笔资金的经营风险。例如，某上市公司准备投资新建一条生产线，但是管理者并不确知其未来产生的现金流量，因此，它发行股票筹资，偏好风险的投资者购买了该股票，这样，资本使用权出售者本身也变成了风险投资者，使经济活动中风险承担者的数量大大增加，从而减少了每个投资者所承担的风险量。在期货市场和期权市场，金融市场参加者还可以通过期货、期权交易进行筹资、投资的风险防范与控制。

## （五）实现风险分配的功能

事实上，所有的实物资产都有一定的风险。例如，当双汇公司投资建造工厂时，没有人确切地知道这些工厂可以产生的未来现金流。金融市场和金融市场上交易的多样化的金融工具可以使偏好风险的投资者承担风险，使厌恶风险的投资者规避风险。例如，双汇公司向公众发行股票和债券以筹集资金来建造工厂，那么乐观或风险承受力较强的投资者就会购买股票，而保守的投资者则会购买债券。因为债券承诺了固定的收益，风险较小。而股票持有者需要承担较大的经营风险，同时也会获得潜在的更高的收益，这样资本市场便把投资的固有风险转移给了愿意承担风险的投资者。

这种风险分配方式对于需要筹集资金以支持其投资活动的公司而言是有利的。当投资者可以选择满足自身特定风险—收益偏好的证券时，每种证券都可以以最合适的价格出售，这加速了实物资产证券化的过程。

**（六）有效地实施宏观调控**

金融交易活动为政府实施对宏观经济活动的间接调控创造了条件。中央银行货币政策的实施都以金融市场的存在为前提。中央银行通过金融市场可以进行公开市场业务操作，吞吐有价证券以调节货币供应量；实施再贴现政策，调整再贴现率，影响信用规模。两者的实施都可以通过影响利率水平来调节资金供求，而金融市场利率的变化又是宏观金融调控的重要参考依据。中央银行在实施货币政策时，通过金融市场可以调节货币供应量、传递政策信息，最终影响各经济主体的经济活动，从而达到调节整个宏观经济运行的目的。

### 三、金融市场的种类

一国金融市场通常是一个由许多具体的子市场组成的、庞大的金融市场体系。为更好地研究这一体系，人们往往从不同角度对金融市场进行分类。

**（一）按金融资产的期限划分：短期金融市场和长期金融市场**

短期金融市场又称为货币市场，是期限在 1 年或 1 年以内的短期金融工具交易的市场，主要解决金融市场主体的短期性、临时性的资金需求。短期金融市场主要包括同业拆借市场、短期债券市场、票据贴现市场、大额可转让定期存单市场以及回购协议市场等。在短期金融市场上进行交易的金融工具主要是货币头寸、存单、商业票据、银行票据和国库券等。

长期金融市场也被称为资本市场，是进行期限在 1 年以上的资金融通的市场。它的主要作用是满足中长期的投资需求和政府弥补长期财政赤字的资金需要。长期金融市场主要包括债券市场和股票市场。在长期金融市场上进行交易的金融工具主要是股票、公司债券、中长期国债和不动产抵押贷款等。

**（二）按金融资产的发行和流通特征划分：一级市场、二级市场、第三市场和第四市场**

一级市场也称发行市场或初级市场，是资金需求者将证券首次出售给投资者时所形成的市场。由于资金需求者难以与众多分散的投资者进行直接交易，因此，在这一市场上，证券发行往往采取承销、包销的方式。发行市场是整个金融市场的基础，没有证券的发行，就没有证券的流通，并且发行市场的质量会影响流通市场的发展。发行市场具有两方面的功能：一是为资金需求者提供筹集资金的场所；二是为资金供应者提供投资及获取收益的机会。

二级市场是投资者买卖已经发行的各种证券时所形成的市场，故又被称为流通市场或次级市场。二级市场可以分为两种：一种是场内市场即证券交易所，其特征是证券的买卖需在固定场所集中竞价进行，因此是一种有形市场；另一种是场外交易市场，此时证券的买卖并不需要固定场所，其价格也是交易双方协商的结果，因此这种市场是一种无形市场。

第三市场是已在证券交易所上市的证券在证券交易所之外进行交易时所形成的市场。

第四市场是大户通过电话、电脑等现代通信手段直接进行证券买卖所形成的市场。参与第四市场交易的往往是机构投资者。他们交易的数额巨大，因此对机构投资者来说，这种直接交易可以发挥规模效应，以大大节省手续费等中间费用。

【阅读材料 3-2】

## 小米香港 IPO 招股遇冷　投资者以限价形式下单

作为首个同股不同权登陆香港市场的新经济公司，小米 IPO 销情遇冷。

"由于此前几只新经济股票在上市股价表现并不理想，客户认购热情不高，我们就限价在 18 港元下了些单。据了解，很多机构都是以限价的方式认购，小米最终定价可能不会在中上限。"某港股新股基金经理向 21 世纪经济报道透露。

小米此次在香港首次公开招股计划发售 21.8 亿股股份，其中 65% 属新股，35% 为旧股，每股招股价将在 17~22 港元，募资 370.6 亿~479.6 亿港元，集资金额为 370.6 亿~479.6 亿港元。小米计划于 7 月 9 日正式在港交所挂牌上市。

自 10 月底以来，多只高科技概念股登陆港股，香港市场的新股 IPO 认购十分火爆。由于热门新股的中签率极低，为了增加"打新"的命中几率，散户投资者一般会通过券商进行融资交易，即俗称为孖展（margin）认购。通常，散户投资者可以用 10% 的本金，向券商融资 90%，并支付利息等其他费用。

据业内人士介绍，在港股市场认购新股，一般会分为甲、乙两组，通常认购一两手的散户归为甲组，而乙组的申请认购股数动辄以十万股计，大多为一些机构投资者，或者散户以孖展认购。

然而，过往散户哄抢新经济股的盛况这次却并未发生，小米正式启动招股后连续两日市场反应冷淡。据港媒报道，6 月 25 日，11 家香港本地券商共录得仅 74.72 亿港元的孖展认购额，以在香港公开发售集资额 23.98 亿港元计算，超额认购仅 2.12 倍。6 月 26 日，10 家本地券商则累计录得 59.44 亿港元的孖展认购，超额认购 1.48 倍，远远落后于市场预期。

相比之下，自去年第四季以来，至少有五只新经济股票在港 IPO，其中阅文集团在招股首日录得 1 352 亿港元的孖展认购额，香港公开发售超额认购 624.95 倍，公开发售一手中签率仅为 7.72%。易鑫、众安在线及雷蛇的首日孖展额均超过 100 倍。

"小米招股的表现明显差于市场预期，由于多个新经济公司排队来香港上市，这个板块的题材不再具备稀缺性，对估值的压力也会越来越大，很有可能以定价区间下限定价。而且小米的盈利模式尚未被证明，估值已经超过国际上顶尖的高科技公司，包括苹果、特斯拉等。"交银国际首席策略师洪灝在接受 21 世纪经济报道记者采访时坦言。

### 二级市场表现欠佳

近期在港上市的多家"独角兽"公司，上市后股价却乏善可陈。

信诚证券联席董事张智威坦言，今年以来三只代表性的新经济股票阅文集团、易鑫及众安在线股价持续大幅下挫，让投资者心有余悸。

上述基金经理亦指出："平安好医生上市后遭遇滑铁卢，让很多投资者担忧小米上市后的表现。而且小米估值偏高，投资者整体情绪偏向谨慎。"

以平安好医生为例，上市稳价期于 5 月 26 日正式结束后，次日收盘直线下跌 3.2%。相比上市当日最高点的 58.7 港元，股价下跌 20%，与 54.8 港元的招股价相比，则蒸发了 14%。截至 6 月 27 日收盘，平安好医生的股价下挫至 49.65 港元/股。

众安在线作为国内首家互联网保险公司，去年自 9 月 28 日以发行价 59.7 港元/股在港上市，上市初期股价接连暴涨，盘中曾飙升至 97.8 港元的高位，市值甚至一度高达 1 400

亿港元。然而，好景不长，截至6月27日收盘，众安在线下跌至49.5港元/股，市值已大幅缩水至235.6亿港元。

去年11月8日，腾讯旗下的阅文集团在港交所挂牌上市，股价曾一度站上100港元，市值接近1 000亿港元。6月27日盘中报71.9港元/股，市值跌至640亿港元，蒸发近400亿港元。

**盈利模式待考**

市场人士指出，这些新经济股票由于缺乏实质的盈利支撑虚高的估值，"破发"在所难免。

以小米为例，雷军在6月25日的招股记者会上指出："过去八年很多轮的私募融资，投资者都给了我们很高的估值，三年半以前那轮的估值达到450亿美元。"他强调，小米的盈利模式就是依靠高性价比的硬件，聚集大量的用户，并以互联网服务的模式实现变现。然而根据公司提交的招股书显示，智能手机销售仍是小米收入的主要来源，过去三年，智能手机贡献的总收入占比分别达到80.4%、71.3%、70.3%。

平安好医生自成立以来持续亏损，从2015年至2017年净亏损分别为3.24亿元、7.58亿元、10.02亿元。

雷蛇作为全球首个电竞上市公司，市场关注的焦点之一在于何时能扭亏为盈。根据招股书显示，截至2017年上半年，公司的经营亏损达到5 596万美元，前两年的亏损金额则分别为1 208万美元、6 313万美元。

"由于最近港股的市况持续转差，投资者对于新股认购的热情有所降温，港股市场存量资金有限，这也对小米招股带来了一定负面影响。"中国银盛财富管理首席策略师郭家耀向21世纪经济报道记者表示。

截至6月27日收盘，恒生指数收报28356点，下挫525点或1.8%，连续三个交易日下跌982点或3.3%，创去年12月7日以来收市新低。

由于美联储加快加息步伐，香港银行同业拆息利率（HIBOR）已持续攀升，投资港股的资金成本不断提高。根据香港财资市场公会的数据，6月27日，隔夜、一个月、三个月的HIBOR分别升至1.25214%、2.01919%、2.08964%。三个月拆息已经连续上升14个交易日，创下2008年以来的新高。

同时，"港股通"的南下资金也明显放慢了步伐。根据本报记者查阅数据，最近15个交易日，港股通有5个交易日录得净流出，累计全额达到59.15亿元。

资料来源：佚名. 小米香港IPO招股遇冷 投资者以限价形式下单. http://baijiahao.baidu.com/s?id=1604474257389604212&wfr=spider&for=pc, 2018-06-28.

**（三）按价格确定机制划分：公开市场和议价市场**

在公开市场上，金融资产价格的确定采用的是一种拍卖机制，即将众多的买主和卖主集中于某一固定场所，通过买卖双方公开竞价的方式确定成交价格，所遵循的规则是"价格优先，时间优先"。采用这种定价方式的往往是证券交易所。

在议价市场上，金融资产的定价与成交是通过私下协商或面对面的讨价还价方式进行的。在发达的市场经济国家，绝大多数债券和中小企业的未上市股票都通过这种方式交易。最初，在议价市场交易的证券流通范围不大，交易也不活跃，但随着现代电信及自动化技术的发展，该市场的交易效率已大大提高。

### (四) 按交割方式划分：现货市场、期货市场和期权市场

现货市场是指交易成交时马上进行实物交割的市场。市场上的买卖双方以现钱现货交易，在协议成交后即时进行交割的方式买卖金融商品。我们通常所说的"一手交钱，一手交货"所描述的就是这种市场。当然，在现实中，所谓金融工具的即期交割往往并非马上进行，而是在一定的期限内进行。例如，在外汇交易中，只要在两个交易日内交割外汇，这种交易都可称为现货交易。

期货市场是在期货交易的基础上发展而来的。现代期货市场是指买卖双方就一个统一的标准合同即期货合约进行买卖并在未来的特定日期按双方事先约定的价格交割特定数量和品质商品的交易市场。期货合约对交易品种、质量、数量及期限进行了标准化的规定，以便买卖。在期货市场上，到期进行实物交割的比例极低，大多数是通过反向交易来抵消合约赋予的责任和义务，这种方式称为平仓或者对冲。

期权市场是指交易金融商品或金融期货合约为标的物的期权交易市场。金融期权合约是赋予购买者权利去按协定价格购买或出售某种金融商品的合约。期权合约的购买者通过付出一笔期权费得到一种权利，这种权利使他有权在双方商定的到期日前，以事先约定的价格向期权的卖方购买或出售一定数量的该种金融商品。由于期权的买方获得的是一种权利，且权利可以执行，可以转让，也可放弃，因而期权交易又称选择权交易。

### (五) 按中介特征划分：直接融资市场和间接融资市场

直接融资市场是资金的供给者直接向资金需求者进行融资的市场，融资活动一般不通过金融中介机构。商业信用、企业发行股票和债券、国家发行国库券或公债券均属于直接融资市场上的融资活动。

间接融资市场是指通过银行等信用中介的资产负债业务来进行资金融通的市场。融资活动一般要通过金融中介机构进行，资金的供求双方不直接见面、不发生直接的债权债务关系，而是由金融机构以债权人和债务人的身份介入其中，实现资金余缺的调剂。

尽管金融市场还可以有其他分类，不过上述这些分类已经足以说明金融市场存在的许多类型。一个健康的经济体系依赖于资金从储蓄者有效地转移到需要资金的个人和企业。缺乏有效的资金转移，经济体系将无法健康、有效地运作。

# 第二节 金融工具

## 一、金融工具的含义

金融工具也称信用工具，是用来证明债权债务关系或所有权关系的书面凭证，对交易双方所应承担的义务与享有的权利均具有法律效力。金融工具最基本的要素是支付的金额和支付条件，最重要的特征是能够在市场交易中为其所有者提供即期或远期的货币收益。

在实务中，金融工具也被称为金融产品、金融资产或有价证券。这是因为，金融工具如股票、债券、期货、保单等是在金融市场可以买卖的产品，故称金融产品；在资产的定性和分类中，它们归属于金融资产类别，故也称其为金融资产；它们是可以证明产权和债权债务

关系的法律凭证，故称有价证券。不同类型的金融工具具有不同程度的风险。

## 二、金融工具的特征

一般认为，金融工具具有以下特征：

### （一）期限性

期限性是指金融工具的发行者或债务人按期归还全部本金和利息的特征。金融工具一般都注明期限，债务人到期必须偿还信用凭证上所记载的应偿付的债务。其中，有两种极端情况：一种是银行活期存款随时可以提取，其偿还期为零；另一种是股票或永久性债券，其偿还期是无限的，虽然没有规定偿还的期限，但是金融工具是可以转让的，所以股票或永久性债券的持有者可以通过资本市场转让证券收回投资。因此，对于持有人而言，更具有现实意义的是相对偿还期，即从持有金融工具之日起至金融工具到期日止所经历的时间。例如，某投资者于 2018 年 1 月 1 日购入一张 2018 年 1 月 1 日发行、2027 年 12 月 31 日到期的长期债券，对该投资者来讲，偿还期限为 10 年。

### （二）流动性

流动性是指金融工具在必要时迅速转变为现金，其价值不会蒙受损失的能力。金融工具变现越方便、成本越低，流动性就越强；反之，流动性越差。一般来说，金融工具如果具备下述两个特点，就可能具有较高的流动性：第一，金融工具发行者的资信高，在以往的债务偿还中能及时、全部履行其义务，如国家发行的债券、信誉卓著的公司发行的商业票据等；第二，债务的偿还期短，在大多数情况下，流动性与偿还期呈反比，即偿还期越短，流动性越强。货币这一金融工具本身就是流动性的体现，零期限的活期存款几乎具有完全的流动性。但是，这也不是绝对的。金融工具的盈利能力也是决定流动性大小的重要因素，一些盈利率高的金融工具，即使偿还期限较长，往往也具有较高的流动性。

### （三）风险性

风险性是指购买者投资于金融资产的本金和预期收益遭受损失的可能性。这种风险可能来自两个方面：一是债务人不履行约定、不能按时支付利息和偿还本金的风险，这种风险也被称为信用风险，风险的大小主要取决于债务人的信誉和经营状况等。另一类风险是来自市场的风险，这是金融资产的市场价格随市场利率的上升而跌落的风险。当利率上升时，金融资产的市场价格就下跌；当利率下跌时，则金融资产的市场价格就上涨。证券的偿还期限越长，则其价格受利率变动的影响就越大。

### （四）收益性

收益性是指金融工具能定期或不定期给持有人带来收益的特性。金融工具收益性的大小，是通过收益率来衡量的，其具体指标有名义收益率、实际收益率、即期收益率和平均收益率。名义收益率是指利息与票面金额的比率；实际收益率是指名义收益率剔除物价上涨因素后的收益率；即期收益率是指票面规定的利息与该金融工具当期市场价格的比率；平均收益率是将即期收益与资金损益共同考虑的收益率，其中的资本损益是指投资者高于或低于票面金额购买金融工具时所带来的资本损失或利得。

【例 3-1】某公司发行债券筹资，债券面值为 1 000 元，5 年偿还，每年付息一次，票面年利息为 80 元，债券当前的市场价格为 960 元，则其名义收益率是多少？即期收益率是多少？投资人持有期内平均收益率是多少？

$$该债券的名义收益率 = \frac{票面收益}{票面金额} = \frac{80}{1\,000} \times 100\% = 8\%$$

$$即期收益率 = \frac{票面收益}{当期市场价格} = \frac{80}{960} \times 100\% = 8.3\%$$

$$年平均收益率 = \frac{票面收益 + 平均资本损益}{当期市场价格} = \frac{80+8}{960} \times 100\% = 9.17\%$$

### 三、金融工具的种类

金融工具可以从不同的角度以不同的标志进行分类。

**（一）按融通资金的方式划分**

按融通资金的方式划分，金融工具可分为直接融资金融工具和间接融资金融工具。直接融资金融工具是指不需要金融机构作中介，由最终贷款人和最终借款人之间直接进行融资活动所使用的金融工具，如政府、企业或个人发行或签发的政府债券、公司债券、公司股票、商业票据等，发行的目的是为自己筹集资金。间接融资金融工具是指金融机构在最终贷款人和最终借款人之间充当媒介进行间接融资活动所使用的金融工具，如金融债券、银行票据、大额可转让定期存单、人寿保险单和支票等，这里，银行或保险公司充当了融资中介，其发行目的在于聚集可用于贷放的资金。

**（二）按融资的期限划分**

按融资的期限划分，金融工具可分为长期金融工具和短期金融工具。长期金融工具也称为资本市场金融工具，一般指期限在1年以上的中、长期资金借贷和证券交易的工具，如银行中、长期贷款工具、债券、股票等。短期金融工具也称货币市场金融工具，一般指1年以内的各种借贷和融通资金的工具，如国库券、可转让定期存单、银行承兑票据、回购协议等。相对于长期金融工具而言，货币市场金融工具具有期限短、风险低、流动性强、收益率低等特点。

**（三）按投资者的权利进行划分**

按投资者的权利进行划分，金融工具可分为债务凭证类金融工具和所有权凭证类金融工具。所有权凭证类金融工具只有股票一种；其他都属于债务凭证类金融工具。债务凭证表明投资人投入资金后就取得了债权，所以有权据以到期讨还本金和利息；而所有权凭证表明资金的投入并非取得债权而是取得所有权，因而无权要求返还本金，只可以在必要时通过转让所有权，即出售证券的方式，收回本金。

**（四）按与实际信用活动的相关性划分**

按与实际信用活动的相关性划分，金融工具分为原生金融工具和衍生金融工具。原生金融工具是在实际信用活动中出具的能证明债权债务关系或所有权关系的合法凭证，主要有商业票据、债券等债权债务凭证和股票、基金等所有权凭证。

衍生金融工具是在原生金融工具基础上派生出来的各种金融合约及其组合形式的总称，主要包括金融期货、金融期权和金融互换。

## 四、最具代表性的金融工具

### (一) 大额存单

大额存单是指由银行业存款类金融机构面向个人、非金融企业、机关团体等发行的一种大额存款凭证。大额存单是一种银行定期存款，因此不能随时提取，银行只在大额存单到期时才向储户支付利息和本金。大额存单注明了存款金额、期限、利率，可以流通转让。我国大额存单于2015年6月15日正式推出，以人民币计价，比同期限定期存款有更高的利率。

### (二) 商业票据

商业票据，是指由金融公司或某些信用较高的企业开出的无担保短期票据，其可靠程度依赖于发行企业的信用程度，可以背书转让，可以贴现。商业票据有确定的金额及到期日，期限在1年以下，由于其风险较大，利率高于同期银行存款利率。商业票据有三类：支票、本票和汇票，其中汇票较为复杂。通常，银行票据由一定的银行信用额度支持，这样可以保证借款者在票据到期时有足够的现金来清偿。

### (三) 银行承兑汇票

银行承兑汇票是商业汇票的一种，是指由承兑银行开立存款账户的存款人签发，向开户银行申请并经银行审查同意承兑的，保证在指定日期无条件支付确定的金额给收款人或持票人的票据。对出票人签发的商业汇票进行承兑是银行基于对出票人资信的认可而给予的信用支持。当银行背书承兑后，银行开始负有向汇票持有者最终付款的责任，此时的银行承兑汇票可以像其他任何对银行的债权一样在二级市场上交易。银行承兑汇票以银行信用代表交易者信用，因而被认为是一种非常安全的资产。在国际贸易中，交易双方互不知晓对方信用情况时，银行承兑汇票得到广泛的使用。

### (四) 公司债券

公司债券是公司依照法定程序发行、约定在一定期限内还本付息的有价证券。对于持有人来说，它只是向公司提供贷款的证书，所反映的只是一种普通的债权债务关系。持有人虽无权参与股份公司的管理活动，但每年可根据票面的规定向公司收取固定的利息且收息顺序要先于股东分红，股份公司破产清理时亦可优先收回本金。公司债券有时候会附有选择权。可赎回债券赋予公司按规定的价格从持有者手中回购债券的选择权。可转换债券赋予债券持有者将每张债券转换成规定数量股票的选择权。

### (五) 股票

股票是股份公司发行的所有权凭证，是股份公司为筹集资金而发行给各个股东作为持股凭证并借以取得股息和红利的一种有价证券。股票是股份公司资本的构成部分，可以转让，是资本市场的主要长期信用工具，但不能要求公司返还其出资。每股股票都代表股东对企业拥有一个基本单位的所有权。每家上市公司都会发行股票。同一类别的每一份股票所代表的公司所有权是相等的，每个股东所拥有的公司所有权份额的大小，取决于其持有的股票数量占公司总股本的比重。股东不仅有权按公司章程从公司领取股息和分享公司的经营红利，还有权出席股东大会，选举董事会，参与企业经营管理的决策。

### (六) 衍生金融工具

衍生金融工具也叫金融衍生工具，是在货币、债券、股票等传统金融工具的基础上衍化和派生的,以杠杆和信用交易为特征的金融工具。衍生金融工具提供的收益依赖于其他资产的价值,如商品价格、债券价格、股票价格或市场指数的价值。这些金融工具也被称为衍生资产,它们的价值随其他资产价值的变化而变化。常见衍生金融工具包括期权和期货合约。

期权分为看涨期权和看跌期权。看涨期权赋予其持有者在到期日或到期日之前以特定价格(即执行价格)购买某种资产的权利。看跌期权赋予其持有者在到期日或到期日之前以特定价格出售某种资产的权利。看涨期权的价格随执行价格的增加而降低,相反,看跌期权的价格随执行价格的增加而增加。无论哪种期权,其价格均随期限的增加而增加。

期货合约是指在规定的交割日或到期日按约定的价格对某一资产(有时候是其现金价值)进行交割的合约。持有多头头寸的交易者承诺在交割日购买资产,而持有空头头寸的交易者承诺在合约到期时出售资产。多头头寸的交易者从价格的上涨中获利,相反,空头头寸的交易者会在价格上涨中遭受损失,其损失等于多头头寸交易者的利润。

# 第三节 利率

## 一、利率概述

### (一) 利率的含义

利率是利息率的简称,是指在借贷期内所获得的利息额与借贷本金的比率,即利率=利息/本金。从资金借贷关系来看,利率是一定时期运用资金资源的交易价格。资金作为一种特殊商品,以利率为价格进行融通,实质上通过利率实现资源的再分配。

### (二) 利息的种类

经济生活中利率的种类繁多,按照不同的标志,可以有多种不同的分类。

1. 名义利率与实际利率

在市场经济条件下,市场的物价水平经常出现一定程度的波动,而市场物价的变动造成了金融资产所有者的实际收入和名义收入水平出现不一致的状况。物价水平的变动造成了名义利率和实际利率的不一致。名义利率是指以货币为标准计算出来的利率,通常是在没有考虑物价变动的条件下借贷契约上载明的利率水平,也称为货币利率。实际利率是指名义利率剔除物价变动因素后计算出来的利率,也可以理解为是在物价水平不变、货币购买力也不变的条件下的利率。

一般而言,名义利率、实际利率、物价变化率三者之间存在这样的关系:

$$i = k - \pi$$

式中,$k$ 为名义利率;$i$ 为实际利率;$\pi$ 为物价变动率。

实际上,这个公式只是一个简化公式,它只对本金部分剔除了物价变化因素,而利息部分的物价变化因素仍未剔除。更为准确的关系式应为:

$$1 + k = (1 + i)(1 + \pi)$$

$$i = \frac{1 + k}{1 + \pi} - 1$$

因此,资金借贷不能只看名义利率,还得考虑物价因素。当物价上涨率高于名义利率时，实际利率就是负数，称为负利率。负利率对经济产生逆调节作用。区分名义利率与实际利率具有重要意义，因为借贷双方真正关心的是实际利率，而不是名义利率。只有实际利率才能真实反映借贷资本的利息收益或借贷成本。

2. 固定利率与浮动利率

固定利率是指名义利率在整个借贷期间不随借贷资金供求关系和物价水平的变动而变动的利率。它一般由借贷双方商定，适合在短期借贷活动或者市场利率变化不大的情况下使用。固定利率的最大特点是一次商定、固定不变、简便易行、计算方便。其缺点是灵活性差，往往不能适用于中长期借贷，特别是在存在严重通货膨胀的情况下，实行固定利率会使债权人利益受到损害。

浮动利率又称可变利率，是指名义利率在借贷期限内随市场资金供求关系和物价水平的变化而定期调整的利率。调整期限和调整时作为基础市场利率的选择，由借贷双方在借贷时议定。例如，欧洲货币市场上的浮动利率，调整期一般为三个月或半年，调整时作为基础的市场利率大多采用伦敦市场银行间三个月或半年的拆借利率。浮动利率一般在借贷期限较长、市场利率多变的情况下使用。由于实行浮动利率可以经常调整，所以借贷双方承担的利率变化风险较小，利息负担也较公平；但是，计息较麻烦，特别是借款人计算利息成本比较困难。

3. 市场利率与官定利率

市场利率是指由市场资金供求状况和风险收益等因素决定的利率。一般来说，当市场上的资金需求大于供给时，市场利率就会上升；当资金供给大于需求时，市场利率就会下降。当市场上的不确定性增加，即资金运用的风险增加时，市场利率也会上升；反之则会下降。因此，市场利率能较真实地反映市场资金供求关系以及资金运用的风险状况。

官定利率是指由政府金融管理部门或中央银行确定的利率，在一定程度上反映了非市场的强制力量对利率形成的干预，是国家实现宏观经济调控目标的重要政策手段，也称为法定利率。官定利率一般是由货币当局根据宏观经济运行的情况以及国际收支状况等其他因素来决定。官定利率往往在利率体系中发挥指导性作用。我国在改革开放政策实施前，利率基本上是官定利率。之后，随着资金分配和融资格局的变化，市场利率在利率体系中的比例已逐渐加大。利率管制是否严格是衡量一国金融自由度的一个重要标志。计划经济国家的利率管制都是极其严格的，而在发达的市场经济国家，虽然其中央银行也时常运用利率手段调节宏观经济，但利率主要由市场资金供求及其他状况决定，货币当局制定的利率常常起到指导性调节作用。

【阅读材料 3-3】

利率市场化再进一步　银行吸存竞争加剧

**利率市场化冲刺**

利率市场化正进入冲刺阶段，外币市场、货币市场、债券市场和贷款利率已完全实现市场化定价，存款利率上限放开促使利率市场化再进一步。如何积极应对利率市场化所带来的新问题和新挑战，成为摆在银行业金融机构面前的迫切命题。业内有声音认为，利率市场化会倒逼银行加快经营模式和经营战略转型，伴随着银行业转型调整，净息差将逐步稳定回升，并回落至合理水平。不过也有担忧的声音表示，在负债荒的背景下，银行出于拉存款的压力，会竞相抬高存款利率，进而导致银行存款成本提升和净息差的收窄，对银行的盈利水平造成负面影响。

**导读**

若以利率市场化来理解此番央行拟放松的存款利率上限指导，则涉及更宏大的议题，包括商业银行发展路径与策略。对银行而言，一方面是尽量稳住负债成本；另一方面则是提高资产投放收益。

对于储户而言，今年银行存款利率优惠尺度超出往年。以零售之王招商银行为例，4月明确存款利率最高上浮基准50%，已达监管指导价格的"天花板"。除市场本身竞争之外，监管方面也可能进一步放松存款利率上浮50%的限制。21世纪经济报道记者获悉，4月12日，市场利率定价自律机制机构成员召开会议，就存款利率上限调整相关事宜进行讨论。但对于市场传闻放松至基准上浮65%，该说法未获消息人士认可。

据一名国有大行资产负债部人士介绍，目前市场利率定价自律机制的利率红线是基准上浮50%，根据不同银行类型，上浮限制不同，比如，国有行的指导上限原是30%，股份行为40%。

另据某股份行零售中层表示，该行零售存款定价和期限有关，两年期以下最高上浮基准50%，三至五年期最高上浮相应基准40%；对公存款全部执行最高上浮基准50%。

对于银行而言，放松存款利率上限，究竟是利是弊？是否会进一步提升实体经济的融资成本？目前来看，各银行可能反应存在差异。但贷款利率上调可期。

**"加息"还是"利率市场化"？**

市场对放松存款利率上限解读不一，最大的区别在于，究竟是将其理解为央行加息，还是进一步推进利率市场化。

兴业研究乔永远团队认为，2016年四季度以来，存款利率走势与市场利率走势存在脱节。过去一年，两者之间的利差拉开了100bp。预计随着年内流动性预期转暖，货币市场利率仍有进一步下行可能，幅度预计在20~30bp，相应的，未来1~2年，存款利率还需要上行70~80bp，这相当于两年内存款单边加息3次。

特别是其报告中提到，今年持续走热的结构性存款，不但成本高企，未来或许还将为监管关注，因此，结构性存款不应也不能被视作法定利率存款的替代。从此意义上，法定利率存款存在上调的必要。

在是否"加息"的讨论框架下，市场更关心的是央行的真正态度和指挥棒。毕竟，自2015年一年内五次降息后，存贷款基准利率就没有调整过，而两年多来被解读为央行"加息"的其实是针对货币市场的价格引导。

而若以利率市场化来理解此番央行拟放松的存款利率上限指导，则涉及更宏大的议题，包括商业银行发展路径与策略。

目前市场已普遍将央行行长易纲4月11日在博鳌亚洲论坛上的相关表述作为理解此番调整的背景。易纲表示，在中国正继续推进利率市场化改革。目前中国仍存在一些利率"双轨制"，一是在存贷款方面仍有基准利率，二是货币市场利率是完全由市场决定的。目前我们已放开了存贷款利率的限制，也就是说商业银行存贷款利率可根据基准利率上浮和下浮，根据商业银行自身情况来决定真正的存贷款利率。其实我们的最佳策略是让这两个轨道的利率逐渐统一，这就是我们要做的市场改革。

回顾易纲《中国改革开放三十年的利率市场化进程》（2009）一文，其指出，推进利率市场化的重要步骤之一是培育金融市场基准利率体系。"如果央行放松了存款利率上限和贷款利率下限的管制，又没有其他可靠的代替基准，结果可能更坏。而放松管制的时机由新的定价基准成熟的时间决定。"

至于该基准是什么，易纲对 SHIBOR（上海银行间同业拆放利率）可谓寄予厚望。"SHIBOR 的权威性决定了它能否在央行首肯下，替代官定利率成为市场存贷款利率定价的基准。""SHIBOR 基准利率地位确立后，央行对利率的管制将逐渐淡出。未来可探讨贴现利率与 SHIBOR 挂钩的可行性，以此为突破口，可为后续存贷款利率市场化改革提供经验。"

在利率市场化语境下，银行面临的挑战维度将大大拉大。正如国信证券王剑撰文引用某位银行专家的观点，"不要说负债荒，也没有资产荒，从来就只有能力荒"。

### 竞争严酷，息差分化

"更没人可以给我们出钱了。"诸如此类股份行客户经理的担忧在当前银行业绝非少数。依赖较大的同业资金来源被大大限制，而吸收一般性存款的"贷款派生"老路也陷入了某种死结。

根据《农村金融部关于进一步加强农村中小金融机构大额风险监测和防控的通知》（银监发〔2018〕12号文），农村中小金融机构要建立健全全口径授信管理制度，将贷款、票据承兑和贴现、透支、债券投资、特定目标载体投资、开立信用证、保理、贷款承诺及其他银行承担信用风险的业务全部纳入统一授信管理。同业业务方面，严控对省外金融机构，出现负面舆情以及经营情况不明金融机构的同业授信。对辖内资金业务活跃、同业资产占比高、监管指标异常波动的机构，要进一步加强监测的频度和深度。

根据12号文，农村金融机构要将同业客户全口径综合授信情况和单一同业客户的情况进行穿透式上报，这意味着，依赖同业资金的银行将多维度暴露在监管视野下。

### 银行负债怎么办？

当前的现实是，一方面，银行普遍大力发行高息结构性存款，超出市场预期的是，2018年2月末国有四大行个人结构性存款规模同比涨幅超80%，且利率方面与同期银行理财产品相当，目前多在4%以上的水平，一般也高于大额存单利率；另一方面，从各银行挂牌存款利率（还不是实际落地利率）来看，较大部分也没有一浮到顶，且期限越短，越接近基准利率。

且此番央行拟进一步开放存款利率上限指导，而非直接取消上限指导，由此引发恶性利率战的担忧可能过虑。再结合上市银行2017年报披露的息差信息，银行在市场化竞争中出现了较大分化，难以一概而论。

比如，对于国有大行而言，2017年息差全线反弹，工行、建行、中行、农行的净利差分别为2.10%、2.10%、1.85%和2.15%，较2016年分别提升8、4、1、5个基点，邮储银行甚至提升了12个基点至2.46%。但同时也能看到大行今年发行同业存单和个人结构性存款的力度明显加大，说明大行在负债方面的"进攻性"较强。

对于股份行和城商行而言，2017年年报显示，普遍出现息差收窄情况。比如，招行净利差下降8个基点，中信、民生、光大、平安、浙商等降幅均在20个基点以上。而城商行中，除了宁波银行，降幅均在20个基点以上。

对银行而言，一方面是尽量稳住负债成本，另一方面则是提高资产投放收益。股份行和城商行普遍反映，将加大对高收益业务的投入，比如倾斜个人经营性、小微贷款和信用卡分期业务，降低房贷业务占比等。

"放开存款利率上限管制是好事，与其靠结构性存款套利，还不如放开上限让大家自己定价。"某城商行零售部人士向21世纪经济报道记者表示。这一判断在受访银行业人士中具有代表性。

今年以来，贷款利率涨幅也显而易见。存款利率进一步上升后，大概率也将向贷款利率传导。有某股份行对公客户经理就向21世纪经济报道记者表示，今年信贷额度相对企业需求明显不足，特别是对于房地产公司而言，目前新发放贷款利率已经超过8%，预计下半年还有上升空间。

资料来源：杨晓宴．利率市场化再进一步 银行吸存竞争加剧．http：//finance.china.com.cn/roll/20140311/2246516.shtml, 2018 - 04 - 17．

4. 基准利率和市场其他利率

基准利率指的是在整个利率体系中起核心作用并能制约其他利率的基本利率。它在利率体系中占有特殊重要的地位，发挥着核心主导作用，反映全社会的一般利率水平，体现一个国家在一定时期内的经济政策目标和货币政策方向。当它发生变动时，市场其他利率也相应发生变化。在西方国家，基准利率一般是指银行拆借利率，如伦敦银行同业拆借利率（London Interbank Offered Rate, LIBOR），它的变动将决定市场上其他利率如存款利率、贷款利率的变动。我国为进一步推动利率市场化，借鉴国际经验，于2007年1月4日推出了上海银行间同业拆放利率（Shanghai Interbank Offered Rate, SHIBOR）。

## 二、利率的构成

在金融市场上，利率是资金使用权的价格。一般来说，资金的利率由纯利率、通货膨胀率和风险回报率三部分组成，其计算公式如下：

利率 = 纯利率 + 通货膨胀补偿率 + 风险报酬率

### （一）纯利率

纯利率也称实际利率（Real Interest Rate），是指无通货膨胀、无风险情况下的社会平均资金利润率。通常，将没有通货膨胀的国库券的利率视为纯利率。纯利率的高低受平均利润率、资金供求关系和宏观调控的影响，随着经济情况的变化而变化，特别是：（1）企业和其他借款人对生产性资产的预期报酬率；（2）人们对即时消费与未来消费的时间偏好。借款人实物资产投资的预期报酬率决定了其支付借款利率的上限，而储蓄者对消费的时间偏好决定了其愿意推迟消费的数量，也就决定了其基于不同利率水平愿意提供的资金量。纯利率很难准确衡量。

### （二）通货膨胀补偿率

通货膨胀补偿率也称通货膨胀溢酬（Inflation Premium, IP），是指为弥补因通货膨胀造成货币贬值而要求的报酬率。通货膨胀对利率的影响很大，因为它降低了货币购买力，也降低了实际的投资报酬率。投资者非常清楚通货膨胀的影响，因此，当他们借出钱时，他们要求的报酬率必须包括相当于证券存续期间内预期平均通货膨胀率水平的通货膨胀溢酬。因此，每次发行国库券的利息率随通货膨胀率变化而变化，它等于纯利率加预期通货膨胀率。

## (三) 风险报酬率

投资者除了关心通货膨胀率外,还关心资金使用者能否按期还本付息,这与投资风险有关。风险越大,投资人要求的收益率越高。例如,公司长期债券的风险大于国库券,投资者要求的收益率也高于国库券;普通股票的风险大于公司债券,则投资者要求的收益率也高于公司债券。由此可见,投资风险越大,要求的收益率也越高。风险报酬率是投资者要求的除纯利率和通货膨胀补偿率之外的风险补偿,主要包括:

1. 违约风险溢酬 (Default Premium, DP)

违约风险是指借款人无法按时支付利息或偿还本金而给投资人带来的风险。为了弥补违约风险带来的损失,投资人要求提高贷款利率,否则借款人无法借到资金,投资人也不会进行投资。违约风险的大小与借款人信用等级的高低成反比。借款人的信用等级越高,违约风险越小,投资者要求的风险补偿就越小。一般将国债与拥有相同到期日、变现力和其他特性的公司债券两者之间的利率差距称为违约风险溢酬。

2. 变现力溢酬 (Liquidity Premium, LP)

变现力是指某项资产迅速转化为现金的可能性。衡量变现力的标准有两个:资产出售时可实现的价格和变现时所需要的时间长短。其判断基础是在价格没有明显损失的条件下,某项资产在短期内可以大量出售的能力。如果一项资产能够迅速转化为现金,说明其变现力强,流动性好,流动性风险小;反之,则说明流动性风险大。政府债券、大公司的股票与债券,由于信用好,变现力强,所以流动性风险小,而一些不知名的中小企业发行的证券流动性风险则较大。

3. 到期风险溢酬 (Maturity Risk Premium, MP)

一项负债的到期日越长,债权人承受的不确定因素就越多,承担的风险也就越大。为弥补这种风险而增加的利率水平,就是到期风险溢酬。例如,同时发行的国库券,5 年期的利率就比 3 年期的利率高,银行贷款利率也一样。因此,长期利率一般要高于短期利率。这便是到期风险溢酬。当然,在利率剧烈波动的情况下,也会出现短期利率高于长期利率的情况,但这种偶然情况并不影响上述结论。

## 三、利率期限结构

具有相同风险、流动性和其他特征的债券,其利率随到期日的时间长短而不同,这种差异就是利率的期限结构。利率的期限结构反映了证券到期时的利息或收益与到期期间二者之间的关系。此关系有三种不同情况:①短期利率高于长期利率;②长短期利率波动一致;③短期利率低于长期利率。在利率与期限关系的三种情形中,最常见的是利率随期限的延长而增加。

利率的期限结构可以形象地以收益率曲线表示出来。如果以横轴表示距离到期日的时间,以纵轴表示利率,将违约风险和流动性等特征相同但期限不同的债券的利率(到期收益率)连接起来,就会形成一条收益率曲线。如果收益率曲线向上方倾斜,就表明长期利率高于短期利率。如果收益率曲线向下方倾斜,则表明短期利率高于长期利率。如果收益率曲线是水平的,则说明长短期利率相同。

关于收益率曲线,有以下三个重要的经验事实:①虽然债券的期限不同,但它们的利率却随时间一起波动;②如果短期利率低,则收益率曲线向右上方倾斜;如果短期利率高,则收益率曲线向右下方倾斜;③收益率曲线几乎总是向右上方倾斜的,即长期利率往往高于短期利率。

为什么收益率曲线会出现这些形态?什么因素决定了收益率曲线的形态?为什么短期利率有时会高于长期利率,有时又低于长期利率?对这些问题的不同解释就形成了不同的利率期限结构理论,即预期理论、分割市场理论以及期限选择与流动性升水理论。

### (一) 预期理论

预期理论假定整个证券市场是统一的,不同期限的证券之间具有完全的替代性,也就是说,证券购买者在不同期限的证券之间没有任何特殊的偏好。同时,预期理论认为长期债券的利率等于长期债券到期前人们对短期利率预期的平均值。例如,如果人们预期在未来 5 年里,短期利率的平均值是 10%,则预期理论预测 5 年期债券的利率也将是 10%;如果 5 年后,短期利率预期上升,从而未来 10 年里的短期利率的平均值为 12%,则 10 年期的长期债券利率也是 12%。在此基础上,预期理论断言,利率的期限结构是由人们对未来短期利率的预期决定的。当人们预期未来的短期利率将上升时,长期利率就高于短期利率,即收益率曲线向上倾斜;反之,如果人们预期未来的短期利率将下降,则长期利率就低于短期利率,即收益率曲线向下倾斜;只有当人们预期未来的短期利率将保持不变时,收益率曲线才是水平的。

预期理论将不同期限的证券视为一个密切联系的统一体,从而为证券市场上不同期限证券利率的同向波动提供了很好的解释。但是,预期理论也面临着一个重要的经验事实的挑战,那就是市场上长期证券的利率一般要高于短期证券,这是否就意味着人们总是倾向于相信未来的利率会高于现在的利率呢?这显然是没有道理的,因为人们预期的利率变化方向不可能是恒定不变的。针对这一矛盾,人们提出了利率期限结构的分割市场理论。

### (二) 分割市场理论

分割市场理论假定各种期限的证券之间毫无替代性,它们的市场是相互分割、彼此独立的,因而每种证券的利率只受自身状况的影响,仅仅取决于该种债券的供给和需求。分割市场理论认为,无论是投资者还是发行者都有期限偏好。该理论对收益曲线通常向上倾斜,即长期利率高于短期利率的经验事实提供了一种直截了当的解释,那就是人们更偏好持有期限较短、风险较小的债券,因而人们对短期债券的需求较大,而对长期债券的需求较小。较大的需求导致短期债券的价格较高,利率较低;较小的需求导致长期债券的价格较低而利率较高。这样,收益率曲线是向右上方倾斜的。

但是,分割市场理论却无法解释事实 1 和事实 2。

事实 1:既然分割市场理论把不同期限的债券市场完全分割开来,那么一种期限的债券利率发生变化是不会影响到其他期限的债券利率的,因而这一理论就无法解释不同期限债券的利率一起波动的事实。

事实 2:分割市场利率对长期债券的供求与短期债券的供求之间的关系没有进行分析,对长期债券的供求如何随短期债券利率的变化而变化的问题没有说明,即为何短期利率低时,收益率曲线向右上方倾斜,而短期利率高时,收益率曲线向右下方倾斜。

因此,这一理论也有局限性。

### (三) 期限选择与流动性升水理论

期限选择与流动性升水理论综合了预期假说理论和分割市场理论的特点,纠正了这两种理论走向极端的错误,认为不同期限的债券虽然不像预期假说所说的那样是完全替代品,但仍具有一定的相互替代性,同时债券投资者对债券期限具有某种偏好。因此,期限选择与流动性升水理论认为,长期债券的利率等于这种债券到期之前短期利率预期的平均值,加上这种债券随供求条件变化而变化的期限升水。也就是说,投资者不允许一种期限债券的预期收益率与另一种期限债券的预期收益率背离得太远,但由于他们对债券期限的偏好,所以对于那些期限不为他们所偏好的债券来说,只有当能够获得更高的预期收益率时,他们才会购买。

很显然,对于事实1,即不同期限债券的利率随时间一起发生变动,期限选择理论与流动性升水理论能进行更为完善的解释。对于事实2,这一理论的解释是这样的:如果当前短期利率低,那么人们一般会预期未来的短期利率要上升,因而各期限内短期利率预期的平均值将高于当前短期利率,再加上正值的期限升水和流动性升水,因此收益率曲线向右上方倾斜。相反,如果当前短期利率太高,人们预期未来短期利率会大幅度下降,当长期内短期利率预期的平均值大大低于当前短期利率时,即使存在正值的期限升水和流动性升水,收益率曲线也会向右下方倾斜。另外,由于投资者偏好于短期债券,故随着期限的延长,期限升水和流动性升水将增加。这就使长期债券的利率随期限的延长而增加,因此,在通常情况下,收益率曲线是向右上方倾斜的。显然,期限选择与流动性升水理论较预期理论的完全替代性和市场分割理论的完全分割假定更为现实,是最流行的利率期限结构理论。

## 本章小结

1. 金融市场是资金融通市场,是指资金供应者和资金需求者通过信用工具交易而融通资金的市场。它有广义与狭义之分,广义的金融市场是指交易金融资产并确定金融资产价格的一种机制,包括所有的以资本为交易对象的金融活动;狭义的金融市场则限定在以票据和有价证券为交易对象的金融活动。

2. 金融市场主要由金融市场交易主体、交易对象、交易工具和价格机制四个基本要素构成。其功能主要有为企业筹资和投资提供场所;促进企业资本灵活转换;引导资本流向和流量,提高资本效率;实现分散风险的功能;为政府有效实施宏观调控提供平台等。

3. 金融工具也称信用工具,是用来证明债权债务关系或所有权关系的书面凭证,对交易双方所应承担的义务与享有的权利均具有法律效力。金融工具具有期限性、流动性、风险性和收益性等特征。

4. 利率是资金使用权的价格,是金融工具定价的基础。一般认为,资金的利率由纯利率、通货膨胀率和风险回报率等三部分组成。利率结构是指利率体系中各种利率的组合情况。利率结构包括风险结构和期限结构。利率期限结构是指债券的到期收益率与到期期限之间的关系。经济学家对利率的期限结构形成的内在机理进行分析,形成了期限结构理论。其中,最著名的利率期限结构理论有:预期理论、分割市场理论、期限选择与流动性升水理论。

## 复习思考题

1. 什么是金融市场？金融市场的构成要素有哪些？
2. 金融市场具有哪些功能？
3. 金融工具具有哪些特征？
4. 名义利率与实际利率有何区别？
5. 利率的构成要素有哪些？
6. 如何理解不同的利率期限结构理论？

**中石化事件启示：金融衍生工具交易坚守套期保值底线**

有报道称，中国石化已将全资子公司中国国际石油化工联合有限责任公司（简称"联合石化"）的总经理和党委书记停职，原因是该公司在金融衍生工具交易中出现失误、造成损失。这个事件导致 2018 年 12 月 27 日下午中国石化股价大跌。当日晚间，中国石化发布"澄清公告"确认，两人因工作原因停职，联合石化在某些原油交易过程中因油价下跌产生部分损失。

中国石化还在评估具体情况。很多市场分析人士认为，由于预期原油价格会上涨，联合石化向高盛集团买入看涨期权，这样可以规避油价上涨的风险，但需要向高盛支付一笔期权费。期权费金额颇大，联合石化担心业绩受影响，这时高盛提出建议，联合石化可以再卖出看跌期权，那就可以收取一笔期权费，两笔期权费就抵消了。联合石化认为油价短期内不会大幅下跌，卖出看涨期权风险很小，于是同意了与高盛完成这个交易组合。这个交易组合被称为零成本领子期权（zero cost collar option），其优点是当价格波动幅度较小时，可以零成本地对冲风险。

我们可以一个简单的例子对这个交易组合做一个大致说明：在原油价格 70 美元/桶时，A 企业预期价格继续上涨，从 B 企业买入看涨期权，执行价格为 75 美元/桶；同时，A 向 B 卖出看跌期权，执行价格为 60 美元/桶。那么，在油价为 60~75 美元/桶的区间时，两个期权都不会被执行，A 和 B 的成本、收益都为零；当油价高于 75 美元/桶时，A 可以要求 B 以 75 美元/桶卖给自己原油，从而获得收益，油价越高收益越多；当油价低于 60 美元/桶时，B 可以要求 A 以 60 美元/桶买入原油，A 就会亏损，油价越低亏损越多。

联合石化同意与高盛完成 zero cost collar option 的交易组合，是因为判断油价上涨的空间大而下跌的空间小，但实际的结果是在 10 月之后迅速下跌，迄今已跌去 40% 以上，联合石化的账面亏损已经形成，如果就此斩仓，则会变成实际亏损；如果不斩仓，那就要追加保证金，还有可能亏损规模扩大。

这个事件让人想起十几年前的"中航油事件"。2003 年下半年，中国航油集团的子公司中航油（新加坡）股份有限公司参与原油期权交易，其 CEO 陈久霖预期油价会下跌，因而卖出看涨期权，收取了期权费，如果油价真如他所预期地上涨，这个期权不会被执行。但是，油价的走势却与陈久霖的预期相反，因此中航油（新加坡）很快就在2004年一季度出现了账面亏损。陈久霖不想账面亏损变成实际亏损，而且他预期油价会回落。这时，他的交易对手给了他一个诱人的方案——将期权展期。展期使中航油（新加坡）的账面亏损暂时消失，但随着油价继续上涨，换来的却是更大规模的亏损。经过几次展期之后，中航油（新加坡）最终只能斩仓，亏损达到了5.5亿美元。值得一提的是，中航油（新加坡）的交易对手也是高盛集团。

"联合石化事件"与"中航油事件"有一些相似之处，可以说前者是重蹈了后者的覆辙。首先，这两个国企在金融衍生工具交易中都跨过了套期保值的底线。《期货交易管理条例》（条例所称期货交易包括期货合约和期权合约）明确要求，国有以及国有控股企业进行境内外期货交易，应当遵循套期保值的原则。但是，中航油（新加坡）参与期权交易的目的不是套期保值，而是投机。联合石化做期权交易（买入看涨期权）的初衷是套期保值，但在操作过程中，为了节省期权费，多做了另一个看似补充的期权交易（卖出看跌期权），向前多迈了一步，就陷入了雷池之中。其次，这两个国企都经受不住金融业的诱惑，为了一点看似轻松的收益，跨越了自己的主业，陷入深不见底的风险敞口之中。为了避免更多的国企重蹈覆辙，金融衍生工具交易必须重申套期保值的原则，任何追求投机收益的行为必须被严格禁止。

其实，国内成品油定价机制已经为中国石化"对冲"了很大一部分国际油价波动的风险，其套期保值的意义大大减小。当国际油价上涨时，国内成品油价格也会提高，中国石化增加的成本很大一部分会被消化。因此，中国石化的套期保值问题要结合国内机制综合考虑，与国际金融大鳄进行交易未必是一个好办法。

另外，这两个事件启示我们，中国需要增强在国际油价形成中的话语权。中航油（新加坡）和联合石化的个别管理者经不住诱惑，与高盛就油价走势进行对赌，结果都输了。这一方面是因为高盛在金融市场方面更有经验，另一方面则是美国对国际油价影响力更大，因而高盛能更准确地把握油价走势。

资料来源：21世纪经济报道. 欧阳觅剑. 中石化事件启示：金融衍生工具交易坚守套期保值底线. http:// finance. sina. com. cn/money/future/fmnews/2018-12-29/doc-ihqfskcn2246059. shtml, 2018-12-29.

根据上述资料，请回答以下问题：

1. 为什么说衍生金融工具是把"双刃剑"？
2. 联合石化为什么卖出看跌期权？
3. 国企要不要参与衍生金融工具市场？

# 第四章 财务报告分析

了解财务报告分析的含义与目的;熟悉财务报告体系内容;掌握财务报告分析的基本方法;熟练运用财务比率对企业的偿债能力、盈利能力、营运能力和发展能力等进行分析;能够对企业的经营业绩与财务状况进行综合分析与评价。

## 第一节 财务报告分析概述

### 一、财务报告体系的构成

根据我国《会计法》,财务报告是指企业对外提供的反映企业某一特定日期财务状况和某一会计期间经营成果、现金流量等会计信息的文件。财务报告主要包括基本财务报表、财务报表附注及其他应当在财务报表中披露的相关信息和资料。

**(一)基本财务报表**

基本财务报表主要指资产负债表、利润表、现金流量表和所有者权益变动表。

1. **资产负债表**

资产负债表是反映企业某一特定日期(月末、季末、年末)财务状况的一种静态报表。它根据"资产=负债+所有者权益"这一平衡公式,依照一定的分类标准和一定的次序,将某一特定日期的资产、负债、所有者权益的具体项目予以适当的排列编制而成。资产负债表可以反映企业资产的构成及其状况,分析企业在某一日期所拥有的经济资源及其分布情况;可以反映企业某一日期的负债总额及其结构,分析企业目前与未来需要支付的债务数额;可以反映企业所有者权益的情况,了解企业现有投资者在企业投资总额中所占的比例。

2. **利润表**

利润表是反映企业一定会计期间(如月度、季度、半年度或年度)经营成果的一种动态报表。它是根据"收入-费用=利润"的基本关系而编制的,其具体内容取决于收入、费用、利润等会计要素及其内容。利润表全面揭示了企业在某一特定时期实现的各种收入、发生的各种费用、成本或支出,以及企业实现的利润或发生的亏损情况。利润表可以解释、评价和预测企业的经营成果和获利能力,可以评价和考核管理人员的绩效,为投资者及企业管理者等各方面提供有关企业经营成果的财务信息。

3. **现金流量表**

现金流量表是反映一定时期内(如月度、季度或年度)企业经营活动、投资活动和筹资活动对其现金及现金等价物所产生影响的财务报表。现金流量表提供了企业资金来源与运用的信息，便于分析企业资金来源与运用的合理性，判断企业的营运情况和效果，评价企业的经营业绩；提供了企业现金变动增减和原因的信息，可以分析企业现金变动的具体原因，明确企业当期现金增减的合理性。同时，现金流量表将资产负债表与利润表衔接起来，可分析企业创造现金能力、盈利质量、偿债能力及支付能力，对分析研究企业总体经营与财务状况具有重要意义。

4. 所有者权益变动表

所有者权益变动表是反映企业在一定期间内，所有者权益各组成部分当期的增减变动情况的报表。所有者权益变动表不仅可以为报表使用者提供所有者权益总量增减变动的信息，也能为其提供所有者权益增减变动的结构性信息，特别是能够让报表使用者理解所有者权益增减变动的根源。所有者权益变动表为资产负债表和利润表提供了辅助信息，也在一定程度上提供了企业全面收益的信息。

（二）财务报表附注

财务报表附注是对资产负债表、利润表、现金流量表和所有者权益变动表等报表中列示项目的文字描述或明细资料，以及对未能在这些报表中列示项目的说明等，可以使报表使用者全面了解企业的财务状况、经营成果和现金流量。

财务报表附注不仅能使报表使用者更全面地了解企业状况，缓解财务报表信息披露压力，还可以提高会计信息的相关性和可靠性。财务报表附注披露可以在不降低会计信息可靠性的前提下提高信息的相关性，如或有事项的处理。或有事项由于发生的不确定性而不能直接在主表中进行确认，但可以通过在财务报表附注中进行披露，揭示或有事项的类型和影响，来提高信息的相关性。财务报表附注还可以通过披露企业的会计政策和会计估计的变更情况，向投资者传递相关信息，使投资者能够"看透"会计方法的实质，而不被会计方法所误导。

财务报表附注的主要内容包括：①不符合基本会计假设的说明；②重要会计政策和会计估计的说明，以及重大会计差错更正的说明；③会计报表附注应披露的重要会计政策；④或有事项的说明；⑤资产负债表日后事项的说明；⑥关联关系及其交易的说明；⑦会计报表中重要项目的说明；⑧其他重大会计事项的说明。

（三）财务报表之间的勾稽关系

2010年，中国证券监督管理委员会发布关于《公开发行证券的公司信息披露编报规则第15号——财务报告的一般规定》，其中第十二条规定："公司编制的财务报表之间、财务报表各项目之间、财务报表中本期与上期的有关数字之间，应当相互勾稽。"掌握财务报表间的勾稽关系对报表使用者非常重要。它有助于报表使用者利用财务报表间存在的这种内在联系进行财务分析。

1. 财务报表间勾稽关系的含义

财务报表之间的勾稽关系是指不同报表之间存在的内在关联或逻辑对应关系。四大报表当中某张报表的数据发生变化，其他一张或多张报表同时也会发生相应的变化。由于财务报表之间存在潜在的一些勾稽关系，因此可以通过分析这种勾稽关系的变化规律来深入分析企业经营情况以及报表数字背后的交易或事项，进而对企业的财务状况、经营成果和现金流量状况做出判断。

2. 财务报表间勾稽关系的内容

财务报表的勾稽关系体现在资产负债表与利润表、资产负债表与现金流量表、资产负债表与所有者权益变动表、利润表与现金流量表之间的内在联系。资产负债表有时被称为存量报表,因为它报告的是某一时点的价值存量。所有者权益变动表、利润表和现金流量表是流量报表,度量的是流量,或者说是两个时点间的存量变化。所有者权益变动表反映了所有者权益的变化,利润表反映了收入和成本费用的变化,而现金流量表则反映了现金的变化。图 4-1 描述了资产负债表、所有者权益变动表、利润表和现金流量表之间的勾稽关系,或者说是存量和流量间的勾稽关系。资产负债表上现金存量的增加是现金流变化引起的,这点可以从现金流量表中的现金净增加额得到解释;利润表中净利润的增加会使资产负债表中的留存收益增加,最终导致所有者权益增加;此外,"将净利润调整为经营活动现金流量"就是以间接法计算"经营活动现金净流量"。

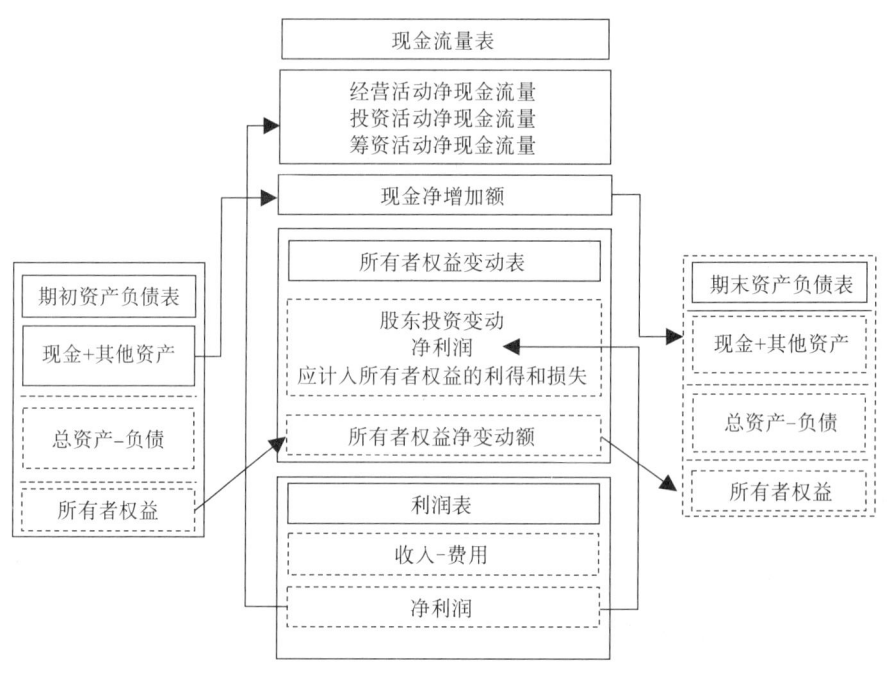

图 4-1 财务报表间的勾稽关系

## 二、财务报告分析的含义与目的

### (一) 财务报告分析的含义

财务报表分析是指以财务报表和其他相关资料为主要依据,采用一定的标准和一系列专门的科学分类方法,对相关项目增减变动的原因及其内在联系进行分析,借以判断其相关项目的质量,最终对企业整体的财务状况、经营成果和现金流量状况做出综合的评价,以反映企业经营策略的利弊得失,最终为财务报表使用者的经济决策提供必要信息的一种分析活动。

### (二) 财务报告分析的目的

不同的财务报告分析主体进行财务分析的目的是不同的，具体而言：

1. 投资者进行财务报告分析的目的

这里的投资者既包括企业现有的出资者，也包括资本市场上潜在的投资者。他们是企业经营获利的最大受益者，也是企业经营风险的最大承担者，对企业的经营和收益状况极为关注。投资者期望自己投入的资金能实现保值增值，因此他们不仅关心企业当前的盈利能力，而且还要研究企业的权益结构、支付能力及营运状况等。只有投资者认为企业具有良好的发展前景，现有的投资者才会保持或增加投资，潜在的投资者才会踊跃地把大量资金投入该企业。此外，财务报告分析也有助于投资者评价企业经营者的经营业绩，发现经营过程中存在的问题，从而通过行使股东权利，及时纠正偏差，使企业保持良性发展状态。

2. 债权人进行财务报告分析的目的

债权人是指那些给企业提供融资的机构和个人，包括给企业提供贷款的机构或个人和以出售货物或劳务形式提供短期融资的机构或个人。债权人最为关注的是企业能否按期还本付息，因此着重分析企业偿债能力的大小，同时关注企业的收益状况与风险程度是否相适应，即将偿债能力与盈利能力结合分析，从而制定是否借款以及对该企业的借款额度、付款条件、利率水平、保障条款等决策。

3. 经营者进行财务报告分析的目的

财务报告分析对于经营管理人员来说是一种十分有用的工具。通过财务报告分析，管理者不仅可以发现生产经营中存在的问题与不足，采取有效措施解决这些问题，而且可以对企业财务状况、经营成果、现金流量及发展趋势做出准确的判断，实现企业价值最大化。

4. 企业的供应商和客户进行财务报告分析的目的

通过财务报告分析，供应商可以了解企业的信用状况，以便为其制定信用政策提供依据；客户通过对财务报告进行分析，可以了解企业的财务状况，据以判断企业的经营管理能力及产品服务质量，以便为选择进货途径做出正确的决策。

5. 政府相关部门进行财务报告分析的目的

通过财务报告分析，政府部门可以了解公司的纳税情况、遵守政府法规和市场秩序的情况以及职工收入和就业状况；对所在地区企业的经营运作及发展状况进行全面了解和掌握，便于在宏观上制定政策，稳定并促进经济增长。

## 第二节 财务报告分析方法

"工欲善其事，必先利其器。"对报告使用者而言，要进行比较深入而有效的分析，首先必须掌握一些基本的分析方法。具体而言，这些方法主要包括比较分析法、比率分析法、趋势分析法和因素分析法。这些方法的内涵或实质并不一样，但是都是以上市公司财务报告等资料为基础，通过一定的指标或比值计算，帮助信息使用者透过繁杂的财务报表数据，发掘其背后蕴含的信息，为报告使用者进行财务决策和经济预测提供帮助。

## 一、比较分析法

比较分析法是对两个有关的项目或指标数值进行对比,揭示差异和矛盾的一种分析方法。比较分析法有绝对数比较和相对数比较两种形式。绝对数比较是将主要报表项目的绝对数与比较对象的绝对数进行比较,以揭示数量差异,从而了解金额变动情况。相对数比较是利用报表中有相关关系的数据的相对数进行比较,以揭示数量差异,从而了解变动程度。

比较分析的具体形式有:

(1) 将本期的实际数据与前期的实际数据进行比较,可以了解企业的财务状况及发展趋势。

(2) 将本期的实际数据与计划数据相比较,可以考核企业管理层受托责任的完成情况,分析达成长期目标的可能性。

(3) 将本期的实际数据与同行业同类数据相比较,可以找出企业与行业标杆企业的差距,制定新的目标,增强企业的竞争力。

在运用比较分析法进行分析时,必须注意指标之间的可比性,即对比的同类指标之间在指标内容、计算方法、计价标准、时间长度等方面应完全一致。在不同企业之间进行比较的指标,还必须注意企业行业归类、财务规模的一致性。

此外,不同地区的价格水平存在差异,各企业业务关系在区域上不尽相同,必然导致不同企业的价格水平差异,从而使数据缺乏可比性;不同会计处理、计价方法也会导致数据不可比,因此在进行财务分析时应加以注意。

## 二、比率分析法

比率分析法是通过计算财务报表中两个或两个以上的性质不同但相关的指标的比率,并同标准比率相比较,从而评价企业财务状况和经营成果的一种方法。比率分析法能够揭示数据间的内在联系,适用于不同经营规模企业之间的比较。

比率指标的类型主要有构成比率、效率比率和相关比率三类。

### (一) 构成比率

构成比率,又称结构比率,是反映某项经济指标的各组成部分与总体之间关系的比率。其计算公式如下:

$$构成比率 = \frac{某个组成部分数值}{总体数值} \times 100\%$$

比如,企业资产中流动资产、固定资产和无形资产占资产总额的百分比(资产构成比率),企业负债中流动负债和长期负债占负债总额的百分比(负债构成比率)等。利用构成比率,可以考虑总体中某个部分的形成和安排是否合理,以便协调各项财务活动。

### (二) 效率比率

效率比率,是反映某项经济活动中投入与产出之间关系的比率。利用效率比率指标,可以进行得失比较,考察经营成果,评价经营效益。如果利润项目与销售成本、销售收入、资本等项目加以对比,可计算出成本利润率、销售利润率以及资本利润率等利润率指标,可以从不同角度比较企业盈利能力的高低及增减变化情况。

## （三）相关比率

相关比率，是以某个项目和与其有关但又不同的项目加以对比所得的比率，反映有关经济活动的相互关系。利用相关比率指标，可以考察企业相互关联的业务安排是否合理，以保障经营活动顺畅进行。例如，将流动资产与流动负债进行对比，可判断企业的短期偿债能力；将负债总额与资产总额进行对比，可以判断企业长期偿债能力。

## 三、趋势分析法

趋势分析法是通过对比两期或连续数期财务报告中的相同指标，确定其增减变动的方向、数额和幅度，来说明企业财务状况和经营成果的变动趋势的一种方法。采用该种方法可以分析企业的财务状况和经营成果发展变化的原因和变动性质，并由此预测企业未来的发展前景。它可以有两种方法来进行分析。

### （一）定基动态比率

定基动态比率，即用某一时期的数值作为固定的基期指标数值，将其他的各期数值与其对比来分析。例如，以2016年为固定基期，分析2017年、2018年的利润增长比率，假设某企业2016年的净利润为100万元，2017年的净利润为120万元，2018年的净利润为135万元，则：

2017年的定基动态比率 = 120 ÷ 100 × 100% = 120%

2018年的定基动态比率 = 135 ÷ 100 × 100% = 135%

### （二）环比动态比率

环比动态比率，是以每一分析期的前期数值为基期数值而计算出来的动态比率。仍以上例资料举例，则：

2017年的环比动态比率 = 120 ÷ 100 × 100% = 120%

2018年的环比动态比率 = 135 ÷ 120 × 100% = 112.5%

## 四、因素分析法

因素分析法是根据分析指标与其影响因素之间的关系，从数值上确定各因素对分析指标的差异影响程度的一种方法。企业活动是一个有机整体，每个指标的高低变化都会受到若干因素的影响。运用因素分析法可以帮助人们寻找问题成因，抓住主要矛盾，有助于下一步有针对性地解决问题，并为企业内部考核提供依据。因素分析法主要有连环替代法和差额分析法。

### （一）连环替代法

连环替代法是将分析指标分解为单个可以计量的因素，并根据各个因素之间的依存关系，顺次用各因素的比较值（通常为实际值）替代基础值（通常为标准值或计划值），然后计算各因素对分析指标的影响。

设 $Q = A \times B \times C$

基础值 $Q_0 = A_0 + B_0 + C_0$

比较值 $Q_1 = A_1 + B_1 + C_1$

基数 $Q_0 = A_0 + B_0 + C_0$

①

替代 A 因素：$A_1 \times B_0 \times C_0$              ②

替代 B 因素：$A_1 \times B_1 \times C_0$              ③

替代 C 因素：$A_1 \times B_1 \times C_1$              ④

④减①为 Q 指标的总变动量。

②减①为 A 因素的变动对 Q 指标的影响。

③减②为 B 因素的变动对 Q 指标的影响。

④减③为 C 因素的变动对 Q 指标的影响。

【例 4-1】某企业 2018 年 6 月 X 原材料耗费 24 000 元，上年同期原材料的耗费是 30 000 元。由于原材料费用是由产品产量、单位产品材料耗用量和材料单价 3 个因素的乘积构成的，因此，可以将原材料费用这一总指标分解为 3 个因素，然后逐个分析它们对材料费用总额的影响方向和程度。现假定这 3 个因素的数值见表 4-1。

表 4-1        材料费用表

| 项目 | 单位 | 2018 年 | 2017 年 |
| --- | --- | --- | --- |
| 产品产量 | 件 | 250 | 200 |
| 单位产品材料消耗量 | 千克 | 12 | 15 |
| 材料单价 | 元 | 8 | 10 |
| 材料费用总额 | 元 | 24 000 | 30 000 |

根据表 4-1 的资料，2018 年原材料费用总额较 2017 年降低了 6 000 元（24 000 - 30 000），运用连环替代法，可以计算各因素变动对原材料费用总额的影响。

2017 年材料费用总额 = 200 × 15 × 10 = 30 000（元）     ①

替代产品产量 = 250 × 15 × 10 = 37 500（元）       ②

替代单位产品材料消耗量 = 250 × 12 × 10 = 30 000（元）    ③

替代材料单价（2018 年） = 250 × 12 × 8 = 24 000（元）    ④

④减①：24 000 - 30 000 = -6 000（元），为原材料费用总额的总变动量；

②减①：37 500 - 30 000 = 7 500（元），为产品产量的变动对原材料费用总额的影响；

③减②：30 000 - 37 500 = -7 500（元），为单位产品材料消耗量的变动对原材料费用总额的影响；

④减③：24 000 - 30 000 = -6 000（元），为材料单价的变动对原材料费用总额的影响；

7 500 - 7 500 - 6 000 = -6 000（元），为全部因素的影响。

### （二）差额分析法

差额分析法是连环替代法的简化形式。它是利用各个因素的比较值和基础值之间的差额，计算各个因素对分析指标的影响。

$(A_1 - A_0) \times B_0 \times C_0$ 为 A 因素的变动对 Q 指标的影响；

$A_1 \times (B_1 - B_0) \times C_0$ 为 B 因素的变动对 Q 指标的影响；

$A_1 \times B_1 \times (C_1 - C_0)$ 为 C 因素的变动对 Q 指标的影响。

沿用表 4-1 的资料，采用差额分析法计算确定【例 4-1】各因素变动对材料费用的影响。

产品产量的变动对原材料费用总额的影响 =（250 - 200）× 15 × 10 = 7 500（元）

单位产品材料消耗量的变动对原材料费用总额的影响 = 250 ×（12 - 15）× 10 = - 7 500（元）

材料单价的变动对原材料费用总额的影响 = 250 × 12 ×（8 - 10）= - 6 000（元）

## 第三节  财务比率分析

比率分析法是财务报告分析中最常见的一种分析方法，它能够反映不同财务报表项目之间的关系，通过将财务数据转化为比率，可以对同一时期不同企业或同一企业不同时期的财务状况、经营成果等进行比较分析。不同的财务报告使用者可以根据自身的需求设计和计算财务比率。本节主要介绍最为常用和经典的财务比率，分别反映企业的偿债能力、营运能力、盈利能力和发展能力。下面以 MD 集团股份有限公司（工业企业）2017 年的合并财务报表为例（见表 4-2、表 4-3），说明具体财务比率的定义、计算方法和分析意义。

表 4-2　　　　　　　　　　　　　资产负债表

编制单位：MD 集团股份有限公司　　　2017 年 12 月 31 日　　　　　　　　　　　　单位：千元

| 资产 | 年末余额 | 年初余额 | 负债和股东权益 | 年末余额 | 年初余额 |
|---|---|---|---|---|---|
| 流动资产： | | | 流动负债： | | |
| 货币资金 | 48 274 200 | 27 169 118 | 短期借款 | 2 584 102 | 3 024 426 |
| 衍生金融资产 | 353 327 | 412 813 | 吸收存款及同业存放 | 108 926 | 36 708 |
| 应收票据 | 10 854 226 | 7 427 488 | 衍生金融负债 | 90 432 | 89 838 |
| 应收账款 | 17 528 717 | 13 454 511 | 应付票据 | 25 207 785 | 18 484 939 |
| 预付款项 | 1 672 248 | 1 587 366 | 应付账款 | 35 144 777 | 25 356 960 |
| 发放贷款和垫款 | 12 178 953 | 10 273 397 | 预收款项 | 17 409 063 | 10 252 375 |
| 应收股利 | 0 | 0 | 应付职工薪酬 | 5 247 500 | 3 154 387 |
| 其他应收款 | 2 657 568 | 1 140 133 | 应交税费 | 3 544 154 | 2 364 446 |
| 存货 | 29 444 166 | 15 626 897 | 应付利息 | 94 801 | 21 343 |
| 其他流动资产 | 46 847 271 | 43 529 597 | 应付股利 | 95 317 | 105 641 |
| 流动资产合计 | 169 810 676 | 120 621 320 | 其他应付款 | 3 170 405 | 1 571 422 |
| 非流动资产： | | | 一年内到期的非流动负债 | 136 605 | 158 545 |
| 可供出售金融资产 | 1 831 051 | 5 187 732 | 其他流动负债 | 26 257 990 | 24 562 970 |
| 长期应收款 | 362 248 | 33 868 | 流动负债合计 | 119 091 857 | 89 184 000 |
| 长期股权投资 | 2 633 698 | 2 211 732 | 非流动负债： | | |
| 投资性房地产 | 420 802 | 494 122 | 长期借款 | 32 986 325 | 2 254 348 |
| 固定资产 | 22 600 724 | 21 056 791 | 应付债券 | 4 553 054 | 4 818 769 |
| 在建工程 | 879 576 | 580 729 | 长期应付款 | 248 036 | 366 881 |
| 无形资产 | 15 167 036 | 6 868 538 | 专项应付款 | 2 500 | 2 405 |
| 商誉 | 28 903 785 | 5 730 995 | 预计负债 | 330 736 | 325 217 |

续表

| 资产 | 年末余额 | 年初余额 | 负债和股东权益 | 年末余额 | 年初余额 |
|---|---|---|---|---|---|
| 长期待摊费用 | 859 106 | 625 971 | 递延收益 | 536 443 | 502 316 |
| 递延所得税资产 | 4 023 334 | 3 030 383 | 长期应付职工薪酬 | 2 465 854 | 1 449 954 |
| 其他非流动资产 | 614 822 | 4 158 530 | 递延所得税负债 | 3 972 823 | 1 831 973 |
| 非流动资产合计 | 78 296 182 | 49 979 391 | 其他非流动负债 | 994 059 | 888 152 |
| | | | 非流动负债合计 | 46 089 830 | 12 440 015 |
| | | | 负债合计 | 165 181 687 | 101 624 015 |
| | | | 股东权益: | | |
| | | | 股本 | 6 561 053 | 6 458 767 |
| | | | 资本公积 | 15 911 504 | 13 596 569 |
| | | | 减:库存股 | (366 842) | 0 |
| | | | 其他综合收益 | (244 692) | 13 125 |
| | | | 一般风险准备 | 366 947 | 148 602 |
| | | | 盈余公积 | 3 882 232 | 2 804 469 |
| | | | 未分配利润 | 47 627 235 | 38 105 391 |
| | | | 归属于母公司股东权益合计 | 73 737 437 | 61 126 923 |
| | | | 少数股东权益 | 9 187 734 | 7 849 773 |
| | | | 股东权益合计 | 82 925 171 | 68 976 696 |
| 资产总计 | 248 106 858 | 170 600 711 | 负债及股东权益总计 | 248 106 858 | 170 600 711 |

表4-3　　　　　　　　　　　　　　　　利润表

编制单位：MD集团股份有限公司　　　　2017年12月31日　　　　　　　　　　　　单位：千元

| 项目 | 本年余额 | 上年金额 |
|---|---|---|
| 一、营业总收入 | 241 918 896 | 159 841 701 |
| 其中：营业收入 | 240 712 301 | 159 044 041 |
| 利息收入 | 1 206 582 | 789 414 |
| 手续费及佣金收入 | 13 | 8 246 |
| 减：营业成本 | (180 460 552) | (115 615 437) |
| 利息支出 | (250 925) | (439 607) |
| 手续费及佣金支出 | (2 717) | (2 839) |
| 税金及附加 | (1 416 428) | (1 077 119) |
| 销售费用 | (26 738 673) | (17 678 451) |
| 管理费用 | (14 780 236) | (9 620 777) |
| 财务费用－净额 | (815 949) | 1 005 979 |
| 资产减值损失 | (269 112) | (380 812) |
| 加：公允价值变动（损失）/收益 | (25 045) | 117 376 |
| 投资收益 | 1 830 221 | 1 285 961 |
| 其中：对联营企业的投资收益 | 310 016 | 165 904 |

续表

| 项目 | 本年余额 | 上年金额 |
| --- | --- | --- |
| 资产处置收益/（损失） | 1 327 251 | (111 874) |
| 其他收益 | 1 311 123 | 0 |
| 二、营业利润 | 21 627 854 | 17 324 101 |
| 加：营业外收入 | 467 204 | 1 758 220 |
| 减：营业外支出 | (240 284) | (167 718) |
| 三、利润总额 | 21 854 774 | 18 914 603 |
| 减：所得税费用 | (3 243 584) | (3 052 691) |
| 四、净利润 | 18 611 190 | 15 861 912 |

项目附注：

（1）利息收入和利息支出。

本集团从事金融业务产生的利息收入与支出列示如下：

| 项目 | 2017 年度 | 2016 年度 |
| --- | --- | --- |
| 发放贷款和垫款利息收入 | 788 262 | 734 109 |
| 其中：公司和个人贷款和垫款利息收入 | 301 819 | 367 454 |
| 票据贴现利息收入 | 486 443 | 366 655 |
| 存放同业和央行利息收入 | 418 320 | 55 305 |
| 利息收入 | 1 206 582 | 789 414 |
| 利息支出 | (250 925) | (439 607) |
|  | 955 657 | 349 807 |

（2）财务费用/（收入）。

本集团除金融业务（附注（1））以外产生的财务费用/（收入）列示如下：

| 项目 | 2017 年度 | 2016 年度 |
| --- | --- | --- |
| 利息支出 | 967 208 | 370 940 |
| 减：利息收入 | (1 143 837) | (1 005 495) |
| 汇兑损益 | 863 185 | (557 689) |
| 其他 | 129 393 | 186 265 |
|  | 815 949 | (1 005 979) |

## 一、偿债能力分析

偿债能力是指企业偿还到期债务的能力。企业的债权人最关心的就是企业的偿债能力，因为债权人出借资金的基本目的是为了取得利息收入。如果债务人到期不能还本付息，那么债权人不仅不能从这种资金借贷业务中获得预期的收益，反而会遭受一定的损失。偿债能力对企业的投资者和经营者同样具有十分重要的意义。对于投资者来说，企业只有保持较强的偿债能力，才可能有良好的理财环境，才有可能筹集到更多的资金用于投资，从而为投资者带来更多的利润;对于经营者来说,使企业保持一定的偿债能力,一方面,可降低企业的财务风险,不会因为无力还债而陷入财务困境;另一方面,也树立了企业的良好形象和信誉,增强债权人、投资者以及政府机构等有关方面对企业的信心,使企业能够筹集到更多的资金,保持企业良好的外部环境和良好的外部形象。

按照到期时间,债务一般分为短期债务和长期债务,因此偿债能力分析也分为短期偿债能力分析和长期偿债能力分析。

**(一)短期偿债能力分析**

短期偿债能力是企业偿还流动负债的能力。短期偿债能力的强弱取决于流动资产的流动性,即资产转换成现金的速度。企业流动资产的流动性强,相应的短期偿债能力也强。因此,通常使用流动比率、速动比率和现金比率衡量企业的短期偿债能力。

1. 流动比率

流动比率是流动资产与流动负债的比值,反映企业可在短期内变现的流动资产偿还到期流动负债的能力。其计算公式为:

$$流动比率 = \frac{流动资产}{流动负债}$$

流动比率是衡量企业短期偿债能力的一个重要财务指标。一般而言,这个比率越高,说明企业偿还流动负债的能力越强,流动负债得到偿还的保障越大。但是,过高的流动比率也并非好现象,因为流动比率越高,可能代表企业滞留在流动资产上的资金过多,未能有效加以利用,可能会影响企业的盈利能力。其次,流动比率越高,企业偿还短期债务的流动资产保障程度越强,但这并不等于企业已有足够的现金或存款用来偿债。流动比率高也可能是存货积压、应收账款增多且收款期延长,以及其他流动资产增加所致,而真正可用来偿债的现金和存款却并不充裕。所以,企业应在分析流动比率的基础上,对现金流量做进一步的分析。

经验表明,流动比率在 2:1 左右比较合适。但是,对流动比率的分析应该结合不同的行业特点、同一企业不同的发展时期和企业流动资产结构等因素。有的行业流动比率较高,有的较低,不应该用统一的标准来评价各企业流动比率合理与否。只有和同行业平均流动比率、本企业历史的流动比率进行比较,才能知道这个比率是高还是低。

根据表 4-2MD 公司的资产负债表数据,可计算 2017 年年末 MD 公司的流动比率:

$$流动比率 = \frac{169\ 810\ 676}{119\ 091\ 857} \approx 1.426$$

**【阅读材料 4-1】**

## 流动比率越高越好?必须给差评

流动比率是流动资产与流动负债之比。一般认为,工业生产性企业合理的流动比率最低应该是 2,这是因为流动资产中变现能力最差的存货金额约占流动资产总额的一半,剩下的流动性较强的流动资产至少要等于流动负债,这样企业的短期偿债能力才会有保证。

格雷厄姆在《聪明的投资者》(第 4 版)中提出的防御型投资者选股标准是:对于工业企业而言,流动资产应该至少是流动负债的两倍,即流动比率不低于 2。

但这是一个长期以来形成的经验性标准,并不能从理论上证明,也无法在实践中形成统一标准。尤其需要说明的是,流动比率不低于 2,适用于一般性的企业,但并不完全适用于巴菲特最喜欢选择的具有强大持续性竞争优势的超级明星公司。

巴菲特持股的很多具有持续性竞争优势的超级明星公司，流动比率都低于2，甚至低于1。比如IBM为1.26、可口可乐为1.1、沃尔玛为0.88、卡夫为0.85、宝洁为0.83。一般的企业流动比率低于2，意味着可能面临偿还短期债务的困难。

但这些超级明星公司具有强大的销售渠道，销售回款速度很快，能够产生充足的现金流量，保证按期偿还流动负债。而且公司盈利能力非常强，能够快速产生较多的利润，足以保证还债能力。

同时公司信用评级很高，短期融资能力巨大，公司可以利用短期商业票据或信用贷款等手段迅速融资还债。越是赚钱的公司，流动资产周转速度越快，流动资产占用资金量越小，流动比率反而越低，低于2甚至低于1。当然，这只限于少数非常优秀的公司。

另外，不同行业的流动比率差别较大。因此，计算出来的流动比率，需要和同行业平均流动比率进行比较，并与本企业的历史流动比率进行比较，才能判断公司的流动比率是否过高或者过低。

在此基础上，进一步分析流动资产和流动负债所包括的项目以及经营上的因素，才能确定流动比率过高或过低的原因。一般情况下，营业周期、流动资产中的应收账款和存货的周转速度是影响流动比率的主要因素。

流动比率高，一般表明偿债保证程度较强。但是有些企业虽然流动比率较高，但账上却没有多少真正能够迅速用来偿债的现金和存款，其流动资产中大部分是变现速度较慢的存货、应收账款、待摊费用等。

所以在分析流动比率时，还需进一步分析流动资产的构成项目，计算并比较公司的速动比率和现金比率。

资料来源：佚名. 流动比率越高越好？必须给差评. https://www.sohu.com/a/26496671_139461, 2015-08-09.

2. 速动比率

速动比率是指速动资产对流动负债的比率。它是衡量企业流动资产中可以立即变现用于偿还流动负债的能力。速动资产包括货币资金、交易性金融资产和各种应收款项等可在较短时间内变现的资产。其他流动资产，如存货、预付账款、一年内到期的非流动资产及其他流动资产等，变现时间和数量具有较大的不确定性，称为非速动资产。速动比率的计算公式为：

$$速动比率 = \frac{速动资产}{流动负债}$$

由于剔除了存货等变现能力较弱且不稳定的资产，因而速动比率较之流动比率能够更加准确、可靠地评价企业资产的流动性及其偿还短期负债的能力。但需注意的是，尽管速动比率较流动比率更能反映流动负债偿还的安全性和稳定性，但并不能认为速动比率较低的企业对流动负债的偿还能力就差。实际上，如果企业存货流转顺畅，变现能力较强，即使速动比率较低，只要流动比率高，企业仍可以偿还到期债务。再者，虽然速动比率越高，企业偿还短期债务的速动资产保障程度越高，但并不是说企业已有足够的现金或存款偿债。此时影响速动比率可信性的重要因素是应收账款的变现能力。

经验表明，速动比率维持在1:1较为合理。它表明企业的每1元流动负债就有1元易于变现的流动资产来抵偿。速动比率过低，企业的短期偿债风险较大；速动比率过高，则企业在现金及应收账款等占用资金过多,会增加企业投资的机会成本。但是,这个评价标准并不是绝对的。在实际工作中,应考虑企业的行业性质和企业自身流动资产质量。

根据表 4 - 2MD 公司的资产负债表数据,可计算 2017 年年末 MD 公司的速动比率:

$$速动比率 = \frac{169\ 810\ 676 - 29\ 444\ 166 - 1\ 672\ 248 - 46\ 847\ 271}{119\ 091\ 857} \approx 0.77$$

3. 现金比率

在流动资产中,流动性最强、可直接用于偿债的资产称为现金资产,包括货币资金、交易性金融资产等。现金比率是现金资产与流动负债的比值。其计算公式为:

$$现金比率 = \frac{货币资金 + 交易性金融资产}{流动负债}$$

现金比率是从现金流量角度反映企业当期偿付短期负债的能力,在衡量企业的短期偿债能力方面更为安全和保守。

根据表 4 - 2MD 公司的资产负债表数据,可计算 2017 年年末 MD 公司的现金比率:

$$现金比率 = \frac{48\ 274\ 200 + 353\ 327}{119\ 091\ 857} = 0.408$$

### (二) 长期偿债能力分析

长期偿债能力是指企业偿还长期负债的能力。反映企业长期偿债能力的财务比率主要有资产负债率、产权比率、权益乘数和利息保障倍数。

1. 资产负债率

资产负债率是负债总额除以资产总额的百分比,也就是负债总额与资产总额的比例关系。资产负债率反映在总资产中有多大比例是通过借债筹得的,也可以衡量企业在清算时保护债权人利益的程度,其计算公式为:

$$资产负债率 = \frac{负债总额}{资产总额} \times 100\%$$

资产负债率反映企业偿还债务的综合能力。一般而言,这个比率越低,企业偿还债务的能力越强;反之,偿还债务的能力越弱。

对于资产负债率,企业的债权人和股东往往从不同的角度来评价。从债权人角度来看,他们最关心的是贷出资金的安全性。如果这个比率过高,说明企业的全部资产中,股东提供的资本所占比重太低,则企业的财务风险主要由债权人承担,其贷款的安全性也缺乏可靠的保障。从企业股东角度来看,他们关心的主要是投资收益的高低,企业借入的资金与股东投入的资金在生产经营中可以发挥同样的作用。如果企业负债所支付的利息率低于资产报酬率,股东就可以利用举债经营取得更多的投资收益。资产负债率的高低没有一个明确的标准,不同行业、不同类型的企业存在较大差异。企业经营者在确定企业的负债比率时,一定要审时度势,充分考虑企业内部各种因素和企业外部的市场环境,在收益与风险之间权衡利弊,这样才能做出正确的财务决策。

根据表 4 - 2MD 公司的资产负债表数据,可计算 2017 年年末 MD 公司的资产负债率:

$$资产负债率 = \frac{165\ 181\ 687}{248\ 106\ 858} \times 100\% \approx 66.58\%$$

2. 产权比率

产权比率是负债总额与股东权益总额之间的比值,反映股东权益对债权人权益的保障程

度,是企业财务结构稳健与否的重要标志。其计算公式为:

$$产权比率 = \frac{负债总额}{股东权益} \times 100\%$$

产权比率不仅反映了由债务人提供的资本与所有者提供资本的对应关系,而且反映了企业自有资金偿还全部债务的能力,因此它又是衡量企业负债经营安全程度的重要指标。一般而言,产权比率越低,企业长期偿债能力越强,债权人权益保障程度越高,承担的风险越小。

根据表 4-2 MD 公司的资产负债表数据,可计算 2017 年年末 MD 公司的产权比率:

$$产权比率 = \frac{165\ 181\ 687}{82\ 925\ 171} \times 100\% \approx 199.19\%$$

3. 权益乘数

权益乘数是资产总额相当于股东权益的倍数,权益乘数越大,表明所有者投入企业的资本占全部资产的比重越小,企业的负债程度越高。其计算公式为:

$$权益乘数 = \frac{资产总额}{股东权益}$$

权益乘数越大,代表公司借入资本的数额越大,承担的财务风险越大。但是,如果企业处于高成长阶段,较高的权益乘数就提高了财务杠杆比率,企业可以充分利用财务杠杆效应。此时,若企业负债所支付的利息率低于资产报酬率,则可以提高企业的净资产收益率,有利于实现企业价值最大化。

根据表 4-2 MD 公司的资产负债表数据,可计算 2017 年年末 MD 公司的权益乘数:

$$权益乘数 = \frac{248\ 106\ 858}{82\ 925\ 171} \times 100\% \approx 2.99$$

4. 利息保障倍数

利息保障倍数是指企业生产经营所获得的息税前利润与利息费用的比率。它反映了企业实现的利润对债务偿付的保证程度。其计算公式为:

$$利息保障倍数 = \frac{息税前利润}{利息费用}$$

利息保障倍数主要用于分析公司在一定盈利水平下支付债务利息的能力。这一比率越高,说明公司的利润为支付债务利息提供的保障程度越高。因此,债权人通常利用利息保障倍数指标来衡量债权的安全程度。为了正确评价企业偿债能力的稳定性,一般需要计算连续数年的利息保障倍数,并且通常选择一个指标最低的会计年度考核企业长期偿债能力的状况,以保证企业最低的偿债能力。

根据表 4-3 MD 公司的利润表数据,可计算 2017 年度 MD 公司的利息保障倍数:

$$利息保障倍数 = \frac{18\ 611\ 190 + 3\ 243\ 584 + 815\ 949}{815\ 949} \times 100\% \approx 27.78$$

除了上述财务比率以外,在财务分析工作中,还经常计算长期资本负债率、现金流量利息保障倍数、现金流量债务比等指标来评价企业的长期偿债能力。在进行财务分析时,除了计算分析这些比率,还应考虑影响企业长期偿债能力的一些表外因素,如长期租赁、债务担保、未决诉讼等。

## 二、营运能力分析

营运能力是反映企业经营管理中运营资金的能力,主要通过公司资产管理比率来衡量。

反映营运能力的财务指标主要有应收账款周转率、存货周转率、流动资产周转率和总资产周转率等。

### (一) 应收账款周转率

应收账款周转率是销售收入与平均应收账款余额的比率，反映企业应收账款的周转速度，其计算公式为：

$$应收账款周转率 = \frac{赊销收入净额}{平均应收账款余额}$$

其中：

$$赊销收入净额 = 销售收入 - 现销收入 - 销售退回、折让、折扣$$

$$平均应收账款余额 = （期初应收账款 + 期末应收账款） \div 2$$

从理论上讲，应收账款周转率应按赊销收入净额计算较为准确，但仅企业内部分析时，用赊销数为宜。在与其他企业比较时，因为企业赊销资料作为商业机密不对外公布，所以应收账款周转率一般用赊销和现销总额，即销售收入净额计算。应收账款周转率可以用来估计应收账款变现的速度和管理的效率。应收账款回收迅速既可以节约资金，又说明债务人信用状况好，不易发生坏账损失。一般认为，应收账款周转率越高越好。企业在分析时，还可以结合应收账款周转天数（即平均收现期或账龄）进行分析。

应收账款周转天数是指应收账款周转一次所需要的时间，其计算公式为：

$$应收账款周转天数 = \frac{计算期天数}{应收账款周转次数} = \frac{计算期天数 \times 应收账款平均余额}{赊销收入净额}$$

通常，应收账款周转天数越短越好。如果公司实际收回账款的天数超过了公司规定的应收账款周转天数，一方面，说明债务人拖欠时间长，发生坏账损失的风险比较大；另一方面，说明公司催收账款不力，使结算资产形成了呆账、悬账甚至坏账，不利于公司经营活动的正常进行。

根据表4-2、表4-3MD公司的资产负债表和利润表数据，可计算2017年度MD公司的应收账款周转率和应收账款的周转天数：

$$应收账款周转率 = \frac{240\ 712\ 301}{(17\ 528\ 717 + 13\ 454\ 511) \div 2} \approx 15.54（次）$$

$$应收账款周转天数 = \frac{365}{15.54} \approx 23.5（天）$$

利用上述公式计算分析应收账款周转率时，需要注意以下问题：

(1) 应收账款余额的可靠性问题。应收账款是特定时点的存量，容易受季节性、偶然性和人为因素影响。在用应收账款周转率进行业绩评价时，可以使用年初和年末的平均数，或者使用多个时点的平均数，以减少这些因素的影响。

(2) 应收账款的减值准备问题。财务报表上列示的应收账款是已经计提坏账准备后的余额，而销售收入并未相应减少。其结果是，计提的坏账准备越多，应收账款周转次数越多，天数越少。这种周转次数的增加、周转天数减少不是业绩改善的结果，反而说明应收账款管理欠佳。如果坏账准备的金额较大就应进行调整，使用未计提坏账准备的应收账款进行计算。报表附注中披露的应收账款坏账准备信息，可作为调整的依据。

(3) 应收账款分析应与销售额分析、现金分析相联系。应收账款的起点是销售，终点是现金。正常情况是销售额增加引起应收账款的增加，现金存量和经营活动现金流量也随之增加。如果一个企业应收账款日益增加，而销售和现金日益减少，则可能是销售出现了比较严重的问题，如放宽信用政策，甚至随意发货，但现金却收不回来。

总之，应当深入应收账款内部进行分析，并且要注意应收账款与其他问题的联系，才能正确地评价应收账款周转率。

### （二）存货周转率

存货周转率是企业一定时期营业成本与平均存货余额的比率，用于反映存货的周转速度，其计算公式为：

$$存货周转率 = \frac{营业成本}{平均存货余额}$$

其中：

$$平均存货余额 = （期初存货 + 期末存货）\div 2$$

存货周转天数是指存货周转一次所需要的时间，其计算公式为：

$$存货周转天数 = \frac{计算期天数}{存货周转次数} = \frac{计算期天数 \times 存货平均余额}{营业成本}$$

存货周转率是衡量和评价企业购入存货、投入生产、销售收回等各环节管理效率的综合性指标。一般来讲，存货周转率速度越快，即存货周转率越大、存货周转天数越少，存货占用水平越低，流动性越强，存货转化为现金或应收账款的速度就越快，会增强企业的短期偿债能力及获利能力。

根据表4-2、表4-3MD公司的资产负债表和利润表数据，可计算2017年度MD公司的存货周转率和存货的周转天数：

$$存货周转率 = \frac{180\ 460\ 552}{（29\ 444\ 166 + 15\ 626\ 897）\div 2} \approx 8（次）$$

$$存货周转天数 = \frac{365}{8} \approx 45.6（天）$$

通过对存货周转速度的分析，有利于找出存货管理中存在的问题，尽可能降低资金占用水平。但是，在具体分析时还应注意以下几点：

（1）存货周转天数并不总是越少越好。存货过多会浪费资金，存货过少有时也不能满足流转需要，在特定的生产经营条件下存在一个最佳的存货水平，所以存货并不总是越少越好。存货周转率的高低与企业的经营特点密切相关，应注意行业特点。

（2）应注意分析应付账款、存货和应收账款（或销售收入）之间的关系。一般来说，企业销售增加会拉动应收账款、存货和应付账款的增加，不会引起周转率的明显变化。但当企业接受一个大订单时，通常要先增加存货，然后推动应付账款增加，最后才引起应收账款（销售收入）增加。因此，在该订单没有实现销售收入以前，先表现为存货周转天数增加。这种周转天数增加，没有什么不好。与此相反，预见到销售会萎缩时，通常会先减少存货，进而引起存货周转天数等下降。这种周转天数下降，也不是什么好事，并非资产管理改善。

（3）应关注构成存货的原材料、在产品、半成品、产成品和低值易耗品之间的比例关系。各类存货的明细资料以及存货重大变动的解释，应在报表附注中有所披露。正常情况下，他们之间存在某种比例关系。如果产成品大量增加，其他项目减少，很可能是销售不畅，放慢了生产节奏。此时，总的存货金额可能并没有显著变动，甚至尚未引起存货周转率的显著变化。

【阅读材料 4-2】

### 手机厂商库存周转效率曝光：苹果 5 天、三星 20.3 天、华为 94 天

业内人士指出，竞争激烈的电子消费品根本不存在饥饿营销，真正的原因是市场预测计划不准、供应链反应慢。与国际公司相比，国产手机的供应链管理短板十分明显，甚至很多就没有管理。

**库存是魔鬼**

供应链管理短板引发的不只是"饥饿营销"，还有令人担心的库存。

目前，手机厂商库存周转效率最高的企业是苹果，按照（库存/销售成本）×360 天的计算公式，过去几年间，苹果周转天数保持在 5~6 天。

在手机厂商中，2015 年，三星库存周转天数为 20.3 天。此前，诺基亚、摩托罗拉等手机公司在巅峰时期的库存周转天数也基本维持在 20 天左右，由此可见苹果的骇人效率。

但是，国产手机的库存天数均远高于此。根据华为财报，2015 年，华为库存周转天数为 94 天，此前的 2014 年，华为周转天数为 104 天。

不过，该周转天数涵盖了电信设备、企业网络设备等库存周期较长的产品。记者查阅财报了解，2015 年电信巨头爱立信库存周转天数为 64 天，企业网络公司思科的库存周转为 28.6 天，效率均高于华为。

事实上，在接受记者采访时，刘宝红、柳荣均表示："华为已经是中国供应链体系做得最好的公司了。"早在 1997 年，华为就开始与 IBM 合作，启动 ISC（集成供应链）管理改革，大幅提高了电信业务效率。2013 年开始，华为消费者业务又通过蓝海变革项目，进行供应链管理体系建设，推出 ATO、STO 供应管理模式。不过，华为仍然在终端业务的新年致辞中提到"ITO 库存管理问题较大、风险高"。

"对比华为、苹果的周转天数，苹果的现金流转速度至少是华为的 15 倍"，柳荣介绍："也就是说，同样利润率的情况下，苹果的盈利能力是华为的 15 倍。"2015 年，华为利润率 11%，苹果利润率 22%，苹果的盈利能力是华为的 30 倍。

"机型越少，供应链体系就越简单，库存也越容易把控"，手机中国联盟秘书长老杳告诉记者："最开始，小米产品单一的时候，库存周转效率也非常高。但近两年，小米机型越来越多，库存肯定越来越长，风险也越高。"

事实上，2015 年以来，国产手机厂商发布新品的节奏明显提速，而一款新机型的生命周期迅速缩短。一位手机厂商人士说："以前能卖 4~5 个月的产品，现在到 3 个月就会出现明显的库存，大家只能不断发新的机型去抢客户。"

该人士认为："机型增加、供应商变多，而且国际市场也要投入物流、渠道，管理的瓶颈已经越来越明显。"

资料来源：21 世纪经济报道.

### （三）流动资产周转率

流动资产周转率是销售收入净额与流动资产平均占用额的比值，反映企业流动资产的周转速度，其计算公式为：

$$流动资产周转率 = \frac{销售收入净额}{流动资产平均余额}$$

其中：

$$流动资产平均余额 = （期初流动资产 + 期末流动资产） \div 2$$

流动资产周转天数是指流动资产周转一次所需要的时间，其计算公式为：

$$流动资产周转天数 = \frac{计算期天数}{流动资产周转次数} = \frac{计算期天数 \times 流动资产平均余额}{销售收入净额}$$

在一定时期内，流动资产周转次数越多，周转天数越少，表明以相同的流动资产完成的周转额越多，从而可以节约资金，提高资金的利用效率。流动资产周转率要结合存货周转率、应收账款周转率一并进行分析，并与反映盈利能力的指标结合在一起使用，可较全面地评价企业的盈利能力。

根据表4-2、表4-3MD公司的资产负债表和利润表数据，可计算2017年度MD公司的流动资产周转率和流动资产周转天数：

$$流动资产周转率 = \frac{240\ 712\ 301}{(169\ 810\ 676 + 120\ 621\ 320) \div 2} \approx 1.66（次）$$

$$流动资产周转天数 = \frac{365}{1.66} \approx 220（天）$$

### （四）总资产周转率

总资产周转率是销售收入净额与总资产平均占用额的比值，反映企业总资产周转速度，其计算公式为：

$$总资产周转率 = \frac{销售收入净额}{总资产平均余额}$$

其中：

$$总资产平均余额 = （期初总资产 + 期末总资产） \div 2$$

总资产周转天数是指总资产周转一次所需要的时间，其计算公式为：

$$总资产周转天数 = \frac{计算期天数}{总资产周转次数} = \frac{计算期天数 \times 总资产平均余额}{销售收入净额}$$

总资产周转率是综合评价企业全部资产的经营质量和利用效率的重要指标。一般来说，总资产周转次数越多、周转天数越少，表明其周转速度越快，盈利能力越强。在此基础上，可以对总资产周转率的构成要素进行分析，查明总资产周转率升降的原因，以采取相应措施存利去弊，提高资产利用效率。

根据表4-2、表4-3MD公司的资产负债表和利润表数据，可计算2017年度MD公司的总资产周转率和总资产周转天数：

$$总资产周转率 = \frac{240\ 712\ 301}{(248\ 106\ 858 + 170\ 600\ 711) \div 2} \approx 1.15（次）$$

$$总资产周转天数 = \frac{365}{1.15} \approx 317（天）$$

### 三、盈利能力分析

盈利能力是指企业获取利润的能力。盈利能力指标主要包括销售净利率、总资产净利率、净资产收益率。实务中，除上述指标以外，上市公司还会采用一些特殊的评价指标，如每股收益、每股股利、市盈率等评价其盈利能力。

## (一) 销售净利率

销售净利率是指企业的净利润与营业收入的比率。它反映了企业经营者通过经营获取利润的能力。其计算公式为：

$$销售净利率 = \frac{净利润}{营业收入} \times 100\%$$

该比率越大，说明企业的获利水平越高，盈利能力越强。在产品销售价格不变的条件下，利润的多少要受产品成本和产品结构等的影响。产品成本降低，产品结构中利润率高的产品比例上升，营业利润率就提高；反之，产品成本上升，产品结构中利润率高的产品比例下降，营业利润率就下降。分析、考核营业利润率，对改善产品结构、促进成本降低等有积极的作用。

根据表 4-3MD 公司的利润表数据，可计算 2017 年度 MD 公司的销售净利率：

$$销售净利率 = \frac{18\,611\,190}{240\,712\,301} \times 100\% \approx 7.73\%$$

## (二) 总资产净利率

总资产净利率是指公司净利润与平均资产总额的百分比。该指标反映的是公司运用全部资产所获得净利润的水平，即公司每占用 1 元的资产平均能获得多少元的净利润。该指标越高，表明公司投入产出水平越高，资产运营越有效，成本费用控制得越好。其计算公式为：

$$总资产净利率 = \frac{净利润}{平均资产总额} \times 100\%$$

式中，平均资产总额为资产年初余额和资产年末余额的算术平均数。

总资产净利率越高，表明企业经营者运用全部资产获取收益的水平越高，投入产出的水平越好，企业的资产运营越有效。该指标是一个综合性指标，它的高低与企业的资产结构、经营管理水平具有密切的关系。为了正确评价企业经济效益的高低，挖掘提高利润水平的潜力，可以将该项指标与企业的历史前期、预算指标、本行业平均水平和同行业内先进企业进行对比，分析形成差异的原因。从影响因素来看，影响总资产净利率的因素可以分解为销售净利率和总资产周转率。

$$总资产净利率 = \frac{净利润}{平均资产总额} = \frac{净利润}{销售收入} \times \frac{销售收入}{平均资产总额} = 销售净利率 \times 总资产周转率$$

根据表 4-2、表 4-3MD 公司的资产负债表和利润表数据，可计算 2017 年度 MD 公司的总资产净利率：

$$总资产净利率 = \frac{18\,611\,190}{(248\,106\,858 + 170\,600\,711) \div 2} \times 100\% \approx 7.73\%$$

## (三) 净资产收益率

净资产收益率又称股东权益收益率，是净利润与平均股东权益的百分比。该指标反映股东权益的收益水平，其计算公式为：

$$净资产收益率 = \frac{净利润}{平均股东权益} \times 100\%$$

该指标是衡量企业盈利能力的核心指标，也是杜邦财务分析体系的核心指标。一般而言，净资产收益率越高，表明股东投入资本获得的收益越大，股东和债权人的利益保障程度越高。但是，过高的净资产收益率可能蕴藏了较高的财务风险。

$$净资产收益率 = \frac{净利润}{平均股东权益} = \frac{净利润}{平均资产总额} \times \frac{平均资产总额}{平均股东权益} = 资产净利率 \times 平均权益乘数$$

通过净资产收益率分解公式可以看到，改善资产盈利能力和增加企业负债水平都可以提高净资产收益率。如果企业资产的盈利水平不变，单纯依靠加大举债，提高权益乘数，进而提高净资产收益率的做法，会大大增加企业的财务风险。因此，只有当企业净资产收益率上升的同时，财务风险没有明显加大，才能说明企业盈利能力较好。

根据表4-2、表4-3MD公司的资产负债表和利润表数据，可计算2017年度MD公司的净资产收益率：

$$净资产收益率 = \frac{18\,611\,190}{(82\,925\,171 + 68\,976\,696) \div 2} \times 100\% \approx 24.50\%$$

### （四）每股收益

每股收益即每股盈利，又称每股税后利润、每股盈余，指税后利润与普通股股本总数的比值。该指标反映企业的经营成果、普通股的获利水平及投资风险，是股东据以评价企业盈利能力、预测企业成长潜力、进而做出相关经济决策的重要财务指标之一。每股收益包括基本每股收益和稀释每股收益。

1. 基本每股收益

基本每股收益的计算公式为：

$$基本每股收益 = \frac{归属于公司普通股股东的净利润}{发行在外的普通股加权平均数}$$

其中：

$$发行在外的普通股加权平均数 = 期初发行在外普通股股数 + 当期新发普通股股数 \times 已发行时间 \div 报告期时间 - 当期回购普通股股数 \times 已回购时间 \div 报告期时间$$

【例4-2】某上市公司2017年归属于普通股股东的净利润为26 000万元。2016年年末的股本为6 000万股。2017年2月7日，经公司2016年股东大会决议，以截至2016年年末公司总股本为基础，向全体股东每10股送红股10股，工商注册登记变更完成后公司总股本为12 000万股。2017年9月30日，该公司发行新股4 000万股，则基本每股收益为：

$$基本每股收益 = \frac{26\,000}{6\,000 + 6\,000 + 4\,000 \times 3/12} = 2（元/股）$$

2. 稀释每股收益

稀释每股收益又称"冲淡每股收益"，是新会计准则引入的一个全新概念，用来评价"潜在普通股"对每股收益的影响，以避免该指标虚增可能带来的信息误导。"潜在普通股"主要包括可转换公司债券、认股权证和股票期权等。

（1）可转换公司债券。对于可转换公司债券，计算稀释每股收益时，分子的调整项目为可转换公司债券当期已确认为费用的利息等的税后影响额；分母的调整项目为假定可转换公司债券当期期初或发行日转换为普通股的股数加权平均数。

（2）认股权证和股票期权。认股权证、股票期权等的行权价格低于当期普通股平均市场价格时，应当考虑其稀释性。

计算稀释每股收益时,作为分子的净利润金额一般不变;分母的调整项目为增加的普通股股数,同时还应考虑时间权数。

对投资者来说,每股收益是一个综合性的盈利指标,在分析时可以进行企业之间的比较,以评价企业相对的盈利能力;也可以进行不同时期的比较,了解该企业的盈利能力变化趋势。一般而言,每股收益越高,说明企业的盈利能力越强,也越能吸引投资者的眼球,从而促使股价上涨。但是,每股收益指标也存在局限性,它不能反映股票所包含的风险。另外,不同股票的每一股在经济上不等量,他们所包含的净资产不同,即每股收益的投入量不同,也就限制了企业之间的每股收益比较。

### (五) 每股股利

每股股利是股利总额与发行在外的普通股股数的比值,其计算公式为:

$$每股股利 = \frac{现金股利总额}{期末发行在外的普通股股数}$$

每股股利反映的是上市公司普通股股东每持有一股普通股获取的股利大小,是投资者获得投资收益的重要来源之一。由于净利润是股利分配的来源,因此每股股利的多少在很大程度取决于每股收益的多少。此外,还应注意,上市公司每股股利发放多少,除了受上市公司获利能力大小影响以外,还取决于公司的股利发放政策和投资机会。

### (六) 市盈率

市盈率是指普通股每股市价与每股收益的比值,反映普通股股东愿意为每 1 元净利润支付的价格,其计算公式为:

$$市盈率 = \frac{每股市价}{每股收益}$$

市盈率指标将股票价格与上市公司当前的盈利状况直观地联系在一起,而且能作为上市公司一些其他特征(包括风险性与成长性)的代表,因而在股票投资中,市盈率成为分析股票价值的重要指标之一。从投资者角度而言,市盈率表明投资者愿意用高于盈利多少倍的价格来购买某种股票,一方面反映投资者对该公司未来业绩增长的预期,另一方面也反映了股票投资成本的高低。

市盈率的倒数就是股票的预期收益率。市盈率的高低反映了市场对该股票的评价,同时也体现了股票的投资风险。市盈率常被用来衡量上市公司的股票价格与其当前业绩的偏离程度。市盈率越高的股票,其价格与价值的背离程度就越高,收回买入股票资金的时间就越长,投资者预期回报率就越低。市盈率越低则投资回收期越短,风险越小,投资价值就越高,投资者预期的回报率越高。虽然市盈率高意味着投资回收期长,风险大,但在一定程度上也反映了市场对公司增长潜力的认同。

## 四、发展能力分析

企业的发展能力即企业的成长性,是指企业通过自身的生产经营活动,不断扩大积累而形成的发展潜能。反映发展能力的主要财务指标有销售增长率、资本积累率和总资产增长率等。

### (一) 销售增长率

销售增长率是企业本年销售收入增长额与上年销售收入总额的比值,反映企业销售收入的增减变动情况,是评价企业成长状况和发展能力的重要指标。其计算公式为:

$$销售收入增长率 = \frac{本年销售收入增长额}{上年销售收入} \times 100\%$$

销售收入增长率是衡量企业经营状况和市场占有能力，预期企业经营业务拓展趋势的重要指标。不断增加的销售收入是企业生存的基础和发展的条件，因此，该指标值越高，表明销售收入增长速度越快，企业市场前景越好。在实际分析时，应结合企业历年的销售水平、企业市场占有情况、行业未来发展及其他影响企业发展的潜在因素，进行前瞻性预测，或者结合企业前三年的销售收入增长率做出趋势性分析判断。

根据表 4-3MD 公司的利润表数据，可计算 2017 年度 MD 公司的销售收入增长率：

$$销售收入增长率 = \frac{240\,712\,301 - 159\,044\,041}{159\,044\,041} \times 100\% \approx 51.35\%$$

### （二）资本积累率

资本积累率是企业本年所有者权益的增长额同年初所有者权益的比率，反映企业当年的资本积累情况，其计算公式为：

$$资本积累率 = \frac{本年所有者权益增长额}{年初所有者权益} \times 100\%$$

资本积累率越高，表明企业的资本积累越多，越有发展壮大潜力，应对风险、持续发展的能力越强。

根据表 4-2MD 公司的资产负债表数据，可计算 2017 年度 MD 公司的资本积累率：

$$资本积累率 = \frac{82\,925\,171 - 68\,976\,696}{68\,976\,696} \times 100\% \approx 20.22\%$$

### （三）总资产增长率

总资产增长率是企业本年总资产增长额同年初资产总额的比值，反映企业本期资产规模的增长情况，其计算公式为：

$$总资产增长率 = \frac{本年资产增长额}{年初资产总额} \times 100\%$$

总资产增长率指标从企业资产总量扩张角度衡量企业的发展能力。该指标越高，表明一个企业经营规模扩张的速度越快。但在实际分析时，应注意资产规模扩张的质与量的关系以及企业的后续发展能力，避免资产盲目扩张。

根据表 4-2MD 公司的资产负债表数据，可计算 2017 年度 MD 公司的总资产增长率：

$$总资产增长率 = \frac{248\,106\,858 - 170\,600\,711}{170\,600\,711} \times 100\% \approx 45.43\%$$

## 第四节 综合财务分析

综合财务分析就是将企业偿债能力、营运能力、盈利能力和发展能力等诸方面的指标纳入一个有机的整体之中，全面地对企业经营状况、财务状况进行解剖与分析。财务报告综合分析的特点体现在其财务指标体系的要求上。综合财务指标体系的建立应当具备：①指标要素齐全；②主辅指标适当且功能匹配；③满足多方面信息需要。

## 一、杜邦分析法

杜邦分析法是利用各主要财务比率之间的内在联系，对企业财务状况和经营成果进行综合系统评价的方法。它是由美国杜邦公司在 20 世纪 20 年代率先采用的一种财务分析方法，故称杜邦财务分析体系。杜邦分析法是一种用来评价企业盈利能力和股东权益回报水平，从财务角度评价企业绩效的经典方法。其基本思想是将企业净资产收益率逐级分解为多项财务比率的乘积，有助于深入分析比较企业经营业绩。

以净资产收益率作为杜邦分析的核心和起点，该指标是一个综合性极强、具有代表性的财务比率。公司财务管理的一个重要目标就是使股东财富最大化。净资产收益率恰恰反映了所有者投入资本的获利能力，因此，这一比率可以反映公司筹资、投资、资产运营等各种经营活动的效率。净资产收益率取决于企业资产净利率和权益乘数。资产净利率主要反映企业运用资产进行生产经营活动的效率，权益乘数则主要反映企业的财务杠杆情况，即企业的资本结构。资产净利率是反映企业盈利能力的一个重要财务比率，它揭示了企业生产经营活动的效率，综合性也极强。企业的销售收入、成本费用、资产结构、资产周转速度以及资金占用量等各种因素，都直接影响资产净利率的高低。资产净利率是销售净利率与总资产周转率的乘积。

综上所述，杜邦分析体系的基本框架如图 4-2 所示。

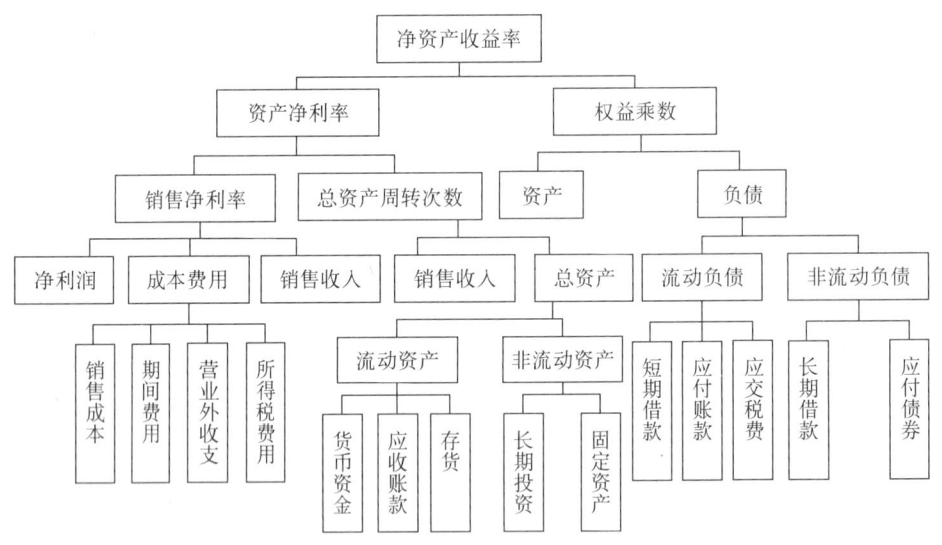

图 4-2 杜邦分析体系的基本框架

杜邦分析体系的作用在于通过自上而下的分析，了解企业财务状况、经营成果的全貌及各项指标之间的内在联系，明确影响净资产收益率变动的因素及其存在的主要问题，为经营者提供解决财务问题的思路；同时，也为企业提供了财务目标分解控制的途径。利用杜邦分析体系，可以考察企业经营活动中各项财务指标的实际情况，为企业的财务控制和评价考核提供依据，有利于正确评价经营者的业绩。

以上节提供的 MD 公司资料为例，该公司的净资产收益率为 24.50%，在杜邦分析法下，该净资产收益率可以分解为以下几个主要的财务比率：

$$净资产收益率 = 资产净利率 \times 平均权益乘数$$
$$= 销售净利率 \times 总资产周转率 \times 平均权益乘数$$
$$= 7.73\% \times 1.15 \times 2.732 \approx 24.29\%$$

由此可见，杜邦财务分析体系强调高净资产收益率来源于资产净利率和权益乘数的乘积。资产净利率是销售净利率与总资产周转率的乘积，因此，可以从企业的销售活动与资产管理两个方面来进行分析。

从企业的销售方面看，销售净利率反映了企业净利润与销售收入之间的关系。一般来说，销售收入增加，企业的净利润也会随之增加。但是，要想提高销售净利率，必须一方面提高销售收入，另一方面降低各种成本费用，这样才能使净利润的增长高于销售收入的增长，从而使销售净利率得到提高。由此可见，提高销售净利率必须在以下两个方面下功夫：

（1）开拓市场，增加销售收入。在市场经济中，企业必须深入调查研究市场情况，了解市场的供求关系；在战略上，从长远的利益出发，努力开发新产品；在策略上，保证产品的质量，加强营销手段，努力提高市场占有率。这些都是企业面向市场的外在能力。

（2）加强成本费用控制，降低耗费，增加利润。企业要想在激烈的市场竞争中立于不败之地，不仅要在营销与产品质量上下功夫，还要尽可能降低产品的成本，这样才能增强产品在市场上的竞争力。同时，要严格控制企业的管理费用、财务费用等各种期间费用，降低耗费，增加利润。这里尤其要分析企业的利息费用与利润总额之间的关系，如果企业所承担的利息费用太多，就应当进一步分析企业的资本结构是否合理，负债比率是否过高，因为不合理的资本结构一定会影响企业所有者的报酬。

在企业资产管理方面，主要应该分析以下两个方面：

（1）分析企业的资产结构是否合理，即流动资产与非流动资产的比例是否合理。资产结构实际上反映了企业资产的流动性，它不仅关系企业的偿债能力，也会影响企业的盈利能力。一般来说，如果企业流动资产中货币资金占比过大，就应当分析企业现金持有量是否合理，有无现金闲置现象，因为过量的现金会影响企业的盈利能力；如果流动资产中存货与应收账款过多，就会占用大量的资金，影响企业的资金周转。

（2）结合销售收入，分析企业的资产周转情况。资产周转速度直接影响企业的盈利能力，如果企业资产周转较慢，就会占用大量资金，增加资金成本，减少企业的利润。在对资产周转情况进行分析时，不仅要分析企业总资产周转，更要分析企业的存货周转率与应收账款周转率，并将其周转情况与资金占用情况结合起来分析。

从上述两方面的分析可以发现企业资产管理方面存在的问题，以便加强管理，提高资产的利用效率。

总之，从杜邦分析体系可以看出，企业的盈利能力涉及生产经营活动的方方面面。净资产收益率与企业的资本结构、销售规模、成本水平、资产管理等因素密切相关，这些因素构成一个完整的系统，系统内部各因素之间相互作用，只有协调好系统内部各因素之间的关系，才能使股东权益报酬率得到提高，从而实现企业股东财富最大化的目标。

净资产收益率是一个重要的绩效评价指标，但也可能存在以下问题：①没有考虑风险问题；②没有考虑投入资本数额；③过分关注净资产收益率可能导致经理人拒绝有利可图的投资项目。

## 二、沃尔评分法

沃尔评分法是指将选定的财务比率用线性关系结合起来,并分别给定各自的分数比重,然后通过与标准比率进行比较,确定各项指标的得分及总体指标的累计分数,从而对企业的信用水平做出评价的方法。在财务分析的过程中,人们遇到的一个主要问题就是对计算出的财务比率,无法判断它是偏高还是偏低。为了弥补这一缺陷,亚历山大·沃尔在 1928 年创立了一种分析方法。他选择了 7 个财务比率,即流动比率、产权比率、固定资产比率、存货周转率、应收账款周转率、固定资产周转率和股权资金周转率,对各项财务比率分别赋予不同的权重,然后以行业平均数为基础确定各项财务比率的标准值,将各项财务比率的实际值与标准值进行比较,得出相对比率,之后将此相对比率与各指标的权重相乘得出总评分,以此来评价企业的信用状况。企业总评分值表示企业财务状况在同行业中所处位置。沃尔评分法所选财务比率及其计分方法参见表 4-4。

表 4-4 沃尔评分法

| 财务比率 | 权重(1) | 标准值(2) | 实际值(3) | 相对值(4) = (3) ÷ (2) | 评分(5) = (1) × (4) |
|---|---|---|---|---|---|
| 流动比率 | 25 | | | | |
| 产权比率 | 25 | | | | |
| 固定资产比率 | 15 | | | | |
| 存货周转率 | 10 | | | | |
| 应收账款周转率 | 10 | | | | |
| 固定资产周转率 | 10 | | | | |
| 自有资金周转率 | 3 | | | | |
| 合计 | | | | | |

沃尔评分法在理论上存在一个明显的缺陷,就是未能证明为什么要选择这 7 个指标,而不是更多或更少些,或者选择别的财务比率,以及未能证明每个指标所占比重的合理性。这个问题至今仍然没有从理论上得到解决。

沃尔评分法在技术上存在一个问题,就是在某一个指标存在严重异常时,会对总评分产生不合逻辑的重大影响。这个问题是由财务比率与其比重相乘引起的。财务比率提高一倍,评分都增加 100%;而财务比率缩小一倍,其评分只减少 50%。

尽管沃尔评分法在理论上还有待证明,在技术上也不够完善,但在沃尔之后,这种方法不断发展,成为对企业进行财务综合分析的一种重要方法,在实践中被广泛应用。

采用沃尔评分法对企业财务状况进行综合分析,一般要遵循如下程序:

(1) 选定反映企业财务状况的财务比率。在选择财务比率时,需要注意以下三个方面:一是财务比率要求具有全面性。一般来说,反映企业的偿债能力、营运能力和盈利能力的三类财务比率都应当包括在内。二是财务比率应当具有代表性。所选择的财务比率数量不一定很多,但应当具有代表性,要选择能够说明问题的重要的财务比率。三是各项财务比率要具有变化方向的一致性。当财务比率增大时,表示财务状况的改善;反之,当财务比率减小时,表示财务状况的恶化。

(2) 确定财务比率权重。根据各项财务比率的重要程度，确定其权重，即重要性系数。各项财务比率的权重之和应等于100。各项财务比率权重的确定是沃尔评分法的一个重要问题，它直接影响对企业财务状况的评分多少。对各项财务比率的重要程度，不同的分析者会有截然不同的态度，但一般来说，应根据企业经营活动的性质、企业生产经营规模、市场形象和分析者的分析目的等因素来确定。

(3) 确定财务比率的标准值。财务比率的标准值是指各项财务比率在本企业现时条件下最理想的数值，亦即最优值。财务比率的标准值通常可以参照同行业的平均水平，并经过调整后确定。

(4) 计算相对值。计算企业在一定时期各项财务比率的实际值，然后，计算出各项财务比率实际值与标准值的比值，即相对值。相对值反映了企业某一财务比率的实际值偏离标准值的程度。

(5) 计算各项财务比率的评分。各项财务比率的评分是相对值和权重的乘积，所有各项财务比率评分的合计就是企业财务状况的总评分值。企业财务状况的总评分值反映了企业综合财务状况是否良好。如果总评分值等于或接近100分，说明企业的财务状况良好，达到了预先确定的标准；如果总评分值远远低于100分，则说明企业的财务状况较差，应当采取适当的措施加以改善；如果总评分值远远超过100分，则说明企业的财务状况很理想。

## 第五节　财务报告分析中存在的问题

在很多情况下，关于价值和风险的判断可以遵从财务理论和经济思想的指导，而关乎财务分析，所能得到的理论指导却少之又少，我们很难说哪些财务比率重要以及什么样的指标值才是高或者低。尤为严峻的问题是，很多公司是企业集团，拥有互不相干的多种业务，此类公司的合并报表不能很清晰地被归入任何一个行业，同业比较困难，即比较基础存在问题。一般而言，我们前面所说的同行业公司分析只有公司严格地经营同类业务、行业是竞争性的且只有一种经营方式的情况下才真正适用。

此外，财务报告分析以财务报表为主要分析对象，而报表本身存在一定的局限性：①财务报表没有披露企业的全部信息，管理层拥有更多的信息，披露的只是其中的一部分；②已经披露的财务信息可能存在会计估计误差，不一定是真实情况的准确计量；③管理层的各项会计政策选择，使财务报表可能会扭曲企业的实际情况。另外，财务报表的可靠性也是个问题。财务报表分析基于没有虚假陈述的财务报表，这主要靠注册会计师把关。但是，注册会计师并不能保证财务报表没有任何错报和漏报，而且并非所有的注册会计师都是尽职尽责的。

1. 财务报告分析是指以财务报表和其他相关资料为主要依据，采用一定的标准和一系列专门的科学分析方法，对企业的财务状况、经营成果及其发展趋势进行的系统分析和评

价。企业财务报告分析主要包括偿债能力分析、营运能力分析、盈利能力分析和发展能力分析。

2. 企业偿债能力分析包括短期偿债能力分析和长期偿债能力分析。其中，短期偿债能力分析指标主要有流动比率、速动比率和现金比率；长期偿债能力分析指标主要有资产负债率、产权比率、权益乘数、利息保障倍数和现金流量利息保障倍数等。

3. 营运能力分析主要通过企业的资产管理比率来进行。主要的分析指标有应收账款周转率、存货周转率、流动资产周转率、固定资产周转率和总资产周转率。

4. 盈利能力分析主要通过将企业一定时期的利润指标与营业收入、成本费用、资产、资本等进行对比，予以评价。评价企业经营盈利能力的指标有营业毛利率、营业利润率、营业净利率和成本费用利润率；评价企业资产盈利能力的指标有总资产报酬率、总资产净利率；评价企业资本盈利能力的指标有权益净利率、资本收益率；评价上市公司盈利能力的指标有每股净资产、每股收益、市盈率和每股股利。

5. 发展能力分析可以从企业营业收入、利润、资产、资本等方面的增长趋势来评价。反映企业盈利能力增长的指标有营业收入增长率、营业收入三年平均增长率、营业利润增长率；反映企业资产增长能力的指标有总资产增长率；反映企业资本增长能力的指标有资本积累率、资本保值增值率和资本三年平均增长率。

6. 企业财务综合分析方法主要有杜邦分析法与沃尔评分法。杜邦分析法是利用各主要财务比率之间的内在联系，对企业财务状况和经营成果进行综合系统评价的方法。沃尔分析法是指将选定的财务比率用线性关系结合起来，并分别给定各自的分数比重，然后通过与标准差比率进行比较，确定各指标的得分及总体指标的累计分数，从而对企业的信用水平做出评价的方法。

1. 财务报告体系的构成内容包括哪些？
2. 财务报告分析的目的有哪些？
3. 财务报告分析的基本方法包括哪些？
4. 如何利用财务比率对企业的偿债能力、营运能力、盈利能力和发展能力进行分析？
5. 如何对企业进行综合财务分析？

1. M公司是一家消费电器、暖通空调、机器人与自动化系统、智能供应链（物流）的科技集团，提供多元化的产品种类与服务。该公司2017年资产负债表、利润表列示如下（见表4-5、表4-6）。

表 4-5　　　　　　　　　　　　　　　资产负债表
编制单位：M 股份有限公司　　　　　2017 年 12 月 31 日　　　　　　　　　　　　　　单位：千元

| 资产 | 年末余额 | 年初余额 | 负债和股东权益 | 年末余额 | 年初余额 |
|---|---|---|---|---|---|
| 流动资产： | | | 流动负债： | | |
| 货币资金 | 29 349 926 | 17 135 480 | 应付职工薪酬 | 427 806 | 199 842 |
| 预付款项 | 23 877 | 8 252 | 应交税费 | 45 179 | 103 848 |
| 应收股利 | 897 040 | 285 916 | 应付利息 | 146 513 | 76 776 |
| 其他应收款 | 8 403 564 | 12 644 592 | 其他应付款 | 57 867 535 | 54 461 578 |
| 存货 | 0 | 0 | 其他流动负债 | 40 830 | 140 264 |
| 其他流动资产 | 27 311 464 | 24 165 141 | 流动负债合计 | 58 527 863 | 54 982 308 |
| 流动资产合计 | 65 985 871 | 54 239 381 | | | |
| 非流动资产： | | | 非流动负债： | | |
| 可供出售金融资产 | 56 868 | 28 931 | 非流动负债合计 | 0 | 0 |
| 长期股权投资 | 24 540 601 | 23 058 980 | 负债合计 | 58 527 863 | 54 982 308 |
| 投资性房地产 | 597 200 | 604 881 | 股东权益： | | |
| 固定资产 | 1 245 998 | 984 666 | 股本 | 6 561 053 | 6 458 767 |
| 在建工程 | 36 313 | 467 053 | 资本公积 | 7 726 237 | 5 455 268 |
| 无形资产 | 231 154 | 236 083 | 减：库存股 | (366 842) | 0 |
| 长期待摊费用 | 121 452 | 46 090 | 其他综合收益 | 33 459 | (9 069) |
| 递延所得税资产 | 152 069 | 62 711 | 盈余公积 | 3 882 232 | 2 804 469 |
| 资产 | 年末余额 | 年初余额 | 负债和股东权益 | 年末余额 | 年初余额 |
| 其他非流动资产 | 9 700 | 3 342 000 | 未分配利润 | 16 613 224 | 13 379 033 |
| 非流动资产合计 | 26 991 355 | 28 831 395 | 股东权益合计 | 34 449 363 | 28 088 468 |
| 资产总计 | 92 977 226 | 83 070 776 | 负债及股东权益总计 | 92 977 226 | 83 070 776 |

表 4-6　　　　　　　　　　　　　　　利润表
编制单位：M 股份有限公司　　　　　2017 年 12 月 31 日　　　　　　　　　　　　　　单位：千元

| | 本年余额 | 上年金额 |
|---|---|---|
| 一、营业总收入 | 1 565 670 | 1 193 744 |
| 其中：营业收入 | 1 565 670 | 1 193 744 |
| 减：营业成本 | (38 819) | (38 713) |
| 税金及附加 | (26 607) | (29 741) |
| 管理费用 | (694 314) | (718 487) |
| 财务费用-净额 | (328 000) | (740 586) |
| 资产减值损失 | (50) | (475) |
| 加：公允价值变动（损失）/收益 | 0 | 22 618 |
| 投资收益 | 10 214 403 | 9 853 358 |
| 其中：对联营企业的投资收益 | 209 908 | 247 016 |
| 资产处置收益/（损失） | (95) | 9 573 |

续表

|  | 本年余额 | 上年金额 |
|---|---|---|
| 其他收益 | 9 996 | 0 |
| 二、营业利润 | 10 702 184 | 9 551 291 |
| 加：营业外收入 | 1 961 | 46 494 |
| 减：营业外支出 | (1 216) | (2 139) |
| 三、利润总额 | 10 702 929 | 9 595 646 |
| 减：所得税费用 | 74 702 | (16 183) |
| 四、净利润 | 10 628 227 | 9 579 463 |

根据上述资料，请对 M 公司的财务状况进行分析评价，具体回答以下问题：

（1）结合相关财务比率分析 M 公司的偿债能力和盈利能力，并进行简要评价。

（2）运用杜邦分析法对企业的净资产收益率进行层层分解。

2. 案例分析题

面对一张报表，"我"到底要看什么
——读《从报表看企业》有感

一、多年潜心研究，构造体系新颖的财务报表分析框架

应该说，在国际上，财务报表分析的研究已经很成熟了。其主要特征是以财务比率为主，对企业财务状况的若干方面进行分析。同时，相当多的财务报表分析与企业估价联系在一起。这说明，尽管财务信息使用者极其广泛，主流的财务报表分析方法也注意到了不同信息使用者的不同需求，但整齐划一的财务比率分析和企业估价的"主流"内容则明白无误地告诉大家：现有的财务报表分析方法是以投资者尤其是证券市场投资者为主要满足对象的。至于怎样才能满足除了投资者以外的其他信息使用者的需求，则只能靠这些信息使用者自己去感悟。

然而，在实际运用中，当前广泛流行的主流财务报表分析方法，不管比率设计如何周全、比率权重如何复杂，都没有也不可能从根本上解决问题。这种没有关注甚至忽略不同报表使用者的差异性需求、主要从财务指标到财务指标的分析套路，已经越来越无法满足日渐复杂的商业社会中更多报表使用者的需求了。

另外，主流的分析方法大都是从美国来的"舶来品"，这些舶来品既脱离美国实际更脱离中国实际。中国企业发展模式、中国资本市场发展状况以及中国会计准则、财务报表结构与体系所发生的深刻变革都深深地影响着中国财务报表信息。这种中国实际必然呼唤从新的视角解读和分析中国企业财务报表的方法。

《从报表看企业》一书从一个全新的视角——管理视角对企业财务报表分析进行重新构思，构造出新颖的财务报表分析框架。这里所说的管理视角不是管理者视角，而是企业管理视角。按照"企业的财务报表是企业管理过程的结果反映，企业涉及能够货币计量的资源管理的主要方面均会在财务报表上体现出来"的全新思路，作者从八个方面系统性地回答了"面对一张报表，我到底要看什么"的问题。这八个方面也就是本书的核心八章，包括：看战略、看经营资产管理与竞争力、看效益和质量、看价值、看成本决定机制、看财务状况质量、看风险、看前景。这八个方面如果都看明白了，企业管理的过程也就看明白了，这正

是张新民教授报表分析强调的重点。

二、独具匠心探索，实现财务报表分析领域的多项内容创新

如前所述，在本书中，作者系统性地回答了"面对一张报表，我到底要看什么"的问题。作者回答问题的角度看似司空见惯，但在各个方面都有创新性的分析思路。下面根据我的理解谈一些看法：

第一，关于看战略。

关于战略信息的财务报表解读，作者的创新内容主要包括：

企业通常会有关于自身战略的表达。一方面，从财务管理的角度来看，企业的战略不是空的，而是要落地的——需要资源支持。而这些，都会在企业的资产负债表中表现出来。另一方面，企业的扩张，既可以通过自己的经营来完成，也可以通过对外控制性扩张来完成。在企业存在对外控制性投资并形成企业集团的条件下，集团整体在投资、筹资、营销等集团管理方面的不同模式也会在企业合并报表与母公司报表的比较中表现出来。

企业的行业选择决定了企业资产的基本结构，尤其是存货和固定资产的基本关系。由于经营资产和投资资产对利润的贡献方式不同，因此可以通过比较经营资产与投资资产在资产总额中的占用比例来分析企业的盈利和扩张模式，分析企业的对外控制性投资的扩张效应。

此外，书中还强调，看战略，不仅要看战略对资产的结构要求，更要关注站在不同立场出发对企业战略的不同体会：是站在全体股东立场看战略，还是站在控股股东立场看战略？

上述分析内容，既是对企业实际战略的解读，也是合并报表分析的精髓，堪称本书的最大亮点。

第二，关于看经营资产管理与竞争力。

这里的经营资产，指的是货币资金、短期债权、存货、固定资产和无形资产等。经营资产分析的核心往往在于营运资金的分析。在这方面，比较经典的分析方法是考察企业的流动比率和速动比率，并以比率的高低为基础来判断企业营运资金的质量状况。这种传统而经典的分析方法对于纯经营（即无对外投资）的企业来说通常是比较有效的。但是，对于企业集团管理特殊管控条件下的资金管理以及处于不同竞争态势条件下的营运资金管理的分析则难以有效进行。

本书明确提出了按照货币资金管理分析、以存货为核心的两种竞争力分析、固定资产利用分析以及经营资产的综合管理分析来对企业经营资产的管理和竞争力进行分析的框架。其中，核心部分是以存货为核心的两种竞争力分析。这部分内容将焦点聚集在与存货有关的收付款过程即上下游关系管理。通过财务报表中与销售回款、购货付款有关项目的分析，重点关注企业对上游企业和下游企业"两头吃"的能力，从经营资产管理的角度分析企业对供应商、经销商的谈判议价方面的竞争力。

第三，关于看效益和质量。

无疑，企业的效益或者说利润主要体现在利润表中，传统的分析方法往往只关注利润表，然而这远远不够，必须要结合资产负债表和现金流量表，才能比较完整地得到关于企业效益和质量方面的信息。《从报表看企业》一书在提出核心利润概念的基础上，分别按照核心利润实现过程的质量、利润结构质量和利润结果质量展开对企业的利润质量的分析，并将合并报表与母公司报表结合起来，更加清晰地展示了集团管理条件下的母子公司效益之间的关系。

第四，关于看价值。

这里的价值是指企业股东权益的价值，本书将其区分为入资价值确定和转让价值确定。通常，企业价值往往通过证券股价来衡量。但实际上，企业价值的确定有多重表现方式。本书描述了股东入资的三重效应，并详尽说明了评估方法、制度规定、立场与交易价值的底线、小金库等因素对企业估价的交互影响。这些内容源自于张新民教授多年的教学与实践的积累。

第五，关于看成本决定机制。

从事会计工作的人都知道，成本核算是会计的一项重要工作。而在管理会计的成本管理部分，就有专门的内容介绍标准成本的制定、差异分析以及差异解释和降低成本的措施等内容。这似乎在告诉大家，企业的成本是由会计决定的，至少是由会计计算出来的。

本书以作者参加的企业管理实践为基础，在更大的视野范围内对企业的成本形成机制进行了分析。从企业内部管理的角度来看，有三个主要因素决定了企业的成本水平：决策因素、管理因素、核算因素。其中，决策因素主要是由企业的董事会层面决定的。董事会通过制定企业战略，决定企业的技术装备水平、人力资源政策以及企业的产品质量标准等因素决定了企业成本的基本框架。管理因素则主要是由企业的总裁或者总经理以下的各个管理层级的管理质量决定的成本，包括人力资源管理、财务管理以及其他业务管理等。核算因素则是在前述两个因素基础之上，以企业财务会计部门的工作为核心的会计核算过程对企业成本的决定。成本核算的核心内容是在恰当地选择成本动因基础之上的成本归集与分配。

可见，从企业内部来看，决定企业成本的因素是全方面的。在这众多的因素中，财务会计核算只是因素之一，且是次要的因素之一。

第六，关于看风险。

从以往的财务报表分析内容来看，一般较少涉及对企业风险的分析。就一般认识而言，通过财务报表对企业风险进行研究，主要从经营风险和财务风险两个方面来进行。

本书拓展了对企业风险的分析。提出应将公司股权结构巨变、治理环境变化以及核心管理人员变更的风险、惯性依赖的风险、外部环境变化的风险等纳入企业风险分析的范畴，并认为通过财务比率计算不出来的风险是更加重要的因素。

资料来源：王化成. 面对一张报表，"我"到底要看什么——读《从报表看企业》有感[J]. 财务与会计，2013（11）：76-78.

根据上述资料，请回答以下问题：

1. 当前广泛流行的主流财务报表分析方法存在哪些问题？
2. 《从报表看企业》一书构造的新颖的财务报表分析框架具有哪些特征？

# 第五章 货币时间价值

通过本章学习,学生应能了解货币时间价值概念及其表现形式;了解货币时间价值的实质;掌握一次性收益的货币时间价值计算方法;掌握等额系列收付的货币时间价值计算方法;了解货币时间价值计算中的几个特殊问题处理方法。

## 第一节 货币时间价值概述

货币时间价值是客观存在的一个经济范畴。财务管理对货币时间价值的研究,主要是对货币的筹集、投放、使用和收回等从量上进行分析,以便找出适用于分析方案的数学模型,改善财务决策的质量。

### 一、货币时间价值的概念

货币时间价值(Time Value of Money),是指货币经历一定时间的投资和再投资所增加的价值,也称为资金的时间价值。

在商品经济中,有这样一种现象:现在的1元钱和1年后的1元钱其经济价值是不同的。例如,在不存在风险和通货膨胀的情况下,若银行存款年利率为10%,将今天的10元钱存入银行,1年以后就会得到11元钱。这10元钱经过1年时间其价值增加了1元,这就是货币时间价值。因此,从时间价值角度来看,一定量的资金在不同的时点上具有不同的价值。正因为不同时点的货币价值不相等,所以,不同时间的货币收支不宜直接进行比较,需要把它们换算到相同的时间基础上,然后才能进行大小的比较和比率的计算。

货币投入生产经营过程后,其数额随着时间的持续不断增长。这是一种客观的经济现象。企业资金循环和周转的起点是投入的货币资金,企业用它购买生产经营所需的要素,然后生产出新的产品,产品出售后得到的货币量一般会大于在当初投入的货币量。随着时间的不断延续,货币在经过不断的周转和循环中按几何级数增长,使得货币具有时间价值。

货币的时间价值有两种表现形式:相对数即时间价值率,是指扣除风险报酬和通货膨胀贴水之后的平均资金利润率或平均报酬率;绝对数即时间价值额,是资金在生产经营过程中带来的绝对增值额。在实际的财务活动中,人们习惯使用相对数来表示,即用增加的价值占投入货币的百分数来表示。例如,前述的货币时间价值为10%。在此要说明的是,通常所说的贷款利率、债券利率、股利率等除了包括货币时间价值因素外,还包括风险价值和通货膨胀因素,而在计算货币时间价值时,后两部分是不包括在内的。即货币时间价值是指扣除风险报酬和通货膨胀贴水之后的平均资金利润率或平均报酬率。

## 二、货币时间价值的实质

货币为什么会产生增值呢？西方经济学者的解释多种多样，比较有代表性的观点有以下几种：

### （一）货币时间价值是对货币使用权让渡的一种补偿

当人们把手里多余的钱（货币）借给他人或存入银行时，货币的所有权与使用权就暂时分离了。在市场经济中，钱不能白借，借钱者要支付给货币所有者一定的利息，作为对其将货币使用权暂时让渡的一种补偿，或者说，货币时间价值是借钱者为获得在一定时期内的货币使用权所应付出的代价。

### （二）货币时间价值是对货币所有者推迟消费的一种回报

拥有一定量货币的消费者，放弃现在的消费，而推迟在将来进行消费，这样消费者的购买力就发生了转移。对消费者来说，同样一笔钱在目前消费与在将来消费在效用上是不一样的，将来消费的效用有所降低。为此，对消费者推迟消费的耐心应给予报酬，且这种报酬的量应与推迟的时间成正比。时间价值正是反映了这种购买力转移的回报。有了这种回报，消费者在现在消费与在将来消费才是无差异的。

### （三）货币时间价值是社会资源稀缺性的体现

经济和社会的发展要消耗社会资源，现有的社会资源构成现存社会财富，利用这些社会资源创造出来的将来物质和文化产品构成了将来的社会财富，由于社会资源具有稀缺性特征，又能够带来更多社会产品，所以当前物品的效用要高于未来物品的效用。在货币经济条件下，货币是商品的价值体现，当前的货币用于支配当前的商品，将来的货币用于支配将来的商品，所以当前货币的价值自然高于未来货币的价值。市场利息率正是对平均经济增长和社会资源稀缺性的反映，也是衡量货币时间价值的标准。

国内学者认为上述对时间价值产生原因的解释，并没有揭示出货币时间价值的实质。他们更多是利用马克思的劳动价值论去分析时间价值产生的原因。马克思在《资本论》中，分析了借贷资本家与产业资本家的商业交往、如何瓜分剩余价值，以及社会平均资金利润率是如何形成的。借贷资本家作为货币所有者，放弃了对其所拥有货币的当前消费，将其货币在一定时期内的支配和使用权让渡给产业资本家，产业资本家利用货币进行生产经营并获得一定的收益。产业资本家在债务到期、偿还货币时，不仅要向借贷资本家偿还借贷本金、还要支付一笔利息（即货币增值）。对于借贷资本家来说，由于推迟对当前货币的消费而获得了一定的补偿。但从整个社会经济过程来看，借贷资本家之所以获得了货币增值，是因为他把货币借给了产业资本家并最终投入了生产经营过程，而他所得到的货币增值只是生产经营过程新创造价值的一部分。总之，货币的时间价值来源于生产经营。货币若不投入生产经营，只是处于闲置状态，推迟消费的时间再长，也不会产生增值。因此，只有处于生产经营领域里的货币才具有时间价值。正是基于这一原因，国内一些学者在翻译时间价值（Time Value of Money）的概念时，一般称为资金的时间价值而不称为货币的时间价值。资金专指处于生产经营领域里的货币。

## 三、货币时间价值的作用

### （一）货币时间价值是进行投资决策的重要依据

在长期投资决策中，考虑货币时间价值的动态分析方法是主要的决策方法，不论是判断投资项目的经济可行性，还是分析比较投资项目经济上的优劣，都需要将投资项目的未来现金流量按时间价值率（加上风险报酬和通货膨胀贴水）换算成现值，进行比较选择。

在短期投资决策中，由于时间较短，一般不涉及贴现过程，时间价值的理念一般是通过机会成本来反映的。比如最佳现金持有量决策、存货经济批量决策、应收账款投资决策等，都存在一个持有资产机会成本的计算问题。只有考虑货币的时间价值，准确地计算出持有资产的机会成本，才能正确地进行短期投资决策。

### （二）货币时间价值是进行筹资决策的重要依据

首先，筹资时机的选择要考虑货币时间价值。因为筹资时间和投资时间是紧密衔接的，即在资本投放之前不久筹集资本，才能使筹集的资本及时地加以运用，避免资本的闲置浪费。但是受筹资环境等因素的影响，筹资时间和投资时间有时并不完全一致，因此，企业必须综合考虑各项因素，树立货币时间价值观念，尽可能使筹资时间与投资时间保持一致。其次，举债期限的选择要考虑货币时间价值。举债期限的选择就是根据资本需求时间和有关举债的条件，确定最佳的举债期限。树立货币时间价值观念有助于正确地选择举债期限，避免由于不当的选择造成的资本浪费，影响企业发展。最后，在进行资本结构决策时必须考虑货币时间价值。企业取得和使用资本必须付出代价——资本成本。资本成本的一个重要性质在于它是货币时间价值和风险价值的统一，且主要决定于货币的时间价值，它是资本结构决策必须考虑的一个关键因素。

### （三）货币时值价值是衡量企业经济效益的重要依据

货币时间价值问题本质上是资本使用效率与效益问题。企业作为营利性组织，其主要财务目标是实现企业价值最大化，不断增加股东财富。因此，企业经营者必须充分调动和利用各种经济资源去实现预期的收益，而评判这些资源是否充分有效使用的一个重要标准就是货币时间价值。货币时间价值的确定是以社会平均资金利润率为基础的，它是企业资本利润率的最低限度，是衡量企业经济效益的基本依据。企业在评价投资项目或经济活动的可行性时，至少要取得社会平均的利润率，否则就应取消或变更。显然，货币时间价值对于企业的生产经营决策具有重要影响。

总之，货币时间价值是现代财务管理最重要的基础观念之一。没有货币时间价值观念，财务决策往往盲目，易造成重大损失。由于其非常重要且涉及几乎所有的理财活动，有人称之为理财的"第一原则"。

# 第二节 一次性收付的货币时间价值的计量

考虑到货币具有时间价值，因此在计算货币的价值量时，要充分考虑持有货币的具体时点以及收付的频率。本节主要讨论在一个计息期内一次性收付款（收与付各只有一次）

的货币时间价值的计量。

## 一、与货币时间价值计量相关的概念

计算货币时间价值，首先要熟悉下列几个基本概念。

（1）现值（P）：又称为本金，是指一个或多个发生在未来的现金流量相当于现在时刻的价值。

（2）终值（F）：又称为本利和，是指一个或多个现在或即将发生的现金流量相当于未来某一时刻的价值。

（3）利率（i）：又称为贴现率或折现率，是指计算现值或终值时所采用的利息率。

（4）期数（n）：是指计算现值或终值时的期间数。

（5）单利：指计算利息时，只就本金计算利息，每期的本金保持不变，而不将以前计算期的利息累加到本金中，利息不计利息的方法。

（6）复利：指计算利息时，将每期产生的利息并入本金一起参与计算下一期利息的计息方法，俗称"利滚利"。

## 二、单利（Simple Interest）的终值和现值

单利是最简单的计算利息的方法。它只就本金在贷款期限中获得利息，不管时间多长，所生利息均不加入本金重复计算利息。这里的本金是指初始投资投入的货币额，利息是指投资者收取的超过本金部分的货币金额。

### （一）单利利息

单利利息的计算公式为：

$$I = P \times i \times n \tag{5-1}$$

其中，$I$ 表示利息，为本金、利率与计息期三者之积；$P$ 表示本金，又称期初金额或现值；$i$ 表示利率，通常指每年利息与本金之比；$n$ 表示计息期数，通常以年为单位。

**【例5-1】** 某人存入银行1 000元，存期5年，假设存款年利率为2%，则到期时利息为：

$I = 1\,000 \times 2\% \times 5 = 100$（元）

除非特别说明，在计算利息时，一般给出的利率为年利率，对于不足一年的利息，按一年360天来折算。

### （二）单利终值

单利终值就是一定数量的本金在一定的利率下，按照单利的方法计算出的若干时期以后的本利和。

单利终值的计算公式为：

$$F = P + P \times i \times n = P \times (1 + i \times n) \tag{5-2}$$

其中，$F$ 表示终值，即本金和利息之和，又称本利和或终值。

**【例5-2】** 仍以[例5-1]数据为例，2年后，该张存单的终值为：

$F = 1\,000 \times (1 + 2\% \times 2) = 1\,040$（元）

### （三）单利现值

单利现值的计算就是以单利方式确定未来终值的现在价值，它是单利终值的逆运算。由

终值计算现值称为折现或贴现，相应使用的利率也可称为折现率或贴现率。

单利现值的计算公式为：

$$P = \frac{F}{1 + n \times i} \quad (5-3)$$

【例 5-3】某人欲于 5 年后积攒 5 500 元支付孩子学费，假设存款年利率为 2%，在单利计息条件下，则现在此人需存入银行的本金为：

$P = \dfrac{5\ 500}{1 + 2\% \times 5} = 5\ 000$（元）

需要说明的是，在债券"贴现发行"或银行"票据贴现"业务中，单利现值还有另外一种计算公式：

$$P = F - I = F \times (1 - i \times n) \quad (5-4)$$

式中，$i$ 称为贴现率，$n$ 称为贴现期。

【例 5-4】财政部发行半年期的贴现国债，假设月利率为 10‰，那么面值为 1 000 元的国库券发行时的价格是：

$P = 1\ 000 \times (1 - 10‰ \times 6) = 940$（元）

## 三、复利（compound Interest）的终值与现值

复利是指不仅本金产生利息，而且需将本金所生的利息在下期加入本金，再计算利息，俗称"利滚利"。货币时间价值一般都是按复利计算的。在复利终、现值的计算中需要明确计息期。计息期是指相邻两次计算的时间间隔，如年、月、日等。一般复利计息期为 1 年。

### （一）复利终值

复利终值就是一定数量的本金在一定的利率下，按照复利的方法计算出的若干时期以后的本利和。复利终值的计算公式为：

$$F = P(1 + i)^n \quad (5-5)$$

其中，$(1+i)^n$ 通常被称为复利终值系数或一元复利终值，用符号 $(F/P, i, n)$ 表示。为了便于计算，可以通过给定的利率与计息期数在附表的"复利终值系数表"里直接查找对应的复利终值系数。

【例 5-5】假定一个投资者有 1 000 元，年复利率为 10%，则在 4 年后这笔资金的价值为：

$F = P(1+i)^n$

　$= 1\ 000 \times (1 + 10\%)^4$

　$= 1\ 000 \times 1.464$

　$= 1\ 464$（元）

可见，在复利计息的条件下（10%），现在存入 1 000 元，4 年后可得 1 464 元。

### （二）复利现值

复利现值是指未来某一特定时间取得或支出一定数额的资金，按复利折算到现在的价值，或者说为在未来取得一定的本利和，现在所需投入的本金。

复利现值的计算公式为：

$$P = \frac{F}{(1+i)^n} = F \cdot (1+i)^{-n} \tag{5-6}$$

上式中的 $(1+i)^{-n}$ 是把终值折算为现值的系数，称复利现值系数或一元复利现值，用符号 $(P/F, i, n)$ 来表示。"复利现值系数表"的使用方法与"复利终值系数表"相同。

【例 5-6】某人欲于 5 年后积攒 5 500 元支付孩子学费，假设存款年利率为 2%，在复利计息条件下，则现在此人需存入银行的本金为：

$$P = \frac{F}{(1+i)^n} = \frac{5\,500}{(1+2\%)^5} = \frac{5\,500}{1.1041} = 4\,981.43 \text{（元）}$$

或：

$$P = F \times (P/F, i, n)$$
$$= 5\,500 \times (P/F, 2\%, 5)$$
$$= 5\,500 \times 0.9057 = 4\,981.35 \text{（元）}$$

可见，现在至少存入 4 981.35 元，在复利计息条件下（2%），5 年后才能够有 5 500 元。

#### （三）利率换算

复利的计息期不一定总是一年，有可能是半年、季度、月份或日，这种一年内复利的次数超过一次的年利率通常叫做名义利率。这时，每年复利一次的利率称为实际利率，它需要通过换算求出。

对于一年内多次复利的情况，可采取两种方法计算货币时间价值。

第一种方法是先将名义利率调整为实际利率，然后按实际利率计算货币时间价值。

实际利率与名义利率之间的关系是：

$$i = \left(1 + \frac{r}{m}\right)^m - 1 \tag{5-7}$$

式中，$i$ 为实际利率；$r$ 为名义利率；$m$ 为每年复利次数。

【例 5-7】某人购买某公司面值为 1 000 元的债券，该债券期限 5 年，年利率为 4%，每半年计息一次，债券到期时可得到的本利和是多少？

$$i = \left(1 + \frac{r}{m}\right)^m - 1$$
$$= \left(1 + \frac{4\%}{2}\right)^2 - 1$$
$$= 4.04\%$$
$$F = P \times (1+i)^n$$
$$= 1\,000 \times (1 + 4.04\%)^5$$
$$= 1\,219 \text{（元）}$$

可见，5 年后债券到期的本利和为 1 219 元。当一年内复利的次数超过一次时，实际利率比名义利率高，复利的次数越多，实际利率越高。

第二种方法是不计算实际利率，而是相应调整有关指标，即利率变为 $\frac{r}{m}$，期数相应变为 $m \times n$。

【例 5-8】仍用 [例 5-7] 中的有关数据，用第二种方法计算本利和。

$$F = P\left(1 + \frac{r}{m}\right)^{m \cdot n}$$
$$= 1\,000 \times \left(1 + \frac{4\%}{2}\right)^{2 \times 5}$$
$$= 1\,000 \times (1 + 2\%)^{10}$$
$$= 1\,000 \times 1.219 = 1\,219 \text{（元）}$$

或

$$F = 1\,000 \times (F/P, 2\%, 10)$$
$$= 1\,219 \text{（元）}$$

可见，利用"复利终值系数表"或"复利现值系数表"计算时，表中的期数不一定理解为年，也可理解为是一种等间隔的时间段（如年、季、月）。

## 【阅读材料 5-1】

### 购买阿拉斯加是个错误的决定吗？

阿拉斯加成为美国领土的过程非常滑稽。19 世纪初，世世代代居住在阿拉斯加南部的特林基特印第安人部落同入侵的俄国人接连进行了两次战争，最终被火力强大的俄国人征服。但是，1856 年克里米亚战争后，俄国元气大伤，沙皇亚历山大二世决心卖掉这块不挣钱的土地。他把买主锁定在美国人的身上。

由于担心美国对购买阿拉斯加不感兴趣，俄国花了 10 万美元收买美国一些新闻记者和政客，试图通过他们来游说美国政府。1867 年 3 月，俄国派官员到美国洽谈出售阿拉斯加问题。当时，美国国务卿威廉·西沃德是个狂热的扩张主义者。他在同俄国谈判时，开始出价 500 万美元，后以 720 万美元的价格同俄国在一夜之间达成了购买协议，并且急不可待地于第二天凌晨在协议书上正式签字。终于，美国以绝对低廉的价格（相当于每平方公里 4 美元 74 美分，平均每英亩只值 2 美分），买到了面积达 150 多万平方公里的巨大半岛及其周边的阿留申群岛。

当时在美国，只有少数渔民希望得到出入阿拉斯加海港的权利，一部分加利福尼亚商人谋求在那里从事皮毛贸易的特权，而多数人对阿拉斯加一无所知。西沃德签订购买阿拉斯加协议后，立即在国内引起一阵反对声，说阿拉斯加是"西沃德的冰箱"，批评这是"一笔糟糕的交易""一个异乎寻常的错误"。西沃德被国内的舆论骂得躲在家里许多天。

精明的西沃德还是坚持不懈地争取到了国会的支持。1867 年 4 月和 7 月，参、众两院分别以多数票通过了这项协议。现在看来，美国人的确应该感谢西沃德这位政治家的远见。据估计，今天的阿拉斯加，"地价"约值 3 万亿美元。阿拉斯加地下埋藏着 5.7 万亿立方米的天然气和 300 亿桶原油，现在价值超过 2 万亿美元！随着国际油价不断升高，它的身价肯定不止这个数字。俄国人一定为当初这个鲁莽的决定后悔了。

从财务投资学角度来讲，您认为美国政府购买阿拉斯加是不是"一笔糟糕的交易"？假设美国政府的投资报酬率为 5%。

资料来源：柳叶刀妹，《购买阿拉斯加》，和讯博客 2007 年 9 月 11 日。

# 第三节 等额系列收付的货币时间价值的计量

在现实生活中，大部分企业的经济业务是连续发生的，其资金收付不是一笔完成的，而是一个系列的收付过程，其中有些是等额的连续收付业务。比如，企业与其他单位签订租赁合同，每月支付固定的房屋租金或企业与员工签订劳动合同，每月支付固定的劳动报酬等。对于这些有规律的系列资金收付，如果按一次性收付款的规则来计算其终值或现值，就比较麻烦。为此，财务学中创设了年金的概念，形成了专门的规则，专门用来应对这种有规律的系列收付的时间价值计量。

所谓年金，是指一定时期内等额、定期的系列收付款项，通常用 A 表示。例如，租金、利息、养老金、分期付款赊购、分期偿还贷款等通常都采取年金收付形式。

年金具有连续性和等额性的特点。连续性要求在一定时期内，每间隔相等时间就要发生一次收付业务，中间不得中断，必须形成系列；等额性要求每期收付款项的金额必须相等。年金根据每次收付发生的时点不同，可分为普通年金、预付年金、递延年金和永续年金四种。没有特别说明，一般提到年金，都指的是普通年金。

## 一、普通年金

普通年金是指一定时期内每期期末发生的等额收付的系列款项，又称为后付年金。普通年金是计算其他年金的基础，其收付形式如图 5-1 所示。横线代表时间的延续，用数字标出各期的顺序号；竖线位置表示收付的时刻，竖线下端数字表示收付的金额。

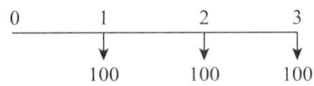

图 5-1 普通年金图例

### （一）普通年金终值

普通年金终值是指一定时期内每期期末等额收付款项的复利终值之和。其计算原理如图 5-2 所示。

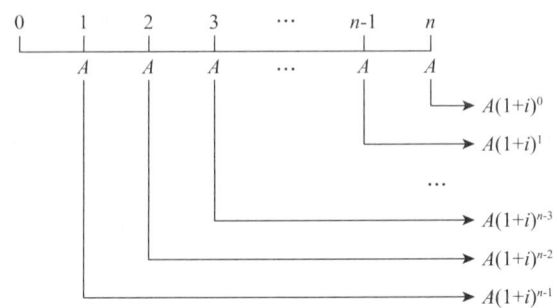

图 5-2 普通年金终值计算原理图解

根据图 5-2，普通年金终值 F 为：

$$F = A + A(1+i) + A(1+i)^2 + \cdots + A(1+i)^{n-1}$$
$$= A[1 + (1+i) + (1+i)^2 + \cdots + (1+i)^{n-1}] \quad \cdots\cdots\cdots\cdots \text{①}$$

两边同乘 $(1+i)$ 得：
$$F(1+i) = A[(1+i) + (1+i)^2 + (1+i)^3 + \cdots + (1+i)^n] \quad \cdots\cdots\cdots \text{②}$$

②式减①式得：
$$F[(1+i) - 1] = A[(1+i)^n - 1]$$

整理得：
$$F = A\left[\frac{(1+i)^n - 1}{i}\right] \tag{5-8}$$

式中的 $\left[\frac{(1+i)^n - 1}{i}\right]$ 通常称作普通年金终值系数或一元普通年金终值，用符号 $(F/A, i, n)$ 表示，可通过附录中的"普通年金终值系数表"直接查表得到。

普通年金终值的计算公式也可写为：
$$F = A \cdot (F/A, i, n) \tag{5-9}$$

【例 5-9】李某在 5 年里，每年年末存入银行 1 000 元，若存款年利率为 3%，则至第 5 年年末，李某可以得到多少本利和？

$F = 1\,000 \times (1+3\%)^0 + 1\,000 \times (1+3\%)^1 + 1\,000 \times (1+3\%)^2 + 1\,000 \times (1+3\%)^3 + 1\,000 \times (1+3\%)^4$

$= 1\,000 \times \sum_{t=1}^{5}(1+3\%)^{t-1}$

$= 5\,309.10$（元）

或：

$F = A \cdot (F/A, i, n)$

$= 1\,000 \times (F/A, 3\%, 5)$

$= 1\,000 \times 5.3091$

$= 5\,309.10$（元）

### （二）偿债基金

偿债基金是指为了在约定的未来某一时点清偿某笔债务或积聚一定数额的资本而必须分次等额储存的款项。例如，企业为了约定在未来某一时点清偿某笔债务而分次等额储存的存款准备金。在这里，债务实际上就是年金终值，每次等额储存的款项就是年金 $(A)$。因此，偿债基金的计算实际上是年金终值的逆运算，其计算公式为：

$$A = F\left[\frac{i}{(1+i)^n - 1}\right] \tag{5-10}$$

式中，$\left[\frac{i}{(1+i)^n - 1}\right]$ 是年金终值系数的倒数，通常称作偿债基金系数，用符号 $(A/F, i, n)$ 表示，可通过普通年金终值系数的倒数推算出来。

偿债基金的计算公式也可写为：

$$A = F \cdot (A/F, i, n)$$
$$= F \cdot \frac{1}{(F/A, i, n)}$$

**【例 5-10】** 某人欲于 5 年后积攒 5 500 元支付孩子学费,从现在起每年年末等额存入银行一笔款项,假设存款年利率为 2%,按复利计息,他每年年末应存入银行的金额是多少?

$$A = 5\,500 \times \left[\frac{2\%}{(1+2\%)^5 - 1}\right]$$

$$= 1\,056.88\,(元)$$

或

$$A = 5\,500 \times \frac{1}{(F/A,\,2\%,\,5)}$$

$$= 5\,500 \times \frac{1}{5.2040}$$

$$\approx 1\,056.88\,(元)$$

### (三) 普通年金现值

普通年金现值是指为在每期期末取得相等金额的款项,现在需要投入的金额。其计算原理如图 5-3 所示:

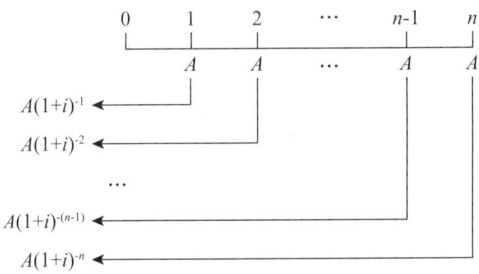

**图 5-3 普通年金现值计算原理图解**

由图 5-3 可得:

$$P = A(1+i)^{-1} + A(1+i)^{-2} + \cdots + A(1+i)^{-(n-1)} + A(1+i)^{-n}$$

整理得:

$$P = A\left[\frac{1-(1+i)^{-n}}{i}\right] \tag{5-11}$$

式中, $\left[\frac{1-(1+i)^{-n}}{i}\right]$ 通常称作普通年金现值系数或一元普通年金现值,用符号 $(P/A,\,i,\,n)$ 表示,可通过查找附录中的"普通年金现值系数表"直接得到。

普通年金现值的计算公式也可写为:

$$P = A(P/A,\,i,\,n) \tag{5-12}$$

**【例 5-11】** 张某出国 4 年,请你代付房屋租金,每年年末需要支付房屋租金 10 000 元,假设银行存款年利率为 2%,按复利计息,他现在应给你在银行存入多少钱?

$$P = 10\,000 \times (1+2\%)^{-1} + 10\,000 \times (1+2\%)^{-2} + 10\,000 \times (1+2\%)^{-3} + 10\,000 \times (1+2\%)^{-4}$$

$$= 10\,000 \times \sum_{t=1}^{4} \frac{1}{(1+2\%)^t}$$

$$= 38\,077\,(元)$$

或：

$P = 10\,000 \times (P/A, 2\%, 4)$
$= 10\,000 \times 3.8077$
$= 38\,077$（元）

### （四）年资本回收额

年资本回收额是指为使年金现值达到既定金额，每年年末应收付的年金数额，它是年金现值的逆运算。

其计算公式为：

$$A = P \frac{i}{1 - (1+i)^{-n}} \tag{5-13}$$

式中，$\left[\dfrac{i}{1-(1+i)^{-n}}\right]$ 是普通年金现值系数的倒数，通常称作资本回收系数，用符号 $(A/P, i, n)$ 表示，可利用普通年金现值系数的倒数求得。

年资本回收额的计算公式也可写为：

$$A = P \cdot (A/P, i, n)$$
$$= P \cdot \frac{1}{(P/A, i, n)}$$

【例5-12】某企业以年利率为5%借得100万元资金投资某项目，企业要在3年内还清贷款本息，该项目每年至少给企业带来多少收益才是可行的？

$A = 100 \times \left[\dfrac{5\%}{1-(1+5\%)^{-3}}\right]$
$= 36.72$（万元）

或

$A = 100 \times \dfrac{1}{(P/A, 5\%, 3)}$
$= 100 \times \left(\dfrac{1}{2.7232}\right)$
$\approx 36.72$（万元）

## 二、预付年金

预付年金也称为先付年金，是指在一定时期内，每期期初等额的系列收付款项。它与普通年金的区别仅在于付款时间的不同。$n$ 期预付年金与 $n$ 期普通年金的关系，如图5-4所示。

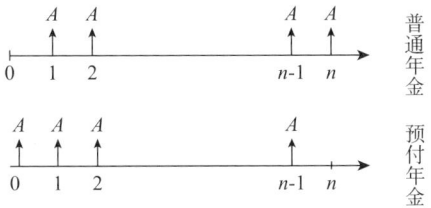

图5-4　预付年金与普通年金的关系

## (一) 预付年金终值

预付年金的终值是一定时期内每期期初收付款项的复利终值之和。n 期预付年金终值与 n 期普通年金终值之间的关系可以用图 5-5 加以说明。

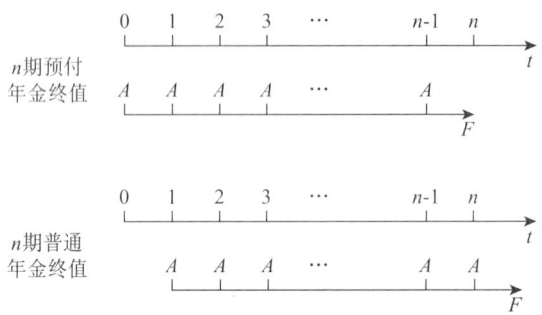

**图 5-5 预付年金终值计算原理图解**

由图 5-5 可知，由于付款时间不同，n 期预付年金终值比 n 期普通年金终值多计算一期利息。为此，在 n 期普通年金终值的基础上乘以 $(1+i)$，就是 n 期预付年金终值。因此，其终值计算公式为：

$$F = A(1+i) + A(1+i)^2 + \cdots + A(1+i)^n$$

通过整理得：

$$F = A\left[\frac{(1+i)^n - 1}{i}\right](1+i) = A\left[\frac{(1+i)^{n+1} - 1}{i} - 1\right] \quad (5-14)$$

式中，$\left[\frac{(1+i)^{n+1} - 1}{i} - 1\right]$ 称作预付年金终值系数或一元预付年金终值，它与普通年金终值系数 $\left[\frac{(1+i)^n - 1}{i}\right]$ 相比，是在普通年金终值系数的基础上，期数加 1、系数减 1 所得的结果，用符号 $[(F/A, i, n+1) - 1]$ 表示。这样，可以通过查"普通年金终值系数表"$(n+1)$ 期的系数值，然后减去 1 便可得到 n 期的预付年金终值系数值。

这时预付年金终值的计算公式也可表示为：

$$F = A \times [(F/A, i, n+1) - 1] \quad (5-15)$$

**【例 5-13】** 赵某在 5 年里，每年年初存入银行 1 000 元，若存款年利率为 3%，按复利计息，第 5 年年末，赵某可以得到多少本利和？

方法一：

$$F = 1\,000 \times \left[\frac{(1+3\%)^5 - 1}{3\%}\right] \times (1+3\%)$$

$$= 5\,468.4 \text{（元）}$$

或

$$F = A \cdot (F/A, i, n) \cdot (1+i)$$

$$= 1\,000 \times (F/A, 3\%, 5) \times (1+3\%)$$

$$= 1\,000 \times 5.3091 \times 1.03$$

$$= 5\,468.4 \text{（元）}$$

方法二：

$$F = 1\,000 \times \left[ \frac{(1+3\%)^{5+1}-1}{3\%} \right]$$
$$= 5\,468.4 \text{ (元)}$$

或

$$F = A \times [(F/A, i, n+1)-1]$$
$$= 1\,000 \times [(F/A, 3\%, 5+1)-1]$$
$$= 1\,000 \times [(F/A, 3\%, 6)-1]$$
$$= 1\,000 \times (6.4684-1)$$
$$= 5\,468.4 \text{ (元)}$$

### (二) 预付年金现值

预付年金的现值是一定时期内每期期初收付款项的复利现值之和。$n$ 期预付年金现值与 $n$ 期普通年金现值之间的关系，可用图 5-6 加以说明。

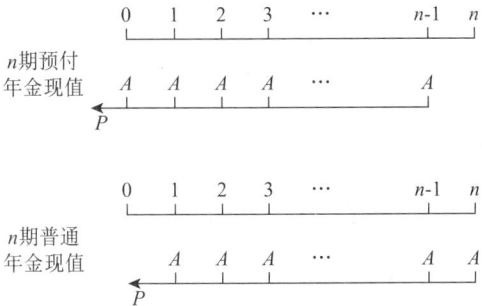

**图 5-6 预付年金现值计算原理图解**

从图 5-6 可以看出，$n$ 期预付年金现值与 $n$ 期普通年金现值的期限相同，但由于预付年金是在期初收付，第 1 期无需贴现，这样 $n$ 期预付年金现值比 $n$ 期普通年金现值要少折现一期。因此，在 $n$ 期普通年金现值的基础上乘以 $(1+i)$，便可求得 $n$ 期预付年金的现值。

预付年金现值的计算公式可表示为：

$$P = A \cdot (P/A, i, n) \cdot (1+i) \quad (5-16)$$

此时，可以直接查期数为 $n$、利率为 $i$ 的普通年金现值系数表，求出普通年金现值，再乘以 $(1+i)$ 就可求出预付年金的现值。

此外，预付年金现值的计算公式也可以是：

$$P = A \cdot \left[ \frac{1-(1+i)^{-n}}{i} \right] \cdot (1+i)$$
$$= A \cdot \left[ \frac{(1+i)-(1+i)^{-(n-1)}}{i} \right] \quad (5-17)$$
$$= A \cdot \left[ \frac{1-(1+i)^{-(n-1)}}{i} + 1 \right]$$

式中，$\left[ \frac{1-(1+i)^{-(n-1)}}{i} + 1 \right]$ 称作预付年金现值系数或一元预付年金现值，它与普通年金现值系数 $\left[ \frac{1-(1+i)^{-n}}{i} \right]$ 相比，是在普通年金现值系数的基础上，期数减 1、系数加 1

所得的结果，用符号 $[(P/A, i, n-1)+1]$ 表示。这样，通过查"普通年金现值系数表"$(n-1)$ 期的系数值，然后加 1，便可得出 $n$ 期的预付年金现值系数的值。

这时预付年金现值的计算公式可表示为：
$$P = A[(P/A, i, n-1)+1] \tag{5-18}$$

**【例 5-14】** 王某出国 4 年，请你代付房屋租金，每年年初需要支付房屋租金 10 000 元，假设存款年利率为 2%，按复利计息，他现在应给你在银行存入多少钱？

方法一：

$P = 10\,000 \times \left[\dfrac{1-(1+2\%)^{-4}}{2\%}\right] \times (1+2\%)$

$\approx 38\,839$（元）

或

$P = A \cdot (P/A, i, n) \cdot (1+i)$

$= 10\,000 \times (P/A, 2\%, 4) \times (1+2\%)$

$= 10\,000 \times 3.8077 \times 1.02$

$\approx 38\,839$（元）

方法二：

$P = 10\,000 \times \left[\dfrac{1-(1+2\%)^{-(4-1)}}{2\%}+1\right]$

$\approx 38\,839$（元）

或

$P = A[(P/A, i, n-1)+1]$

$= 10\,000 \times [(P/A, 2\%, 4-1)+1]$

$= 10\,000 \times [(P/A, 2\%, 3)+1]$

$= 10\,000 \times (2.8839+1)$

$= 38\,839$（元）

### 三、递延年金

递延年金是指第一次收付发生在第二期或第二期以后各期的年金，它是普通年金的一个特例。其特殊性表现在第一次收付款发生时间不在第一期期末，而是递延若干期后才开始发生。递延年金与普通年金的关系如图 5-7 所示。

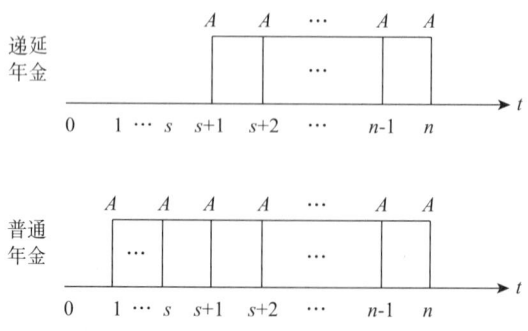

图 5-7　递延年金与普通年金的关系

## （一）递延年金终值

递延年金终值是自若干时期后开始每期等额系列收付款项的复利终值之和。递延年金终值的大小与递延期无关，所以计算方法和普通年金终值相同。

## （二）递延年金现值

递延年金现值是自若干时期后开始每期等额系列收付款项的现值之和，其计算方法有两种。

第一种方法：分段法。该法是把递延年金视为 $n$ 期普通年金，先计算出递延年金在递延期（$m$）期末的现值，然后再把它折现到第一期期初，其计算方法如图 5-8 所示。

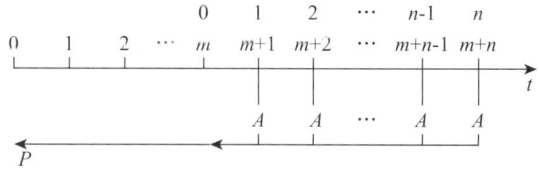

图 5-8  "分段法"示意图

从图 5-8 可知，递延年金现值计算公式可表示为：

$$P = A \cdot \left[ \frac{1-(1+i)^{-n}}{i} \right] \cdot (1+i)^{-m}$$
$$= A \cdot (P/A, i, n) \cdot (P/F, i, m) \tag{5-19}$$

第二种方法：扣除法。该法是假设在递延期中也有等额系列收付款项，先计算出（$m+n$）期的普通年金现值，然后减去实际没有收付的递延期（$m$期）的普通年金现值。其计算方法如图 5-9 所示。

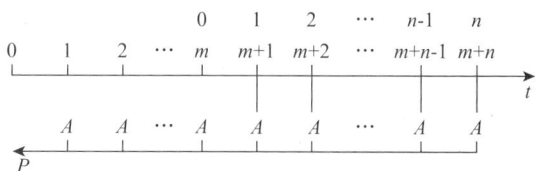

图 5-9  "扣除法"示意图

从图 5-9 可知，递延年金现值计算公式也可表示为：

$$P = A \cdot \left[ \frac{1-(1+i)^{-(m+n)}}{i} - \frac{1-(1+i)^{-m}}{i} \right]$$
$$= A \cdot [(P/A, i, m+n) - (P/A, i, m)] \tag{5-20}$$

【例 5-15】梁某拟在年初存入一笔资本，以便能在第 5 年年末起每年取出 1 000 元，至第 10 年年末取完。假设存款年利率为 3%，按复利计息，梁某应在最初一次性存入银行多少钱？

方法一：

$$P = 10\,000 \times \left[ \frac{1-(1+3\%)^{-6}}{3\%} \right] \times (1+3\%)^{-4}$$
$$\approx 4\,813.18 \text{（元）}$$

或

$P = A \cdot (P/A, i, n) \cdot (P/F, i, m)$
$= 1\,000 \times (P/A, 3\%, 6) \times (P/F, 3\%, 4)$
$= 1\,000 \times 5.4172 \times 0.8885$
$\approx 4\,813.18$（元）

方法二：

$P = 10\,000 \times \left[ \dfrac{1 - (1 + 3\%)^{-(6+4)}}{3\%} - \dfrac{1 - (1 + 3\%)^{-4}}{3\%} \right]$
$\approx 4\,813.1$（元）

或

$P = A \cdot [(P/A, i, m+n) - (P/A, i, m)]$
$= 1\,000 \times [(P/A, 3\%, 10) - (P/A, 3\%, 4)]$
$= 1\,000 \times (18.5302 - 3.7171)$
$\approx 4\,813.1$（元）

## 四、永续年金

永续年金是指无限期的等额系列收付的款项，是普通年金的特殊形式，即期限趋于无穷的普通年金。如存本取息、优先股股利等。

由于永续年金持续期无限，没有终止的时间，因此无法计算其终值，只能求其年金现值。其计算公式可根据普通年金现值的计算公式推导出来：

$$P = A \left[ \dfrac{1 - (1+i)^{-n}}{i} \right]$$

当 $n \to \infty$ 时，$(1+i)^{-n}$ 的极限值为零，故上式可改写成：

$$P = \dfrac{A}{i} \tag{5-21}$$

【例 5 - 16】某人准备设立一个永久的奖学金基金，每年拿出 5 000 元奖励品学兼优的学生。假设存款年利率为 4%，按复利计息，该基金发起人现在应存入基金多少钱？

$P = \dfrac{A}{i}$
$= \dfrac{5\,000}{4\%}$
$= 125\,000$（元）

【阅读材料 5 - 2】

### 诺贝尔奖奖金

诺贝尔奖奖金是以瑞典化学家诺贝尔的遗产设立的奖金。

阿尔弗雷德·诺贝尔（Alfred B. Nobel 1833 ~ 1896）是位杰出的化学家，他于 1833 年 10 月出生在瑞典首都斯德哥尔摩。他的一生中有许多发明，其中最为主要的是安全炸药。这项发明使他获得了"炸药大王"的称号，并使他成为百万富翁。他希望他的这项发明能够为促进人类生活的繁荣做出贡献，但事与愿违，炸药被广泛地使用于战争。这使他在人们心目中成了一个"贩卖死亡的商人",为此,他深感失望和痛苦。诺贝尔在逝世前立下遗嘱,把遗产的一部分——920万美元作为基金,以其每年约20万美元的利息作为奖金,奖励那些为人类的幸福和进步做出卓越贡献的科学家和学者。为此,瑞典于1900年6月29日专门成立了诺贝尔基金会,并由其董事会管理和发放奖金。

诺贝尔奖奖金分为物理学、化学、生理学和医学、文学、和平奖五项。物理学和化学奖由瑞典皇家科学院负责颁发,生理学和医学由瑞典卡罗琳医学研究院负责颁发,文学奖由瑞典文学院负责颁发,和平奖由挪威议会负责颁发。1968年瑞典银行决定增设经济学奖,这项奖金由瑞典银行提供。2012年我国作家莫言获得诺贝尔文学奖,获得800万瑞典克朗(约合人民币750万元)奖金。

从货币时间价值角度去思考:

1. 如果以920万美元作为基金,每年基金投资回报率5%,每年可用于发放奖金的数额有多少,才能保证奖金持续发放?

2. 2008年度诺贝尔生理学或医学奖奖金为140万美元,假设其他5个项目奖金都是140万美元,以后持续按此标准发放奖金,则2008年度诺贝尔基金会的总资产需要达到多少?

资料来源:节选自百度网站。

## 第四节　货币时间价值计算中的几个特殊问题

在前面的内容中,我们主要讨论了货币时间价值计算的基本问题,即一次性收付款的终值和现值以及年金的终值和现值的计算问题。但在现实生活中,由于现金流分布的不规则以及时间分布的不统一,使得货币时间价值的计算变得复杂。本节主要讨论一些特殊情况下终现值或利率、期限的计算问题。

### 一、利率与计息期的推算

在货币时间计算中,影响现金流量时间价值的主要因素有四个:现值、终值、利率(折现率)和计息期数,只要知道了其中任意三个因素就可求出第四个因素。在以上计算中都是假定利率(折现率)、计息期数、现值(或终值)是已知的,求解终值(或现值)。但在某些情况下,也可以根据计息期数、终值或现值求解利率(折现率),或根据利率(折现率)、终值或现值求解计息期数。

#### (一) 利率的推算

在前面计算现值和终值时,都假定利率是给定的,但在现实的财务管理中,经常会遇到已知计息期数、终值和现值,求折现率的问题。具体可分为以下三种情形:

(1) 一次性收付的款项利率(贴现率)的推算。对于一次性收付的款项,根据其复利终值(或现值)的计算公式可推导出利率(贴现率)的计算公式,为:

$$i = \sqrt[n]{F/P} - 1 \tag{5-22}$$

(2) 永续年金利率(贴现率)的推算。永续年金利率(贴现率)$i$的计算也很方便。若已知$P$和$A$,则可根据公式$P = A/i$,推导出$i$的计算公式为:

$$i = A/P \tag{5-23}$$

(3) 普通年金利率（贴现率）的推算。普通年金利率（贴现率）的推算比较复杂，无法直接套用公式，而必须利用有关的现值（或终值）系数表，有时还会牵涉到插值法的运用。具体步骤为：

第一步，根据普通年金终值（或现值）的计算公式，可推算出年金终值系数（或年金现值系数）。$(F/A, i, n) = F/A$，或 $(P/A, i, n) = P/A$

第二步，通过查年金终值（或现值）系数表，有可能在表中查找到等于 $F/A$（或 $P/A$）的系数值，只要读出该系数所在列的 $i$ 值，即为所求的 $i$。

第三步：如果在表中找不到等于 $F/A$（或 $P/A$）的系数值（假设系数值等于 $\alpha$），则应使用插值法求 $i$。

运用插值法时，应在表中 $n$ 行上找到与 $\alpha$ 最接近的左右两个临界系数值，设为 $\beta_1$、$\beta_2$（$\beta_1 > \alpha > \beta_2$，或 $\beta_1 < \alpha < \beta_2$）。读出 $\beta_1$、$\beta_2$ 所对应的临界利率 $i_1$、$i_2$。

假定利率 $i$ 同相关的系数在较小范围内线性相关，因而可根据临界系数 $\beta_1$、$\beta_2$ 和临界利率 $i_1$、$i_2$ 计算出 $i$，其计算公式为：

$$i = i_1 + \frac{\beta_1 - \alpha}{\beta_1 - \beta_2} \cdot (i_2 - i_1) \tag{5-24}$$

【例 5 – 17】某公司于第一年年初借款 450 000 元，按复利计息，每年年末还本付息额均为 60 000 元，分 10 年还清。问借款利率为多少？

$$(P/A, i, 10) = \frac{P}{A} = \frac{450\,000}{60\,000} = 7.5$$

即：$\alpha = 7.5$

查普通年金现值系数表，在 $n = 10$ 这一行横向查找，无法找到恰好为 7.5（$\alpha$）的系数值，于是在该行上找大于和小于 7.5 的临界系数值，分别为：$\beta_1 = 7.7217 > 7.5$，$\beta_2 = 7.3601 < 7.5$。同时读出临界利率为 $i_1 = 5\%$，$i_2 = 6\%$。则：

年金现值系数

$$1\% \begin{cases} x\% \begin{cases} 5\% \\ i \end{cases} \\ 6\% \end{cases} \qquad 0.3616 \begin{cases} 0.2217 \begin{cases} 7.7217 \\ 7.5 \end{cases} \\ 7.3601 \end{cases}$$

$$\frac{x}{1} = \frac{0.2217}{0.3616}$$

$$x \approx 0.61$$

$$i = 5\% + 0.61\% = 5.61\%$$

或，直接用公式计算：

$$i = i_1 + \frac{\beta_1 - \alpha}{\beta_1 - \beta_2} \cdot (i_2 - i_1)$$

$$= 5\% + \left[\frac{7.7217 - 7.5}{7.7217 - 7.3601}\right] \times (6\% - 5\%)$$

$$\approx 5.61\%$$

同理，如果已知年金与终值，也可以按照上述方法和步骤，利用普通年金终值系数表求 $i$。

## （二）计息期的推算

在已知终值、现值、利率的情况下，即可求出计息期数 $n$，其基本方法同利率（折现率）的确定方法相同。现以普通年金为例，说明在 $P$、$A$ 和 $i$ 已知时，计息期 $n$ 的推算。

**【例 5 – 18】** 某企业于第一年年初向银行借入 700 000 元，借款利率为 5%，按复利计息，预计每年年末归还本息额均为 100 000 元，几年后可全部还清本息？

$$(P/A, 5\%, n) = \frac{700\ 000}{100\ 000} = 7$$

即：$\alpha = 7$

查普通年金现值系数表，在 $i = 5\%$ 的列上纵向查找，无法找到恰好为 7（$\alpha$）的系数值，于是在该列上查找大于和小于 7 的两个临界系数值：$\beta_1 = 6.4632 < 7$，$\beta_2 = 7.1078 > 7$，对应的临界计息期数 $n_1 = 8$，$n_2 = 9$。则：

$$\text{年金现值系数}$$

$$\text{计息期数} \quad 0.6446 \begin{cases} 0.5368 \begin{cases} 6.4632 \\ 7 \end{cases} \\ 7.1078 \end{cases}$$

$$1 \begin{cases} x \begin{cases} 8 \\ n \end{cases} \\ 9 \end{cases} \qquad \frac{x}{1} = \frac{0.5368}{0.6446}$$

$$x \approx 0.83$$

$$n = 8 + 0.83 = 8.83 \text{（年）}$$

## 二、增长年金

由于通货膨胀等因素的影响，常涉及现金流随着时间推延而增长的情况。因此，在年金的计算中，常遇到"增长年金"，它是一种在有限时期内固定增长的现金流。

设年金为 $A$，其每年增长率为 $g$，期限为 $n$，则增长年金的现值为：

$$\begin{aligned} PV &= \frac{A}{1+i} + \frac{A(1+g)}{(1+i)^2} + \frac{A(1+g)^2}{(1+i)^3} + \cdots + \frac{A(1+g)^{n-1}}{(1+i)^n} \\ &= \frac{A}{1+i} \left[ 1 + \frac{(1+g)}{(1+i)} + \frac{(1+g)^2}{(1+i)^2} + \cdots + \frac{(1+g)^{n-1}}{(1+i)^{n-1}} \right] \\ &= \frac{A}{i-g} \left[ 1 - \left( \frac{1+g}{1+i} \right)^n \right] \end{aligned} \qquad (5-25)$$

当 $n \to \infty$ 时，增长年金就变成永续增长的年金，当增长率 $g <$ 折现率 $i$ 时，该增长型永续年金现值可简化为：

$$PV = \frac{A}{i-g} \qquad (5-26)$$

**【例 5 – 19】** 某公司预期下一年的股利为每股 1.30 元，并且预期股利按照 5% 的速度永远增长下去。假如折现率为 10%，该股利流现在的价值是多少？

该股利流分布状况：

```
         1.30      1.30×(1.05)    1.30×(1.05)²
|----------|------------|-------------|
0          1            2             3
```

该股利流的现值：$PV = \dfrac{1.30}{10\% - 5\%} = 26$（元）

## 三、连续复利

前面分析了复利计息按年、按半年、按季甚至于按月的利率换算问题，但现实中可能存在着更短的复利计息期。最极端的情况是对无穷短的时间间隔进行复利计息，这就是所谓的连续复利计息。简而言之，连续复利就是指在期数趋于无限大的极限情况下进行复利计息，此时不同期之间的间隔很短，可以看作是无穷小量。

设本金为 $p$，年利率为 $i$，当每年含有 $m$ 个复利结算周期（若以一个月为一个复利结算周期，则 $m=12$，若以一季度为一个复利结算周期，则 $m=4$）时，则 $n$ 年后的本利和为：

$$F = p\left(1 + \dfrac{i}{m}\right)^{mn} = p\left(1 + \dfrac{i}{m}\right)^{\frac{1}{i/m}ni}$$

当复利结算的周期数 $m \to \infty$（这意味着资金运用率最大限度的提高）时，$\left(1 + \dfrac{i}{m}\right)^{\frac{1}{i/m}}$ 的极限为 $e$，即：

$$\lim_{m \to \infty}\left(1 + \dfrac{i}{m}\right)^{\frac{1}{i/m}} = 2.7182818284590\cdots = e$$

所以当 $m \to \infty$，连续复利本利和公式为：

$$F_n = \lim_{m \to \infty} p\left(1 + \dfrac{i}{m}\right)^{mn} = p \lim_{m \to \infty}\left(1 + \dfrac{i}{m}\right)^{\frac{1}{i/m}ni} = pe^{ni} \qquad (5-27)$$

式中，$e^{ni}$ 为瞬间复利系数，或称一元钱的瞬间复利本利和。

通过公式（5-27），还可得到

连续复利现值：

$$P = Fe^{-ni} \qquad (5-28)$$

连续复利情况下的实际年利率：

$$r = \lim_{m \to \infty}\left[\left(1 + \dfrac{i}{m}\right)^m - 1\right] = e^i - 1 \qquad (5-29)$$

【例 5-20】某投资公司以连续计息方式将 500 000 元投资 2 年，假设市场平均年投资收益率为 5%，则两年后该公司能获得的回报为：

$F = Pe^{in} = 500\,000 \times 2.718^{5\% \times 2} = 552\,500$（元）

本例若按单利计算，该公司能获得的回报为：

$F = 500\,000 \times (1 + 5\% \times 2) = 550\,000$（元）

本例若按普通复利计算，该公司能获得的回报为：

$F = 500\,000 \times (1 + 5\%)^2 = 551\,250$（元）

可见，在一定的利率和计息期下，连续复利可产生更大的投资回报。

## 本章小结

货币时间价值是财务管理中的两个重要的基本观念之一，是财务估价的基础，不仅对投融资决策有用，在其他方面也有广泛的用途。通过本章学习，应该理解：

1. 货币时间价值是指货币经历一定时间的投资和再投资所增加的价值，也称为资金的时间价值。在企业财务管理中，货币时间价值既是正确进行财务决策的基本依据，也是衡量企业经济效益的基本依据。从量的规定性来看，货币时间价值是在没有风险和没有通货膨胀条件下的社会平均资金利润率。

2. 货币时间价值的基本计量方法包括单利与复利两种，一般采用复利方法。复利的计算又包括一次性收付款项的计算和等额系列收付款项即年金的计算。年金是等额定期的系列收支，它按照每次收付发生的时间不同，可分为普通年金、预付年金、递延年金和永续年金四类。本章详细介绍了各种情况下货币时间价值的计算方法。

3. 货币时间价值的计算，有两点需引起特别重视：一是画现金流量图。要能根据给定条件，准确分析现金收付的时间、金额，并在图上标出现金流入、流出的方向、金额，这对于时间价值的计算非常重要。二是"插值法"的使用。其在等额系列收付的折现率、计息期等计算中经常需要使用，应熟练掌握。

## 复习思考题

1. 什么是货币时间价值？其从何而来？如何计量？
2. 什么是复利终值和年金终值？它们有何区别？
3. 普通年金现值与预付年金现值的计算有何联系与区别？
4. 递延年金现值应如何计算？
5. 永续年金有什么特点？其现值如何计算？
6. 年偿债基金计算和年资本回收额的计算有何异同？

### 田纳西镇的巨额账单

如果你突然收到一张事先不知道的1 260亿美元的账单，你一定会大吃一惊。而这样的事件却真实发生在了瑞士田纳西镇的居民身上。纽约布鲁克林法院判决田纳西镇应向某一美国投资者支付这笔钱。最初，田纳西镇的居民对此事不以为然，并未重视。但当他们收到账单时，被这张巨额账单吓呆了。他们的律师指出，若高级法院支持这一判决，为偿还债务，所有田纳西镇的居民在其余生中不得不靠吃麦当劳等廉价快餐度日。

田纳西镇的问题源于1966年的一笔存款。斯耐德不动产公司在内部交换银行（田纳西镇的一家银行）存入一笔6亿美元的存款。存款协议要求银行按每周1%的利率（复利）付息（难怪该银行第2年破产！）。1994年，纽约布鲁克林法院做出判决：从存款日到田纳西镇对该银行进行清算的7年中，这笔存款应按每周1%的复利计算，而在银行清算后的21年中，每年按8.54%的复利计息。

思考：1 260亿美元是如何计算出来的？如果利率为每周1%，按复利计算，6亿美元增加到12亿美元需要多长时间？

# 第六章 风险与报酬

掌握资产报酬的含义,理解各种报酬率之间的逻辑关系;掌握风险的含义,把握系统风险和非系统风险、经营风险和财务风险的实质;掌握单项资产的预期报酬率的计算及风险衡量方法,了解风险偏好与风险决策的关系;掌握投资组合的预期报酬率和标准差的计算,掌握资产之间的相关性对风险的影响,理解有效组合的原理;掌握无风险资产与风险组合再组合的风险报酬关系,了解资本市场线的基本理论;理解市场组合的含义,掌握并理解 β 系数的含义,掌握资产组合的 β 系数的计算;掌握资本资产定价模型、证券市场线的基本原理,了解市场均衡的含义。

货币时间价值是在没有风险和通货膨胀情况下的社会平均收益率。但是,企业的财务管理活动通常是在有风险的环境中进行的,因此,我们需要了解企业在冒风险进行财务活动时,如何进行风险与报酬的权衡。

## 第一节 风险与报酬概述

在企业的财务管理中,由于所处环境的不确定性,因此存在着很多的风险。而风险的衡量是通过资产报酬(收益)与预期收益的背离情况加以描述的。因此,在讨论风险的概念、特征以前,有必要先了解资产报酬的相关概念。

### 一、资产报酬

#### (一) 资产报酬的含义

资产报酬,也称为收益,是指一定时期内投资者投资于某项资产的回报,也就是资产的价值在一定时期的增值。

资产报酬的表示方式,通常有两种:一种是以绝对数表示的资产价值的增值量,称为资产的报酬额;另一种是以相对数表示的资产价值的增值率,称为资产的报酬率。

1. 报酬额。资产价值的增值量即报酬额来源于两部分:一是一定时期内资产的现金收入,如利息、股利收入;二是期末资产的价值(或市场价格)相对于期初资产价值(或价格)的升值。

【例 6-1】某投资者在年初以每股 25 元的价格买入 H 公司股票 1 000 股,年度内 H 公司每股支付 0.75 元的现金股利,年末该投资者将所持股票以每股 27.25 元全部卖出,则该投资者投资 H 股票的现金流和报酬的形成过程如图 6-1 所示。

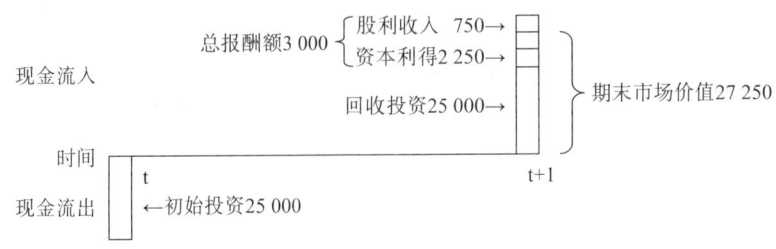

图 6-1　投资 H 公司股票的现金流和报酬

如果该投资者在年末出售股票，总现金收入应是出售股票的现金收入加上股利收入。即现金总收入 = 27 250 + 750 = 28 000 元，总报酬额 = 股利收入 + 资本利得 = 750 + 2 250 = 3 000 元。

如果该投资者在年末不出售股票，而是继续持有，那么该投资者是否应将资本利得视为所获报酬的一部分呢？答案是肯定的。年末无论该投资者是否出售股票，年末资产的价值相对于年初价值的升值（或贬值）都应当作为资本利得计入报酬。这里，可以看出，现金流量与报酬是两个不同的概念。

另外，还要注意：当该投资者在年末继续持有 H 公司的股票时，下年度计算报酬的初始投资将不再是 25 000 元，而是 27 250 元。

2. 报酬率。资产的报酬率是资产的报酬额与期初资产价值（或价格）的比值，通常以百分比表示，反映资产价值在一定时期的增值率。由于以绝对数表示的报酬额与期初资产的价值相关，不利于不同规模资产之间报酬的比较，而以百分数表示的报酬率是一个相对数指标，便于不同规模下资产报酬的比较和分析。所以，通常情况下，我们用报酬率的方式来表示资产报酬的大小。

另外，资产报酬额的计算是相对于特定期限的，相应的，报酬率也是相对于特定期限的。为了便于比较和分析，对于计算期限短于或长于一年的资产，在计算报酬率时一般要将不同期限的报酬率转化成年报酬率。

（二）资产报酬率的类型

在实际理财工作中，由于工作需求或出发点的不同，可将报酬率划分成不同的类型，主要类型有：

1. 实际报酬率。实际报酬率是指在特定时期已经实现的资产报酬率。它反映了投资者行为与市场运作的最终结果，是投资决策的最终回报。当存在通货膨胀时，计算实际报酬率还应当扣除通货膨胀率的影响。

2. 预期报酬率。预期报酬率也称为期望报酬率，是指在不确定的条件下，预测的某项资产未来可能实现的报酬率。它是投资者综合各种可能性对投资报酬水平所作的客观估计。

对预期报酬率的计算，可参考以下两种方法：

方法一：预测概率统计法。首先描述影响报酬率的各种可能情况；然后预测各种可能发生的概率，以及在各种可能情况下报酬率的大小；最后，预期报酬率等于各种可能情况下报酬率的加权平均，权数是各种可能情况发生的概率。

方法二：历史概率统计法。首先收集有关资产报酬率的历史统计数据，并将这些历史数据按照不同的经济状况分类,计算发生在各类状况下报酬率观测值的百分比;然后计算各类经济状况下所有报酬率观测值的平均值作为该类情况下的报酬率;最后,计算各类经济状况下报酬率的加权平均数,作为预期报酬率。

上述利用历史数据去预测未来的方法有一定的局限性,但这种方法简便、易行,其提供的预期数至少可以作为预测未来报酬率的参考数据。

3. 必要报酬率。必要报酬率也称为最低必要报酬率或最低要求报酬率,是指投资者对某项资产合理要求的最低报酬率。它是人们愿意进行投资(如购买资产)所必须赚得的最低报酬率。

必要报酬率与认识到的风险有关,是投资者根据投资行为所承担风险程度的大小而主观确定的报酬率水平,是风险与报酬权衡的结果。由于信息的不完全性,人们对资产的安全性会有不同的看法,如果某公司陷入财务困难的可能性很大,也就是说,投资该公司股票产生损失的可能性很大,那么,投资于该公司股票将会要求一个较高的报酬率,则该股票的必要报酬率就会较高;反之,如果某项资产的风险较小,那么,对这项资产要求的必要报酬率也就较低。因此,估计必要报酬率的一个重要方法是建立在机会成本的概念上:必要报酬率是同等风险的其他备选方案的报酬率。

必要报酬率由两部分组成:一是无风险报酬率;二是风险报酬率。

无风险报酬率,也称为无风险利率,是指投资无风险资产的报酬率。它的大小由纯利率(货币时间价值)和通货膨胀补贴两部分组成。为方便起见,通常用短期国债(国库券)的利率近似地代替无风险报酬率。

风险报酬率,是指投资者因承担投资某资产的风险而要求的超过无风险报酬率的额外报酬率。风险报酬率体现了投资者将资本从无风险资产转移到风险资产而要求得到的额外补偿。它的大小取决于两个要素:①风险的大小。资产的风险越大,要求的风险报酬率越高。②投资者对风险的偏好。投资者越厌恶风险,要求的风险报酬率就越高。

4. 名义报酬率。名义报酬率仅指资产合约上标明的报酬率。例如公司债券的票面利率。只有在特定情况下,投资者的实际报酬率才会等于名义报酬率。例如,当投资者以面值购入票面利率固定、每年年末付息一次的公司债券并持有至到期日时,该投资者的实际报酬率就是该债券的票面利率。

## 二、风险

### (一) 风险的概念

风险是一个非常重要的财务学概念。但是,人们对风险的理解有不同的认识与观点。美国哥伦比亚大学学者威雷特博士(Allan H. Willett)将风险定义为"风险就是关于不愿发生的事件发生的不确定性之客观体现"。它包含两层意思:一是风险是客观存在的现象;二是风险的本质与核心是具有不确定性。而美国保险学家欧文·佩费尔(Irving Pfeffer)认为"风险是危险状态的结合,由概率加以测定,与此相对应,不确定性是通过信念程度来测定"。也就是说,风险是客观状态,不确定性是一种心理状态。美国风险管理学家威廉姆斯(C. A. Williams)将风险定义为"风险是关于某种给定状态下发生的结果的疑问;是在给定的情况下和特定期间内,那些可能发生的结果间的差异"。罗伯特·梅尔(Robert. Mher)更直截了当地指出:"风险是有关损失的不确定性"。学者克布(C. A. Kulp)和约翰·W

贺尔（John. W. Hall）认为"风险是在一定条件下财务损失的不确定性"。而弗兰克·H·纳特（Frank. H. Knight）则将风险和不确定性做了区别，他认为"风险是那些通过大数法则的统计方法，能够先验地或经验地计算出发生概率的不确定性；事件发生的概率不能计算的状况是真正的不确定性"。

综上所述，不难发现，在定义什么是风险时，大部分学者把风险与不确定性和损失联系在一起。我们认为：风险是指事件本身的不确定性。"风险"（risk）一词是一个中性词，它并无好坏之分。风险是人类活动的内在特征，它来源于人们对未来结果的不可预知性。

风险具有两面性，它可能给人们带来意外收益，也可能带来意外损失。人们研究风险主要是为了减少损失，经常把风险看成是不利事件发生的可能性。

从财务角度来看，风险主要是指出现财务损失的可能性或预期收益的不确定性。

一般而言，我们如果能对未来情况作出准确估计，则无风险。对未来情况估计的精确程度越高，风险就越小；反之，风险就越大。

### （二）风险的特征

一般认为，风险具有以下一些特征：

1. 客观性。风险是事件本身的不确定性。无论人们愿意与否，它都客观存在，不以人的意志为转移。风险的客观性是保险产生和发展的自然基础。人们只能在一定的范围内改变风险形成和发展的条件，降低风险事故发生的概率，减少损失程度，而不能彻底消除风险。

2. 普遍性。在现代社会，社会经济环境日益复杂，个体或企业面临着各种各样的不确定性。随着科学技术的发展和生产力的提高，还会不断产生新的风险，而且风险事故造成的损失也越来越大。

3. 两面性。风险可能给企业带来意外的损失，也可能带来意外的收益，这就是其具有的两面性。但是，在实际生活中，人们对意外损失的关切比对意外收益的关切更强烈。因此人们研究风险主要是为了减少损失，主要是从不利的方面来考察风险，经常把风险看成是不利事件发生的可能性。

4. 相对性。风险产生的原因主要是决策时缺乏充分可靠的信息。所以，同样的经济活动，对于某些人来说，由于其掌握充分的信息，面临的风险可能就比较小；但对于另外一些人来说，由于其掌握的信息不够充分，面临的风险可能就比较大。

5. 时间性。风险是一定时期内的风险，其大小随着时间的推移而变化。随着时间的延续，事件的不确定性在缩小。到了一定阶段，事件完成，其结果就完全肯定了，风险也就消失了。

### （三）风险的分类

风险从不同的角度有不同的分类。下面主要介绍与企业财务管理有密切关系的两种分类方法。

1. 系统风险和非系统风险

从风险产生的原因、影响程度和投资者的能动性来划分，风险可分为系统风险和非系统风险。

（1）系统风险，又称为市场风险或不可分散风险，是指那些对所有的投资主体都会产生影响的因素而引起的风险，例如战争、经济衰退、通货膨胀和利率变化等引发的风险。系统风险是由综合因素引起的,经济方面如利率、现行汇率、通货膨胀、宏观经济政策、能源危机、经济周期等;政治方面如政权更迭、战争冲突等;社会方面如体制变革、所有制改造等。这些因素是个别企业或者投资者无法通过多样化投资予以分散的,其带来的影响面一般都比较大。

(2) 非系统风险,又称为公司特有风险或可分散风险,是指那些发生在个别企业的特有事件而引起的风险,如某企业的职工发生罢工、诉讼、试制新产品失败、没有争取到重要的合同等。这类事件只与个别企业有关,并非整个市场上所有企业都要面对的,它们的发生是随机的,并可以通过多元化投资来分散,也就是说,一家企业的有利事件可以抵消自己或另一家企业的不利因素。由于非系统风险可以通过多样化投资予以分散,其带来的影响面一般比较小。

2. 经营风险和财务风险

对于一个特定企业来说,按照风险的具体内容可将风险分为经营风险和财务风险。

(1) 经营风险,是指由于公司经营状况变化而引起盈利水平改变,从而导致投资报酬的不确定性。它是任何商业活动中都存在的风险,故又称为商业风险。

影响公司经营状况的因素很多,如市场竞争状况、政治经济形势、产品种类、企业规模、管理水平等。经营风险可能来自公司外部,也可能来自公司内部。引起经营风险的外部因素主要有经济周期、产业政策、竞争对手等客观因素;内部因素主要有经营决策能力、企业管理水平、技术开发能力、市场开拓能力等主观因素。其中,内部因素是公司经营风险的主要来源,如决策失误导致投资失败,管理混乱导致产品质量下降、成本上升,产品开发能力不足导致市场需求下降,市场开拓不力导致竞争力减弱等,它们都会影响公司的盈利水平,增加经营风险。

经营风险是企业资产运行中所存在的风险,直接取决于企业生产经营活动的特征,与资本结构无关。经营风险的大小可以通过息税前利润、资产报酬率的波动程度来衡量。息税前利润,是企业支付利息和缴纳所得税前的利润。其大小不受资本结构的影响,与经营活动密切相关。

(2) 财务风险,是指由于举债融资而给企业财务成果带来的不确定性,主要指到期不能还本付息的风险,又称为筹资风险。具体来说,由于使用债务融资(包括优先股),可能导致企业权益资本(指普通股,下同)报酬下降,严重时可能导致企业破产。实践中,财务风险主要表现为企业丧失偿债能力的可能性和普通股股东报酬的不确定性。

公司的资本结构决定企业财务风险的大小。在其他因素相同的情况下,企业使用的负债和优先股融资越多,企业的财务风险就越大。与权益资本融资比较,债务融资最大的财务特征就是债权人对企业未来现金流量的索偿权具有法律上的约束力。企业必须按照事前在契约中约定的时间、数额向债权人支付利息和偿还本金。这种法律约束意味着,企业即使在营业活动中出现巨大困难、营业活动现金流量出现枯竭的情况下,也必须保证对债权人现金流的支付;否则,将面临破产倒闭的危险。如果企业发行优先股,则需要在未来按照优先股固定的股利率向股东支付股利,在这一点上,优先股的股利和债务的利息具有共同的特征,即无论企业经营状况如何,必须按照固定的利率(债务利率或优先股股利率)支付利息或股息。因此,只要企业的资本结构中存在具有固定负担的融资方式,由于现金流出相对固定,而现金流入是波动、不确定的,如此则必然存在财务风险。

财务风险的大小可以通过权益资本报酬率（也称权益净利率、净资产收益率）、每股收益的波动程度来衡量。

【例6-2】甲、乙两个企业的资本总额（即总资产）均为100万元，除资本结构不同外，两个企业没有任何差别，因此，它们应当实现相同的息税前利润。甲企业全部为权益资本，乙企业有权益资本20万元和债务资本80万元。企业所得税税率为25%，债务资本利息率为10%。

由于经营风险的存在，使得息税前利润不确定。假定在经营年景好时息税前利润最高可达20万元，经营年景差时最低仅为2万元。

(1) 如果息税前利润为20万元，则资产报酬率=20÷100=20%。两个企业权益资本报酬率计算过程如表6-1所示。

表6-1　　　　　　资产报酬率超过利率时的甲、乙企业经营情况

| 项　目 | 甲企业 | 乙企业 |
| --- | --- | --- |
| 息税前利润（万元） | 20 | 20 |
| 减：利息（10%）万元 | 0 | 8 |
| 税前利润（万元） | 20 | 12 |
| 减：所得税（25%）万元 | 5 | 3 |
| 净利润（万元） | 15 | 9 |
| 权益资本（万元） | 100 | 20 |
| 权益资本报酬率（%） | 15 | 45 |

(2) 如果息税前利润为2万元，则资产报酬率为=2÷100=2%。两个企业权益资本报酬率计算过程如表6-2所示。

表6-2　　　　　　资产报酬率低于利率时的甲、乙企业经营情况

| 项　目 | 甲企业 | 乙企业 |
| --- | --- | --- |
| 息税前利润（万元） | 2 | 2 |
| 减：利息（10%）万元 | 0 | 8 |
| 税前利润（万元） | 2 | -6 |
| 减：所得税（25%）万元 | 0.5 | 3 |
| 净利润（万元） | 1.5 | -6 |
| 权益资本（万元） | 100 | 20 |
| 权益资本报酬率（%） | 1.5 | -30 |

以上结果表明，由于经营风险的存在，两个企业的资产报酬率均在2%~20%的范围内波动。甲企业没有债务资本，权益资本报酬率在1.5%~15%的范围内波动，这种变化完全是由资产报酬率的变化所引起的（数值上的差异仅仅是因为所得税的存在），因此，甲企业股东只承担了经营风险。

对于乙企业而言，由于债务资本的存在，无论企业经营状况如何，均需支付8万元的利息。在年景好时，资产报酬率可达20%，大于债务资本利息率，利用债务资本获得的利润

16万元（80×20%）补偿利息后还有剩余，因而使权益资本报酬率提高到45%，远远好于甲企业；在年景差时，资产报酬率只有2%，小于债务资本利息率，利用债务资本只获得利润1.6万元（80×2%），还不够补偿利息，需动用权益资本实现的利润0.4万元（20×2%）以及股东投入的本钱6万元来支付，股东不仅没有获得报酬，还遭受了30%的损失。可见，乙企业股东不仅要承担经营风险，还要承担因举债经营而带来的额外风险，这就是财务风险。

### （四）风险报酬

风险报酬又称风险价值，是指企业承担风险从事财务活动所获得的超过货币时间价值的额外收益。风险报酬有两种表示方法：风险报酬额和风险报酬率。企业由于冒着风险进行投资而获得的超过货币时间价值的额外收益，称为风险报酬额；风险报酬额与相应投资额的比率称为风险报酬率。实际工作中，一般用风险报酬率表示风险价值大小。

风险和期望投资收益率的关系，如图6-2所示。

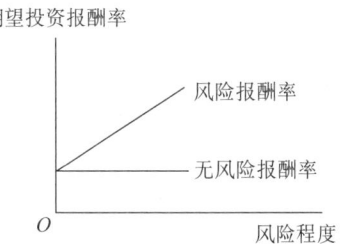

图6-2　风险与期望投资收益之间的关系

根据图6-2，得出：期望投资收益率 = 无风险报酬率 + 风险报酬率

无风险报酬率是最低的社会平均收益率，如国家发行的国库券，到期连本带利肯定可以收回。

风险报酬率与风险大小有关，是风险的函数，二者的函数关系如图6-3所示。

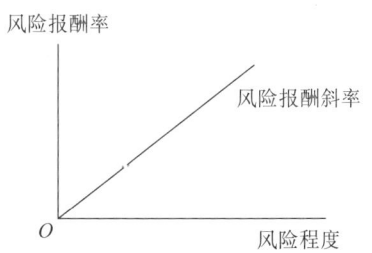

图6-3　风险与风险报酬之间的关系

即：风险报酬率 = $f$（风险程度）

假设风险和风险报酬率成正比，则有：风险报酬率 = 风险报酬斜率 × 风险程度

其中，风险程度通常用标准离差来计量。风险报酬斜率取决于全体投资者的风险回避态度，可以通过统计方法来测定。如果大家都愿意冒险，风险报酬斜率就小；如果大家都不愿意冒险，风险报酬斜率就大。

## 第二节　单项资产的风险与报酬

风险的客观存在，广泛地影响着企业的经营活动和财务管理活动。正视风险的存在并将风险程度予以量化，进行较为准确的衡量和判断，已经成为企业理财的一项重要工作。

风险的衡量是计算风险报酬的先决条件，它是一项比较繁琐的工作，需要使用概率和数理统计方法。

### 一、风险计量

#### （一）确定概述分布

在经济活动中，某一事件在相同的条件下可能发生，也可能不发生，这类事件被称为随机事件。概率就是用来表示随机事件发生可能性大小的数值。通常把必然发生事件的概率定为 1，把不可能发生的事件的概率定为 0，而一般随机事件的概率是介于 0 与 1 之间的一个数。一般用 $P$ 来表示随机事件的概率。它有如下两个特点：

(1) 任何事件的概率不大于 1，不小于 0，即：$0 \leqslant P_i \leqslant 1$；

(2) 所有可能结果的概率之和等于 1，即：$\sum_{i=1}^{n} P_i = 1$。

我们把经济活动所有可能的结果都列示出来，且每种结果出现的次数用概率表示，就构成了概率分布。

【例 6-3】某证券基金公司有三个投资机会，分别为投资国债、股票和认股权证，这三方面的报酬率及概率分布，如表 6-3 所示。

表 6-3　　　某公司未来各种投资机会、投资报酬率及其发生概率

| 经济情况 | 发生概率 | 国债 | 股票 | 认股权证 |
| --- | --- | --- | --- | --- |
| 繁荣 | 0.2 | 10% | 25% | 30% |
| 正常 | 0.6 | 10% | 15% | 15% |
| 衰退 | 0.2 | 10% | 5% | 0 |

在这里，我们只取了投资报酬率和对应概率的有限个值。如果有一种随机变量，它全部可能取得的值是有限个或可列无限多个，这种随机变量叫作离散型随机变量。离散型随机变量的概率分布是非连续概率分布。如图 6-4 所示。

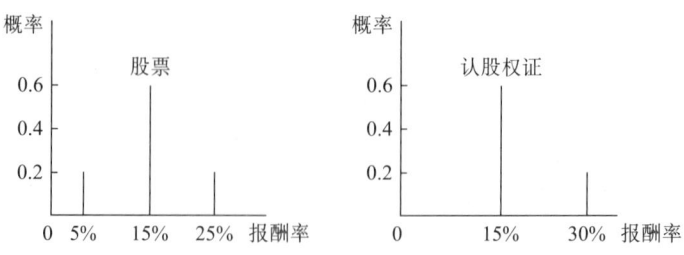

图 6-4　投资报酬率与离散型概率分布图

例6-3只讨论了三种可能的经济情况,即经济繁荣、经济正常与经济衰退。实际上,经济情况的出现远不止上述三种,从经济迅速发展到大萧条之间,会有无数种可能的情况出现。如果对每一可能的经济情况赋予一个概率(这些概率的总和仍为1),并且在每一种经济情况下对国债、股票和认股权证都测定一个报酬率,则这种随机变量可用连续型分布来描述,如图6-5所示。

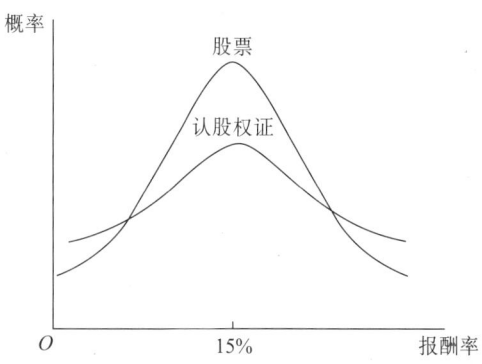

**图6-5 投资报酬率与连续型概率分布图**

从图6-5不难看出,股票与认股权证的投资报酬率呈正态分布,其主要特征是曲线为对称的钟形。实际上并非所有经济问题都按正态分布。但是,按照统计学的理论,不论总体分布是正态还是非正态,当样本数量足够多时,其样本平均数都呈正态分布。因此,正态分布在统计上被广泛使用。

(二) 计算期望报酬率

期望报酬率是指各种可能的报酬率与其发生的概率相乘计算的加权平均报酬率。它表示在一定风险条件下,期望得到的平均报酬率。对于离散型概率分布来说,其计算公式为:

$$\overline{K} = \sum_{i=1}^{n}(P_i \cdot r_i) \tag{6-1}$$

式中,$\overline{K}$为期望报酬率;$P_i$为第$i$种结果出现的概率;$r_i$为第$i$种结果对应的预期报酬率;$n$为所有可能结果的数目。

【例6-4】A公司持有M公司股份和N公司股份,两种股份的报酬率的概率分布如表6-4所示,试计算两种股份的期望报酬率。

表6-4  两种股份报酬率及其概率分布

| 经济状况 | M公司股份 | | N公司股份 | |
| --- | --- | --- | --- | --- |
| | 报酬率 | 概率 | 报酬率 | 概率 |
| 衰退 | 10% | 0.20 | 0 | 0.20 |
| 正常 | 30% | 0.60 | 30% | 0.60 |
| 繁荣 | 50% | 0.20 | 60% | 0.20 |

M公司股份的期望报酬率为:

$$\overline{K}_m = 10\% \times 0.20 + 30\% \times 0.60 + 50\% \times 0.20 = 30\%$$

N 公司股份的期望报酬率为：

$$\overline{K}_n = 0 \times 0.20 + 30\% \times 0.60 + 60\% \times 0.20 = 30\%$$

可见，两个公司股份的期望报酬率是相等的。但 M 公司股份的投资报酬率的变化范围为 10% ~ 50%，而 N 公司股份的投资报酬率的变化范围为 0 ~ 60%。这就说明 M 公司股份的投资报酬率相对于 N 公司股份的投资报酬率分布更集中，也就是 M 公司股份的投资风险较小，而 N 公司股份的投资风险较大。

### （三）确定离散方差、标准差

利用概率分布的原理能够对风险进行计量，即期望未来报酬的概率分布越集中，表明随机变量的离散程度越小，实际结果接近期望值的可能性越大，则该项投资的风险就越小。反之，则风险越大。

在实践中，反映随机变量离散程度的指标包括平均差、方差、标准差、标准离差率和全距等，其中应用比较多的是方差、标准离差和标准离差率三个指标。

**1. 方差**

按照概率论的定义，方差是各种可能的结果偏离预期值差异的平方的总和，是反映离散程度的一种变量。方差用随机变量离差平方的数学期望值（$\sigma^2$）表示，其计算公式如下：

$$\sigma^2 = \sum_{i=1}^{n} (K_i - \overline{K})^2 \cdot P_i \tag{6-2}$$

**2. 标准差**

标准差是方差的平方根，即 $\sigma$，在实务中一般使用标准差而不是使用方差来反映风险的大小程度。对同一组变量值（同一总体的同指标的值）来说，预期值是相同的，此时，标准差越小，风险也就越小；反之，标准差越大，则风险越大。标准差的计算公式如下：

$$\sigma = \sqrt{\sum_{i=1}^{n} (K_i - \overline{K})^2 \cdot P_i} \tag{6-3}$$

在【例 6-3】中，M、N 公司股份报酬率的方差和标准差计算结果如下：

M 公司股份报酬率的方差为：

$$\sigma_M^2 = \sum_{i=1}^{n} (K_i - \overline{K})^2 \cdot P_i$$
$$= (10\% - 30\%)^2 \times 0.2 + (30\% - 30\%)^2 \times 0.6 + (50\% - 30\%)^2 \times 0.2$$
$$= 0.016$$

M 公司股份报酬率的标准差为：

$$\sigma_M = \sqrt{\sum_{i=1}^{n} (K_i - \overline{K})^2 \cdot P_i}$$
$$= \sqrt{0.016} = 12.65\%$$

N 公司股份报酬率的方差为：

$$\sigma_N^2 = \sum_{i=1}^{n} (K_i - \overline{K})^2 \cdot P_i$$
$$= (0 - 30\%)^2 \times 0.2 + (30\% - 30\%)^2 \times 0.6 + (60\% - 30\%)^2 \times 0.2$$
$$= 0.036$$

N 公司股份报酬率的标准差为：

$$\sigma_N = \sqrt{\sum_{i=1}^{n}(K_i - \overline{K})^2 \cdot P_i}$$
$$= \sqrt{0.036} = 18.97\%$$

分析上述计算结果，不难发现：M 公司股份报酬率的标准差（12.65%）小于 N 公司股份报酬率的标准差（18.97%），说明 M 公司股份的风险低于 N 公司股份的风险。

当然，要在风险判断的基础上做出投资方案的取舍，必须将投资的风险与报酬联系起来，这样才能做出正确的选择。因为风险与报酬是一对相互矛盾的现象，不可脱离风险来谈报酬，否则就会只看到客观的报酬，而忽视了潜在的风险。同样我们也不能脱离报酬去谈风险，这样会使我们因畏惧风险而失去获得高报酬的好机会。因此，我们应在风险与报酬之间权衡，才能做出正确的选择，而权衡所依据的指标主要是标准离差率。

### （四）确定标准离差率

在进行不同方案的风险比较时，二者的标准差不相同，数学期望值也未必相同，此时单纯用标准差这个绝对数进行风险评价就不能说明问题，为了比较不同方案下投资报酬期望值的风险程度，通常使用标准离差率（也称为离散系数）来衡量。

标准离差率（或离散系数）是标准差与期望值的比值，其公式可表示为：

$$V = \frac{\sigma}{\overline{K}} \times 100\% \qquad (6-4)$$

由此公式可知，标准离差率（Q）是一个相对数指标。该指标考虑了随机变量的取值水平（预期报酬率 K）对变量离散程度（风险）的影响，反映了变量离散的相对程度，即不同报酬率水平下的相对风险，因此比较科学合理，便于各种不同方案的风险比较。显然，标准离差率与风险成正比关系，标准离差率越大，说明风险越大；反之，风险越小。

在【例6-4】中，M、N 公司股份报酬率的标准离差率计算结果如下：

M 公司股份报酬率的标准离差率为：

$$V_M = \frac{\sigma}{\overline{K}} \times 100\% = \frac{12.65\%}{30\%} \times 100\% = 42.17\%$$

N 公司股份报酬率的标准离差率为：

$$V_N = \frac{\sigma}{\overline{K}} \times 100\% = \frac{18.97\%}{30\%} \times 100\% = 63.23\%$$

从标准离差率来看，由于 $V_M < V_N$，所以 N 公司股票的风险要大于 M 公司股票的风险。

**【阅读材料6-1】**

### 置信概率和置信区间

根据统计学原理，在概率为正太分布的情况下（见图6-6），随机变量出现在期望值±1个标准差范围内的概率有 68.26%；出现在期望值±2个标准差范围内的概率有 95.44%；出现在期望值±3个标准差范围内的概率有 99.72%。我们把"期望值±X个标准差"称为置信区间，把相应的概率称为置信概率。

置信概率和置信区间方法即可以为我们提供某项目的实际报酬率在 ["期望值-X标准差"，"期望值+X标准差"] 范围内的可能性（概率）有多大；还可以为我们提供在某一概率时，某项目的实际报酬率除非依然区间。在置信区间一定的情况下，置信概率越大，风险越小；在置信概率一定的情况下，置信区间越小，风险越小。反之亦然。

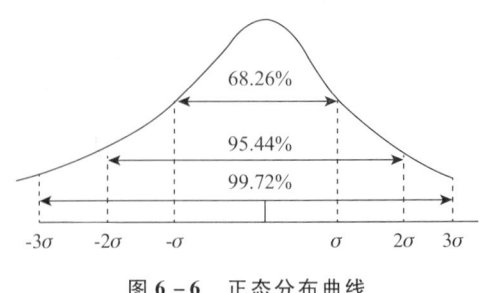

图 6-6　正态分布曲线

## 二、风险报酬

### (一) 计算风险报酬率

标准差和离散系数（标准离差率）虽然能测量风险大小的程度，但是不能说明风险大小影响企业收益或者损失的数额和水平，要想知道企业所冒风险大小对企业带来的损益，必须计算风险报酬率。根据报酬与风险的规律，风险报酬率的大小与离散系数成正比关系，但是二者并不相等，决定二者关系的是风险报酬系数，此三者的关系可用公式表示为：

$$风险报酬率（R_r）= 风险报酬系数（b）\times 标准离差率（V） \qquad (6-5)$$

上式中，风险报酬系数是将标准离差率转化为风险报酬的一种系数，该系数的确定一般有以下几种方法：

1. 根据以往的同类项目加以确定

风险报酬系数 $b$，可以参照以往投资项目的历史资料，运用公式 $K = R_f + bV$ 来确定。其中，$R_f$ 为无风险报酬率。例如，某企业准备进行一项投资，此项投资含风险的一般投资报酬率为20%左右，其报酬率的标准离差率为0.1，无风险报酬率为10%，则由公式 $K = R_f + bV$ 可以得到：

$$b = \frac{K - R_f}{V} = \frac{20\% - 10\%}{0.1} = 100\%$$

2. 由企业领导或企业组织有关专家确定

以上第一种方法必须是在历史资料比较充分的情况下才能采用。如果企业缺乏历史资料，则可以由企业领导，比如总经理、财务副总经理、总会计师或财务主任等根据经验加以确定，也可由企业组织有关专家研究确定。实际上，风险报酬系数的确定很大程度上取决于投资者对风险的态度。勇于承担风险的企业，往往会把风险报酬系数定得低些。而比较稳健的企业，会把风险报酬系数定得高些。

3. 由国家有关部门组织专家确定

国家有关部门如财政部、中央银行等组织专家，根据各行业的条件和有关因素，确定各行业的风险报酬系数，由国家定期公布，以作为国家参数供投资者参考。这也是风险报酬系数的一种来源。

假设【例6-4】中，M公司的风险报酬系数（$b_M$）为10%，N公司的风险报酬系数（$b_N$）为12%，则两公司的风险报酬率计算如下：

M公司股份的风险报酬率为：

$$R_{rM} = 10\% \times 42.17\% = 4.22\%$$

N 公司股份的风险报酬率为：

$$R_{rN} = 12\% \times 63.23\% = 7.59\%$$

### （二）计算期望投资报酬率

如前所述，投资者的投资报酬由两部分组成：一部分是货币时间价值，它是不经受风险而得到的价值，通常称为无风险报酬，用无风险报酬率 $R_f$ 表示；另一部分是风险报酬（或风险价值），风险报酬是指投资者承担风险进行投资所（可能）取得的收益或者损失，通常用相对数表示，即风险报酬率 $R_r$。投资报酬由无风险报酬与风险报酬两部分组成，即：

期望投资报酬率（K） = 无风险报酬率（$R_f$） + 风险报酬率（$R_r$）　　（6-6）

无风险报酬率就是到期一定能获得的报酬率。比如购买国库券，基本上不存在风险，到期都能收回本息。如果不考虑通货膨胀，无风险报酬率就是上一章讨论的货币的时间价值（纯利率），在考虑通货膨胀的情况下，无风险报酬率等于纯利率与通货膨胀率之和。风险报酬率是对投资者冒风险投资的一种额外回报，它是风险程度（标准差、离散系数等表示）的函数，风险程度越大，风险报酬率也就越高。上述风险与报酬的关系，可用图 6-7 表示。

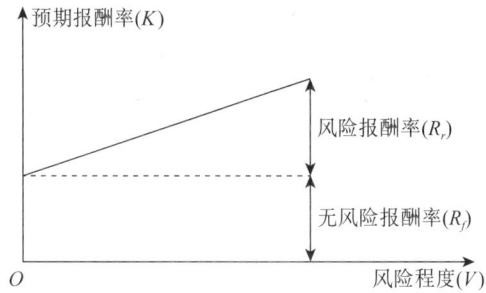

**图 6-7　期望投资报酬率的构成图**

由图 6-7 可知，预期投资报酬率与风险程度之间存在着一种线性关系，即：

$$K = R_f + R_r = R_f + bV$$

假设例 6-4 中，M、N 公司的无风险报酬率均为 10%，则投资 M、N 公司股份的期望投资报酬率分别为：

$$K_M = 10\% + 4.22\% = 14.22\%$$
$$K_N = 10\% + 7.59\% = 17.59\%$$

因为 N 公司股票的风险较大，所以投资者要求的投资报酬率也较高。这符合"高风险、高报酬，低风险、低报酬"的一般市场规律。

### 三、风险偏好与风险决策

#### （一）效用函数

效用函数是经济学中用于描述某种收益或财富为人们带来的效用多少的一种分析方法。根据收益或财富的增加与人们因此而得到的效用增加间的关系，效用函数可分为三种：

1. 边际效用递减的效用函数

此时，人们的效用虽然随着收益或财富的增加而增加，但增加的速率或幅度却是逐渐减慢的。

比如，对一个收入不高的人来讲，每月增加100元可以使他的效用比从前有一个较大的提高。但随着其收入的不断增长，每增加100元收入使其效用增加的幅度将逐渐减弱。这种效用函数的数学特征为：

$$U'(W) > 0; U''(W) < 0$$

式中，$U$ 表示效用；$W$ 表示收益或财富的数额。

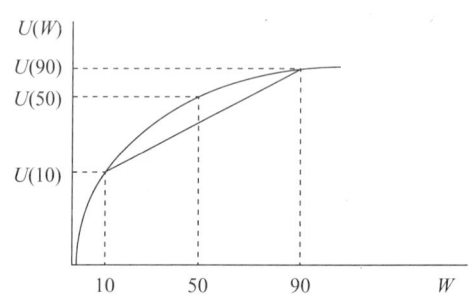

图 6-8　边际效用递减的效用函数

2. 边际效用递增的效用函数

具有这种效用函数的人，其效用不但随着收益或财富的增加而增加，而且增加的速率也逐渐加快。其数学特征为：

$$U'(X) > 0; U''(X) > 0$$

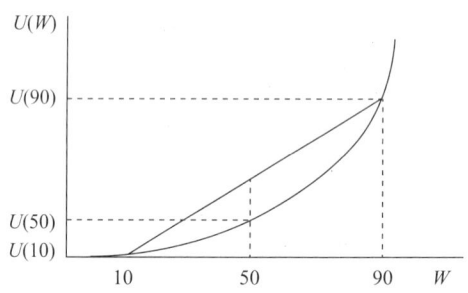

图 6-9　边际效用递增的效用函数

3. 边际效用不变的效用函数

具有这种效用函数的人，其效用随着收益或财富的增加以常数增加，即增加的速率不变。其数学特征为：

$$U'(X) > 0; U''(X) = 0$$

（二）风险偏好

根据人们的效用函数不同，可以将其对待风险的态度分为三类：

1. 风险规避者

风险规避者的效用函数是边际效用递减的。当这一投资者的财富由50万元增加至90万元时，其财富增加了40万元，效用增加了4个单位；而当这一投资者的财富由50万元减少至10万元时，其财富减少了40万元，效用却减少了6个单位。因此，这类投资者希望投资

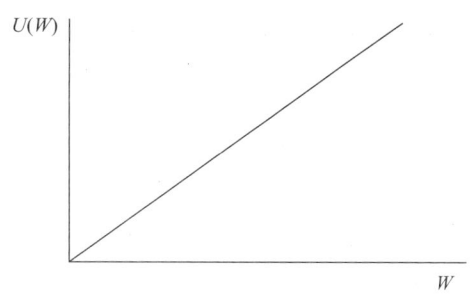

图 6-10 边际效用不变的效用函数

收益的可能变化偏离期望值越少越好。他们喜欢平稳、不喜欢动荡。为了使他们能够承担风险，必须给予一定的风险报酬。

风险规避者选择投资项目的基本准则是：在期望收益相同时，选择风险较小的项目；在风险状况相同时，选择期望收益较高的项目。

2. 风险喜好者

风险喜好者的效用函数是边际效用递增的。他们是冒险精神很强的投资者，喜欢收益的动荡甚于喜欢收益的稳定。

风险喜好者选择投资项目的基本准则是：当期望收益相同时，选择风险大的项目，因为这将给他们带来更大的效用。

3. 风险中立者

风险中立者的效用函数是线性函数，其边际效用是常数，他们既不回避风险，也不主动追求风险。他们进行投资决策的唯一标准是期望收益的大小，而不管其风险状况如何，因为所有期望收益相同的投资将给他们带来同样的效用。

投资者和企业管理者通常都是风险规避者，这是财务管理的一般假设。因此，财务管理的理论框架和实务方法都是针对风险规避者的，并不涉及风险喜好者和风险中立者的行为。

(三) 风险决策

通过上述方法将单个资产的风险与报酬加以量化后，通过对风险与报酬的对比便可进行决策。对于单个方案，决策者首先应判断其标准差（或标准差率）是否在设定的可接受范围内，然后判断预期报酬率是否大于或等于必要报酬率，从而做出取舍。对于多个方案，在单方案取舍的基础上，进行最优方案的选择。对于风险规避者而言，最优的选择是低风险高报酬的方案。然而，高报酬常常伴随着高风险，而低风险往往只能带来低报酬。究竟如何选择，既要权衡预期报酬与风险，也要考虑决策者对风险的态度。

【例 6-5】假定 A、B、C 三个项目的风险程度均在投资者的可接受范围之内，三个项目的预期报酬率、必要报酬率与标准离差率如表 6-5 所示，试对投资项目做出选择。

表 6-5　　A、B、C 三个项目的预期报酬率、必要报酬率、标准离差率　　单位:%

| 投资项目 | 预期报酬率（R） | 必要报酬率（K） | 标准离差率（V） |
| --- | --- | --- | --- |
| A | 19 | 13.13 | 91.32 |
| B | 19 | 7.67 | 45.89 |
| C | 17 | 7.29 | 82.35 |

由于 A、B、C 三个项目的预期报酬率均大于必要报酬率，因此，按单个方案的决策规则，三个项目均是可行的。

进一步分析，A 项目和 B 项目的预期报酬率相同，但 B 项目的风险小，在这两者之间应当选择 B 项目。B 项目相对于 C 项目，预期报酬率高，而风险低，应选择 B 项目。因此，如果在三个项目中只能选择一个的话，结论是选择 B 项目。

如果没有 B 项目的存在，在 A 项目与 C 项目之间如何决策呢？A 项目是一个高风险、高报酬的项目，相对而言，C 项目是一个低风险、低报酬的项目，如何抉择？要视决策者的风险偏好。风险规避者会选择 C 项目，而风险喜好者、风险中立者都会选择 A 项目。

【阅读材料 6 - 2】

## 英国脱欧对英国经济的影响

英国"脱欧"公投投票结果于当地时间 2016 年 6 月 24 日上午 7 点（北京时间 24 日下午 2 点）出炉，公投的最终结果为英国将脱离欧盟，其中支持脱欧的票数 17 410 724，占 51.9%，支持留欧的票数 16 141 241，占 48.1%，支持脱欧的票数以微弱优势战胜留欧票数。

英国官方及不少国际研究机构均认为，英国"脱欧"将给英国经济带来严重打击，对英国年轻人的发展带来很多现实障碍。

首先，若英国退出欧盟，英国经济可能陷入衰退。国际货币基金组织（IMF）主席拉加德 5 月 13 日表示，英国"脱欧"对英国经济将会是一个"糟糕到极点"的选择。该组织 6 月 17 日发布的一份报告中写道，如果英国选择离开欧盟，对于英国经济前景的影响将会是负面且巨大的。极端情况下，英国 2019 年的经济增速相对于留在欧盟而言的，可能会放缓 1.5% ~ 5.5% 的水平。

其次，脱欧将对英国与欧洲的贸易带来负面冲击。欧盟是英国的第一大出口目的经济体，占英国出口总额 46.9%，美国和中国仅占 11.9% 和 5.1%。同时欧盟也是英国第一大进口来源经济体，占英国进口总额的 52.3%。如果英国脱欧，英国经济赖以运转的许多协议、规定和法律依据将被打破，该经济将发生剧烈震荡。比如，英国将需要争取到欧洲单一市场的准入，一方面，英国要与欧盟成员国重开贸易协定谈判；另一方面，原欧盟与欧盟外的其他国家达成的贸易协定不再适用英国，英国需与相关国家重开谈判，两者加起来有 60 多个国家，要将数以千计的欧盟法规重新写入英国法律。评级机构穆迪认为，脱离欧盟将在短期甚至中期内对英国经济带来负面影响。中期经济影响主要取决于英国能与欧盟协商达成的新贸易协定。此外，脱欧后英国在欧盟贸易政策上的话语权将减小。欧盟当前正在和美国、日本进行 TTIP 谈判，英国也难以直接参与。

最后，英国"脱欧"对金融市场的利空大于利好。伦敦的定位是国际金融中心，一旦脱离欧盟，这一地位将受到很大冲击。英镑可能受到挤兑。对于一个需要填补巨额海外赤字、没有资本管制的国家而言，英镑挤兑将是一个重大风险。德意志银行表示，英国"脱欧"将拖累英镑汇率走低。该行预计英镑兑美元汇率在 2017 年年底将跌至 1 英镑兑 1.15 美元，欧元兑英镑汇率在 2019 年底将升至 1 欧元兑 0.82 英镑。而一旦脱欧的"黑天鹅"事件发生，英国股市、房地产市场都可能出现趋势性下跌。

那么，英国"脱欧"对英国企业财务管理可能会产生哪些方面的影响？

资料来源：江濡山，何懿文. 解读"英国脱欧"六大影响. 新浪财经意见领袖，2016 - 06 - 24.

## 第三节 投资组合的风险与报酬

两个或两个以上资产所构成的集合,称为资产组合,也叫投资组合。如果该资产组合中的资产均为有价证券,则该资产组合也可称为证券组合。

投资组合是投资分散化的结果。投资分散化(diversification)(多样化或多元化)是指投资者在其投资活动中总是投资于两种或两种以上的有价证券,构成资产组合,目的是为了分散投资风险,实现投资者的预期报酬。在新古典经济学理论中,投资者在追求预期报酬最大化的过程中,人们认为投资者的投资活动完全是由市场机制自动调节的,投资者的资本可以自动地转换为企业组织的资产。J. Tobin(1958)在仔细分析了投资者的资本行为后发现,投资者既要投资在风险比较高、预期收益比较高的证券上,又要投资在风险较低、预期收益比较低的证券上,这是为什么呢?他认为投资者的投资行为并不是简单地受市场给定的各项资产预期收益的调节,而是受投资者的预期报酬的调节,他们必须在各种风险性证券之间进行选择,既要实现高收益、又要回避高风险,而有效的投资组合有助于促进该目标的实现。

1952年,马科维茨在美国《金融杂志》上发表题为"资产组合选择——投资的有效分散化"一文,首次采用风险资产的预期报酬率(期望值)和用方差(或标准差)代表的风险来研究投资组合及其选择问题,提出了"均值—方差"(M—V)模型,通过均值和方差分析来确定最有效的证券组合,在某些约定条件下确定并求解投资决策过程中资金在投资对象中的最优分配比例问题。该论文堪称现代金融理论史上的里程碑,标志着现代组合投资理论的开端。马科维茨也正因为创造性地发展了组合投资理论而获得了1990年的诺贝尔经济学奖。

### 一、投资组合的预期报酬率

投资组合的预期报酬率是指资产组合中各有价证券预期报酬按照投资比重加权的平均值,也就是资产组合中各有价证券的预期报酬具有可累加性,它们之间呈线性关系,用公式可表示为:

$$K_p = \sum_{j=1}^{m} K_j W_j \quad (6-7)$$

其中,$K_p$是投资组合的预期报酬率,$K_j$是资产 $j$ 的预期报酬率,$W_j$是资产 $j$ 在总投资中所占的比重,$m$ 是组合中资产个数。

【例6-6】某证券投资组合包含4种股票,其预期报酬率分别为 $K_1 = 10\%$、$K_2 = 12\%$、$K_3 = 11\%$、$K_4 = 14\%$,而这4种股票投资价值的相应权数分别是 $W_1 = 0.20$、$W_2 = 0.25$、$W_3 = 0.30$、$W_4 = 0.25$。则该投资组合的预期报酬率为:

$$K_p = \sum_{j=1}^{4} K_j W_j = 0.2 \times 10\% + 0.25 \times 12\% + 0.30 \times 11\% + 0.25 \times 14\% = 11.8\%$$

投资组合的预期报酬率取决于两个因素:一是单项资产的预期报酬率;二是投资结构,即总投资额中各项资产所占的比重。因此,选择不同的投资对象,或者改变投资结构,均可以改变投资组合的预期报酬率。

在上例中,减少投资股票 1（$K_1 = 10\%$）的比重而增加投资股票 4（$K_4 = 14\%$）的比重,可以提高投资者的预期报酬率。

## 二、投资组合的风险

投资组合的风险仍可用方差或标准差指标来衡量,但是,投资组合的标准差并不是单个资产标准差的简单加权平均。以证券组合为例,证券组合的风险不仅取决于各个组成证券的风险,还与其组合中单个证券之间的相互关系有关。这种相互关系影响着各单个证券收益之间是否共同波动、从而影响着证券组合整体收益的离散程度。因此,投资组合收益率的标准差通常应根据计算标准差的一般公式计算。通过选择有效的投资组合,投资者能够降低风险。

【例 6 – 7】某企业购买了 A、B 两种证券（资产）,其在三种可能情况下的预期报酬率如表 6 – 6 所示。

表 6 – 6　　　　　　　A、B 两种证券的预期收益率及其概率分布

| 状　态 | 此状态发生的概率 | A 证券报酬率（%） | B 证券报酬率（%） |
| --- | --- | --- | --- |
| 繁荣 | 0.25 | 28 | 10 |
| 正常 | 0.50 | 15 | 13 |
| 萧条 | 0.25 | – 2 | 10 |

根据表 6 – 6,可以计算出证券 A 的预期报酬率为 14%、标准差为 10.7%,证券 B 的预期报酬率为 11.5%、标准差为 1.5%。

若对 A、B 两种证券进行等额投资,则投资组合的预期报酬率为:
$$14.0\% \times 0.5 + 11.5\% \times 0.5 = 12.75\%$$

各个证券标准差的加权平均值为:
$$10.7\% \times 0.5 + 1.5\% \times 0.5 = 6.1\%$$

但这并不是投资组合的标准差。

资金等量投资到 A、B 两种证券上的投资组合收益如表 6 – 7 所示。

表 6 – 7　　　　　　　AB 证券组合的预期收益率及其概率分布

| 状　态 | 此状态发生的概率 | 投资组合报酬率（%） |
| --- | --- | --- |
| 繁荣 | 0.25 | 19 |
| 正常 | 0.50 | 14 |
| 萧条 | 0.25 | 4 |

根据表 6 – 7,AB 证券组合的预期报酬率为:
$$19\% \times 0.25 + 14\% \times 0.50 + 4\% \times 0.25 = 12.75\%$$

此结果与前面根据表 6 – 4 计算出的结果完全相同。

AB 证券组合的标准差为:
$$\sqrt{(0.19 - 0.1275)^2 \times 0.25 + (0.14 - 0.1275)^2 \times 0.5 + (0.01 - 0.1275)^2 \times 0.25} = 5.55\%$$

可见,组合的标准差小于单个证券标准差的加权平均值 6.1%,其原因是单个证券标准

差的加权平均值忽略了两个证券报酬间的关系,即协方差。所以,不能用各种证券标准差的加权平均值作为投资组合收益的标准差,而要借用概率论的有关知识来求出投资组合预期报酬率的标准差,其一般公式为:

$$\sigma_p = \sqrt{\sum_{j=1}^{m}\sum_{k=1}^{m}W_jW_k\sigma_{jk}} \qquad (6-8)$$

式中,$m$ 为投资组合中的证券数目,$W_j$ 为投资于证券 $j$ 的资金比例,$W_k$ 为投资于证券 $k$ 的资金比例,$\sigma_{jk}$ 为证券 $j$ 和证券 $k$ 预期报酬率的协方差。公式中的双重 $\Sigma$ 符号,表示对所有两两配成组合的协方差,分别乘以两种资产的投资比例,然后求其总和。

该公式的含义说明如下:

1. 协方差的计算

协方差是用来衡量两个随机变量之间的共同变动程度的指标。其计算公式为:

$$\sigma_{jk} = r_{jk}\sigma_j\sigma_k \qquad (6-9)$$

式中,$r_{jk}$ 是证券 $j$ 和证券 $k$ 预期报酬率的相关系数,$\sigma_j$ 和 $\sigma_k$ 分别表示证券 $j$ 和证券 $k$ 的标准差。

协方差的另一表示方式为:

$$\sigma_{j,k} = \sum_{i=1}^{n}(R_{ji}-\overline{R}_j)(R_{ki}-\overline{R}_k)P_i \qquad (6-10)$$

式中,$R_{ji}$ 表示第 $i$ 种结果出现时 $j$ 资产的报酬率;$R_{ki}$ 表示第 $i$ 种结果出现时 $k$ 资产的报酬率;$\overline{R}_j$ 表示 $j$ 资产的预期报酬率;$\overline{R}_k$ 表示 $k$ 资产的预期报酬率;$P_i$ 表示第 $i$ 种结果出现的概率;$n$ 表示可能结果的个数(即每种资产均有 $n$ 种可能的报酬率)。$(R_{ji}-\overline{R}_j)$ 和 $(R_{ki}-\overline{R}_k)$ 分别表示当第 $i$ 种结果出现时,$j$ 资产的报酬率和 $k$ 资产的报酬率对其各自预期报酬率的离差。

对比一下方差的公式,可能有助于对协方差的理解。

对于单项资产(比如第 $j$ 种资产),其方差为:

$$\sigma_j^2 = \sum_{i=1}^{n}(R_{ji}-\overline{R}_j)^2 P_i = \sum_{i=1}^{n}(R_{ji}-\overline{R}_j)(R_{ji}-\overline{R}_j)P_i$$

方差度量单项资产报酬的变动程度,而协方差度量两种资产报酬之间的变动关系。

【例 6-8】X 股票和 Y 股票的报酬率的概率分布如表 6-8 所示。

表 6-8　　　　　　　　　　X 股票和 Y 股票的报酬率的概率分布

| 经济状况 | 概率 | X 股票的报酬率 | Y 股票的报酬率 |
| --- | --- | --- | --- |
| 1 | 0.10 | 6% | 23% |
| 2 | 0.20 | 8% | 17% |
| 3 | 0.30 | 10% | 13% |
| 4 | 0.25 | 12% | 10% |
| 5 | 0.15 | 14% | 4% |

经计算,X 股票和 Y 股票的预期报酬率分别为 10.30% 和 12.90%,标准差分别为 2.39% 和 5.66%。

X、Y 股票报酬率协方差计算如下:

$\sigma_{XY} = (6\% - 10.3\%) \times (25\% - 12.9\%) \times 0.10 + (8\% - 10.3\%) \times (17\% - 12.9\%) \times 0.20 + (10\% - 10.3\%) \times (13\% - 12.9\%) \times 0.30 + (12\% - 10.3\%) \times (10\% - 12.9\%) \times 0.25 + (14\% - 10.3\%) \times (4\% - 12.9\%) \times 0.15 = -0.00133$

对协方差的理解,应注意以下两点:

(1) 当协方差大于零时,表示两种资产的报酬率呈同方向变动。当协方差小于零时,表示两种资产的报酬率呈反方向变动。当协方差等于零时,表示两种资产的报酬率不相关。

当两种资产的报酬率变化趋势相同时,无论出现何种结果,两种资产报酬率的离差即 $(R_{ji} - \overline{R_j})$ 和 $(R_{ki} - \overline{R_k})$ 同时为正或同时为负,协方差为正值;反之,当两种资产报酬率变化趋势相反时,两种资产报酬率的离差一个为正时,另一个为负值,协方差为负值。

(2) 协方差的绝对值越大,表示这两种资产报酬率的相关程度越高;协方差的绝对值越小,表示这两种资产报酬率的相关程度越低。

当 $j$ 资产报酬率有较大幅度变动时,$k$ 资产报酬率也发生较大幅度的变化(不管同向还是反向变化),两者离差的绝对值增大,从而使协方差的绝对值增大。反之,当 $j$ 资产报酬率有较大幅度变动时,$k$ 资产报酬率只有较小幅度的变化,$(R_{ji} - \overline{R_j})$ 较大,而 $(R_{ki} - \overline{R_k})$ 较小,因此,协方差的绝对值较低。

2. 相关系数

相关系数是反映两个变量之间线性相关程度的指标。在资产组合中,相关系数反映两种资产报酬率之间变动关系的线性相关程度。

相关系数等于两种资产报酬率的协方差除以这两种资产报酬率的标准差的乘积。计算公式如下:

$$r_{j,k} = \frac{\sigma_{j,k}}{\sigma_j \sigma_k} \tag{6-11}$$

式中,$r_{jk}$ 表示两种资产报酬率的相关系数;$\sigma_j$ 表示 $j$ 资产报酬率的标准差;$\sigma_k$ 表示 $k$ 资产报酬率的标准差。

【例 6-9】承 [例 6-8],计算 X、Y 股票报酬率的相关系数。

$$r_{xy} = (-0.00133) \div (2.39\% \times 5.66\%) = -0.98$$

与协方差相比,相关系数能更好地反映两种资产报酬率的相关性。

由于标准差总是为正,所以相关系数与协方差的正负符号相同。就绝对值而言,两者呈同方向变动。

相关系数总是介于 -1 和 1 之间,即:$-1 \leq r_{jk} \leq 1$。

(1) 当 $r_{jk} = 1$ 时,表示两种资产的报酬率完全正相关。即一种资产报酬率的增长与另一种资产报酬率的增长成正比。

(2) 当 $r_{jk} = -1$ 时,表示两种资产的报酬率完全负相关。即一种资产报酬率的增长与另一种资产报酬率的减少成正比。

(3) 当 $r_{jk} = 0$ 时,表示两种资产的报酬率缺乏相关性,或者说不相关。即一种资产的报酬率相对于另一种资产的报酬率独立变动。例如,无风险资产的报酬率与风险资产的报酬率不相关。

(4) 当 $0 < r_{jk} < 1$ 时,表示两种资产的报酬率正相关。即两种资产的报酬率同方向变

动,但不成比例。

(5) 当 $-1 < r_{jk} < 0$ 时,表示两种资产的报酬率负相关。即两种资产的报酬率反方向变动,但不成比例。

大多数情况下,两种资产报酬率的相关系数为小于 1 的正值。

关于相关系数和协方差,还需要注意以下两点:第一,对相关系数和协方差来说,两种资产报酬率的次序并不重要。即:$r_{j,k} = r_{k,j}$,$\sigma_{j,k} = \sigma_{k,j}$。第二,任何一种资产与自身的相关系数为 1。即:当 $j = k$ 时,$r_{j,k} = 1$。

当 $j = k$ 时,协方差就成为方差,即:$\sigma_{j,k} = \sigma_j^2 = \sigma_k^2$。

3. 协方差比方差更重要

资产组合的风险仍可用方差或标准差来计量,其标准差仍然是方差的平方根。计算公式如下:

$$\sigma_P^2 = \sum_{j=1}^{m} \sum_{k=1}^{m} w_j w_k \sigma_{j,k} = \sum_{j=1}^{m} \sum_{k=1}^{m} w_j w_k r_{j,k} \sigma_j \sigma_k$$

$$\sigma_P = \sqrt{\sum_{j=1}^{m} \sum_{k=1}^{m} w_j w_k \sigma_{j,k}} = \sqrt{\sum_{j=1}^{m} \sum_{k=1}^{m} w_j w_k r_{j,k} \sigma_j \sigma_k}$$

式中,$\sigma_P^2$ 表示资产组合的方差;$\sigma_P$ 表示资产组合的标准差;$w_j$、$w_k$ 分别表示 $j$ 资产、$k$ 资产在投资总额中的价值比例;$\sigma_{j,k}$ 表示 $j$ 资产与 $k$ 资产报酬率的协方差;$r_{j,k}$ 表示 $j$ 资产与 $k$ 资产报酬率的相关系数;$\sigma_j$、$\sigma_k$ 分别表示 $j$ 资产、$k$ 资产报酬率的标准差;$m$ 表示投资组合中共有 $m$ 项资产。

公式中的双重 $\Sigma$ 符号,表示对所有两两配成组合的协方差,分别乘以两种资产的投资比例,然后求其总和。

以三项资产构成的投资组合为例(即 $m = 3$),上述公式的展开式如下:

$$\begin{aligned}\sigma_P^2 &= (w_1 w_1 \sigma_{1,1} + w_1 w_2 \sigma_{1,2} + w_1 w_3 \sigma_{1,3}) + (w_2 w_1 \sigma_{2,1} + w_2 w_2 \sigma_{2,2} + w_2 w_3 \sigma_{2,3}) + (w_3 w_1 \sigma_{3,1} + w_3 w_2 \sigma_{3,2} + w_3 w_3 \sigma_{3,3}) \\ &= (w_1 w_1 \sigma_1^2 + w_1 w_2 \sigma_{1,2} + w_1 w_3 \sigma_{1,3}) + (w_2 w_1 \sigma_{2,1} + w_2 w_2 \sigma_2^2 + w_2 w_3 \sigma_{2,3}) + (W_3 W_1 \sigma_{3,1} + w_3 w_2 \sigma_{3,2} + w_3 w_3 \sigma_3^3) \end{aligned}$$
(6 – 12)

组合投资理论认为,资产组合的风险不仅与各项资产的风险(方差)、各项资产的投资比例有关,而且还取决于任意两项资产之间的相关性(协方差)。

公式(6 – 12)表明,在资产组合中,方差(风险)的计算将考虑所有可能配对的协方差。在 $m$ 项资产构成的组合中,所有可能配对组合的协方差矩阵如图 6 – 11 所示。

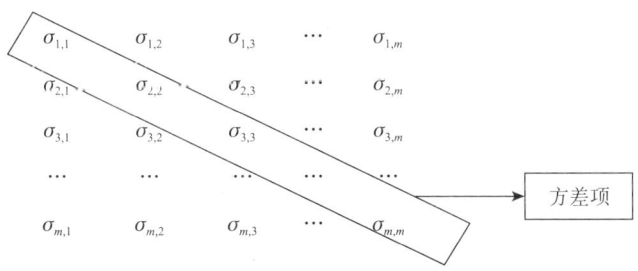

图 6 – 11 协方差矩阵

在图 6-11 中左上角的组合是（1,1），此时 $j=k$，它是第 1 项资产的方差。沿着对角线，共有 $m$ 种 $j=k$ 的情形，在此 $m$ 种情况下，影响投资组合标准差的是 $m$ 种资产的方差。第一行的第二个组合 $\sigma_{1,2}$ 代表资产 1 和资产 2 报酬率之间的协方差。而第一列的第二个组合 $\sigma_{2,1}$ 代表资产 2 和资产 1 报酬率的协方差。也就是说，我们计算了两次资产 1 和资产 2 之间的协方差。对于其他不在对角线上的配对组合的协方差，我们同样计算了两次。

图 6-11 中，共有 $m\times m$ 项配对组合，其中，有 $m$ 项方差，有 $m(m-1)$ 项协方差。

以上分析说明，资产组合的标准差不仅取决于单个资产的方差，而且还取决于资产之间的协方差。随着组合中资产个数的增加，协方差比方差越来越重要。这一结论可以通过考察上述矩阵得到证明。例如，在两种资产的组合中，沿着对角线有两个方差项 $\sigma_{1,1}$ 和 $\sigma_{2,2}$，以及两项协方差项 $\sigma_{1,2}$ 和 $\sigma_{2,1}$。对于三种资产的组合，沿着对角线有 3 个方差项 $\sigma_{1,1}$、$\sigma_{2,2}$、$\sigma_{3,3}$ 以及 6 个协方差项。当组合中资产数量较多时，总方差主要取决于各资产间的协方差。例如，在含有 20 种资产的组合中，矩阵共有 20 个方差项和 380 个协方差项。当一个组合扩大到能够包含所有资产时，只有协方差是重要的，方差将变得微不足道。因此，资产充分组合的风险，只受资产之间协方差的影响，而与各资产本身的方差无关，也就是说，资产组合的总体风险取决于组合中全部资产之间的总体互动。

只反映资产本身特性、由方差表示的各资产本身的风险会随着组合中资产个数的增加而逐渐减小，当组合中资产的个数足够大时，这部分风险可以被完全消除。将这些可通过增加组合中资产的数目而最终消除的风险称为非系统风险。

由协方差表示的各资产报酬率之间相互作用、共同运动所产生的风险，并不能随着组合中资产数目的增加而消失，它始终是存在的。这些无法最终消除的风险称为系统风险。

图 6-12 反映了增加组合中资产的数目对风险的影响。

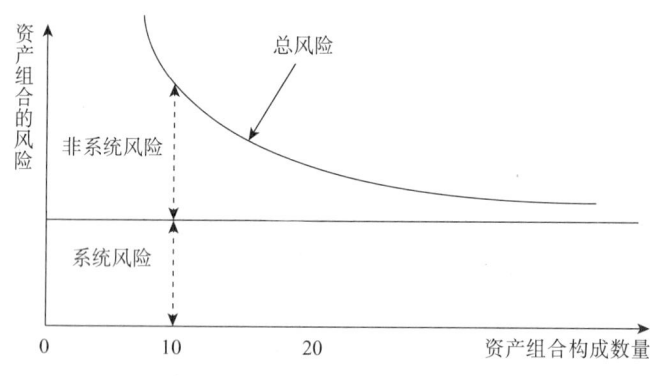

图 6-12　投资组合中资产数量对风险的影响

### 三、有效投资组合

投资组合理论认为，若干种证券组成的投资组合，其收益是这些证券收益的加权平均数，但是其风险不是这些证券风险的加权平均风险，而是要充分考虑这些证券之间的相关程度。如何在进行投资组合过程中，权衡资产组合的风险与报酬、选择有效的投资组合，将是投资者进行投资决策的重要内容。

所谓有效投资组合，是指在任何既定的风险程度上，提供的期望报酬率最高的投资组合;或者是在任何既定的期望报酬率水平上,带来的风险最低的投资组合。

1. 两种资产构成的组合

(1) 两种资产组合的预期报酬率与标准差。根据公式(6-7),两种资产组合的预期报酬率为:

$$K_p = w_1 \overline{K_1} + w_2 \overline{K_2} \qquad (6-13)$$

根据公式(6-8),两种资产组合的标准差为:

$$\sigma_p = \sqrt{w_1^2 \sigma_1^2 + w_2^2 \sigma_2^2 + 2w_1 w_2 r_{1,2} \sigma_1 \sigma_2} \qquad (6-14)$$

【例6-10】假定甲资产预期报酬率为10%,标准差为12%,乙资产预期报酬率为18%,标准差为20%。表6-9中列示了甲、乙两项资产不同组合的预期报酬率,以及不同相关系数下不同组合的标准差。

表6-9 两种资产组合的预期报酬率和标准差 单位:%

| 组合 | 对甲的投资比例 ($w_1$) | 对乙的投资比例 ($w_2$) | 组合的报酬率 ($K_P$) | 组合的标准差 $\sigma_p$ | | | | |
|---|---|---|---|---|---|---|---|---|
| | | | | $r_{1,2}=-1$ | $r_{1,2}=-0.4$ | $r_{1,2}=0$ | $r_{1,2}=0.4$ | $r_{1,2}=+1$ |
| 1 | 100 | 0 | 10.00 | 12.00 | 12.00 | 12.00 | 12.00 | 12.00 |
| 2 | 80 | 20 | 11.60 | 5.60 | 8.80 | 10.40 | 11.78 | 13.60 |
| 3 | 60 | 40 | 13.20 | 0.80 | 8.35 | 10.76 | 12.72 | 15.20 |
| 4 | 40 | 60 | 14.80 | 7.20 | 11.00 | 12.92 | 14.60 | 16.80 |
| 5 | 20 | 80 | 16.40 | 13.60 | 15.20 | 16.18 | 17.10 | 18.40 |
| 6 | 0 | 100 | 18.00 | 20.00 | 20.00 | 20.00 | 20.00 | 20.00 |

利用公式(6-13)、(6-14)可计算出表中的相关数据。以第4个组合为例,说明表6-9中有关数据的计算过程。

在第4个组合中,总投资中40%的资本投资于甲资产,60%的资本投资于乙资产,该组合的预期报酬率为:

$$K_4 = 40\% \times 10\% + 60\% \times 18\% = 14.8\%$$

如果甲、乙两项资产报酬率的相关系数为0.4,则该组合的标准差为:

$$\sigma_4 = \sqrt{0.4^2 \times 0.12^2 + 0.6^2 \times 0.2^2 + 2 \times 0.4 \times 0.6 \times 0.4 \times 0.12 \times 0.2} = 14.6\%$$

其他数据的计算过程同此。

表6-9中的计算结果还表明:两种资产报酬率的相关系数对特定组合的预期报酬率没有影响,但相关系数的不同会改变该组合的标准差。掌握这一点对理解下面的内容非常重要。

(2) 两种资产组合的机会集与有效集。

①机会集。表6-9中只列示了甲、乙两种资产的六种组合,实际上,这样的组合有无数多个。两种资产所有可能的组合形成的集合,称为两种资产组合的机会集。

图6-13是根据表6-9描绘的在相关系数分别为1和0.4时甲、乙两种资产组合的机会集,它反映了随着对甲、乙两种资产投资比例的改变,期望报酬率与风险之间的关系。图表中圆点与表6-9中的六种投资组合一一对应。

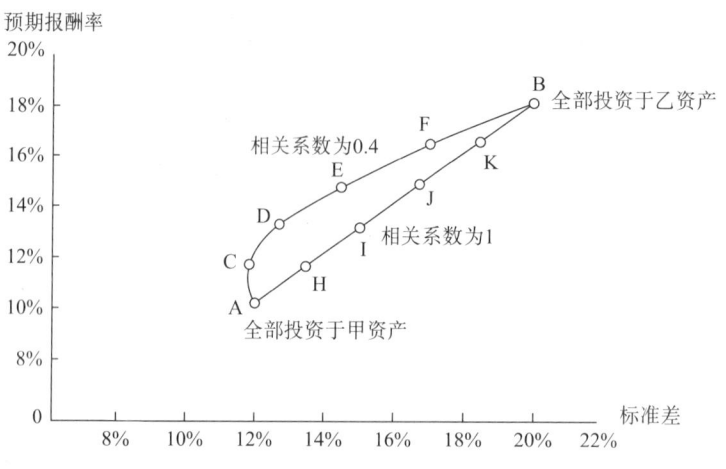

图 6-13 投资于两种资产组合的机会集

图 6-13 中，A 点代表全部资本投资于甲资产（第 1 种组合），B 点代表全部资本投资于乙资产（第 6 种组合）。H、I、J、K 四点代表相关系数为 1 时表 6-9 中的 2、3、4、5 四个组合，将这些点连接起来形成的从 A 至 B 的直线就是相关系数为 1 时两项资产组合的机会集；同样，C、D、E、F 四点代表相关系数为 0.4 时表 6-9 中的 2、3、4、5 四个组合，将这些点连接起来形成的从 A 至 B 的弓形曲线就是相关系数为 0.4 时两项资产组合的机会集。

关于图 6-13，有三点需要说明：

第一，机会集曲线上每一点反映的是某个组合的风险和报酬的关系。

第二，在只有两种资产的情况下，投资者的所有投资机会只能出现在机会集曲线上，而不会出现在该曲线上方或下方。因为机会集曲线取决于两种资产的预期报酬率、标准差和它们的相关性，这些是投资者所不能改变的。投资者可以改变投资比例，但这只会改变组合在机会集曲线上的位置。

第三，图中的直线和曲线不可能同时出现，也就是说，投资者不可能在曲线上的点和直线上的点之间进行选择。图中的直线在相关系数为 1 时出现，而图中的曲线伴随着相关系数 0.4 出现。两种资产之间只存在一个相关系数，不可能相关系数既是 1 同时又是 0.4。

②分散化效应。为了说明资产组合对风险的分散化效应，我们首先来分析当两种资产完全正相关（相关系数为 1）时组合投资对风险会产生什么样的影响。

当两项资产的报酬率完全正相关时，$r_{1,2}=1$，根据公式（6-14）有：

$$\begin{aligned}\sigma_P &= \sqrt{w_1^2\sigma_1^2 + w_2^2\sigma_2^2 + 2w_1w_2r_{1,2}\sigma_1\sigma_2} \\ &= \sqrt{(w_1\sigma_1 + w_2\sigma_2)^2} \\ &= w_1\sigma_1 + w_2\sigma_2\end{aligned} \qquad (6-15)$$

式（6-15）表明，当两项资产的相关系数为 1 时，两项资产组合的标准差等于各项资产标准差的加权平均数，权数为各投资项目的投资额占投资组合总投资额的比重。

前面反复提到，无论相关系数为多少，资产组合的预期报酬率是各种资产预期报酬率的加权平均数。上面证明，当相关系数为 1 时，资产组合的标准差也是各种资产标准差的加权平均数。因此，相对于报酬率而言，组合并未使风险降低，当然也没有增大风险。正因为如此，其机会集是一条直线而非曲线。

当相关系数小于1时，组合的标准差一定小于各种资产标准差的加权平均数，而组合的报酬率仍然是各种资产预期报酬率的加权平均数。可见，只要不是完全正相关的两种资产组合在一起，就一定可以起到分散风险的作用，如图6-13所示，其机会集曲线相对于那条直线向左弯曲。风险分散化效果的大小，能透过图中曲线与直线的距离直观地表现出来。对比一下图6-13中的C点和H点，它们有相同的报酬率，但C点的风险更低。D与I、E与J、F与K，都存在同样的关系。

事实上，现实中完全正相关的资产几乎是不存在的，因此，任意两项资产的组合都可起到分散风险的作用，当然，这种分散风险的效果取决于资产之间的相关性。

③最小方差组合。最小方差组合，是指所有组合中方差（或标准差）最小的组合，它位于机会集曲线的最左端。

在图6-13中，直线所代表的机会集上A点为最小方差组合点，而在曲线表示的机会集上，最小方差组合点是C点。

下面就曲线所代表的机会集展开进一步讨论。

在这条曲线上，有一段向A点左侧凸出。必须指出的是，机会集曲线向A点左侧凸出的现象并非必然伴随分散化投资发生，它取决于相关系数的大小。

如果过A点作一条垂直于横轴的线，这条线左侧所有的组合都优于A点所代表的组合，因为与A点比较，它们有较高的报酬率和较低的标准差。从A点出发，拿出一部分资本投资于标准差较大的乙资产，会比将全部资本投资于标准差小的甲资产的风险还要小。这种结果与人们的直觉相反，揭示了风险分散化的内在特征。一种资产的未预期变化往往会被另一种资产的反向未预期变化所抵销。尽管从总体上看，组合的风险与报酬率是同向变化的，但抵销效应还是存在的，在图6-13中表现为机会集曲线有一段A至C的弯曲。

④有效集。有效集，也叫有效边界，是指从最小方差组合点到最高预期报酬率组合点的那段曲线。

观察图6-13，不难发现，机会集曲线上从A点至C点的那段曲线上的所有组合都是无效的，因为最小方差组合点（C点）在它们的左上方，它们比最小方差组合不但风险大而且报酬低。按照理性理财假设，没有人会打算持有这样一种组合。

在【例6-10】中，对甲资产的投资超过80%而对乙资产的投资不足20%的所有组合都是无效的。至少将20%的资本投资于乙资产而其余资本投资于甲资产，这样的一些组合才是有效的，即图6-13中C点和B点之间那段曲线上的所有组合为本例的有效集。

理性的投资者应该只投资于有效投资组合，在有效集中的任意一种选择都是合理的。保守的投资者会选择靠近C点的组合，虽然报酬较低，但风险也比较小；激进的投资者会选择靠近B点的组合，虽然风险大，但报酬高。也就是说，投资者在有效集中选择哪一个组合取决于其对收益和风险的偏好。

（3）相关性对风险的影响。投资组合中的资产的相关性不影响投资组合的预期报酬率，但会影响组合投资的风险（标准差）。

图6-13中，只列示了相关系数为0.4和1的机会集。如果将表6-9中五种相关系数的机会集曲线都列示出来，就成为图6-14。与图6-13相比，图6-14中增加了左边的三条曲线，它们分别是相关系数为0、-0.4、-1时甲和乙两种资产组合的机会集曲线。

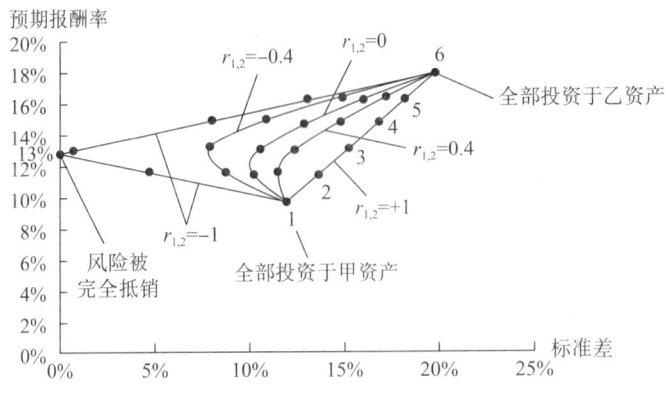

图 6-14 不同相关系数下两种证券组合的机会集

图 6-14 直观地反映出，随着相关系数的减小（越接近于 -1），投资组合的标准差随之下降，机会集曲线越发向左弯曲，弯曲程度越大，表示风险分散效应越强。

① 当两项资产的相关系数为 -1 时，即 $r_{1,2} = -1$，根据公式（6-14）有：

$$\sigma_P = \sqrt{w_1^2 \sigma_1^2 + w_2^2 \sigma_2^2 - 2w_1 w_2 \sigma_1 \sigma_2}$$
$$= \sqrt{(w_1 \sigma_1 - w_2 \sigma_2)^2}$$
$$= |w_1 \sigma_1 - w_2 \sigma_2|$$

这表明：当相关系数为 -1 时，两项资产报酬率的变动幅度相同，但变化方向相反，表现为此增彼减，此时组合的风险分散化效应最大。表现在图 6-14 中，就是相关系数为 -1 时的机会集曲线弯曲度最大，并处于机会集的最左方。

需要注意的是，完全负相关的两项资产的组合，并非都可以完全抵销全部投资风险。如表 6-9 中所列的六种组合，在相关系数为 -1 时，组合的标准差均大于 0，表明组合投资仍存在风险，并没有通过组合将全部投资风险完全抵销掉。图 6-14 也表明，只是在某一种组合方式下（此时甲资产的投资比例为 62.5%、乙资产的投资比例为 37.5%），可以完全抵销全部投资风险（此时组合的标准差为 0）。

② 当两项资产的相关系数在 0~1 范围内变动时，即 $0 < r_{1,2} < 1$，表明两项资产报酬率之间是正相关关系，它们之间的正相关程度越低（相关系数越小，越接近 0），其资产组合可分散投资风险的效应就越强。

③ 当两项资产的相关系数在 -1~0 范围内变动时，即 $-1 < r_{1,2} < 0$，表明两项资产报酬率之间是负相关关系，它们之间的负相关程度越低（相关系数绝对值越小，越接近 0），其资产组合可分散投资风险的效应就越弱。

④ 当相关系数为零时，即 $r_{1,2} = 0$，表明两项资产报酬率之间是不相关的。其资产组合分散投资风险的效应比正相关时强，但比负相关时弱。

相关系数与风险分散效应的关系可用图 6-15 简要表示：

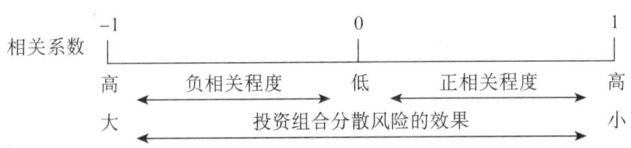

图 6-15 相关性对组合投资风险的影响

## 2. 多种资产构成的组合

对于两种以上资产构成的投资组合，以上原理同样适用。

（1）机会集。多种资产组合的机会集不同于两种资产组合的机会集。两种资产的所有可能组合都落在一条曲线上，而两种以上资产的所有可能组合会落在一个平面中，见图6-16中的阴影部分所示。这个机会集反映了投资者所有可能的资产组合，图6-16中，阴影部分中的每一点都与一种可能的资产组合相对应。随着可供投资的资产数量增加，所有可能的资产组合数量将呈几何级数上升。

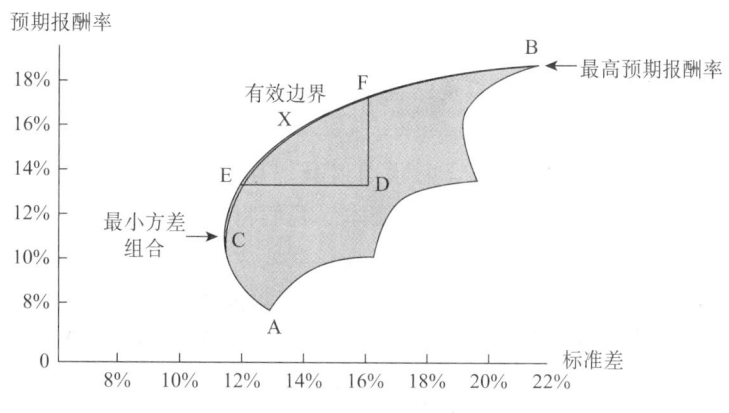

图6-16 多种资产投资组合的机会集示意图

（2）最小方差组合。图6-16中最小方差组合是机会集最左端的点，它具有最小组合标准差（图6-16中的C点）。多种资产组合的机会集外缘有一段向点A左侧凸出，这与两种资产组合中的现象类似：不同资产报酬率相互抵消，产生风险分散化效应。

（3）有效集。多种资产投资组合的有效集或有效边界，位于机会集的顶部，是机会集中从最小方差组合点（C）起到最高预期报酬率点（B）止的边界线（图6-16中以粗线描出的部分）。投资者应在有效集上寻找投资组合。

有效集以外的资产组合与有效边界上的组合相比，有三种情况：相同的标准差和较低的预期报酬率，如D与F比较；相同的预期报酬率和较高的标准差，如D与E比较；较低的预期报酬率和较高的标准差，如D与X比较。这些投资组合都是无效的。如果资产组合是无效的，可以通过改变投资比例转换到有效边界上的某个组合，以达到提高预期报酬率而不增加风险，或者降低风险而不降低预期报酬率，或者得到一个既提高预期报酬率又降低风险的组合。

## 3. 无风险资产与风险资产组合构成的组合

以上讨论的两种和多种资产组合中，都没有包含无风险资产。如果考虑无风险资产，又会是什么情形呢？下面对此进行讨论。

（1）无风险资产。

①无风险资产的特性。无风险资产的标准差为0。也就是说，它的未来报酬率没有不确定性，实际报酬率将永远等于预期报酬率。无风险资产与任何一种风险资产之间的相关系数均为0，协方差也为0。也就是说，无风险资产报酬率与风险资产报酬率的变动不相关。严格地讲，无风险资产是不存在的，但我们可以将风险很低的资产（如国库券）视为无风险

资产。

②无风险资产投资。投资者对无风险资产进行投资有两种情况。一是以无风险利率贷出资本。投资者把自己的资本以无风险利率借给他人,将获得等于无风险利率的固定的报酬率。例如,李先生自有资本 100 万元,其中,70 万元购买多只股票,30 万元购买国债。在他的总投资额中,70% 投资于风险组合,30% 投资于无风险资产。二是以无风险利率借入资本。我们把以无风险利率借入资本视为对无风险资产的负投资,这种投资将使投资者产生固定的负的报酬率。以无风险利率借入资本也称为卖空无风险资产。例如,王女士按无风险利率 4% 借入 2 万元,连同自己的 10 万元资本全部投资于股票。这里,她的总投资额是 10 万元,由两部分资产构成:一是 12 万元的风险资产;二是 -2 万元的无风险资产,这部分投资使他产生了 -4% 的报酬率。他的投资结构是: -20% 投资于无风险资产,120% 投资于风险资产。

(2) 无风险资产与风险组合再组合的预期报酬率和标准差。假定存在无风险资产,并且投资者可以按无风险利率自由借入或贷出资本。我们将所选定的风险组合视为一个单项资产,这样,把无风险资产与风险组合再组合起来,就变成了两个资产的组合问题了。

设:$R_{fp}$ 表示无风险资产与风险组合再组合的预期报酬率;$\sigma_{fp}$ 表示无风险资产与风险组合再组合的标准差;$\sigma_p$ 表示风险组合的标准差;$R_f$ 表示无风险资产的预期报酬率;$R_p$ 表示风险组合的预期报酬率;$Q$ 表示投资于风险组合的比例,则 $1-Q$ 表示投资于无风险资产的比例。当 $Q=1$ 时,表明投资者将自有资本全部投资于风险组合;当 $Q<1$ 时,表明投资者将自有资本的一部分投资于风险组合,另一部分以无风险利率贷出;当 $Q>1$ 时,表明投资者以无风险利率借入资本,并连同自有资本全部投资于风险组合。

根据式 (6-13),无风险资产与风险组合再组合的预期报酬率为:

$$R_{fp} = Q \times R_p + (1-Q) \times R_f = R_f + Q \times (R_p - R_f) \tag{6-16}$$

由于无风险资产的标准差为 0,无风险资产与风险组合之间的协方差也为 0。根据式 (6-14),无风险资产与风险组合再组合的标准差为:

$$\sigma_{fp} = Q \times \sigma_p \tag{6-17}$$

【例 6-11】已知无风险报酬率为 10%,某一股票组合 H 的预期报酬率为 15%,标准差为 20%。投资者可以以无风险报酬率自由借贷。某投资者自有资本 10 万元。分别就以下三种情况计算该投资者的预期报酬率和标准差:

①10 万元全部投资于股票组合 H;②用 4 万元投资于无风险资产、6 万元投资于股票组合 H;③借入资本 2 万元,连同自有资本全部投资于股票组合 H。

计算过程如下:

① $R_{fp} = 100\% \times 15\% = 15\%$

$\sigma_{fp} = 100\% \times 20\% = 20\%$

② $R_{fp} = 40\% \times 10\% + 60\% \times 15\% = 13\%$

$\sigma_{fp} = 60\% \times 20\% = 12\%$

③ $R_{fp} = -20\% \times 10\% + 120\% \times 15\% = 16\%$

$\sigma_{fp} = 120 \times 20\% = 24\%$

计算结果表明,与单纯用自有资本投资于股票相比,投资者将一部分资本投资于无风险资产时,报酬率虽然降低了,但风险明显下降;而投资者以无风险利率借入资本并将其投于股票时,风险虽然加大,但将获得更高的投资收益。

(3) 无风险资产与风险组合再组合的机会集。

根据公式(6-17)有:

$$Q = \sigma_{fp} \div \sigma_p$$

将上式代入式(6-16),可得:

$$R_{fp} = R_f + \frac{R_p - R_f}{\sigma_p} \sigma_{fp} \tag{6-18}$$

由于 $R_f$ 是一个常量,对一个特定的风险组合而言,$\frac{R_p - R_f}{\sigma_p}$ 也是一个常量,因此,$R_{fp}$ 与 $\sigma_{fp}$ 之间表现为线性关系,如图 6-17 所示。

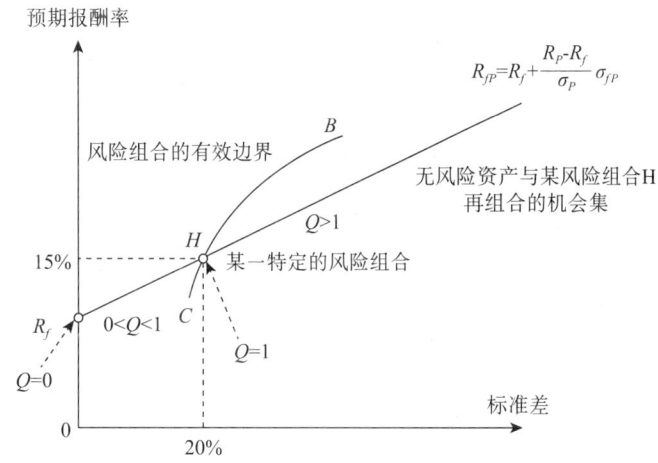

图 6-17 无风险资产与风险资产再组合预期报酬率和标准差

图 6-17 中,C 点至 B 点的曲线是两个或多个风险资产组合的有效边界,H 点是有效边界上的一个投资组合(其数据来源于[例 6-11])。当能以无风险利率自由借入或贷出资本的情况下,无风险资产与 H 点的所有组合处在从 $R_f$ 向 H 延伸的直线上,这条直线就是无风险资产与风险组合再组合的机会集。该直线的截距是无风险利率,斜率 $\frac{R_p - R_f}{\sigma_p}$ 表示承担风险组合的单位标准差的风险所获得的风险报酬率,也称为夏普比率。

根据[例 6-11] 中的资料,夏普比率 = (15% - 10%) ÷ 20% = 25%,表示对风险组合 H 来讲,因承担单位标准差的风险(标准差为 20%),获得的风险报酬率为 25%。

机会集直线上不同的点代表无风险资产与某风险组合的不同组合。

最保守的投资者会把全部资本投资于无风险资产(即全部资本以无风险利率贷出,$Q = 0$),他的报酬率是 $R_f$,标准差为 0,即图 6-17 中纵轴上的 $R_f$ 点。从 $R_f$ 点开始沿着机会集直线向右上方移动,报酬率不断提高,风险也随之增加。当投资者只把一部分资本投资于无风险资产,另一部分资本投向风险组合 H 时($0 < Q < 1$),投资组合位于 $R_f$ 点至 H 点之间的线段上;当投资者把资本全部投资于风险组合 H($Q = 1$)时,既没有资本的贷出,也没有资本的借入,此时的投资组合就是 H 点;从 H 点继续向右上方移动,表明投资者以无风险利率借入资本,并连同自有资本全部投资于风险组合 H($Q > 1$)。

（4）资本市场线。图 6-17 中的直线是无风险资产与一个特定的风险组合 H 相结合而形成的新的机会集，显然，选择不同的风险组合会形成不同的机会线，见图 6-18。

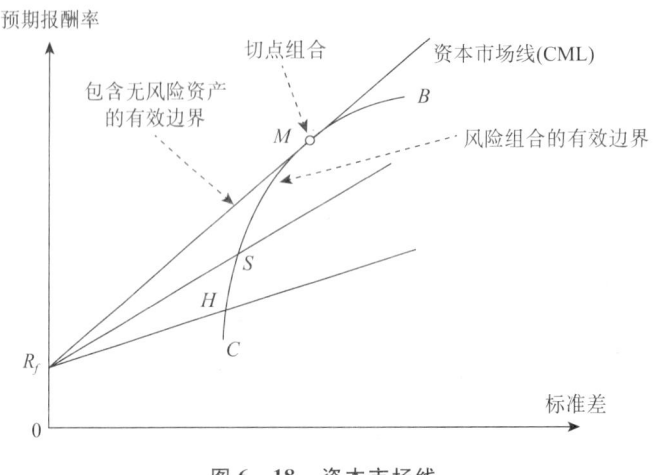

图 6-18　资本市场线

与图 6-17 相比，图 6-18 中多了两条直线。一条是 $R_f$ 向 s 延伸的直线，代表无风险资产与另一风险组合 S 相组合的机会线，可以肯定，这样的机会线会有无数条；另一条是从 $R_f$ 向有效边界作的切线，切点为 M，该直线被称为资本市场线（Capital Market Line，CML）。

关于资本市场线，主要说明以下四点：

①资本市场线是无风险资产与风险组合再组合的最优投资机会线。在不考虑无风险资产时，如前所述，选择在 C 至 B 的有效边界上的任意一个组合都是合理、有效的。但是，加入无风险资产后，情况不同了，没有人愿意选择 M 点以外的组合。与其他机会集直线（$R_f H$、$R_f S$ 等）、风险组合的有效边界（C 至 B 的曲线）相比，资本市场线处于最上方，对于其他任意一个组合，都可以在资本市场线上找到这样一个更优的组合：标准差相同而预期报酬率更高，或者预期报酬率相同而标准差更低，或者标准差更低同时预期报酬率更高。

②切点 M 代表唯一最有效的风险资产组合。资本市场线与其他机会线相比，斜率最大，因此，切点 M 所代表的组合在所有风险资产组合中具有最高的夏普比率，它提供了每单位标准差的最高回报，人们把这唯一最有效的风险资产组合称为切点组合。

③资本市场线揭示出持有不同比例的无风险资产和切点组合情况下风险和预期报酬率的权衡关系。直线的截距表示无风险利率，它可以视为等待的报酬率。直线的斜率代表风险的市场价格，它告诉我们当标准差增长某一幅度时相应要求的报酬率的增长幅度。直线上的任何一点都可以告诉我们投资于切点组合和无风险资产的比例。在 M 点的左侧，将同时持有无风险资产和切点组合。在 M 点的右侧，你将仅持有切点组合 M，并且会借入资金以进一步投资于切点组合 M。

④最佳风险资产组合的确定独立于投资者的风险偏好，此谓分离定理。通过以上分析可知，当存在无风险资产并可按无风险利率自由借贷时，切点组合优于所有其他组合，投资者都应选择切点组合，这就是所谓的分离定理。风险投资的最优组合不再取决于投资者是如何保守或冒进的了；每一个投资者都应该投资于切点组合，这与其风险偏好无关。个人的投资行为可分为两个阶段：先确定最佳风险资产组合，后考虑无风险资产和最佳风险资产组合的

理想组合。只有第二阶段受投资人的风险偏好的影响。分离定理在理财方面很重要,它表明企业管理层在决策时不必考虑每位股东对风险的态度。证券的价格信息完全可用于确定投资者所要求的报酬率,该报酬率可指导管理层进行有关决策。

# 第四节 资本资产定价模型

资本资产定价模型(Capital Assets Pricing Model,CAPM)由 1990 年诺贝尔经济学奖得主威廉·夏普于 1964 年首先提出。它是财务学形成和发展中最重要的里程碑。它第一次使人们可以量化市场的风险程度,并且能够对风险进行具体定价。

资本资产定价模型的研究对象,是充分组合情况下风险与要求的报酬率之间的均衡关系。在前面的讨论中,我们将风险定义为预期报酬率的不确定性;然后根据投资理论将风险区分为系统风险和非系统风险,知道了在高度分散化的资本市场里只有系统风险,并且会得到相应的回报。现在将讨论如何衡量系统风险以及如何给风险定价。在此之前,我们还要先定义一下市场组合。

## 一、市场组合的内涵

如前所述,当存在无风险资产并可按无风险利率自由借贷时,资本市场线上的切点组合是唯一最有效的风险资产组合。无论投资者的风险偏好如何,每一个投资者都应该投资于切点组合。但不同投资者确定的切点组合并非是一致的。通过前面的分析,我们知道,切点组合取决于每一单个资产的预期报酬率和标准差,以及各种资产两两之间的协方差(或相关系数),显然,不同的投资者对这些变量有着不同的估计。但是,因为投资者都是从相同的历史数据和其他公开的信息对上述变量进行估计,因此,这些估计不可能出现太大的差异。为了简化起见,通常假设,所有投资者对预期报酬、标准差、协方差的估计完全相同,这一假设称为共同预期假设。

如果所有投资者都具有相同的预期,图 6-18 对所有投资者来说就是相同的。也就是说,因为所有投资者所处理的信息相同,他们都将绘制出相同的风险资产有效集。这个风险资产有效集表示为曲线 CMB。因为相同的无风险利率适用于每个投资者,因而所有的投资者都会将 M 作为他们持有的风险资产组合。

既然 M 是所有的投资者都愿意选择的风险资产组合,这个组合中就应当包括市场上的所有资产,试想,没有人愿意持有的资产会存在于这个市场上吗?我们把这个组合称为市场组合。既然市场组合包括了市场上的所有资产,每项资产在这个组合中的比例就是它的市场价值占市场总价值的比重。

至此,总结如下:在可以按无风险利率自由借贷和预期相同的假设下,所有投资者都愿意选择的最优风险资产组合是市场组合,它是所有资产以各自的市场价值占市场总价值的比重为权数的加权平均组合。

在股票市场上,通常以综合股价指数代表股票的市场组合。

## 二、系统风险的衡量:$\beta$ 系数

资产的总风险包括非系统风险和系统风险,非系统风险可以通过资产组合予以分散,一

个充分的组合几乎不存在非系统风险，而系统风险是不可分散的。很明显，市场组合中的非系统风险已经被消除，只剩下系统风险。

资产的总风险用标准差计量，那么，系统风险如何计量呢？

由于市场组合只包括系统风险，所以衡量某一资产（包括一个特定的资产组合）的系统风险时，可以把市场组合作为基准，将该资产与市场组合对比来衡量其系统风险的大小。用这种方法计量系统风险的指标被称作贝塔系数（$\beta$系数）。

### （一）单项资产的 $\beta$ 系数

单项资产的 $\beta$ 系数的计量，通过以整个市场作为参照物，用单项资产的风险收益率与整个市场的平均风险收益率作比较，即：

$$\beta_J = \frac{COV(K_J, K_M)}{\sigma_M^2} = \frac{r_{JM}\sigma_J\sigma_M}{\sigma_M^2} = r_{JM}\left(\frac{\sigma_J}{\sigma_M}\right) \qquad (6-19)$$

式中，$COV(K_J, K_M)$ 是单项资产的收益率与市场组合收益率之间的协方差，它等于该资产的标准差、市场组合的标准差及两者相关系数的乘积。$\sigma_M^2$ 表示市场组合 M 的方差。

**【例 6-12】** 已知：市场组合的标准差 $\sigma_M = 10\%$，J 股票的标准差 $\sigma_j = 15\%$，J 股票与市场组合的相关系数 $r_{j,M} = 0.8$，试计算 J 股票的 $\beta$ 系数。

根据公式（6-19），J 股票的 $\beta$ 系数为：

$$\beta_j = \frac{r_{jM}\sigma_j}{\sigma_M} = \frac{0.8 \times 15\%}{10\%} = 1.2$$

此例表明：市场组合的总风险（用标准差衡量）为 10%，由于市场组合中的非系统风险被全部抵消，用标准差衡量的市场组合的系统风险也为 10%。J 股票的总风险（用标准差衡量）为 15%，包括非系统风险和系统风险两部分。其中，与市场相关的部分（即系统风险）占总风险的 80%（与市场的相关系数为 0.8），则用标准差衡量的 J 股票的系统风险为 15% × 0.8 = 12%。J 股票的系统风险 12% 是市场组合的系统风险 10% 的 1.2 倍，即 $\beta_j = 1.2$。

$\beta$ 系数的经济意义在于，它告诉我们相对于市场的平均风险而言特定资产的系统风险是多少。市场组合的 $\beta$ 系数为 1，无风险资产的 $\beta$ 系数为 0。

如果一项资产的 $\beta = 0.5$，表明该资产的系统风险是市场组合系统风险的 0.5 倍，其报酬率的变动性只及一般市场变动性的一半；如果一项资产的 $\beta = 2.0$，说明该资产报酬率的变动幅度为一般市场变动性的 2 倍。总之，某项资产的 $\beta$ 值的大小反映了这种资产报酬率的变动与整个市场报酬率变动之间的相关关系，计算 $\beta$ 值就是确定这种资产受整个市场报酬率变动影响的相关性及其程度。

### （二）资产组合的 $\beta$ 系数

资产组合的 $\beta$ 系数等于被组合的各项资产的 $\beta$ 系数的加权平均数，即：

$$\beta_p = \sum_{i=1}^{n} W_i \beta_i \qquad (6-20)$$

式中，$\beta_p$ 表示资产组合的 $\beta$ 系数；$W_j$ 表示投资于第 $j$ 项资产的资本占总投资额的百分比；$n$ 表示投资组合中共有 $n$ 项资产。

资产组合 $\beta$ 系数的经济意义与单项资产 $\beta$ 系数相同。

上述公式表明，影响资产组合 $\beta$ 系数的因素：一是单项资产的 $\beta$ 系数；二是各种资产在资产组合中所占的比重。

由于不同资产的系统风险不尽相同,通过替换资产组合中的资产或改变不同资产在组合中的价值比例,可以改变资产组合的系统风险特性。

**【例 6 – 13】** 某公司持有由 A、B、C 三种股票构成的资产组合,三种股票的 β 系数分别是 2.0、1.3 和 0.7,该公司对 A、B、C 的投资额分别是 60 万元、30 万元和 10 万元,则该资产组合的 β 系数为:

$$\beta_P = \sum_{j=1}^{3} w_j \beta_j = 2.0 \times 60\% + 1.3 \times 30\% + 0.7 \times 10\% = 1.66$$

若该公司为了降低风险,出售部分 A 股票而买入 C 股票,使 A、B、C 三种股票在证券组合中的投资额分别变为 10 万元、30 万元和 60 万元,则该资产组合的 β 系数降为:

$$\beta_P = 2.0 \times 10\% + 1.3 \times 30\% + 0.7 \times 60\% = 1.01$$

### 三、资本资产定价模型

在前面的讨论中,我们将风险区分为系统风险和非系统风险,知道了在高度分散化的资本市场里只有系统风险,以及用 β 系数衡量系统风险。现在讨论如何给风险定价,即为了补偿某一特定程度的风险,投资者应该获得多大的报酬率?

#### (一) 资本资产定价模型的基本表达式

资本资产定价模型(Capital Asset Pricing Model,CAPM)是一种描述风险与预期收益之间关系的模型。该模型首先由夏普于 1964 年提出,后经特瑞诺尔、莫辛等理财学家的共同努力,得以进一步完善。该模型(CAPM)被认为是财务学形成和发展过程中最重要的里程碑,它第一次使人们可以量化市场的风险程度,并且能够对风险进行具体定价。

资本资产定价模型的研究对象是充分组合情况下风险与要求的报酬率之间的均衡关系,其基本理论特征是市场均衡定价,主要理论创新是有价证券的风险计量,即贝塔系数(β)风险计量方法。

资本资产定价模型的核心表达式为:

$$K = R_f + \beta (K_M - R_f) \quad (6-21)$$

式中,$K$ 表示某种资产或某种资产组合的必要报酬率;$K_M$ 表示市场的平均报酬率;$\beta$ 表示某种资产或某种资产组合的 β 系数;$R_f$ 表示无风险报酬率。

如何理解该模型?需要把握以下几点:

(1) 资本资产定价模型揭示了投资者要求的必要报酬率与预期所承担的系统风险之间的关系。由于非系统风险可以通过分散化投资予以消除,因此,一个充分的资产组合几乎没有非系统风险。假设投资者都是理智的,都会选择充分投资组合,非系统风险将与资本市场无关,市场不会给它任何回报。就像商品市场只承认社会必要劳动时间而不承认个别劳动时间一样。因此,必要报酬率只考虑预期的系统风险而不考虑非系统风险。

(2) 资本资产定价模型不仅适用于单个资产,也适用于资产组合,不论该组合是否已经有效地分散了风险。

(3) $K_M$ 是市场的平均报酬率,代表投资者仅投资市场组合时所要求的报酬率。在股票市场中,可以用构成综合股价指数的市场组合的平均报酬率代替。

(4) $(K_M - R_f)$ 被称为市场风险溢酬,是由于承担了市场平均风险所要求获得的超过无风险报酬率的额外补偿,即 $\beta=1$ 时的风险报酬率,也就是风险的价格。它反映的是市场整体对风险的厌恶程度。投资者对风险的厌恶感越强,要求的补偿就越高,相应的市场风险溢酬就越大;反之,市场风险溢酬就越小。

(5) 必要报酬率 = 无风险报酬率 + 风险报酬率。风险报酬率是 $\beta$ 系数与市场风险溢酬的乘积。即:

$$风险报酬率 = \beta \times (K_M - R_f)$$

这表明投资者要求的风险报酬率与所承担的系统风险成正比。

【例 6-14】某资产组合中有 A、B、C 三只股票,投资比重分别为 30%、50%、20%,$\beta$ 系数分别为 0.5、1.2 和 2。假设当前短期国债报酬率为 4%,构成综合股价指数的市场组合的平均报酬率为 12%。试计算 A、B、C 三只股票及其组合的必要报酬率。

A 股票的必要报酬率 $K_A = 4\% + 0.5 \times (12\% - 4\%) = 8\%$
B 股票的必要报酬率 $K_B = 4\% + 1.2 \times (12\% - 4\%) = 13.6\%$
C 股票的必要报酬率 $K_C = 4\% + 2 \times (12\% - 4\%) = 20\%$
资产组合的 $\beta$ 系数 $= 0.5 \times 30\% + 1.2 \times 50\% + 2 \times 20\% = 1.15$
资产组合的必要报酬率 $K_p = 4\% + 1.15 \times (12\% - 4\%) = 13.2\%$
或 $= 8\% \times 30\% + 13.6\% \times 50\% + 20\% \times 20\% = 13.2\%$

### (二) 证券市场线

证券市场线 (Security Market Line,SML) 是资本资产定价模型的函数曲线,它是表明一项资产的必要报酬率 ($K$) 与其 $\beta$ 系数之间关系的一条直线。该直线的横坐标为 $\beta$ 系数,纵坐标为必要报酬率 ($K$),截距为无风险利率 $R_f$,斜率为市场风险溢酬 ($K_M - R_f$)。

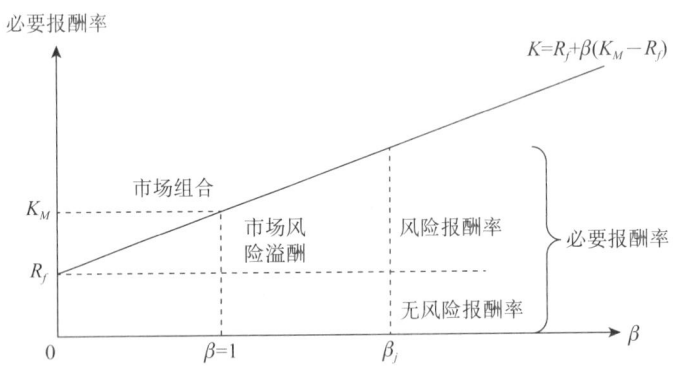

图 6-19 证券市场线

通过证券市场线,可以分析有关因素变动对必要报酬率的影响。

(1) 通货膨胀因素。通货膨胀因素影响无风险利率,从而会改变证券市场线的截距,在其他条件不变时,证券市场线将平行上移或下移。如图 6-20 所示,当通货膨胀率提高,SML 会整体向上平移至 $SML_1$,所有资产的必要报酬率都会上涨,且增加同样的数值;反之,当通货膨胀率下降时,SML 会整体向下平移至 $SML_2$,所有资产的必要报酬率都会下降同样的数值。

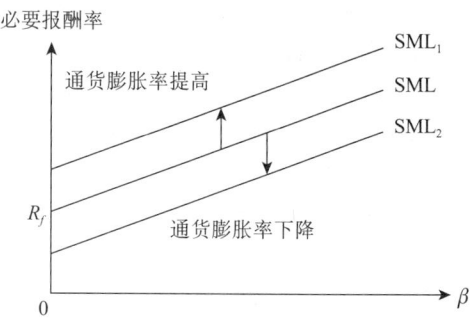

图 6-20　通货膨胀对证券市场线的影响

(2) 市场整体的风险厌恶程度。市场整体的风险厌恶程度会影响证券市场线的斜率。风险厌恶程度越高，要求的补偿就越多，$(K_M - R_f)$ 的数值就越大，那么，证券市场线的斜率就越大，同等风险条件下要求更高的必要报酬率；相反，风险厌恶程度越低，证券市场线的斜率就越小，同等风险的资产只要求较低的必要报酬率，见图 6-21。

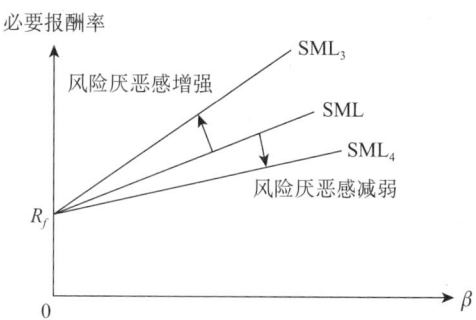

图 6-21　市场风险厌恶程度对证券市场线的影响

(3) 风险程度。当通货膨胀与市场整体的风险厌恶程度确定时，证券市场线的截距与斜率确定，证券市场线也就确定，此时，资产的不同风险程度（$\beta$ 系数）会改变证券市场线上点的位置，从而要求不同的必要报酬率，见图 6-22。

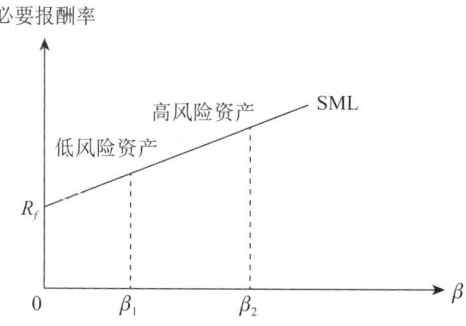

图 6-22　确定的证券市场线上风险程度对必要报酬率的影响

需要说明的是图 6-19 的证券市场线与图 6-18 的资本市场线是两条完全不同的直线，二者所使用的是不同的坐标变量、描述的是不同的内容，测度风险的工具也不一样。资本市场线描述的是由风险资产和无风险资产构成的投资组合的有效边界,其中最优投资组合由两部分组成:一部分是无风险资产;另一部分是风险资产组合有效集上的一个风险组合。资本市场线上的 M 点代表的就是这一风险组合;而资本市场线上的其他点,则表示 M 点与无风险资产以不同比例所构成的投资组合。其测度风险的工具是整个资产组合的标准差($\delta$),另外,资本市场线只适用于有效资产组合。

而证券市场线描述的则是在市场均衡条件下单项资产或资产组合(无论它是否已经有效地分散风险)的期望收益与风险之间的关系。其测度风险的工具是单项资产或资产组合对于整个市场组合方差的贡献程度,即 $\beta$ 系数。证券市场线既适用于单项资产、也适用于资产组合(且不论该组合是否有效)。

由资本市场线而进入到证券市场线,是资本资产定价模型研究由组合风险与收益研究,向个别资产的风险与收益研究推进的过程。

### (三) 市场均衡

资本资产定价模型认为,证券市场线是一条市场均衡线,市场在均衡的状态下,所有资产的预期报酬率都应该落在这条线上。也就是说,在均衡状态下,每项资产的预期报酬率应该等于其必要报酬率,其大小由证券市场线的核心公式来决定。即:

$$预期报酬率 R = 必要报酬率 K = R_f + \beta (K_M - R_f)$$

在均衡状态下,不仅预期报酬率等于必要报酬率,而且资产的市场价格等于其内在价值。

如果预期报酬率大于必要报酬率(图 6 – 23 中 A 点),表示该资产的内在价值被市场低估(市场价格 < 内在价值),对投资者吸引力增加,引起该资产价格上升,报酬率下降,一直降到证券市场线上,使其预期报酬率等于必要报酬率。

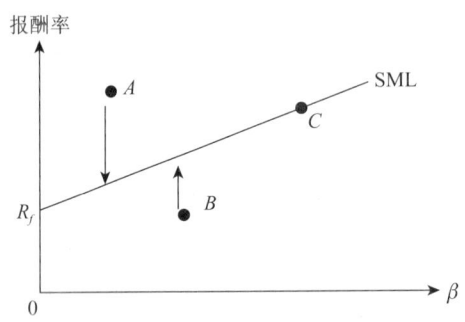

图 6 – 23 证券市场线与市场均衡

如果预期报酬率小于必要报酬率(图 6 – 23 中 B 点),表示该资产的内在价值被市场高估(市场价格 > 内在价值),不受投资者欢迎,引起该资产价格下降,报酬率上升,直到其预期报酬率回到证券市场线上。

如果预期报酬率等于必要报酬率(图 6 – 23 中 C 点),资产的市场价格等于其内在价值,此时的资产价格为均衡价格。

在市场均衡状态下,由于必要报酬率与预期报酬率彼此相等,而且所有的理性投资者都具有同样的估计,因此,投资者行为与市场运作的结果会使得资产的实际报酬率同样等于必要报酬率和预期报酬率。换言之,资产的实际价格一定等于其内在价值。市场有效程度越高,市场价格向内在价值的回归越迅速。

资本资产定价模型自提出以来,各种理论争议和经验证明便不断涌现。尽管该模型存在许多疑问和问题,但是,它仍以其科学的简单性、逻辑的合理性赢得了人们的支持。各种实证研究也验证了 $\beta$ 概念的科学性及适用性。资本资产定价模型的提出被普遍认为是现代金融学、财务学发展史上重要的里程碑,其主要提出者威廉·夏普也因此研究成果而获得 1990 年的诺贝尔经济学奖。

尽管 CAPM 已得到了学术界的广泛认可,但在实际运用中仍存在着一些明显的局限,主要表现在:①某些资产或企业的 $\beta$ 值难以估计,特别是对一些缺乏历史数据的新兴行业;②由于经济环境的不确定性和不断变化,使得依据历史数据估算出来的 $\beta$ 值对未来的指导作用经常要打折扣;③CAPM 是建立在一系列严格假设基础之上的,其中一些假设与实际情况有较大的偏差,这也使得 CAPM 的有效性受到质疑。除了前述的可以按无风险利率自由借贷和共同预期两个假设外,CAPM 的假设还包括:市场是均衡的、市场不存在摩擦、市场参与者都是理性的、不存在交易费用和税收等。这些假设实际上是对投资者、交易市场和交易资产三个方面进行了限定,以满足对有价证券市场均衡定价的需要。但现实中的交易市场远比夏普假设中的市场复杂、多变,CAPM 对现实的指导意义不得不再打折扣。

【阅读材料 6 – 3】

## $\beta$ 系数是否处于黑暗之中

1980 年 7 月,《机构投资者》(Institutional Investor) 杂志提出了一个富有争议的问题:"$\beta$ 失灵了吗?"答案当然是:还没有。虽然目前它肯定处于被攻击的地位,但是,$\beta$ 的影响力仍由于其被各金融阶层和董事会议认可并奉为金融正统而在 20 世纪 80 年代迅速增强。

到 1992 年,关于 $\beta$ 即将寿终正寝的报告再次出现。这次最具毁灭性的打击来自芝加哥大学的尤金·法玛 (Eugene Fama) 和肯尼思·弗兰奇 (Kenneth French),他们在最近的研究结果中指出,长期股票收益率不仅取决于 $\beta$,而且取决于其他更为普通的因素,如公司的规模或公司的账面价值、市场价值比率等。

法玛和弗兰奇得出结论说,实际上,被普遍接受的在 $\beta$ 和收益率之间的关系根本不存在。法玛用其早期的研究为 $\beta$ 提供了部分经验支持时说:"人们已经发现'高 $\beta$ 和高收益率'之间的相关性比资本资产定价模型预期的要平直得多。我们则发现它是完全平直的"。

有关 $\beta$ 混乱的传奇始自哈里·马科维茨 (Harry Markowitz)。1952 年,马科维茨在芝加哥大学的博士学位论文中证明,投资组合内各股票之间的协方差能被用于在既定风险程度上实现最大收益。马科维茨使用了一种称为均值——方差分析的技术去构造"有效"组合——一种在既定风险水平上提供最高收益的组合。

马科维茨的工作为资本资产定价模型的发展铺平了道路,该模型是由斯坦福大学的夏普和其他人员在 20 世纪 60 年代中期开发的。资本资产定价模型的设计旨在通过把无风险收益率 (通常是短期国库券的利率) 加到风险调控市场收益率上,来预测单只股票或投资组合的期望收益率。风险调整收益率则是由平均市场收益率乘以该股票或投资组合的 $\beta$ 值算出。

$\beta$ 衡量的是系统风险,即市场风险 (理论学家们假设非系统风险可以通过投资组合的分散消除,非系统风险是由特定公司的特有因素导致的风险)。如果某只股票的价格波动超过市场的总体波动,该股票的 $\beta$ 就大于 1;如果其波动小于整个市场的波动,其 $\beta$ 就小于 1。

根据资本资产定价模型，高 β 的股票具有比低 β 的股票更高的期望收益率。

几乎从诞生之日起，β 和资本资产定价模型就一直处于激烈的争论之中。"15 年前你根本没有必要指望发现 β 和收益率之间的任何关系。"位于洛杉矶的加利福尼亚大学的金融学教授理查德·罗尔（Richard Roll）说："资本资产定价模型要求实际的市场指数应是马科维茨有效型的，也就是说，对其期望收益率来说方差最小，接下来就是算术推导，问题是从来没有真正的马科维茨有效市场指数曾被用于检验资本资产定价模型。"罗尔补充说，真正的市场指数"应包括世界上的全部资产"，但这是根本不可能的。

尽管法玛和弗兰奇的研究涵盖的资料范围包括了 1963 年到 1990 年间在纽约股票交易所、美国股票交易所、NASDAQ 交易所的全部非金融股股票，但根据罗尔所言，他们的研究仍然没能达到马科维茨有效市场指数的要求。罗尔的结论是：这篇论文没有证明任何事情。

事情就此结束了吗？很难说。期权定价理论的合作创始人之一，也是 Goldman Sachs 公司的合伙人，费雪·布莱克（Fischer Black）不同意罗尔的观点。根据布莱克的观点，人们已经在寻找资本资产定价模型的缺陷方面投入了太多的精力，以至于他们已经出现了"数据挖掘"（data mining）问题。布莱克说："如果你挖掘资料的时间足够长或收集的资料足够多，基本上就会得到你想要的结果。"他又补充说："并没有证据表明 β 不是一个好的风险衡量指标。唯一的问题是，它是否是期望收益率的一个好指标。"

而且，关于 β 的传统见解仍然是有生命力的。法玛说："我们当然已经知道 β 并不是一个衡量风险（相对于收益）的适当的指标，但我们只是从没有面对过这一问题。"斯坦福大学的夏普，称法玛和弗兰奇工作是"一个很巧妙的研究"。他承认："如果你不承认 β 与收益有关，那么你就等于也放弃了资本资产定价模型。"然而，他又补充说："我当然不会放弃资本资产定价模型，因为我不喜欢进入一个没有理论的世界。"

尽管在理论上总是存在争论，但大多数金融学教授仍在继续讲授 β 和资本资产定价模型。罗尔说："之所以仍在讲授它们，是因为它们能够表明风险与收益之间的关系，并且是一种理论的最简单的形式，而不是因为它们是正确的。"每个人都同意在风险与收益之间存在某种关系，他们只是对于如何把这种关系纳入一种模型中持有不同意见。教学是以资本资产定价模型作为起点并要探讨衡量风险的多因素模型，如套利定价理论（APT）。套利定价理论通过合并考虑一些非系统风险的衡量因素，包括通货膨胀和利率，从而算出了期望收益率。套利定价理论是由耶鲁大学的经济学家斯蒂芬·罗斯（Stephen Ross）在 1976 年开发的，并马上得到了罗尔的支持。

资料来源：弗兰克·法勃齐. 投资管理学（第 2 版）. 北京：经济科学出版社，1999.

通过本章学习，应该理解：

1. 风险是指在一定条件下和一定时期内预期结果的不确定性或实际结果偏离预期目标的程度。从财务的角度来说，风险主要指无法达到预期报酬的可能性。从风险产生的原因、影响程度和投资者的能动性来划分，风险可分为市场风险和公司特有风险。市场风险，是指那些对所有的投资主体都会产生影响的因素而引起的风险，又称为系统风险。公司特有风险，是指那些发生在个别企业的特有事件而引起的风险，又称为可分散风险或非系统风险。

2. 企业冒风险从事经营活动，就要求获得相应的报酬。投资者因冒风险进行投资而获得的超过时间价值的那部分额外报酬就是风险报酬，也称为风险价值。实际工作中，一般用风险报酬率表示风险价值大小。风险报酬率＝风险报酬系数×标准离差率。

必要报酬率是投资者愿意投资所必需的最低报酬率，它精确地反映了投资风险。期望报酬率是若进行投资，预计所能赚得的报酬率。实际报酬率是在特定时期内实际赚得的报酬率。由于风险的存在，实际报酬率与期望报酬率并无必然联系。实际报酬率是经济事项已发生的、不能改变的结果。

3. 风险测度的目的是要计算和衡量风险的大小，即确定风险的严重程度。反映随机变量概率分布的集中趋势的指标是其数学期望值，反映其风险的指标就是其标准差和离散系数。对于预期报酬率相同的资产，标准差越大，表明风险越大。而对于预期报酬率不同的资产，在衡量风险时往往采用离散系数。离散系数是标准差与期望报酬率值的比值，便于各种不同方案的风险比较。显然，离散系数与风险成正比关系，离散系数越大，说明风险越大；反之，风险越小。

4. 对于组合投资来说，投资组合的期望报酬是各组合资产期望报酬的加权平均值，但是投资组合的风险则小于各组合资产风险的加权平均值。因此，投资组合具有分散风险的作用。组合中各资产报酬率的变动方向越相反，投资组合的风险分散效应越明显。对于如何选择投资组合，马科维茨提出的"均值—方差"（M—V）模型给出了解释，只需要在投资组合的有效集上选择资产组合。当只有两项资产时，投资组合的有效集是一条直线或曲线，如果增加投资组合的资产数目，得到的投资组合的有效集将可能是一个平面。

如果存在无风险资产，无风险资产与市场组合再组合的最优投资机会集称为资本市场线。它是一条经过无风险利率并和机会集曲线相切的直线。

5. 资本资产定价模型是用来计量资产组合中有价证券风险和报酬之间数量关系的一种理论模型。其公式为：

$$K = R_f + \beta \times (K_W - R_f)$$

在该模型中，用 $\beta$ 系数（单项资产的风险收益率与整个市场的平均风险收益率作比较）来衡量系统风险。某一资产的 $\beta$ 系数通常由该资产收益率与市场投资组合收益率之间的协方差除以市场投资组合收益的方差求得。$\beta$ 系数的经济意义在于，它告诉我们相对于市场的平均风险而言特定资产的系统风险是多少。

据资本资产定价模型可知，某种资产或资产组合的必要报酬率（K）与 $\beta$ 系数呈线性关系，反映这种线性关系的直线就是证券市场线。

## 复习思考题

1. 什么是风险与风险报酬？如何计量风险报酬？
2. 什么是系统风险与非系统风险？什么是财务风险与经营风险？
3. 如何衡量单项资产的总体风险？
4. 资产组合的作用是什么？如何计算资产组合的期望报酬率？

5. 在组合投资中，不同投资项目报酬率之间的相关性对投资组合的风险有什么影响？

6. β系数的含义是什么？β系数与标准差在衡量资产风险时有什么差别？

7. 资本市场线是如何形成的？它存在的前提条件是什么？为什么说资本市场线有最高的夏普比率？

8. 为什么最佳风险资产组合的确定独立于投资者的风险偏好？

9. 为什么说在均衡状态下每项资产的预期报酬率应该等于其必要报酬率？

10. 证券市场线与资本市场线有什么区别？

11. 通货膨胀因素、市场整体的风险厌恶程度对证券市场线分别会产生怎样的影响？

## 案例分析题

### 维桑集团该对有关投资备选方案如何进行取舍？

假设你是维桑集团的财务工作人员，目前正在进行一项针对四个备选方案的投资分析工作。各方案的投资期都是一年，对应于不同经济状况的估计报酬率如表6-10所示。

表6-10　　　　　　　　不同经济条件下维桑集团四种方案

| 经济形势 | 概率 | 投资备选方案估计报酬率（%） | | | |
|---|---|---|---|---|---|
| | | A | B | C | D |
| 繁荣 | 0.2 | 10 | 31 | -4 | 25 |
| 一般 | 0.6 | 10 | 11 | 14 | 15 |
| 衰退 | 0.2 | 10 | 6 | 22 | 5 |

根据上述资料，请回答以下问题：

1. 计算各方案的期望报酬率、标准差、离散系数。

2. 如果公司财务主管要求你根据四个待选方案各自的标准差和期望报酬率确定是否可以淘汰其中某一方案，应如何回复？

3. 淘汰某一方案的分析思路是否存在问题？

4. 假设项目D是一种经过高度分散的基金性资产，可以用来代表市场投资组合。试求各方案的β系数，并用资本资产定价模型来评价各方案。

# 第七章 资本成本与现金流量

通过本章学习,学生能够深刻理解资本成本的含义、影响因素、性质和作用,熟练掌握单项资本成本和综合资本成本的计算;理解现金流量的概念和内涵,理解并掌握项目现金流量和企业现金流量具体内容和分类;并能够在财务管理实务工作中,熟练地运用这些相关的价值观念和术语。

## 第一节 资本成本

作为财务管理的一个重要观念,资本成本的出现,无疑是资本的所有权和使用权相分离的结果。在财务活动中,资本成本扮演着重要角色,它既是资本的需求者为了获得资本所必须支付的费用,也是资本的提供者要求的最低收益率,还是衡量企业经营成果的尺度,即经营利润率应高于资本成本,否则表明业绩欠佳。因此,理解影响资本成本的因素,掌握资本成本计算方法,构成财务管理决策的必要的一个先决条件。

### 一、资本成本简述

**(一) 资本成本的内涵及其本质属性**

资本是指购置资产和开展生产而筹集的全部资金。在市场经济条件下,没有一家企业可以无偿使用资金,都必须向资金提供者支付一定数量的费用作为补偿。资本成本就是企业筹措和使用资金不得不付出的代价。广义而言,企业筹集和使用任何资金都必须付出代价;狭义来说,资本成本仅仅指筹集和使用长期资金(包括股东和债权人提供的权益资金和长期负债)的成本。其一般计算公式可表达为:

$$资本成本 = \frac{使用成本}{净筹资额} \qquad (7-1)$$

其中,净筹资额为扣除筹资费用后的筹资额。具体来讲,资本成本包括资金使用费和资金筹集费两部分。

1. 资金使用费。资金使用费是指企业在生产经营、投资过程中使用资金而付出的代价,比如股利、利息等。这是资本成本的主要内容。

2. 资金筹集费。资金筹集费是指企业在筹集资金过程中为获取资金而付出的费用,比如向银行支付的手续费、发行股票债券的发行费、评估费等。

另外,理解资本成本可以分两个层次。

第一个层次，也是最根本的层次，资本成本的实质是投资者的机会成本。投资者（包括债权投资者和股权投资者）向企业提供资本的根本目的是为了获得一定的收益。当投资者决定向企业提供资本的那一刻起，他就失去了选择其他投资途径、从其他投资项目中获取收益的机会，即产生了机会成本，资本成本的本质属性就体现在这里。资本成本的实质是机会成本，这是理解资本成本极为重要的思想，对资本成本尤其是权益成本的计算具有极其重要的意义。

第二个层次，资本成本的高低取决于投资者对企业要求的必要报酬率。投资者向企业投资获得的报酬如果不能达到具有同等风险和期限的其他投资对象的报酬，投资者就不会向该企业提供资本。正如一个硬币的两个面，从资本使用者的角度来看，是资本的成本；而从资本提供者的角度来看，是资本的报酬。正因为如此，资本成本和投资者的必要报酬率往往被视为同一概念。当然，由于筹资费用的存在，资本成本和必要报酬率在数量上并不一定相等。

如果使用投资者的资本不能提供投资者要求的报酬率，由于债务利息的法定约束力，最终遭受损失的只能是股东。因此，西方财务理论界对资本成本最有代表性的定义是：资本成本是企业为了不减少股东利益而必须从新追加的投资中获得的最低报酬率。

### （二）资本成本的影响因素

如前所述，资本成本是投资者投资于具有相同风险和期限的其他投资对象所能获得的最低报酬率，即与风险相适应的必要报酬率，而必要报酬率由风险报酬率和无风险报酬率组成。因此，影响资本成本的因素也就包含外部因素和内部因素两方面。外部因素主要指资本市场的状况，比如总体经济环境和证券市场情况等。内部因素主要指资本使用者本身的经营和融资水平（经营风险和财务风险）。前者通过影响无风险报酬率部分来影响资本成本，后者通过影响风险补偿报酬率来影响资本成本。对于企业来说，外部因素是无法控制的，只能通过降低自身的经营风险和财务风险来降低资本成本。

影响资本成本的内外部因素归纳，如表7-1所示。

表7-1　　　　　　　　　　资本成本的影响因素

| 影响因素 | | 说　明 |
|---|---|---|
| 外部因素 | 利率 | 市场利率上升，公司的债务成本会上升，也会引起普通股和优先股的成本上升 |
| | 市场风险溢价 | ①市场风险溢价由资本市场上的供求双方决定，个别公司无法控制<br>②市场风险溢价会影响股权成本 |
| | 税率 | ①税率是政府政策决定的，个别公司无法控制<br>②税率变化直接影响税后债务成本以及公司加权平均资本成本 |
| 内部因素 | 资本结构 | ①适度负债的资本结构下，资本成本最小<br>②增加债务的比重，会使平均资本成本趋于降低，同时会加大公司的财务风险，而财务风险的提高，又会引起债务成本和权益成本上升 |
| | 股利政策 | 改变股利政策，就会引起股权成本的变化 |
| | 投资政策 | ①公司的资本成本反映现有资产的平均风险<br>②如果公司向高于现有资产风险的新项目大量投资，公司资产的平均风险就会提高，并使得资本成本上升 |

### （三）资本成本的分类

按资本成本对象的不同，资本成本可以分为个别资本成本、综合资本成本和边际资本成本三类。

（1）个别资本成本，是指企业以某种筹资方式所筹集资本的成本，主要包括长期借款成本、债券成本、优先股成本、普通股成本、留存收益成本。

（2）综合资本成本，是指企业以各种方式筹集的全部资本成本的平均水平。

（3）边际资本成本，是指企业追加筹资的资本成本。

## 二、资本成本的性质和作用

### （一）资本成本的性质

资本成本是商品经济条件下资金所有权和使用权分离的必然后果，是按资分配的集中表现。资本成本既包括资金时间价值，又包括投资风险价值。从资本成本的属性来看，它属于投资收益的再分配，是利润范畴；从资本成本的计算和应用价值看，它又属于预测成本。

### （二）资本成本的意义

资本成本是决定企业价值、影响理财目标实现的基本因素。具体来讲，资本成本的作用主要体现在以下三个方面：

1. 资本成本是筹资决策的依据。

第一，资本成本是影响企业筹资总额的重要因素。随着筹资数额的增加，资本成本也不断提高。当企业筹资数额增加到资本的边际成本超过企业承受能力时，企业便不宜再增加筹资数额。

第二，资本成本是企业选择资本来源和筹资方式的重要依据。在资本市场上，企业可以从多种渠道采取多种方式筹集资本，不同来源和不同方式筹集的资本，其资本成本的高低是不同的，企业究竟选择哪种来源和方式筹集资本，首先要考虑的因素就是个别资本成本的高低。

第三，资本成本是确定最优资本结构的主要参数。不同的资本结构，会给企业带来不同的风险和成本，从而引起企业价值的变动。为优化资本结构，降低财务风险，追求企业价值最大化，综合资本成本的大小是必须考虑的主要因素。

当然，资本成本并不是影响企业筹资的唯一因素，企业还要考虑财务风险、资本期限等因素，但是，资本成本是限制企业筹资数额的一个首要考虑因素。

2. 资本成本是项目投资取舍的重要标准。企业进行筹资的目的是利用取得的资金补偿生产或对内、对外投资。无论投资在哪个领域，必须遵循一个重要原则：预期资金的收益率大于或等于资金成本率。也就是说，资本成本是投资项目的一个取舍点。

3. 资本成本是业绩评价的重要尺度。资本成本是投资人要求的必要报酬率，与公司实际的报酬率进行比较就可以评价企业的业绩。另外，资本成本是一个综合评价指标，可以促使资金的使用者充分挖掘资金潜力，节约资金，提高使用效率。从某种意义上来说，资本成本是衡量企业业绩的最低尺度。

### 三、资本成本的计算

**(一) 个别资本成本**

个别资本成本是指各种长期资本的成本。企业的长期资本成本一般包括长期借款、长期债券、优先股、普通股和留存收益等,其中前两项是债务资本,后三者统称为权益资本。每一种筹资方式都有自己的筹资代价及个别资本成本,财务人员有必要了解各种债务资本和权益资本在确定方法和计算结果上的差别,以便更好地做出选择。

1. 长期借款

长期借款的成本是指借款利息和筹资费用。在现行会计制度下,借款利息可以作为资金使用者的费用计入成本在税前扣除,可以少缴纳公司所得税,具有抵税作用。长期借款资本成本的计算公式如下:

$$D_0(1-f) = \sum \frac{I_t(1-T) + D_d}{(1+K_d)^t} \quad (7-2)$$

如果不考虑货币的时间价值,长期借款的资本成本还可以表示为:

$$K_d = \frac{I_t(1-T)}{D_0(1-f)} \quad (7-3)$$

式中:$I$ 为每年支付的利息,$T$ 为所得税税率,$f$ 为筹资费用率,$K_d$ 为银行借款的资本成本,$D_t$ 为第 $t$ 年年末的银行借款本金,$D_0$ 为银行借款总额。

**【例7-1】** 某公司向银行借入长期借款1 000万元,银行贷款利率为12%,期限为10年,每年年末付息,到期一次还本。其中,筹资费用率为3%,公司适用的所得税税率为25%,那么借款成本为:

$$1\,000 \times (1-3\%) = \sum_{t=1}^{10} \frac{1\,000 \times 12\% \times (1-25\%)}{(1+K_d)^t} + \frac{1\,000}{(1+K_d)^{10}}$$

解得:$K_d = 9.48\%$

2. 长期债券

采用发行债券的方式进行筹资时,从债券购买者的角度来看,资本成本就是投资债券的到期收益率。因此,债券的资本成本是指使得发行债券筹集到的资本与预期未来现金流量的现值相等的折现率,其公式为:

$$B_0(1-f) = \sum \frac{I_t(1-T) + B_t}{(1+K_b)^t} \quad (7-4)$$

式中:$B_0$ 为债券的票面价值,$B_t$ 为第 $t$ 年年末偿还债券的本金,$I_t$ 第 $t$ 年年末支付的债券利息,$K_b$ 为债券的资本成本,$T$ 为所得税税率。

**【例7-2】** 某公司溢价发行面值为1 000元,票面利率为8%,期限为6年的每年年末付息的债券,发行费用为4%,公司所得税税率为25%,发行价为1 080元,则该债券的资本成本为:

$$1\,080 \times (1-4\%) = \sum \frac{1\,000 \times 8\% \times (1-25\%)}{(1+K_b)^t} + \frac{1\,000}{(1+K_b)^6}$$

解得:$K_b = 5.27\%$

**【例7-3】** A公司8年前发行了面值为1 000元、期限30年的长期债券,利率是7%,

每年付息一次,目前市价为 900 元。
$$900 = 1\,000 \times 7\% \times (P/A, K_d, 22) + 1\,000 \times (P/F, K_d, 22)$$
用内插法求解:

设折现率 = 8%,
$1\,000 \times 7\% \times (P/A, 8\%, 22) + 1\,000 \times (P/F, 8\%, 22) = 897.95$(元)

设折现率 = 7%,
$1\,000 \times 7\% \times (P/A, 7\%, 22) + 1\,000 \times (P/F, 7\%, 22) = 1\,000$(元)

利率和对应的未来流入现值,见表 7-2。

表 7-2　　　　　　　　　利率和对应的未来流入现值

| 利率 | 未来流入现值 |
| --- | --- |
| 7% | 1 000 |
| $K_d$ | 900 |
| 8% | 897.95 |

利用内插法,求得:$K_d = 7.98\%$。

由于利息可以抵税,所以:

债务税后资本成本 = 债务税前资本成本 × (1 - 所得税税率)

对于年内付息多次的债券,计算资本成本时首先要确定税前年有效资本成本,然后再确定税后年资本成本。

【例 7-4】公司现有长期负债:面值 1 000 元,票面利率 12%,每半年付息一次的不可赎回债券;该债券还有 5 年到期,当前市价 1 051.19 元;假设新发行长期债券时采用私募方式,不用考虑发行成本。企业所得税税率为 25%。债券的税后资本成本为:

$1\,000 \times 6\% \times (P/A, K_{半}, 10) + 1\,000 \times (P/F, K_{半}, 10) = 1\,051.19$(元)

$60 \times (P/A, K_{半}, 10) + 1\,000 \times (P/F, K_{半}, 10) = 1\,051.19$(元)

设 $K_{半} = 5\%$:

$60 \times 7.7217 + 1\,000 \times 0.6139 = 1\,077.20$(元)

设 $K_{半} = 6\%$:

$60 \times 7.3601 + 1\,000 \times 0.5584 = 1\,000.01$(元)

$(K_{半} - 5\%) \div (6\% - 5\%) = (1\,051.19 - 1\,077.20) \div (1\,000.01 - 1\,077.20)$

利用内插法,解得:$K_{半} = 5.34\%$

债券的年有效到期收益率 = $(1 + 5.34\%)^2 - 1 = 10.97\%$

债券的税后资本成本 = $10.97\% \times (1 - 25\%) = 8.23\%$

### 3. 优先股

在资本成本的估算中,优先股融资和上述债务融资中长期借款、长期债券的资本成本一样相对较为容易,一个很重要的原因在于,这些资本的投资者与企业之间通常有一个明显的契约,其中具体约定了利息率或股利率的水平,使得资本成本的确定有了一个外在的依据。

优先股是享有优先权的股票。优先股的股东对公司资产、利润分配等享有优先权,其风险较小。对比普通股,优先股具有优先的利润分配权;对比债券,优先股的收益不具有强制性,分红在税后支付。由于优先股没有到期日,其股利相对稳定,可将其视为永续年金,其资本成本的计算公式为：

$$K_p = \frac{D_p}{P_0(1-f)} \tag{7-5}$$

式中，$K_p$ 为优先股资本成本，$P_0$ 为优先股筹资总额，按发行价计算，$D_p$ 为优先股股利。

**【例7-5】** 某公司计划发行优先股，每股价格30元，发行费用率5%，每股年支付股利2.5元，则优先股的资本成本为：

$$K_p = \frac{2.5}{30 \times (1-5\%)}$$

解得：$K_p = 8.77\%$

**【例7-6】** 某公司现有面值100元、股息率10%、每季付息的永久性优先股，其当前市价为116.79元。如果新发行优先股，需要承担每股2元的发行成本。企业所得税税率为25%。优先股资本成本为：

年股利 = $100 \times 10\%$ = 10（元）

季股利 = $10 \div 4$ = 2.5（元）

季优先股成本 = $2.5 \div (116.79 - 2)$ = 2.18%

年有效优先股成本 = $(1 + 2.18\%)^4 - 1$ = 9.01%

### 4. 普通股

同作为股票，普通股的资本成本计算方法与优先股基本相同。区别只是普通股的股利是不确定的，由经营状况和股利政策等因素共同决定。即没有一个约定股利的契约，未来的股利取决于公司的收益和股利政策。由于未来现金流量的不确定性，给普通股成本的估算带来了很大的困难。

目前，有三种常见的普通股资本成本的计价模型，分别为股利折现模型、资本资产定价模型和风险溢价模型，本书主要介绍当企业采取固定股利增长率政策时，每年股利增长率固定不变的情况下的股利折现模型。

由于股东所获得的收益是在支付利息和税款之后，因此其承担的风险也最大，相应地，要求得到的资本成本的补偿也最高。普通股资本成本的计算公式是：

$$K_s = \frac{D_1}{P_0(1-f)} + g \tag{7-6}$$

式中，$K_s$ 为普通股的资本成本，$D_1$ 为预计的下期股利，$P_0$ 为股票的发行价格，$g$ 为每年的股息预计增长率。

**【例7-7】** 某公司发行面值1元的普通股500万股，筹资总额为1 000万元，筹资费率为4%。已知第一年每股股利为0.25元，以后每年按2%比率增长，则该股票的资本成本为：

$$K_s = \frac{500 \times 0.25}{1\,000 \times (1-4\%)} + 2\%$$

解得，$K_s = 15.02\%$

### 5. 留存收益

留存收益是企业缴纳所得税后形成的，其所有权属于股东。股东将这一部分未分派的税后利润留存于企业，实质上是对企业追加投资。如果企业将留存收益用于再投资所获得的报酬率低于股东自己进行另一项风险相似的投资的报酬率，企业就不应该保留留存收益而应将其分派给股东。

留存收益是企业资金的一种重要来源。从表面上看，留存收益不需要现金流出，似乎不用计算资金成本，其实不然。留存收益的资金成本是一种机会成本，体现为股东追加投资要求的报酬率。因此，留存收益也需要计算资金成本，其计算方法和普通股相似，唯一区别是企业利用留存收益不需要资金筹集费用。其计算公式为：

$$K_e = \frac{D_1}{P_0} + g \quad (7-7)$$

式中：$K_e$ 为留存收益成本。

【例 7-8】某公司计划明年年初增发普通股，每股发行价格 20 元，筹资费用率为 5%。本年分派现金股利每股 1.92 元，预计以后每年股利增长 3%。该公司留存收益成本为：

$$K_e = \frac{1.92 \times (1+3\%)}{20} + 3\% = 12.89\%$$

6. 个别资本成本大小的比较

不同方式筹集的资本，成本有高低之别。一般来讲，债务资本成本小于权益资本成本。主要有两个方面的原因：一是债权人的风险小于股东，因此，债务的利息率通常低于股东要求的报酬率；二是债务利息具有抵减所得税的作用。

在债务资本内部，长期借款成本小于债券成本。这是因为：一方面，银行的风险通常小于债券持有人，因此，银行借款利率一般低于债券利率；另一方面，银行借款的手续费用远远低于债券的发行费用。

在权益资本内部，留存收益成本小于普通股成本。主要原因是，普通股股东对留存收益要求的报酬率与对普通股要求的报酬率相同，但发行普通股的筹资费用很高，而留存收益无筹资费用。

因此，一般情况下，各种筹资方式的资本成本由小到大依次为：银行借款、债券、留存收益、普通股。

必须指出的是，资本成本尤其是股权资本成本是理财人员结合各方面因素进行预测的结果，它绝非人们想象的是经过严密计算的、极为精确的一个数值。在资本成本的确定过程中，极有可能掺杂了一些非严谨的、定性的东西在里面。

【阅读材料 7-1】

## 众　筹

众筹（Crowdfunding）是由发起人、跟投人、平台构成，具有低门槛、多样性、依靠大众力量、注重创意的特点，是指一种向群众募资，以支持发起的个人或组织的行为，一般通过网络平台连接起赞助者与提案者。群众募资被用来支持各种活动，包含灾害重建、民间集资、竞选活动、创业募资、艺术创作、自由软件、设计发明、科学研究以及公共专案等。

具体而言，众筹的基本特征可以概述如下：

（1）通过互联网完成投融资全过程。众筹融资过程的项目发布、信息沟通、交易执行等环节都是在互联网上进行，基本不涉及线下的物理传递。

（2）依托于社交网络进行市场营销。资金募集人通过社交媒体接触在线社区中的成员，对其项目进行营销以获得捐献者或投资者。众筹活动的增长和成功很大程度上得益于融资活动与社交媒体的无缝整合。

(3) 低成本和高效率成为亮点。基于社交网络的众筹相对于传统融资方式的突出优势就是低成本：低启动成本，低营销成本，低交易成本。募资者和出资者通过进度更新和反馈机制频繁进行交互，显著减少了信息的不对称，提高了投融资双方的沟通和交易效率。

众筹作为一种商业模式，起源于美国。早在2001年，众筹先锋平台美国Artist-Share公司就已诞生，在该平台获得资助的音乐人多次获得格莱美奖。2006年，美国学者迈克尔·萨利文致力于建立一个名为Fundavlog的融资平台，第一次用"众筹"一词解释了Fundavlog的核心理念。2009年4月，世界上最负盛名的同时也是最大的众筹平台—Kickstarter网站正式上线。网站创立不久就为入驻的创意项目成功募集到资金。由此，这种全新的融资模式引起了社会的广泛关注。

根据世界银行发布的《发展中国家众筹等发展潜力报告》，2025年全世界众筹市场规模将达到3 000亿美元，发展中国家将达到960亿美元，其中有500亿美元在中国，众筹市场发展前景广阔。众筹融资在我国出现于2011年，受到社会各界的高度关注。但由于缺乏必要的管理规范，众筹融资活动在快速发展中也积累了一些问题和风险，比如众筹融资的法律地位不明确、众筹融资平台存在运营管理风险、投资易受欺诈等。2014年12月18日，中国证券业协会向社会发布了《私募股权众筹融资管理办法（试行）（征求意见稿）》，公开向社会征求意见。股权众筹纳入监管指日可待。

### （二）综合资本成本

综合资本成本是企业以各种方式筹集的全部长期资金的总成本。一般以各种资本占全部资本的比重为权数对个别资本成本进行加权平均确定，故而又称加权平均资本成本。其计算公式如下：

$$K_W = \sum K_j W_j \tag{7-8}$$

式中：$K_w$为综合资本成本，$K_j$为第$j$种个别资本成本，$W_j$为第$j$种个别资本成本占全部资本成本的比重。

从综合资本成本的含义和公式可以看出，决定综合资本成本的因素有两个方面：

(1) 个别资本成本。在资本结构不变时，降低个别资本成本，可使综合资本成本下降。

(2) 各种资本在全部资本中的比重，即资本结构。在个别资本成本不变时，由于债务资本成本小于权益资本成本，提高债务资本的比重，可使综合资本成本降低；但债务比重太高，会使债权人和股东的风险加大，从而使个别资本成本上升，导致综合资本成本提高。

在企业总资本构成中，任何一种来源的资本成本，必须联系资本结构中其他资本来源的构成状况来确定。因为孤立地观察每一种资本来源虽有其特定的个别资本成本，而当筹集使用某一种来源的长期资本时，必然导致资本结构和财务状况的变动，从而影响从另一资本来源获取资本的能力及其个别资本成本。例如，企业通过配发新股或保留较多留存收益的方式扩大权益资本，那么，其举债能力将会增强，债务成本可望因此下降，但从另一个角度，也将引起普通股市价下跌，普通股成本上升。再如，企业通过发行债券方式扩大债务资本，在获得较低成本的资本来源的同时，也加大了企业的财务风险，使普通股成本上升。因此，在综合资本成本计算中，还需考虑资本结构变动对个别资本成本产生的影响。

根据加权资本成本的公式，计算加权资本成本不但需要确定个别资本成本，还需要确定各种资本来源的资本比重，即权数。权数的确定方法主要有三种：账面价值法、市场价值法和目标价值法。

账面价值法是以各种资本在会计账面上所反映的价值为基础确定各种资本在总资本中的比例。其优点是资料容易取得，主要缺陷是资本的账面价值可能不符合市场价值，如果资本的账面价值与市场价值差异较大，账面价值权数就会失去现实客观性，不能正确地反映资本结构和实际的资本成本水平，从而导致决策失误。

市场价值法是以债券、股票的市场价格为基础确定各种资本的比例。为弥补证券市场价格频繁变动带来的不便，计算时可选用一定时期证券的平均价格。市场价值权数反映了企业现实的资本结构和综合资本成本，有利于筹资决策。但是，以市场价值确定资本比例，反映的是现在的资本结构，未必适用于企业未来的筹资决策。

目标价值法是以债券、股票未来预计的目标市场价值确定各种资本的比例。致力于价值最大化的企业会确定其理想的资本结构，用它作为目标资本结构，在筹集新资本时，保持实际资本结构和目标资本结构相一致。目标价值权数能体现期望的资本结构，而不是像账面价值权数和市场价值权数那样只反映过去和现在的资本结构，所以按目标价值权数计算的综合资本成本更适用于企业筹措新资本的决策。然而，企业很难客观合理地确定证券的目标价值，又使这种方法不易推广。

一般认为，采用目标价值权数，能够体现期望的目标资本结构要求，但由于资本目标价值难以客观确定的困难，因此，通常选择市场价值权数。在企业筹资实务中，目标价值和市场价值虽然有许多优点，但仍有不少公司更愿意采用账面价值确定资本比例，因其易于使用。

【例7-9】某企业按账面价值反映的长期资金共1 000万元，其中，长期借款200万元、长期债券100万元、普通股500万元、留存收益200万元，其对应的个别资本成本分别为5.4%、6.65%、15.02%和15%。该企业按账面价值计算的综合资本成本为：

$$K_W = 5.4\% \times \frac{200}{1\,000} + 6.65\% \times \frac{100}{1\,000} + 15.02\% \times \frac{500}{1\,000} + 15\% \times \frac{200}{1\,000} = 12.26\%$$

### （三）边际资本成本

在市场经济中，企业无法以某一固定的资本成本筹集无限的资本，当企业筹集的资本超过一定限度时，原来的资本成本就会增加。因此，企业在追加筹资时须了解筹资额达到什么数额便会引起资本成本的变化，这就需要计算边际资本成本。

边际资本成本是指每增加一个单位量的资本而增加的成本。由于新筹资资本的增加并非连续变量，而是按照一定数额成批量增长的，因此，边际资本成本呈现阶梯式上升变化。当筹资额在某一个范围内增加时，资本成本保持不变；当筹资额增加并突破这一范围时，资本成本就会跳跃到一个新水平。边际资本成本采用加权平均法计算，其权数为市场价值权数，而不应使用账面价值权数。其计算公式如下：

$$K_m = \sum K_j W_j \tag{7-9}$$

式中：$K_m$为边际资本成本，$K_j$为第$j$种个别资本成本，$W_j$为第$j$种个别资本成本占全部资本成本的比重。

【例7-10】某公司现有长期资本总额1 000万元，其目标资本结构为：长期借款20%、优先股5%、普通股75%。现在欲追加300万元资本，保持目标资本结构不变。经测试，个别资本成本分别为：长期借款7.5%、优先股12%、普通股14.8%。求该公司追加投资的边际资本成本。边际资本成本计算结果见表 7-3。

表 7-3　　　　　　　　　　　　边际资本成本计算表

| 资本种类 | 目标资本结构 | 追加筹资（万元） | 个别资本成本（％） | 边际资本成本（％） |
|---|---|---|---|---|
| 长期借款 | 0.2 | 60 | 7.5 | 1.5 |
| 优先股 | 0.05 | 15 | 12 | 0.6 |
| 普通股 | 0.75 | 225 | 14.8 | 11.1 |
| 合计 | 1 | 300 | — | 13.2 |

【例 7-11】某公司目前资本总额为 5 000 万元，其中长期债务 2 000 万元、普通股权益 3 000 万元。为追加投资的需要，准备筹措新的资本。公司测算边际资本成本的步骤如下：

第一，确定目标资本结构。某公司财务人员分析后认为，公司目前的资本结构处于目标资本结构范围，在今后增资时应予保持，即长期债务占 40%、普通股权益占 60%。

第二，测算个别资本的边际成本。在保持目标资本结构不变的情况下，根据当前资本市场和企业的筹资能力，公司财务人员认为随着筹资规模的增加，各种资本的成本也会增加，经分析，各个别资本在不同筹资范围的边际成本测算结果，如表 7-4 所示。

表 7-4　　　　　　　　　　　某公司个别资本的边际成本测算

| 筹资方式 | 目标资本结构 | 追加筹资数额范围 | 资本成本 |
|---|---|---|---|
| 长期债务 | 40% | 120 万元以内 | 6% |
|  |  | 120 万元~600 万元 | 7% |
|  |  | 600 万元以上 | 8% |
| 普通股权益 | 60% | 300 万元以内 | 12% |
|  |  | 300 万元~600 万元 | 13% |
|  |  | 600 万元以上 | 15% |

表 7-4 表明，以长期债务筹资有 120 万元和 600 万元两个分界点，而以普通股权益筹资有 300 万元和 600 万元两个分界点。

第三，计算筹资总额分界点。筹资总额分界点，也称为筹资突破点，是指在一定的资本结构条件下，使某种筹资方式的个别资本成本发生变化时的筹资总额。也就是说，当筹资总额超过某一数额（分界点）时，会导致某一种个别资本成本发生变化。筹资总额分界点的计算公式如下：

$$某种筹资方式下筹资成本分界点 = \frac{该种资本的成本分界点}{该种资本在目标资本结构中的比重}$$

该公司计算的筹资总额分界点如表 7-5 所示。

表 7-5 表明，由于长期债务在目标资本结构中占 40%，当筹资总额在 300 万元以内时，长期债务就不会超过 120 万元，债务成本保持 6% 不变；当筹资总额超过 300 万元时，长期债务将超过 120 万元，使债务成本从 6% 变化为 7%；当筹资总额超过 1 500 万元时，长期债务将超过 600 万元，使债务成本从 7% 变化为 8%。也就是说，导致长期债务这种个别资本的成本发生改变的筹资总额分别是 300 万元和 1 500 万元。同样，导致普通股权益资本成本变化的筹资总额是 500 万元和 1 000 万元。

表 7-5　　　　　　　　　　　某公司筹资总额分界点计算

| 筹资方式 | 个别资本成本 | 各种筹资方式的筹资范围 | 筹资总额分界点（万元） | 筹资总额范围（万元） |
|---|---|---|---|---|
| 长期债务 | 6%<br>7%<br>8% | 120 万元以内<br>120 万元~600 万元<br>600 万元以上 | $\frac{120}{40\%}=300$<br><br>$\frac{600}{40\%}=1\,500$ | 300 万元以内<br>300 万元~1 500 万元<br>1 500 万元以上 |
| 普通股权益 | 12%<br>13%<br>15% | 300 万元以内<br>300 万元~600 万元<br>600 万元以上 | $\frac{300}{60\%}=500$<br><br>$\frac{600}{60\%}=1\,000$ | 500 万元以内<br>500 万元~1 000 万元<br>1 000 万元以上 |

第四，计算边际资本成本。首先，将所有的筹资总额分界点由小到大排序，划分出不同的筹资总额范围。根据上述计算的筹资总额分界点，可得出如下五个新的筹资总额范围：300 万元以内；300 万~500 万元；500 万~1 000 万元；1 000 万~1 500 万元；1 500 万元以上。其次，计算每一筹资总额范围的加权平均资本成本，即为该范围的边际资本成本。该公司边际资本计算过程和结果，如表 7-6 所示。

表 7-6　　　　　　　　　　　某公司边际资本成本计算

| 序号 | 筹资总额范围 | 筹资方式 | 目标资本结构 | 个别资本成本 |
|---|---|---|---|---|
| 1 | 300 万元以内 | 长期债务 | 40% | 6% |
| | | 普通股权益 | 60% | 12% |
| | | 边际资本成本 = 40% × 6% + 60% × 12% = 9.6% | | |
| 2 | 300 万~500 万元 | 长期债务 | 40% | 7% |
| | | 普通股权益 | 60% | 12% |
| | | 边际资本成本 = 40% × 7% + 60% × 12% = 10% | | |
| 3 | 500 万~1 000 万元 | 长期债务 | 40% | 7% |
| | | 普通股权益 | 60% | 13% |
| | | 边际资本成本 = 40% × 7% + 60% × 13% = 10.6% | | |
| 4 | 1 000 万~1 500 万元 | 长期债务 | 40% | 7% |
| | | 普通股权益 | 60% | 15% |
| | | 边际资本成本 = 40% × 7% + 60% × 15% = 11.8% | | |
| 5 | 1 500 万元 | 长期债务 | 40% | 8% |
| | | 普通股权益 | 60% | 15% |
| | | 边际资本成本 = 40% × 8% + 60% × 15% = 12.2% | | |

**【阅读材料 7-2】**

### 逃离"黑洞"万科们配股降债

这是一个配股降债的春天。

2019 年 4 月 7 日，万科发布公告称，公司已于 4 月 4 日以每股 29.68 港元的价格，向不少于六名承配人,成功配发总数为 2.63 亿股的新 H 股,配售净额总额约 77.8 亿港元,所得款项净额用于偿还境外债务性融资,不会用于住宅开发。

这次交易成为今年以来香港资本市场迄今规模最大的新股融资。国际评级机构标普认为,此次融资将小幅改善万科的资本结构,并有助于缓解其债务融资需求。据万科 2018 年财报显示,截至 2018 年底,万科共担负着 1.29 万亿元总债务,负债率高达 84.59%。万科 2018 年财务费用同比大增 189.05%,其中利息支出同比增长 72.34% 至 141.46 亿元。

中国房地产报记者注意到,不只万科,包括融信中国、首创置业、中国奥园等房企都在资本市场寻求股权融资,配股正是它们看好的方式之一。今年以来,上证指数大涨近 20%,房地产板块随大市上涨幅度超过 25%,很多地产股价格出现持续上涨,给开发商高位融资提供了"窗口期"。

但并不是所有的配股融资都能成功,也不是所有的房企都适合配股融资,稍有不慎就可能导致股价下跌、市值流失。

配股增发者增多

"在市况较好、股价上升的趋势下采用股权融资比较合适。特别是伴随着 3 月末房企年报的集中披露,房地产板块个股涨幅尤为明显。即便以后价格下跌,大股东也可以选择增持来稳固自己的股权份额。"一位地产分析师告诉中国房地产报记者。

万科配股公告显示,本次所发 2.63 亿股占万科已发行 H 股及全部现有已发行股本约 20% 及 2.38%,且分别占公司经配发及发行配售股份扩大后之全部已发行 H 股及全部已发行股本约 16.67% 及 2.33%。

从万科 3 月 28 日配发发行价来看,较 3 月 27 日收盘价 31.25 港元折让 5%,较 30 天成交均价折让 3.4%,配售所得款项净额总额预计约 77.8 亿港元。与大部分上市公司配股融资后股价应声下跌不同,万科当天开盘即上涨,最高时涨幅超过 5%,也从侧面反映资本市场对其此次增发的看好。

实际上在去年 6 月举行的股东大会上,万科就曾明确提出拟配发 H 股新股。彼时万科董秘朱旭表示,万科香港 H 股流动性非常低,只有 11.9%,300 多亿(港元),所以市值在港股中非常小,流动性不是特别好,国外大的基金想投资万科 H 股,苦于流动性很差,买不到什么样的股票,因此他们多次建议增加港股的流通性。

除万科发布配股公告外,4 月 4 日,融信中国亦发布公告,按每股 10.95 港元配售最多 1.08 亿股现有股份,占扩大股本约 6.27%,配售价前收市价折让 7.05%。配售代理为摩根士丹利国际股份有限公司和海通国际证券有限公司,如未能成功配售,则由配售代理自行购买。

市场信息显示,融信中国此次配售获 6 倍超额认购,所得款项净额约 11.77 亿港元,将用作公司发展目的及作为集团的一般营运资金。

"这次配售有助于增强公司的资本基础以及财务状况,符合公司稳步降杠杆的安排。"融信中国方面表示。

同样,4 月 4 日,融信中国公布配股方案后的第一个交易日,股票收盘价为 12 港元/股,较上一交易日收盘价上涨了 0.84%。

在一个月前,首创置业也发布了供股计划。根据首创置业 3 月 10 日供股计划,预期每 10 股现有股份将发行不多于 5 股供股股份,已发行股份总数预期将增加不超过 50%。

对于此次配股，首创置业财务管理中心总经理廖洋表示，首创置业自 2006 年增发以来未能进行股本增发，这次供股也是为了股东的长期利益考虑。目前董事会已批准了方案，下一步供股方案要取得国资委的批准，以及股东大会的批准，提交证监会批准，之后会进行具体的安排，目前来看还有较长的时间，争取在年内完成。

刚分拆奥园健康上市不久的中国奥园亦于 4 月 4 日发布公告称，已于 4 月 2 日行使分拆奥园健康生活集团有限公司上市的超额配股权，共涉及 2 625 万股奥园健康股份，股份将以 3.66 港元价格配发。不过，配股当日收盘时奥园健康股价较前一日下跌 2.81%。

中国企业资本联盟副理事长柏文喜对中国房地产报记者表示，房企配股的动机十分简单，就是为了在不稀释股东权益又不提升负债的情况下融资，当然也不排除企业为了扩大股本规模进行的配股。

相比债务融资，配股方式可以降低房企负债率，从而减少财务成本；同时又不稀释主要股东股权，不降低股东对企业的控制力。

不过，"配股完成以后，归属股东的每股净利润会被摊薄，如果在市况没有大的改变的情况下企业不能快速提升经营来回补，也会导致股价的下跌或者长期不振，这也是配股的后期风险。一方面受制于整体市况，只有在市场氛围乐观，整体看涨的情况下才适合采用配股融资。另一方面，只有在企业业绩高成长、利润可快速回补权益摊薄而原股东手中现金又较充裕的情况下才适用配股融资。"柏文喜表示。

## 第二节 现金流量

现金流量是现代理财学中的一个极其重要的概念。现金流量作为一个集中体现企业的经营状况、综合盈利能力的主要财务指标，在企业现金流和创造价值之间扮演着十分重要的角色。近年来，随着对会计利润的不断深入了解，人们越来越注意到现金流量信息的客观可靠性。

现金流量又称现金流转额，是指企业的现金流动及其以货币计量的数额。在理财实践中现金流量有两种不同的内涵：一种是会计中所讲的现金流量，即企业在生产经营过程中所产生的现金流入与现金流出；另一种是财务上所讲的资本投资决策中的现金流量，即企业进行长期投资所涉及的现金流入与现金流出，即项目现金流量。

### 一、项目现金流量

现金流量是计算项目投资决策评价指标的主要依据和重要信息之一，是企业进行投资决策所要考虑的一个最主要的因素。一个投资项目的好坏主要取决于与该目相关的现金流量的多少和资金成本的高低。因此，评估投资项目的预期现金流是项目投资决策的首要环节，也是分析投资方案时最重要的步骤。

（一）投资项目现金流量的含义

1. 现金流量的内涵

在项目投资决策中，现金流量是指投资项目在其计算期内因资本循环而可能或应该发生的各项现金流入量和现金流出量的统称。项目投资决策所使用的现金概念是广义的现金。它不仅包含各种货币资金，而且还包括项目投入企业拥有的非货币资源的变现价值（或重置成本）。

2. 现金流量的内容

根据投资决策现金流量的定义，从现金流量的流动方向上可以将现金流分为现金流出量、现金流入量和现金净流量三个方面的内容。

（1）现金流出量。一个投资项目的现金流出量，是指该项目引起的现金流出增加的数量，主要包括投资支出和经营成本。第一，投资支出，是指一个项目在建设期发生的固定资产投资、无形资产投资和开办费投资以及垫支的营运资本等支出。第二，经营成本，是指一个项目为满足正常生产经营而在营业期发生的以现实货币资金支付的成本费用，故又称付现成本。

（2）现金流入量。一个项目的现金流入量，是指与该投资项目相关的现金流入增加的数量，简称现金流入。完整的工业投资项目的现金流入量主要包括：第一，营业收入，是指项目投产后每年事项的全部销售收入或业务收入。它是运营期主要的现金流入量项目。第二，补贴收入，是指与投资项目运营相关的政府补贴。第三，回收固定资产余值，是指投资项目的固定资产在终结点报废清理或中途变价转让处理时所收回的价值。第四，回收流动资金，主要指新建项目在项目计算期终结点因不再发生新的替代投资而收回的原垫付的全部流动资金投资额。

（3）现金净流量。一个项目的现金净流量是指该项目在其投资期间，每期发生的现金流入量和现金流出量的差额，记为 NCF。该差额为负，则为净流出，一般发生在项目的建设期；该差额为正，为净流入，一般发生在项目的营业期。需要说明的是，现金净流量与会计利润不同，它是以收付实现制为基础的。

现金净流量 = 现金流入量 − 现金流出量

现金净流量是计算项目投资决策评价指标的主要依据和重要信息之一。

3. 现金流量的确定原则

在项目投资的分析过程中，最重要的就是对现金流量的估算。投资项目的现金流量受到企业内部和外部众多因素的影响，但是，现金流量的估算都必须遵循一些基本的原则。

（1）机会成本。机会成本是指投资决策中从多种方案中选取最优方案而放弃次优方案所丧失的收益。机会成本尽管并不构成实际的现金流出，但它减少了收益的机会，因此也是与项目相关的成本。例如，某公司一个投资项目需要占用一个厂房。如果这个厂房用来对外出租，则可以获得租金收入 10 万元，那么将这个厂房用做投资项目时，10 万元就是丧失的收益，即为投资的机会成本。机会成本总是针对具体方案的，离开被放弃的方案就无从计量确定。重视机会成本有利于全面考虑可能采取的各种方案，以便确定最有利可图的投资机会。

（2）沉没成本。沉没成本是指过去已经发生、无法由现在或将来的任何决策改变的成本，在投资决策中，沉没成本属于决策无关成本。例如，某投资项目前期工程已经投资 30 万元，因各种原因投资项目被耽搁下来。现欲重新启动该项目，需要追加投资 150 万元。如果工程完工，将带来预期收益 165 万元，那么应该投资吗？在这个投资项目中，前期投资的 30 万元其实就是一种沉没成本。我们在分析项目时应当不予考虑，只需要比较预期收益 165 万元大于 150 万元投资，也就是现金净流量为正，就值得投资这个项目。

(3) 附加效应。在一个企业中,有许多个项目之间是有相互联系的。当我们采纳一个新项目后,该项目可能对其他项目产生有利或不利的影响,这就是我们所说的附加效应。因此,在估计投资项目现金流时,要以该投资项目对企业所有经营活动产生的整体效果为基础分析,而不是孤立地考察某一项目。例如,某公司决定开发生产新产品 B,预计 B 产品上市后会对原同类产品 A 带来冲击,那么在考虑项目的投资收入时应当注意考虑 B 产品对收入缩减可能带来的影响。

(4) 对营运资本的影响。营运资本是指流动资产与流动负债之间的差额。投资新建项目,有时需要增加现金,应收账款和存货。这种营运资本的投资在其发生时应视为现金流出,而在项目寿命期末,收回营运资本时应视为现金流入。营运资本投资的增减变动不一定仅限于项目的开始和结束时,在任何时候都有可能发生。

### (二) 投资项目现金流量的构成

投资项目的现金流量由初始期现金流量、经营现金流量、终结点现金流量三部分构成。

#### 1. 初始期现金流量

从时间上来看,初始现金流量一般发生在项目的建设期,是指投资项目在建设过程中所发生的现金流量。项目建设的长短与投资项目的规模、建设的难易程度有关。确定项目现金流量时,通常将项目的建设期定义为"$0 \sim m$"年,其中,第 0 年为项目建设的起点,第 m 年为项目建设完工的年份。例如,$m=3$,则意味着项目的建设期为 3 年。

从内容上看,初始现金流量主要包括以下内容:

第一,固定资产、无形资产的投资支出,主要包括厂房设备的建造费、购置费、安装工程费、土地使用权、技术转让费、商标权和商誉、建设期利息等。

第二,垫付的营运资本,是指项目在投产前或存续期间,投放于流动资产用于周转使用的资本。

第三,其他费用,主要指与投资项目有关的生产准备费、开办费、员工培训费等。

第四,原有固定资产的变价收入,这是指固定资产重置和旧设备出售时产生的现金净流量。

第五,税负损益,是指旧设备出售时,由于出售价格高于或低于账面净值而产生的出售损益,从而导致所得税的多交或少交而形成的现金流出量和现金流入量。

从发生状况来看,初始现金流量可以在建设期内一次性发生,也可以分期分次发生。

#### 2. 经营现金流量

从时间上来看,经营现金流量一般发生在项目经营使用期,是指投资项目建成后,在生产经营过程中发生的现金流量。它需要根据经营使用期的长短逐年估计。项目的经营使用期定义为"$(m+1) \sim n$"年。

经营现金流量可根据利润表等有关资料分析得出,具体有三种不同的计算方式。

第一,根据现金流量的定义计算:

经营现金净流量 = 收现营业收入 − 营业付现成本 − 所得税

第二,根据各年年末的营业成果计算:

经营现金净流量 = 税后净利 + 折旧

第三,根据所得税对收入和折旧的影响计算:

经营现金净流量 = (营业收入 − 付现成本) × (1 − 所得税税率) + 折旧 × 所得税税率

## 3. 终结点现金流量

终结点现金流量是指投资项目终结时发生的现金流量。项目的终结点具有双重含义，它既是整个项目终结报废的年份，同时也是项目经营使用期的最后一年。因此，终结现金流量既包括经营现金流量，又包括非经营现金流量。其中，非经营现金流量包括：第一，固定资产、无形资产的残值变价收入。第二，固定资产、无形资产出售的税赋损益。如果预计固定资产报废时残值收入大于税法规定的数额，就应上缴所得税，形成一项现金流出量；反之，则可抵减所得税，形成现金流入量。第三，垫支营运资本的回收。这部分资本不受税收因素的影响，可直接将其视为现金流量的增加。

【阅读材料 7 - 3】

### 时点化假设

①第一笔现金流出的时间为"现在"时点，即"零"时点。不管它的日历时间是几月几日。在此基础上，一年为一个计息期。

②对于原始投资，如果没有特殊指明，均假设现金在每个"计息期期初"支付；如果特别指明支付日期，如3个月后支付100万元，则要考虑在此期间的货币时间价值。

③对于收入、成本，利润，如果没有特殊指明，均假设在"计息期期末"取得或发生。

【阅读材料 7 - 4】

### 垫支营运资本的估算

垫支营运资本，是指增加的经营性流动资产与增加的经营性流动负债之间的差额，即增加的经营营运资本。

某公司的销售部门预计投产新产品，如果每台定价3万元，销售量每年可以达到10 000台，销售量不会逐年上升，但价格可以每年提高2%。生产该产品需要的营运资本随销售额而变化，预计为销售额的10%。假设这些营运资本在年初投入，项目结束时收回，若产品的适销期为5年，则第5年年末回收的营运资本为多少？

表 7 - 7  计算分析结果  单位：万元

| 年 份 | 0 | 1 | 2 | 3 | 4 | 5 |
|---|---|---|---|---|---|---|
| 销售收入 | | 3 × 10 000 = 30 000 | 3 × 10 000 × (1 + 2%) = 30 600 | 31 212 | 31 836.24 | 32 472.96 |
| 营运资本需要量（需要占用流动资金） | 30 000 × 10% = 3 000 | 30 600 × 10% = 3 060 | 31 212 × 10% = 3 121.2 | 3 183.62 | 3 247.29 | |
| 垫支营运资本（流动资金投资额） | 3 000 | 60 | 61.2 | 62.424 | 63.67 | |

注：第5年年末回收的营运资本 = 3 000 + 60 + 61.2 + 62.42 + 63.67 = 3 247.30（万元）

【例 7 - 12】某项目预计花费200万元，安装成本为20万元。新设备预计使用年限为20年，预计残值为0。该项目取代了一台已使用了18年的旧设备，旧设备的初始成本为150万元，按照20年计提折旧，残值为0。旧设备目前的市价为20万元，假定适用的所得税税率为30%。计算该项目的初始净现金流量。

该项目涉及的初始现金流量如下：
旧设备的年折旧费 = 1 500 000 ÷ 20 = 75 000（元）
旧设备账面净值 = 1 500 000 - 75 000 × 18 = 150 000（元）
旧设备出售收益 = 200 000 - 150 000 = 50 000（元）
旧设备出售纳税 = 50 000 × 30% = 15 000（元）
初始净现金流量 = -2 000 000 - 200 000 - 15 000 + 200 000 = -2 015 000（元）

**（三）投资项目现金流量的作用**

企业在项目投资中并不是以利润作为评价项目经济效益高低的基础，而是以净现金流量作为项目的净收益，依此来评价项目的可行性。这主要是因为现金流量指标有以下几点作用：

1. 现金流量比利润更能反映项目的效益

在长期投资决策中，用现金流量指标代替利润指标作为反映项目效益的信息，可以摆脱在贯彻财务会计的权责发生制时必然面临的困境，即由于不同的投资项目可能采取不同的固定资产折旧方法、存货估价方法和费用分摊方法，从而导致不同方案的利润信息相关性差，透明度不高和可比性差。

2. 有利于对动态投资结果进行综合评价

投资项目决策考虑了资金的时间价值，在决策时区分了每笔预期收入款项和支出款项的具体时点。现金流量信息与项目计算期的各个时点密切结合，有助于在计算投资决策评价指标时应用货币时间价值的形式进行动态投资结果的综合评价。

3. 现金流量更客观地反映投入产出关系

现金流量信息所揭示的未来期间显示货币资金收支运动，可以序时、动态地反映项目投资的流向和回收之间的投入产出关系，使决策者处于投资主体的立场上，便于更完整、准确、全面地评价具体投资项目的经济效益。

## 二、企业现金流量

对于企业来说，现金流量是指反映企业一定会计期间现金和现金等价物的流入和流出。现金流量是为投资者提供资产信息，帮助使用者了解和评价企业获取现金和现金等价物的能力，并据此预测企业未来盈利能力的重要财务指标。

**（一）企业现金流量的含义**

1. 企业现金流量内涵

企业现金流量由"现金"和"流量"两个词组成，这里的现金是广义的现金，不仅包括库存现金，还包括银行存款，也包括期限较短、流动性强、风险很小的投资，即现金等价物。所谓流量，是指流入量、流出量和净流量。因此，企业现金流就是指企业在收付实现制下所反映的现金流入量、流出量和时间的总称。

2. 与会计利润的区别

会计利润是指按照权责发生制计算的，企业在一定期间内收入和成本费用配比相抵后的差额，是企业在一定期间的经营成果。现金流量建立在收付实现制的基础之上。与以权责发生制为基础计算的会计利润相比,两者存在明显差异。比如,购置固定资产付出现金,这类现金支出在会计中并不直接计入成本;固定资产的价值以折旧形式逐期计入成本,但是计入时并没有现金流出;会计中只要销售行为确实发生就计入收入,但是现金流量却要在收到款项时确认收入等。

3. 企业现金流量的内容

企业现金流量的内容主要根据企业业务活动的性质和现金流量的来源来区分,将企业一定期间产生的现金流量分为三类:经营活动现金流量、投资活动现金流量和筹资活动现金流量。

### (二) 企业现金流量的分类

从企业现金流量的内容上来看,可以将现金流量分为经营活动、投资活动和筹资活动三个部分。每类活动又包括各个具体的项目,从不同角度反映了企业业务活动的现金流入和流出。

1. 经营活动现金流量

经营活动是指企业在正常的业务范围内进行的经济行为。由经营活动产生的这部分现金流量反映了企业在利润形成过程中的全部经济业务所引起的现金流动,包括现金收入与现金支出。

经营活动流入的现金主要包括:销售商品或提供劳务所取得的现金收入,包含了收回的当期销售货款,劳务收入和本期收回前期的销售货款,劳务收入或转让的应收账款和应收票据所取得的现金收入(其中,涉及销售货物退款发生的现金支出应抵扣事项的现金收入,不单独予以反映);企业进行权益性投资和债券投资收到的现金股利收入和现金利息收入以及贷款和资金拆借的现金利息收入;金融企业实际收回发放的贷款本金;金融企业吸收的其他企业或个人的存款;企业销售货物实际收到的增值税销项税额和出口退税。

经营活动流出的现金主要包括:为购买货物等业务当期所支付的现金,包含当期购买货物支付的现金、前期购买货物但于当期支付的现金,以及为购买货物而预付的现金等;企业向外部实际支付的现金利息支出,抵减银行存款利息收入后的净额,其中已予以资本化的投资借款利息应在投资活动产生的现金流量中反映;金融企业实际对外发放的贷款,其中金融企业接受其他企业的委托而发放的贷款及相应的委托存款应在报表附注中予以说明;金融企业对外支付的其他企业或个人存款本金;企业按国家有关规定当期实际支付的、除增值税以外的各种税金;包括支付本期实际发生的税金和本期支付前期发生的税金以及预付的税金;应当归属投资的税金支出,应列入投资活动产生的现金流量中予以反映;以现金方式支付职工的工资和其他劳动报酬等;企业发生的除上述各项支出以外的、用现金支付的且用于经营活动的费用等。

2. 投资活动现金流量

投资活动是指企业长期资产的购建和不包括在现金等价物范围内的投资及其处置活动。长期资产是指固定资产、无形资产、在建工程、其他资产等持有期限在一年或一个营业周期以上的资产。这里的投资活动既包括实物资产投资,又包括金融资产投资。

投资活动流入的现金主要包括:企业以现金方式收回的对外投资本金,其中与投资本金同时收回的投资收益应列于经营活动产生的现金流量中予以反映;出售固定资产、无形资产而取得的现金,扣除以现金支付的有关费用和税金后的现金净额。

投资活动流出的现金主要包括：为购建固定资产、无形资产而支付的现金或偿付的应付款，其中为融资租入固定资产所支付的租金应当在筹资活动产生的现金流量中反映；购买股票支付的现金；企业购买期限在3个月以上的债券支付的现金。

3. 筹资活动现金流量

筹资活动，是指导致企业资本及债务规模和构成变化的活动。这里所说的资本，既包括实收资本，又包括资本溢价；这里所说的债务，是指对外举债，包括向银行借款、发行债券以及偿还债务等。

筹资活动流入的现金主要包括：企业发行股票筹措资金而收入的现金，其中涉及委托发行股票所取得的现金应以净额列示；企业发行债券筹措资金而收入的现金，其中涉及委托发行债券所取得的现金应以净额列示；向银行等金融企业或外部机构借入长短期款项所取得的现金。

筹资活动流出的现金主要包括：当期支付的现金股利；以现金偿付的借款或债券本金，其中企业支付的利息应在经营活动或投资活动产生的现金流量中予以列示；企业为发行股票、债券或借款及其他筹资活动需以现金支付的费用，其中涉及委托发行股票或债券，如采用发行收入扣除费用的计算办法，其发行费用直接在筹资收入中抵扣，不在本项目中反映；企业采用融资租赁方式租入固定资产时以现金形式所支付的租赁费；依法购买本企业的股票支付的现金。

### （三）企业现金流量及其影响因素

影响企业现金流量的因素主要是企业的日常经营业务，但不是所有的业务都对现金流量有影响。企业现金形式下的转换不会产生现金的流入和流出，例如，企业从银行提取现金是企业现金存放形式的转换，并未流出企业，不构成现金流量。根据企业的经营业务与现金流量的关系，可以将现金流量的变化分为以下三类：

（1）现金各项目之间的增减变动。这一类业务的借贷两方都是现金，因而不会影响现金流量的增减变动。

（2）非现金各项目之间的增减变动。这一类业务的借贷双方都不是现金，自然不会影响现金流量的变化。

（3）现金各项目与非现金各项目之间的增减变动。此类业务一方涉及现金，一方不涉及现金，自然会引起现金流量的变动。

### （四）企业现金流量的作用

企业现金流量为企业提供的相关信息，在业绩评价、企业估值和财务决策方面具有重要作用。

1. 业绩评价

随着对会计利润指标认识的不断深入，人们发现了利润指标的局限性。现金流量的观念，只将持续的、核心的和主要的业务产生的现金净额作为企业的可持续发展的源泉，可以有效地防止企业利用非正常经营活动操纵利润。因此，以现金为基础反映经营活动、筹资活动和投资活动，可以更准确地了解企业的偿债能力和财务状况，从而更有效地评价企业的业绩水平。

## 2. 企业估值

传统的企业价值估值模型是以股利为基础来计算的,但这种方法具有明显的缺点,因为股利的多少受很多方面的因素影响,用这个变量来对企业价值进行评估会产生很大偏差。现金流量估价法则有效地克服了这个问题,它不仅考虑了企业过去的获利能力,还考虑了未来的营运变化,为企业估值提供了更可靠的思路。

## 3. 财务决策

随着人们对现金流量的深入了解,利用现金流量概念来进行财务决策被不断地接受和应用,从原来的利润最大化逐渐转化为现金流量最大化。在风险既定的情况下,企业的一切财务决策都围绕着能否带来更多的现金流量进行。现在,无论是投资决策、筹资决策还是股利政策,一般公司都会采用现金流量分析,而不是利润分析。

### (五) 企业现金流量应用举例

可采用两阶段增长模型对未来现金流量进行折现,计算企业价值。具体来讲,第一个阶段即预测期,将详细预测的每年的自由现金流量进行折现,计算企业的预测期价值;第二阶段即后续期,现金流量保持稳定的增长率,可按固定增长模型计算企业的后续期价值。这样,企业价值被分为两部分:企业价值 = 预测期价值 + 后续期价值

如果假设预测期为 $n$ 年,则:

$$预测期价值 = \sum_{t=1}^{n} \frac{第 t 期现金流量}{(1 + 资本成本)^t}$$

$$后续期价值 = \frac{第 (n+1) 期现金流量}{资本成本 - 现金流量增长率} \times (1 + 资本成本)^{-n}$$

【例 7-13】假定某公司股权资本成本是 12.5395%,企业价值有关计算过程如表 7-8 所示。

表 7-8　　某公司的股权自由现金流量折现　　单位:万元

| | 基期 | 2013 年 | 2014 年 | 2015 年 | 2016 年 | 2017 年 | 2018 年 |
|---|---|---|---|---|---|---|---|
| 股权自由现金流量 | | 36.04 | 44.08 | 52.49 | 58.55 | 64.58 | 67.81 |
| 股权资本成本 (%) | | 12.5395 | 12.5395 | 12.5395 | 12.5395 | 12.5395 | 12.5395 |
| 折现系数 | | 0.8886 | 0.7896 | 0.7016 | 0.6234 | 0.5540 | |
| 预测期现金流量现值 | 175.93 | 32.02 | 34.80 | 36.83 | 36.50 | 35.78 | |
| 后续期增长率 (%) | | | | | | | 5 |
| 后续期价值 | 498.24 | | | | | 899.42 | |
| 股权价值 | 674.17 | | | | | | |
| 债务价值 | 160.00 | | | | | | |
| 企业实体价值 | 834.17 | | | | | | |

$$预测期现金流量现值 = \sum 各期现金流量现值 = 175.93(万元)$$

$$后续期价值 = \frac{67.81}{12.5395\% - 5\%} \times (1 + 12.5395)^{-5}$$

$$= 899.42 \times 0.5540$$

$$= 498.24 (万元)$$

股权价值 = 175.93 + 498.24 = 674.17（万元）
企业实体价值 = 股权价值 + 债务价值
　　　　　　 = 674.17 + 160
　　　　　　 = 834.17（万元）

通过本章学习，应该理解：

1. 资本成本是在资本的所有权和使用权相分离的条件下，资金使用者为了获得资本的使用权而支付给资本所有者的费用，即资本筹资费用和使用费用。在财务管理中，资本成本既是资本的需求者为了获得资本所必须支付的最低价格，也是资本的提供者要求的最低收益率。因此，了解影响资本成本的因素，掌握资本成本计算方法，是做出正确的财务管理决策的前提条件。

2. 按照资本成本的对象不同，可将资本成本划分为个别资本成本和综合资本成本。个别资本成本具体包括：长期借款的资本成本、长期债券的资本成本、优先股的资本成本、普通股的资本成本和留存收益的资本成本。综合资本成本则是企业各种资本成本的加权平均值。

3. 现金流量是指企业的现金流动及其以货币计量的数额，是企业按收付实现制反映的现金流入量、流出量和时间的总称。现金流量有两种不同内涵：一种是财务上所讲的资本投资决策中的现金流量，即企业长期投资中的现金流入和流出；另一种是会计中所讲的现金流量，即企业在生产经营过程中所发生的现金流入和流出。按现金流量观念提供企业的现金流量信息，其在业绩评价、企业估价和财务决策方面具有重要的功能。

4. 在长期投资决策中所涉及的现金流量是指投资项目从筹划、计划、施工、投产直至报废为止的整个期间，由项目引起的各年现金流入与现金流出，具体包括初始现金流量、营业现金流量和终结现金流量三部分。

5. 基于会计基础的现金流量不同于会计利润。从收付实现制角度可将企业的现金流量划分为经营活动现金流量、投资活动现金流量和筹资活动现金流量。

1. 什么是资本成本？它包括哪些内容？
2. 影响资本成本的内外部因素有哪些？
3. 资本成本包括哪些种类？各指什么？
4. 如何理解资本成本的性质和作用？
5. 个别资本成本包括哪些具体内容？其中，哪些属于债务资本？哪些属于权益资本？
6. 如何理解综合资本成本和边际资本成本的内涵和确定方法？
7. 什么是现金流量？它在理财实践中的两种不同内涵是什么？

8. 项目现金流的含义和内容指什么？现金流出量和现金流入量分别包括哪些内容？
9. 项目现金流量的确定原则包括哪些具体内容？
10. 如何理解投资项目现金流量的构成？投资项目现金流量的作用又如何？
11. 企业现金流量的内涵是什么？它与会计利润有什么区别？
12. 企业现金流量可分为哪些种类？各指什么？

## 案例分析题

### 维桑集团是否应该实施增资方案？

维桑集团现有资产1 000万元，没有负债，全部为权益资本，其总资产净利率为15%，每年净收益150万元，全部用于发放股利，公司的增长率为零。公司发行在外的普通股100万股，每股息前税后利润1.5元（150万元/100万股）。股票的价格为每股10元。公司为了扩大规模购置新的资产（该资产的期望报酬率与现有资产相同），拟以每股10元的价格增发普通股100万股，发行费用为10%。该增资方案是否可行？

# 第八章　财务估价

了解与掌握财务估价的相关概念；掌握财务估价的基本方法——现金流量折现法及其基本模型；理解现金流量折现法的优缺点、应用前提和局限性；掌握影响债券价值的因素；掌握债券估价的基本模型；分清不同类型债券的估价模型，并能熟练运用；理解股票的概念、特性、作用和基本特征，深入理解并掌握股票估价的影响因素；掌握股票估价的基本模型以及固定股利、固定股利增长率、股利两阶段增长条件下的估价模型，掌握并运用股票估价的市盈率模型和市净率模型。

在经济金融化形势下，随着投资者数量的日益增多，上市公司的经营行为和理财行为迅速在公司股票价格上得以体现。企业价值评估已经走入了一个更为广阔的领域，企业理财人员通过企业价值评估，可以了解企业真实的经济价值，做出科学的投资决策与融资决策；而投资者和财务分析师可以独立于市场价格，对某证券的内在价值做出评估。然后对比市场价格与评估价格，以发现被市场高估或者低估的证券，确定其是否具有投资价值，从而做出理性的投资或提供有价值的信息，因此，财务估价已经成为企业理财不可或缺的一项重要工作。

## 第一节　财务估价基本方法：现金流量折现法

财务估价是指对一项资产价值的估计。这里的"资产"可能是股票、债券等金融资产，也可以是厂房、设备等实物资产，甚至可以是一个企业。这里的"价值"是指资产的内在价值，或者称为经济价值，即用适当的折现率计算的资产预期未来现金流量的现值。它与资产的账面价值、清算价值和市场价值既有联系，也有区别。

财务估价的基本方法是现金流量折现法，该方法涉及三个基本的财务观念：时间价值、风险价值和现金流量。

### 一、现金流量折现法的内涵

现金流量折现法是通过预测某项资产或某个公司未来的现金流量，并按照一定的贴现率将未来的现金流量折算成现值，从而确定该资产或公司价值的估价方法。使用此法的关键：第一，预测资产或公司未来存续期各年度的现金流量；第二，要找到一个合理的公允的折现率，折现率的大小取决于取得的未来现金流量的风险，风险越大，要求的折现率就越高；反之亦然。

## 二、现金流量折现法基本公式

理论上,现金流量贴现法的基本公式如下:

$$P = \sum_{t=1}^{n} \frac{CF_t}{(1+r)^t} \tag{8-1}$$

式中:$P$ 为企业(资产)的评估值;$n$ 为资产(企业)的寿命;$CF_t$ 为资产(企业)在 $t$ 时刻产生的现金流;$r$ 为反映预期现金流的折现率。

从上述计算公式我们可以看出,该方法有两个基本的输入变量:现金流和折现率。因此在使用该方法前首先要对现金流做出合理的预测。在评估中要全面考虑影响企业未来获利能力的各种因素,客观、公正地对企业未来现金流做出合理预测。其次是选择合适的折现率。折现率的选择主要是根据评估人员对企业未来风险的判断。由于企业经营的不确定性是客观存在的,因此对企业未来收益风险的判断至关重要,当企业未来收益的风险较高时,折现率也应较高,当未来收益的风险较低时,折现率也应较低。

## 三、现金流量贴现法的优缺点

现金流量贴现法作为评估企业(资产)内在价值的科学方法更适合并购价值评估,很好地体现了企业(资产)价值的本质;现金流量贴现法最符合价值理论,能通过各种假设,反映企业管理层的管理水平和经验。但尽管如此,现金流量贴现法仍存在一些不足:

(1)从折现率的角度看,这种方法不能反映企业灵活性所带来的收益,这个缺陷也决定了它不能适用于企业的战略领域。

(2)这种方法没有考虑企业项目之间的相互依赖性,也没有考虑到企业投资项目之间的时间先后问题。

(3)使用这种方法,结果的正确性完全取决于所使用的假设条件的正确性,在应用时切不可脱离实际。而且如果遇到企业未来现金流量很不稳定或亏损严重等情况,现金流量贴现法就无能为力了。

## 四、现金流量贴现法运用前提

现金流量折现法是建立在完全市场基础之上的,它应用的前提条件是,企业的经营是有规律的、并且是可以预测的,包括:

(1)资本市场是有效率的,资产的价格反映资产的价值。企业能够按照资本市场的利率,筹集足够数量的资金。资本市场可以按照股东所承担的市场系统风险提供资金报酬。

(2)企业所面临的经营环境是稳定的,只要人们按照科学程序进行预测,得出的结论会接近企业的实际,即科学的预测模型可以有效防止经营环境的不确定因素,从而使预测变得更加科学。

(3)企业的经营是不可逆的,企业投资、融资决策具有不可更改性,一旦做出决策,便无法更改。同时企业满足持续经营假设,没有特殊情况,企业将无限期地经营下去。

(4)投资者的估计是无偏差的,投资者往往都是理性的投资者,可以利用一切可以得到的企业信息进行投资决策,对于同一企业,不同的投资者得出的结论往往是相同的。

## 五、现金流量贴现法的局限性

由于目前的现金流量折现方法存在种种假设前提，而现实的资本市场和投资者素质往往无法达到其要求的条件，因此在利用现金流量折现方法进行评估时会出现各种问题，主要表现在：

（1）没有反映现金流量的动态变化。由于企业的现金流量时刻处于变化之中，而且现金流量是时间、销售收入等参数的变化函数，必然导致依赖于现金流量的企业价值也处于动态变化之中。但是在前面的评估模型中，忽视了现金流量的动态变化，依靠线性关系来确定现金流量，使评估结果更多地表现为静态结论。

（2）不能反映企业财务杠杆的动态变化。由于企业在经营中会根据环境的变化而改变企业的举债数额和负债比率，引起财务杠杆的波动，从而使企业的风险发生波动。一般情况下，这种风险的变化要在现金流量或者折现率中得到反映。但是目前的评估模型只是从静止的观点进行价值评估，忽视了这种财务杠杆和财务风险的变化。

（3）现金流量的预测问题。目前的现金流量预测是将现金流量与销售收入和净利润的增长联系起来，虽然从表面上看两者具有相关性，但是在实际中，净利润与现金流量是相关的，这其中主要是企业对会计政策的调整以及避税等手段的运用，出现净利润、销售收入与现金流量不配比的现象。现金流量的波动与企业的经营活动、战略投资计划和筹资活动有关，影响现金流量的是付现销售收入和付现销售成本，因此，在具体预测现金流量时，应该以付现的收入和成本为基础，而不应该以销售收入为基础。

（4）折现率的确定问题。目前的评估方法，对折现率的选取一般是在企业资金成本的基础上，考虑财务风险因素选取的。在具体评估企业价值时，一般会以静止的方法确定折算率，以目前资本结构下的折现率进行企业价值评估，即折现率是固定的。但是在实际中，由于企业经营活动发生变化，企业的资本结构必然处于变化之中，导致企业风险出现变化，进而影响到资本结构中各项资金来源的权重，导致折现率的波动，从而引起企业价值评估结果出现变化。

为了克服上述缺陷，需要对现有的现金流量折现评估模型进行分析、改进。对现金流量的预测要考虑其动态波动性，要分析财务风险变化对企业价值评估的影响。

# 第二节 债券估价

随着资本市场的不断规范和完善，发行债券这种筹资方式将为越来越多的企业所采用。截至2019年3月底，我国企业债券余额为20.79万亿元，同比增长10.5%[①]。债券价值是债券发行者和购买者都十分关注的问题。因此，根据各种债券所面临的不同风险，合理确定债券面值、票面利率、付息期、市场利率等这些直接影响债券价值的要素无疑是至关重要的，但在这些要素确定之后，正确运用债券估价模型同样不容忽视。

---

① 数据来源：中国人民银行网站. http://www.pbc.gov.cn.

## 一、债券概述

### (一) 债券的内涵

债券（Notes）是政府、金融机构、工商企业等机构直接向社会借债筹措资金时，向投资者发行，承诺按一定利率支付利息并按约定条件偿还本金的债权债务凭证。债券的本质是债的证明书，具有法律效力。债券购买者与发行者之间是一种债权债务关系，债券发行人即债务人（Debtors），投资者（或债券持有人）即债权人（Creditors）。

与银行信贷不同的是，债券是一种直接债务关系。银行信贷通过存款人——银行，银行——贷款人形成间接的债务关系。债券不论何种形式，大都可以在市场上进行买卖，并因此形成了债券市场。

债券所规定的借贷双方的权利义务关系包含四个方面的含义：

第一，发行人是借入资金的经济主体；

第二，投资者是出借资金的经济主体；

第三，发行人必须在约定的时间付息还本；

第四，债券反映了发行者和投资者之间的债权债务关系，而且是这一关系的法律凭证。

### (二) 债券的基本性质

债券属于有价证券，同时，债券也是一种虚拟资本，债券是债权的具体表现。

债券有面值，代表了一定的财产价值，但它也只是一种虚拟资本，而非真实资本。在债权债务关系建立时所投入的资金已被债务人占用，债券是实际运用的真实资本的证书。债券的流动并不意味着它所代表的实际资本也同样流动，债券独立于实际资本之外。

### (三) 债券的特征

债券体现的是债券持有人与债券发行者之间的债权、债务关系，具有以下特征：

1. 期限性

债券是一种有约定期限的有价证券。债券代表了债权债务关系，要有确定的还本付息日。当债券到期时，债务人就要偿还本金。

2. 流动性

流动性是指债券可以在证券市场上转让流通。债券具有流动性，持券人需要现金时可以在证券市场上随时卖出或者到银行以债券作为抵押品取得抵押借款。债券的流动性一般仅次于储蓄存款。

3. 收益性

收益性是指债券持有人可以定期从债券发行者那里获得固定的债券利息。债券的利率通常高于存款利率。债券的收益率并不完全等同于债券的票面利率，而主要取决于债券的买卖价格。

4. 安全性

债券的安全性，表现在债券持有人到期能无条件地收回本金。各种债券在发行时都要规定一定的归还条件，只有满足一定的归还条件才会有人购买。为了保护投资者的利益，债券的发行者都要经过严格审查，只有信誉较高的筹资人才被批准发行债券，而且公司发行债券大多需要担保。当发行公司破产或清算时，要优先偿还债券持有者的债券。因此，债券的安全性还是有保障的，比其他的证券投资风险要小得多。

虽然如此，债券也有可能遭受不履行债务的风险及市场风险。前一种风险是指债券的发行人不能充分和按时支付利息或偿付本金的风险，这种风险主要决定于发行者的资信程度。一般来说，政府的资信程度最高，其次为金融公司和企业。市场风险是指债券的市场价格随资本市场的利率上涨而下跌，因为债券的价格是与市场利率呈反方向变动的。当利率下跌时，债券的市场价格便上涨；而当利率上升时，债券的市场价格就下跌。而债券距离到期日越远，其价格受利率变动的影响越大。

5. 自主性

债券具有自主性，企业通过发行债券筹集到的资金是向社会公众的借款，债券的持有者只对发行企业拥有债权，而不能像股东那样参与公司的经营管理。另外，企业通过发行债券而筹集的资金，可以根据其自身生产经营的需要自由运用，不像银行借款那样有规定用途，其资金的使用情况要接受银行监督。

### （四）债券的分类

1. 按发行主体划分

（1）政府债券。政府债券是政府为筹集资金而发行的债券。主要包括国债、地方政府债券等，其中最主要的是国债。国债因其信誉好、流动性强、风险小而又被称为"金边债券"。政府债券的利息享受免税待遇，其中由中央政府发行的债券也称国债或国库券，其发行债券的目的是为了弥补财政赤字或为大型建设项目筹措资金；而由各级地方政府机构如市、县、镇等发行的债券称为地方政府债券，其发行目的主要是为地方建设筹集资金，因此都是一些期限较长的债券。

（2）金融债券。金融债券是由银行和非银行金融机构发行的债券。在我国目前金融债券主要由国家开发银行、进出口银行等政策性银行发行。金融债券发行的目的一般是为了筹集长期资金，其利率通常要高于同期银行存款利率，而且持券者需要资金时可以随时转让。

（3）公司（企业）债券。公司（企业）债券是企业依照法定程序发行，约定在一定期限内还本付息的债券。公司债券的发行主体是股份公司，但也可以是非股份公司的企业，所以，一般归类时，公司债券和企业发行的债券合在一起，统称为公司（企业）债券。公司债券是由非金融性质的企业发行的债券，其发行目的是为了筹集长期建设资金，一般都有特定用途。按有关规定，企业要发行债券必须先参加信用评级，级别达到一定标准才可发行。因为企业的资信水平比不上金融机构和政府，所以公司债券的风险相对较大，因而其利率一般也较高。

2. 按发行区域划分

（1）国内债券，是由本国的发行主体以本国货币为单位在国内金融市场上发行的债券。

（2）国际债券，是本国的发行主体到别国或国际金融组织等以外国货币为单位在国际金融市场上发行的债券。如最近几年我国的一些公司在日本或新加坡发行的债券都可称为国际债券。由于国际债券属于国家的对外负债，所以本国的企业如到国外发债事先需征得政府主管部门的同意。

3. 按付息方式划分

（1）贴现债券。贴现债券指债券券面上不附有息票，发行时按规定的折扣率，以低于债券面值的价格发行，到期按面值支付本息的债券。贴现债券的发行价格与其面值的差额即为债券的利息。

（2）零息债券。零息债券指债券到期时和本金一起一次性付息、利随本清，也可称为到期付息债券。付息特点一是利息一次性支付；二是债券到期时支付。

（3）附息债券。附息债券指债券券面上附有息票的债券，是按照债券票面载明的利率及支付方式支付利息的债券。息票上标有利息额、支付利息的期限和债券号码等内容。持有人可从债券上剪下息票，并据此领取利息。附息国债的利息支付方式一般是在偿还期内按期付息，如每半年或一年付息一次。

（4）固定利率债券。固定利率债券就是在偿还期内利率固定的债券。

（5）浮动利率债券。浮动利率债券是指利率可以变动的债券。这种债券的利率确定与市场利率挂钩，一般高于市场利率一定百分点。

4. 按计息方式划分

（1）单利债券。单利债券指在计息时，不论期限长短，仅按本金计息，所生利息不再加入本金计算下期利息的债券。

（2）复利债券。复利债券与单利债券相对应，是指计算利息时，按一定期限将所生利息加入本金再计算利息，逐期滚算的债券。

（3）累进利率债券。累进利率债券是指年利率以利率逐年累进方法计息的债券。累进利率债券的利率随着时间的推移，后期利率比前期利率更高，呈累进状态。

5. 按利率确定方式划分

（1）固定利率债券。固定利率债券指在发行时规定利率在整个偿还期内不变的债券。

（2）浮动利率债券。浮动利率债券是与固定利率债券相对应的一种债券，它是指发行时规定债券利率随市场利率定期浮动的债券，其利率通常根据市场基准利率加上一定的利差来确定。浮动利率债券往往是中长期债券。由于利率可以随市场利率浮动，采取浮动利率债券形式可以有效地规避利率风险。

6. 按偿还期限划分

（1）长期债券。长期债券通常是指偿还期限在5年以上的为债券。

（2）中期债券。中期债券是指期限在1年或1年以上、5年以下（包括5年）的债券。

（3）短期债券。短期债券是指偿还期限在1年以下的债券。

7. 按债券形态划分

（1）实物债券（无记名债券）。实物债券是以实物券的形式记录债权，券面标有发行年度和不同金额，可上市流通。实物债券由于其发行成本较高，有被逐步取消的趋势。

（2）凭证式债券。凭证式债券是债权人认购债券的一种收款凭证，而不是债券发行人制定的标准格式的债券。它是一种储蓄债券，通过银行发行，采用"凭证式国债收款凭证"的形式，从购买之日起计息，但不能上市流通。

（3）记账式债券。记账式债券是指将投资者持有的债券登记于证券账户中，投资者仅取得收据或对账单以证实其持有债权的一种债券。这是一种没有实物形态的债券，以记账方式记录债权，通过证券交易所的交易系统发行和交易。由于记账式国债发行和交易均无纸化，所以交易效率高，成本低，是未来债券发展的趋势。

8. 按募集方式划分

（1）公募债券。公募债券指按法定手续，经证券主管机构批准在市场上公开发行的债券,其发行对象是不限定的。这种债券的认购者可以是社会上的任何人。发行者一般有较高的信誉。除政府机构、地方公共团体外,一般企业必须符合规定的条件才能发行公募债券。这种债券由于发行对象是广大的投资者,因而要求发行者必须遵守信息公开制度,以保证投资者的利益;得到有关部门(如证券交易委员会)的批准;经过公认的资信评级机构评定资信级别,资信级别不同,债券的发行条件也不同。

(2)私募债券。私募债券指以特定的少数投资者为对象发行的债券,发行手续简单,一般不能公开上市交易。该债券的发行范围较小,其投资者大多数为银行或保险公司等金融机构,它不采用公开呈报制度,债券的转让也受到一定程度的限制,流动性较差,但其利率水平一般较公募债券要高。

9. 按担保性质划分

(1)有担保债券。有担保债券(Mortgage Bonds)是指以特定财产作为担保品而发行的债券。以不动产如房屋等作为担保品,称为不动产抵押债券;以动产如适销商品等作为提供品的,称为动产抵押债券;以有价证券如股票及其他债券作为担保品的,称为证券信托债券。一旦债券发行人违约,信托人就可将担保品变卖处置,以保证债权人的优先求偿权。

(2)无担保债券。无担保债券(Debenture Bonds)亦称信用债券,是指不提供任何形式的担保,仅凭筹资人信用而发行的债券。政府债券属于此类债券。这种债券由于其发行人的绝对信用而具有坚实的可靠性。除此之外,一些公司也可发行这种债券,即信用公司债。与有担保债券相比,无担保债券的持有人承担的风险较大,因而往往要求较高的利率。但为了保护投资人的利益,发行这种债券的公司往往受到种种限制、只有那些信誉卓著的大公司才有资格发行。

(3)质押债券。质押债券(Collateralizable Bond)亦称抵押信托债券,是指以公司的其他有价证券(如子公司股票或其他债券)作为担保所发行的公司债券。发行质押债券的公司通常要将作为担保品的有价证券委托信托机构(多为信托银行)保管,当公司到期不能偿债时,即由信托机构处理质押的证券并代为偿债,这样就能够更有利地保障投资人的利益。

10. 根据债券的可流通与否划分

(1)可流通债券(上市债券)。可流通债券是指能够在证券交易所上市交易且流动性较强的债券。

(2)不可流通债券(非上市债券)。不可流通债券是指发行时规定不能进入市场流通,只能按规定时间兑付的债券。非上市债券不在证券交易所上市,只能在场外交易,流动性差。一般说来,不可流通债券,不具流通性,持有人在蒙受损失时无能为力,作为补偿要给予较高的利率才能抵消其风险。

11. 按是否可转换来划分

(1)可转换债券,是指能按一定条件转换为其他金融工具的债券。此类债券通常是指可转换公司债券,这种债券的持有者可按一定的条件根据自己的意愿将持有的债券转换成股票。如果债券持有人不想转换,则可以继续持有债券,直到偿还期满时收取本金和利息,或者在流通市场出售变现。如果持有人看好发债公司股票增值潜力,在宽限期之后可以行使转换权,按照预定转换价格将债券转换成为股票,发债公司不得拒绝。该债券利率一般低于普通公司的债券利率,企业发行可转换债券可以降低筹资成本。

（2）不可转换债券，是指不能转化为其他金融工具的债券。不可转换公司债券的持有人只能到期请求还本付息。由于不能转换成公司股份，其利率一般高于可转换公司债。

【阅读材料 8-1】

## 可转换债券价值评估[①]

1992 年，我国第一只 A 股上市可转换债券深宝安转债发行，标志着我国可转债市场的起步。中国宝安股份有限公司为解决业务发展所需要的资金，于 1992 年年底向社会发行 5 亿元可转换债券，并于 1993 年 2 月 10 日在深圳证券交易所挂牌交易。

可转换的特征允许债券投资人把其债权按照固定的价格兑换或是转化为普通股股份。对投资者来说，可转换债券比普通债券有较大的灵活性，因为投资者能够选择是持有公司债券还是把它转换成股票。当发生转换时，公司相当于发行了股票。一旦转换完成，投资者就不能再把股票转回债券了。

1. 可转换债券的价值变动风险

市场风险与非市场风险都可能引起可转换债券的价值变化。

市场风险也称价格波动风险。证券市场有涨有落，如果可转换债券发行时正逢市场处于高涨，即使可转换债券的转换价格定得合理，若上市之后股市陷入低迷、股价跌落于转股价格之下，可转换债券则无法转换，投资者只相当于投资了一种低息债券。另外，市场平均利率也影响可转换债券标的股票的价格，因而影响它的转换价值。市场利率上升，购买股票的机会成本增大，股票价格下跌；市场利率下降，购买股票的机会成本减少，股票价格上升。

同时，发行债券企业的经营业绩等非市场风险也会影响可转换债券价值。投资者购买可转债券是希望可转换债券发行人的股票会随着其经营业绩的不断提高而使该企业的股价不断上升，股票市价超过转换价格而给他们带来较高的投资收益。当发行人经营业绩不佳而导致其股价下跌，投资者不愿将可转换债券转换成股票时，就会导致损失。同时，债券发行人总是希望发行的可转换债券全部转换成股票，而对到期偿还债务不会做太多的准备。在可转换债券的有效期内，若企业经营失误或股市低迷，可转换债券到期会无法转换成股票，可能会出现发行人无力偿债或拖延偿债的局面。在一定的条件下，当赎回条件满足时，公司可以行使赎回权，以保障原有股东的利益。对于可转债的投资者来说，赎回就代表了获得的收益将会减少或者受到限制，也就是承受了风险。

2. 计算原理

由于可转换债券相比普通债券具有可转换的特性，股价下跌可以继续持有可转换债券，一旦股票价格上涨，可转换债券持有者可以选择行使转股权获得股价上涨所带来的收益，因而可转换债券价值必定高于纯债券价值，价值曲线位于纯债券价值线以上。正是由于存在这种选择权，可转换债券价值也必定高于转换能够得到的普通股票的价格总和，即可转换债券的转换价值。

因此，可转换债券的价值由两个因素决定：纯债券价值和转换价值。可转换债券价值等于纯债券价值和转换价值的最大值与期权价值之和。

可转换债券价值 = Max（纯债券价值，转换价值）+ 期权价值

---

① 李延喜，张悦玫，王哲兵. 财务管理：原理、案例与实践，人民邮电出版社，2015 年.

纯债券价值可以使用债券定价公式计算；转换价值是可转换债券按时价兑换成股票而得到的价值，即转换比例与股票价格的乘积；期权价值则需要利用无套利方法推导出可转换价值的控制方程，结合边界条件，采用有限差分法、模拟法、二叉树法和 Black–Scholes 法等数值方法为控制方程求解。

## 二、债券价值的决定因素

债券的价值是发行者按照合同规定从现在至债券到期日所支付的款项的现值。计算现值所需的要素是现金流量、折现率和时间，这三个要素具体体现在不同的债券要素上，如图 8-1 所示。虽然债券的种类多种多样，但对于决定其内在价值的基本要素，每种债券都是共通的，它们共同影响着债券价值的大小，缺一不可。

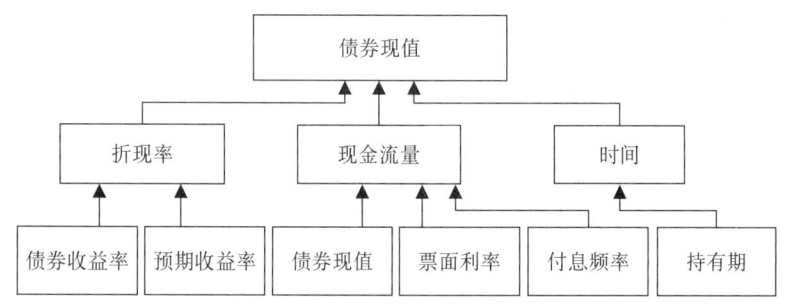

图 8-1　债券价值决定因素关系图

### （一）债券面值

债券的面值是指债券的票面价值，一般包括币种和票面金额两项基本内容，是发行人对债券持有人在债券到期后应偿还的本金数额，也是企业向债券持有人按期支付利息的计算依据。债券的面值与债券实际的发行价格并不一定是一致的，发行价格大于面值称为溢价发行，小于面值称为折价发行，等于面值称为平价发行。

### （二）票面利率

债券的票面利率是指债券利息与债券面值的比率，是发行人承诺以后一定时期支付给债券持有人报酬的计算标准。一般是年利率，且多为固定利率，近年来也有浮动利率。还有的债券票面利率为零，到期按照面值偿还。债券票面利率的确定主要受到银行利率、发行者的资信状况、偿还期限和利息计算方法以及当时资金市场上资金供求情况等因素的影响。

### （三）收益率

债券收益不同于债券利息。债券利息仅指债券票面利率与债券面值的乘积。但是由于人们在债券持有期内，是可以在债券市场进行买卖，赚取价差的，因此，债券收益除利息收入外，还包括买卖价差。因此，收益率与票面利率往往不相等。

在债券价值评估中常提到的收益率一般指两种：一种是债券收益率；另一种是投资者要求的收益率。

债券收益率，也是债券的内含收益率，是以已知市场价格为基础计算的债券收益与所投入本金的比率，通常用年利率表示。决定债券收益率的主要因素是债券的票面利率、期限、面值和购买价格。

当进行债券的价值评估时，投资者会有一个预期要求的收益率，也叫必要收益率，这个收益率一般是市场利率，投资者会将这一收益率与按当前市场价格计算出来的债券收益率进行比较，做出是否进行投资的决策。另一种方法是将投资者要求的收益率作为折现率计算投资者认同的债券价值，并与实际的市场价格进行比较后决定是否购买或卖出。

### （四）期限

影响证券价值的期限有两个，付息期和持有期。

债券的付息期是指企业发行债券后的利息支付的时间。它可以是到期一次支付，或每一年、半年、三个月支付一次。在考虑货币时间价值和通货膨胀因素的情况下，付息期对债券投资者的实际收益有很大影响。到期一次付息的债券，其利息通常是按照单利计算的；年内分期付息的债券，其利息是按照复利计算的。

债券的持有期是指企业购入债券的日期至所投资债券要求偿还债券本金的日期之间的间隔，一般持有期期限越长，价值变动的幅度就会越大。

【阅读材料 8 - 2】

流通债券

流通债券是指已经在二级市场上流通的债券。它们在估价时需要考虑现在至下一次利息支付的时间因素。流通债券具有到期时间小于债券发行在外的时间的特点，估价的时点并不在发行日，可以是任意到期前的时点，会产生非整数计息问题。

一般情况下，在进行流通债券估价时可以有两种方法：其一是以现在为折算时间点，历年现金流量按非整数计息期折现；其二是以最近一次付息时间为折算时间点，计算历次现金流量现值，然后将其折算到现在时点。

## 三、债券估价的模型

### （一）债券估价的基本模型

典型的债券是投资者要求的收益率各期不变、每年计算并支付一次利息、到期归还本金。按照这种模式，债券价值计算的基本模型是：

$$PV = \frac{I_1}{(1+i)^1} + \frac{I_2}{(1+i)^2} + \cdots + \frac{I_n}{(1+i)^n} + \frac{M}{(1+i)^n}$$
$$= M \times r \times (P/A, i, n) + M \times (P/F, i, n) \quad (8-2)$$

式中，$PV$ 为债券价值；$I$ 为每年利息；$M$ 为债券面值；$r$ 为债券票面利率；$i$ 为折现率，一般采用当时的市场利率或投资的必要报酬率；$n$ 为债券持有期数。

【例 8 - 1】某国债面值 1 000 元，票面利率为 6%，期限为 5 年，某企业打算对这种债券进行投资，要求必须获得 8% 的报酬率，请问这个债券发行价格为多少时才能进行投资？

根据上述公式，可得：

$PV = 1\,000 \times 6\% \times (P/A, 8\%, 5) + 1\,000 \times (P/F, 8\%, 5)$

　　$= 60 \times 3.993 + 1\,000 \times 0.681$

　　$= 920.58$（元）

即这种国债的价格必须低于 920.58 元时，企业才能购买，否则将得不到 8% 的报酬率。

一般而言，如果市场是有效的，债券的内在价值与发行者的发行价格以及投资者的认购价值都应该是一致的。但事实上，债券的价值不是一成不变的，债券发行后，虽然债券的面值，票面利率和债券期限会保持不变，但必要收益率会随市场状况变化而变化，形成一定的溢价和折价。

**（二）债券估价的具体模型**

不同种类的债券特点不同，因而估价使用的具体模型存在一定差异，具体模型如下：

1. 平息债券

平息债券是指利息在到期时间内平均支付的债券。支付的频率可能是一年一次、半年一次或者每季度一次等。平息债券价值的计算公式如下：

$$PV = \sum_{t=1}^{m} \frac{I/m}{(1+i/m)^t} + \frac{M}{(1+i/m)^t} \qquad (8-3)$$

式中，$m$ 为 1 年内付息的次数；其他变量含义同上。

【例 8-2】有一债券面值为 1 000 元，票面利率为 8%，每半年支付一次利息，5 年到期；假设年折现率为 10%，该债券的价值是多少？

半年利息为 40 元，债券期限为 5 年，共有 10 个计息期，对应计息期的利率为 5%，根据公式有：

$PV = 40 \times (P/A, 5\%, 10) + 1\,000 \times (P/F, 5\%, 10)$
$\quad\; = 40 \times 7.7217 + 1\,000 \times 0.6139$
$\quad\; = 922.77$（元）

该债券的价值比每年付息一次时的价值（924.28 元）降低了。债券付息期越短价值越低的现象，仅出现在折价出售的状态。如果债券溢价出售，则情况正好相反。

2. 纯贴现债券

纯贴现债券是指承诺在未来某一确定日期作某一单笔支付的债券。这种债券的特有人在债券到期日前得不到任何现金支付，因此，也称为"零息债券"。没有标明利息计算规则的，通常采用按年计息的复利计算规则。

纯贴现债券价值的计算公式如下：

$$PV = \frac{F}{(1+i)^n} \qquad (8-4)$$

式中：$F$ 为到期时的现金流入。

【例 8-3】某 5 年期国债，面值为 1 000 元，票面利率为 12%，单利计息，到期一次还本付息。假设折现率为 10%（复利，按年计息），其价值为：

$PV = \dfrac{1\,000 + 1\,000 \times 12\% \times 5}{(1+10\%)^5} = 993.47$（元）

到期一次还本付息债券，实际是一种纯贴现债券，只不过到期日不是按面值而是按本利和一次性支付。

3. 永久债券

永久债券是指没有到期日，永不停止定期支付利息的债券。英国和美国都发行过这种债券。对于这种债券，通常政府都保留了回购债券的权利。优先股实际上也是一种永久债券，如果公司的股利支付没有问题，将会持续地支付固定的优先股股息。

永久债券的价值计算公式如下：

$$PV = \frac{I}{i} \qquad (8-5)$$

式中：$I$ 为每年债券利息；$i$ 为折现率。

4. 可赎回债券

可赎回债券亦称"可买回债券"，是指发行人有权在特定的时间按照某个价格强制从债券持有人手中将其赎回的债券。它可被视为债券与看涨期权的结合体。在市场利率跌至比可赎回债券的票面利率低得多的时候，债务人如果认为将债券赎回并且按照较低的利率重新发行债券，比按现有的债券票面利率继续支付利息要合算，就会将其赎回。可赎回条款通常在债券发行几年之后才开始生效。赎回价格一开始可能高于债券面值，随着时间推移，逐渐与债券面值重合。但也可以一开始就与面值相等。债券发行人有时仅赎回一部分发行在外的债券。可以选择的赎回债券方法：一是通过计算机随机抽取债券的编号，抽中的予以赎回；二是所有的债券的面值按一定比例被赎回。在这种情况下，可赎回债券持有者的现金流量包括两部分：赎回前正常的利息收入和赎回价格。

【阅读材料 8-3】

**龙湖地产提前赎回 2019 年到期 4 亿美元债券**

2016 年 10 月 25 日龙湖地产（960.HK）在港交所发布公告称，以面值的 103.4375%（附带应计未付利息）悉数赎回本金额 4 亿美元的优先票据 LNCN6.87510/18/19。赎回日为 11 月 25 日，总赎回价（连同应计未付利息）将为 4.17 亿美元，相当于每 1 000 美元面值对 1 041.44097 美元。

LNGFOR 6.87510/18/19 是一笔可赎回债券，依据合约条款，发行人可以在 2016 年 10 月 18 日及其后任意一日以面值的 103.4375% 赎回该笔债券。

稍早前，在 10 月 20 日，龙湖地产 CEO 邵明晓曾表示，鉴于人民币对美元的走贬趋势，龙湖地产将"继续赎回现有美元债务，使其在总债务中的占比低于 20%"。

龙湖地产的 2016 年中报显示，截至 6 月底，公司总借贷中，77.7% 以人民币计价，另外 22.3% 以外币计价；固定利率债务占总债务的比率则为 53%。2016 年上半年，龙湖地产取得 51.7 亿人民币境外银行借款，发行 81 亿人民币公司债（票息介于 3.19% ~ 3.75%），融资成本降至历史低点 5.18%（2015 年底为 5.74%）；2016 年 7 月，另发行 37 亿人民币境内公司债（票息介于 3.06% ~ 3.68%），融资成本进一步降低。

## 四、债券的收益率估价模型

在采用上述模型估算债券价值时，是假设折现率已知，通过对债券的现金流量进行折现计算债券价值。而在收益率估价模型中，是债券当前的市场价格已知，计算折现率，这个折现率就是债券的实际收益率，也是内含收益率，它是使未来现金流量现值等于债券购入价格的折现率。投资者可以通过这个指标进行决策，即如果算出来的收益率等于或大于投资者要求的收益率，则应该购买该债券，反之，则应该放弃。

【例 8-4】M 公司 2×17 年 1 月 1 日以 1 105 元的价格购买一张面额为 1 000 元的 5 年期债券，票面利率为 8%，每年 1 月 1 日支付一次利息，该公司持有债券至到期，计算其到期收益率。

假设到期收益率为 $i$，根据题意，可列下列等式：

$1\,105 = 80 \times (P/A, i, 5) + 1\,000 \times (P/F, i, 5)$

用"内插法"解该方程。

先用票面利率 $i=8\%$ 试算：

$80 \times (P/A, 8\%, 5) + 1\,000 \times (P/F, 8\%, 5) = 1\,000$

由于 $i=8\%$ 时，等式左边等于 $1\,000$，小于 $1\,105$，可判断收益率低于 $8\%$。

当 $i=6\%$ 时，

$80 \times (P/A, 6\%, 5) + 1\,000 \times (P/F, 6\%, 5) = 1\,084.29$

由于 $1\,084.29$ 仍然小于 $1\,105$，还应进一步降低折现率。

当 $i=4\%$ 时，

$80 \times (P/A, 4\%, 5) + 1\,000 \times (P/F, 4\%, 5) = 1\,178.04 > 1\,105$，可判断收益率介于 $4\% \sim 6\%$，

用查补法计算近似值：

$$i = 4\% + \frac{1\,178.04 - 1\,105}{1\,178.04 - 1\,084.29} \times (6\% - 4\%) = 5.56\%$$

如果投资者期望的收益率高于 $5.56\%$，则应拒绝该投资计划。

## 第三节　股票估价

### 一、股票概述

#### （一）股票内涵

股票是股份证书的简称，是股份公司为筹集资金而发行给股东作为持股凭证并借以取得股息和红利的一种有价证券。每股股票都代表股东对企业拥有一个基本单位的所有权。这种所有权是一种综合权利，如参加股东大会、投票表决、参与公司的重大决策、收取股息或分享红利等。同一类别的每一份股票所代表的公司所有权是相等的。每个股东所拥有的公司所有权份额的大小，取决于其持有的股票数量占公司总股本的比重。股票是股份公司资本的构成部分，可以转让、买卖或作价抵押，是资本市场的主要长期信用工具，但不能要求公司返还其出资。股东与公司之间的关系不是债权债务关系。股东是公司的所有者，以其出资份额为限对公司负有限责任，承担风险，分享收益。

股票是社会化大生产的产物，已有近 400 年的历史。作为人类文明的成果，股份制和股票也适用于我国社会主义市场经济。企业可以通过向社会公开发行股票筹集资金用于生产经营。国家可以通过控制多数股权的方式，用同样的资金控制更多的资源。目前，在上海、深圳证券交易所上市的公司，绝大部分是国家控股公司。

#### （二）股票性质

1. 股票是一种有价证券。它是股份有限公司在筹集资本时向出资人公开发行的、用以证明出资人的股东身份，并根据股票持有人所持有的股份数享有权益和承担义务的可转让的

书面凭证。

2. 股票是一种要式证券。即股票作为股东的持股凭证，必须具备必要的形式和内容，并以精确的文字来表达。按照我国《公司法》规定，股票必须具备"公司名称、公司成立日期、股票种类、票面金额、代表的股份数、股票的编号"等规定内容，否则就无法律效力。

3. 股票是一种证权证券。股票代表的是股东权利，它的发行是以股份的存在为条件的，股票只是把已存在的股东权利表现为证券的形式，它的作用不是创造股东的权利，而是证明股东的权利。

4. 股票是一种资本证券。它是把资本投入企业的一种书面证明文件，是投入股份公司资本份额的证券化，但是，股票又不是一种现实的资本，股份公司通过发行股票筹措的资金，是公司用于营运的真实资本。股票独立于真实资本之外，在股票市场上进行着独立的价值运动，是一种虚拟资本。

5. 股票是一种综合权利证券。股票所反映的股东拥有的综合权利，包括资产收益（如分红）、重大决策、选择管理者（如股东大会表决）等诸多权利。

（三）股票的作用

1. 股票是一种出资证明，当一个自然人或法人向股份有限公司参股投资时，便可获得股票作为出资的凭证。

2. 股票的持有者凭借股票来证明自己的股东身份，参加股份公司的股东大会，对股份公司的经营发表意见。

3. 股票持有者凭借股票参与股份发行企业的利润分配，也就是通常所说的分红，以此获得一定的经济利益。

（四）股票的分类

股票种类很多，可谓五花八门、形形色色。这些股票名称不同，形式和权益各异。股票的分类方法因此也是多种多样的。

1. 按照股东享有的权利和承担的义务不同，股票可分为普通股、优先股和后配股。

普通股是在公司的经营管理和盈利及财产的分配上享有普通权利的股份，代表满足所有债权偿付要求及优先股东的收益权与求偿权要求后对企业盈利和剩余财产的索取权。

优先股指在利润分红及剩余财产分配的权利方面优先于普通股、但参与公司决策管理等权利受到限制的股份。

后配股是在利益或利息分红及剩余财产分配时比普通股处于劣势的股票，一般是在普通股分配之后，对剩余利益进行再分配。

2. 按照发行对象和上市地区不同，可将股票分为A股、B股、H股、N股和S股。

A股为我国境内的公司发行，供境内机构、组织或个人以人民币认购和交易的普通股股票。沪市股票代码为6开头，深市主板股票为00开头、中小板为002开头、创业板为300开头，皆以人民币交易。

B股为人民币特种股票，是以人民币标明面值，以外币认购和买卖，在上海证券交易所和深圳证券交易所上市流通的股票。它是境外投资者和国内投资者以美元或港币向我国的股份有限公司投资而形成的股份。沪市B股代码以90开头，美元交易；深市B股代码以20开头，港币交易。

H 股，指在中国大陆注册、在中国香港上市的外资股。

N 股，指在中国大陆注册、在纽约上市的外资股。

S 股，是指主要生产或经营等核心业务在中国大陆、而企业注册地在内地，但在新加坡上市挂牌的企业股票。

3. 根据发行公司业绩，可将股票分为蓝筹股、绩优股、垃圾股、ST 股等。

蓝筹股是指具有稳定的盈余记录，能定期分派较优厚的股息，被公认为业绩优良的公司发行的普通股票。"蓝筹"一词源于西方赌场，其中蓝色筹码最为值钱，红色筹码次之，白色筹码最差。

绩优股主要指的是业绩优良且比较稳定的公司股票。这些公司经过长时间的努力，具有较强的综合竞争力与核心竞争力，在行业内有较高的市场占有率，形成了经营规模优势，利润稳步增长，市场知名度较高。

垃圾股指的是业绩较差的公司的股票，与绩优股相对应。这类上市公司由于行业前景不好，或者由于经营不善等，有的已进入亏损行列。其股票在市场上的表现萎靡不振，股价走低，交投不活跃，年终分红也差。

ST 股是指境内上市公司连续两年亏损，被进行特别处理的股票。*ST 是指境内上市公司连续三年亏损的股票。

4. 根据股票是否记载股东姓名，可将股票分为记名股票和无记名股票。

记名股票是在股票票面上和公司股东名册上记载股东姓名或名称的股票。这种股票除了股票上所记载的股东外，其他人不得行使其股权且股权的转让有严格的法律程序与手续，需办理过户。我国《公司法》规定，向发起人、国家授权投资的机构、法人发行的股票，应为记名股票。公司章程一般都规定记名股票不得转让给对抗公司的第三者。

不记名股票是在股票票面上不记载股东姓名或名称的股票。这类股票的持有人及股份的所有人具有股东资格，不记名股票可以自由转让、继承、无需办理过户手续。

5. 根据股票是否记载每股金额，可将股票分为有面值股票和无面值股票。

有面值股票是在票面上标明一定金额的股票。持有这种股票的股东，对公司享有的权利和承担的义务大小以其所持有的股票票面金额占公司发行在外股票总面值的比例而定。

无面值股票是不在票面上标明金额，只载明占股本总额的比例或股份数的股票。无面值股票的价值随公司财产的增减而变动，而股东对公司享有的权利和承担义务的大小直接以股票标明的比例而定。

目前，我国《公司法》不承认无面值股票，规定股票应记载股票的面额，并且其发行价格不得低于票面金额。

6. 根据股票上表示的股票份数来划分，可将股票分为单一股票和复数股票。

单一股票，又称单数股票，指每张股票只包含一股股份的股票，也即一票一股的股票。对于股票投资者来说，每当他拥有发行公司一个股份就享有请求发行一张股票的权利，它是公司股票的基本单位，也是股票的最小单位。

复数股票，是"单一股票"的对称，指一张股票上表明持有人享有两个以上股份的股票，如十股票，五十股票，一百股票等。

7. 根据股票所代表的权利不同划分，可将股票分为普通股票和特别股票。

普通股票，为股份公司依法发行的代表股东享有平等权利和义务，不加特别限制、股利不固定的股票。普通股是是股份公司资本的最基本部分，其股息随公司利润大小而增减。

特别股票，是"普通股票"的对称，指公司发行的享有特别权利的股份，包括优先股、混合股、后配股、可转换股、可赎回股等股票。有些特别股票可按规定利率优先取得固定股息，但其股东的表决权有所限制。

8. 根据股票持有者有无表决权来划分，可将股票分为表决权股票和无表决权股票。

表决权股股票是指持有人对公司的经营管理享有表决权的股票。它具体又可分为普通表决权股股票、多数表决权股股票、限制表决权股股票、有表决权优先股股票等。

无表决权股票是特别股票的一种，股东一般只有盈利分派和剩余财产的分配权，没有经营管理的参与权，不能像普通股东一样享有出席股东大会权、发言权、表决权、选举权和被选举权。

### （五）股票基本特征

1. 不可偿还性。股票是一种无偿还期限的有价证券，投资者认购了股票后，就不能再要求退股，只能到二级市场卖给第三者。股票的转让只意味着公司股东的改变，并不减少公司资本。从期限上看，只要公司存在，它所发行的股票就存在，股票的期限等于公司存续的期限。

2. 参与性。股东有权出席股东大会，选举公司董事会，参与公司重大决策。股票持有者的投资意志和享有的经济利益，通常是通过行使股东参与权来实现的。

股东参与公司决策的权利大小，取决于其所持有的股份的多少。从实践中看，只要股东持有的股票数量达到左右决策结果所需的实际多数时，就能掌握公司的决策控制权。

3. 收益性。股东凭其持有的股票，有权从公司领取股息或红利，获取投资的收益。股息或红利的大小，主要取决于公司的盈利水平和公司的盈利分配政策。

股票的收益性，还表现在股票投资者可以获得价差收入或实现资产保值增值。通过低价买入和高价卖出股票，投资者可以赚取价差利润。以美国可口可乐公司股票为例。如果在1983年底投资1 000美元买入该公司股票，到1994年7月便能以11 554美元的市场价格卖出，赚取10倍多的利润。在通货膨胀时，股票价格会随着公司原有资产重置价格上升而上涨，从而避免了资产贬值。股票通常被视为在高通货膨胀期间可优先选择的投资对象。

4. 流通性。股票的流通性是指股票在不同投资者之间的可交易性。流通性通常以可流通的股票数量、股票成交量以及股价对交易量的敏感程度来衡量。可流通股数越多，成交量越大，价格对成交量越不敏感（价格不会随着成交量一同变化），股票的流通性就越好，反之就越差。股票的流通，使投资者可以在市场上卖出所持有的股票，取得现金。通过股票的流通和股价的变动，可以看出人们对于相关行业和上市公司的发展前景和盈利潜力的判断。

那些在流通市场上吸引大量投资者、股价不断上涨的行业和公司，可以通过增发股票，不断吸收大量资本进入生产经营活动，收到了优化资源配置的效果。

5. 价格波动性和风险性。股票在交易市场上作为交易对象，同商品一样，有自己的市场行情和市场价格。由于股票价格要受到诸如公司经营状况、供求关系、银行利率、大众心理等多种因素的影响，其波动有很大的不确定性。正是这种不确定性，有可能使股票投资者遭受损失。价格波动的不确定性越大，投资风险也越大。因此，股票是一种高风险的金融产品。例如，称雄于世界计算机产业的国际商用机器公司（IBM），当其业绩不凡时，每股价格曾高达 170 美元，但在其地位遭到挑战，出现经营失策而招致亏损时，股价又下跌到 40 美元。如果不合时机地在高价位买进该股，就会导致严重损失。由上分析，可以看出股票的特性：第一，股票具有不可返还性。股票一经售出，不可再退回公司，不能再要求退还股金。第二，股票具有风险性。投资于股票能否获得预期收入，要看公司的经营情况和股票交易市场上的行情，而这都是不确定的，变化极大，必须准备承担风险。第三，股票市场价格即股市具有波动性。影响股市波动的因素多种多样，有公司内的，也有公司外的；有经营性的，也有非经营性的；有经济的，也有政治的；有国内的，也有国际的等。这些因素变化频繁，引起股市不断波动。第四，股票具有极大的投机性。股票的风险性越大，市场价格越波动，就越有利于投机。投机有破坏性，但也加快了资本流动，加速了资本集中，有利于产业结构的调整，增加了社会总供给，对经济发展有着重要的积极意义。

## 二、股票价值的影响因素

与债券价值评估类似，对普通股进行价值评估一般可以采用现金流量折现法。比较通用的估价模型是股利折现模型，该模型主要的影响因素仍旧是预计的现金流量、折现率和持有期限。

### （一）持有期限

普通股可以分为长期持有和短期持有。一般情况下，投资者投资于股票，不仅希望得到股利收入，还希望在未来出售时从股票价格上涨中获得好处，这时候持有股票是有一定期限的；而如果投资者的投资期限非常长，那么期限趋近于无限，股票的估价只能计算近似数。

### （二）预计的现金流量

股票带给持有者的现金流入包括两部分：股利收入和出售时的售价。如果股东永远持有股票，其只获得股利，是一个永续的现金流入。预期的股利一般分为三种情况，固定股利（预期股利增长率为零）、固定增长股利（股利按照常数 g 增长）和非固定增长股利（增长率分阶段变化）。但是如果投资者不打算永久地持有股票，而在一段时间后出售，他的未来现金流入是持有股票期间的股利和出售股票时的股价。

【阅读材料 8-4】

### 自由现金流量模型

在股利折现法下，如果股东长期持有股票，那么股利是股东收到的唯一现金流量，但事实上，股利与净收益或现金流量在绝大多数情况下并不相等，因此，以股利估计出的股票价格并不能真实反映股票价值。但由于其简单易操作的特性，仍旧是大多数投资者采用的估价方式。这里简单介绍一种更准确，但也比较复杂的股票估价模型——自由现金流量模型。

自由现金流量模型有两种表达方式，主要是现金流量的选取不同，一种是选取股权自由现金流量作为现金流量进行折现计算，另一种是选取公司自由现金流作为现金流量进行折现计算。股权自由现金流量（FCFE）是指归属于股东的剩余现金流量，即公司在履行了所有的财务责任并满足了自身再投资之后的剩余现金流量，如有发行的优先股还应扣除优先股股息。计算公式如下：

FCFE = 净利润 + 非现金支出净额 − 营运资本追加支出 − 资本性追加支出 + 优先股净增

加额+债务净增加额 (8-6)

计算出现金流量后再用投资者要求的收益率折现就得到了股权价值。

公司自由现金流量是指公司在支付了经营费用和所得税之后,向公司权利要求者支付现金之前的全部现金流量,即等于股权自由现金流量、债权现金流量和优先股股权现金流量之和。其计算公式为:

FCFF = 息税前利润×(1-所得税税率)+非现金支出净额-营运资本追加支出-资本性追加支出 (8-7)

计算出公司自由现金流量后,要用企业的加权平均资本成本进行折现,计算出来的现值是公司价值的现值,还要在此基础上减去负债的市场价值从而得到股权价值。

### (三) 折现率

普通股投资的必要收益率是非常重要的。通常采用必要收益率作为股价估价的折现率。学术界有两种方法确定普通股投资的必要收益率:一种是根据资本资产定价模型确定;另一种是根据预期收益率确定必要收益率。本章只介绍第二种方法。

如果资本市场是有效的,那么估计的期望收益率应该是必要收益率的一个较好估计。如果已知股票的市场价格,预期股利及股利增长率,那么可以通过公式(8-8)计算股票的预期收益率:

$$r = \frac{Div_1}{P_0} + g \qquad (8-8)$$

式中:$Div_1$为股票第一期股利;$P_0$为股票当期股价;$g$为股利增长率。

### (四) 股利增长率

除了上述三个必要因素之外,股利增长率也是影响股票价值的重要因素,如果没有外来资本,股利增长的来源就是留存收益和由留存收益带来的报酬。对于公司的收益,可以将其用于投资,以获得比上一年更多的收益,进而可以支付更多的股利。在股利固定增长的情况下,股利增长率可以用下列公式计算:

股利增长率=(1-股利支付率)×净资产收益率=留存收益比率×净资产收益率

## 三、股票估价的折现模型

### (一) 股票估价的基本模型

利用股利折现模型对普通股进行价值评估的一般模型如下:

$$V = \frac{D_1}{(1+r)^1} + \frac{D_2}{(1+r)^2} + \cdots + \frac{D_n}{(1+r)^n} \qquad (8-9)$$

式中:$D_n$为第$n$年的股利;$r$为折现率,一般采用资本成本率或投资的必要报酬率;$n$为折现期数。

### (二) 股票估价的具体模型

根据股利变化的情况,将股票分为三类:零增长股、固定增长股和非固定增长股,分别采用固定股利模型、固定股利增长率模型和股利多阶段增长模型。

1. 固定股利模型

固定股利也称为零增长股利,即股利维持在某一固定股利水平上。其特点是股利增长率

为零,每年股利相等,股票的未来现金流表现为永续年金。股票价值为:

$$P_0 = \frac{D}{r} \tag{8-10}$$

2. 固定股利增长率模型

所谓固定股利增长率,是指各期股利以单一固定增长率($g$)增加。假定公司上一年股利为 $D_0$,则第一年年末股利为 $D_1 = D_0(1+g)$,第二年年末股利为 $D_2 = D_0(1+g)^2$,依此类推,第 $n$ 年年末股利为 $D_n = D_0(1+g)^n$,则股票价值为:

$$P_0 = \sum \frac{D_0(1+g)^n}{(1+r)^n} \tag{8-11}$$

当 $g$ 为常数,并且 $r > g$ 时,上式可简化为:

$$P_0 = \frac{D_0(1+g)}{r-g} = \frac{D_1}{r-g} \tag{8-12}$$

3. 股利多阶段增长模型

根据公司未来的增长情况,非固定增长股可分为两阶段模型、三阶段模型或更多阶段模型,只要最后将各个阶段的现值相加即可得出股票价值。本章以两阶段增长模型为例,假设股利增长按增长率不同分为两个阶段,第一个阶段增长率为高增长率($g_1$),第二个阶段增长率变为低成长率($g_2$)即进入稳定增长阶段。在这种情况下,要分段计算才能确定股票价值。第一个阶段股利现值为一个有限期间的股利现值,第二阶段为一个持续增长的固定股利增长率的现值。其计算公式为:

$$P_0 = \sum_{t=1}^{n} \frac{D_t}{1+r} + \frac{P_n}{(1+r)^n} \tag{8-13}$$

其中,

$$P_n = \frac{D_{n+1}}{r-g} \tag{8-14}$$

式中,$P_n$ 为第 $n$ 期期末的股票价值;$r$ 为第 $n$ 期以后股票投资必要收益率;$g$ 为第 $n$ 期以后股利稳定增长率。

【例 8-5】M 公司正在规划一项投资计划,该计划实施后,接下来 3 年内将给股东带来每年 40% 的股利增长率,3 年后转入正常增长,每年股利增长率为 6%,上年公司每股股利为 0.5 元,M 公司的必要收益率为 15%,问 M 公司股票每股价值是多少?

根据已知资料,可以求解高成长阶段三年中每年股利数,结果见表 8-1。

表 8-1 股利计算表 单位:元

| 期间 | 0 | 第 1 年 | 第 2 年 | 第 3 年 |
|---|---|---|---|---|
| 股利 | 0.5 | 0.5 × (1+40%) = 0.7 | 0.7 × (1+40%) = 0.98 | 0.98 × (1+40%) = 1.37 |

根据表 8-1,可得出 $P_0 = \frac{0.7}{1.15} + \frac{0.98}{1.15^2} + \frac{1.37}{1.15^3} + \frac{1.37 \times 1.06}{15\% - 6\%} \times \frac{1}{1.15^3} = 12.86$(元)

【阅读材料 8-5】

## 价格乘数法

投资者除了利用折现模型进行股票估价外,还可以采用价格乘数法进行估价。这种方法是一种相对估价法,主要是通过拟估价公司的某一变量乘以价格乘数来进行价值评估。确定适当的变量和乘数是应用这一方法的关键。这种方法不仅可以用在股票价值评估上,而且可以应用在企业价值评估上。

在用这种方法评估股票价格时,乘数是指股价与财务报表上某一指标的比值,常用的报表指标有每股收益、息税折旧摊销前收益、销售收入、账面价值和现金流量等,利用它们可以分别得到价格收益乘数、公司价值乘数、销售收入乘数以及账面价值乘数等。估值模型如下:

$$股票价值 = 选定指标的预期值 \times 乘数 \quad (8-15)$$

如果市场是有效的,市场上相似的资产一定会有相似的价格,此法估算的资产价值便是有效的。且这种方法简明易懂,计算简单,便于推广运用。

### 四、股票估价的非折现模型

#### (一) 市盈率模型

市盈率(P/E)是指普通股每股市价与每股收益的比值,反映投资者愿意为每一元的当期收益支付多少钱。市盈率模型可操作性强,可以粗略地反映股票的价值,它表明市场对某只股票的基本评价。投资者依据下式来估算股票价值:

$$市盈率 = 每股股票价格/每股收益 \quad (8-16)$$
$$股票价值 = 行业平均市盈率 \times 该股票每股收益 \quad (8-17)$$

一般高市盈率说明企业能够获得社会信赖,具有良好的发展前景,但要结合资本市场当时的平均市盈率,而不能简单判断越低越好或越高越好。市盈率通常不能用于不同行业间的公司比较。在其他因素保持不变的情况下,充满发展机会的朝阳行业以及高成长前景行业的市盈率普遍较高,而成熟工业或者高风险行业的市盈率普遍较低。因此,在运用此指标评价企业的盈利能力时,应与同行业的其他企业和行业平均水平进行比较。

【例 8-6】M 股份有限公司每股收益是 2 元,该公司主营业务所处行业的平均市盈率为 19.4,请问 M 股份有限公司的股价为多少时,你才会购买?

按市盈率估价,M 公司股票价值 = 2 × 19.4 = 39.8(元)

股票价格低于 39.8 元时,才值得购买。

市盈率模型的优点是:首先,计算市盈率的数据容易取得,并且计算简单;其次,市盈率把价格和收益联系起来,直观地反映投入和产出的关系。但如果收益是负值,市盈率就失去了意义,而且市盈率还受到整个经济景气程度的影响。因此,市盈率模型适合连续盈利,并且其系统风险与市场系统风险接近的企业的估价。

#### (二) 市净率模型

市净率计价模型(Market-to-Book Value Model)是计算股票价值的另外一种方法。这种方法假设股权价值是净资产的函数,类似企业有相同的市净率,净资产越大则股权价值越大。因此,股票市值是净资产的一定倍数,目标股票价值可以用每股净资产乘以平均市净率计算,具体估值模型如下:

$$市净率 = 股票市值/资产净值 \quad (8-18)$$
$$股票价值 = 平均市净率 \times 每股净资产 \quad (8-19)$$

**【例 8-7】** M 股份有限公司今年的每股净资产是 2 元，该公司主营业务所处行业的平均市净率为 16.7，问 M 股份有限公司的股价为多少时，你才会购买？

按照市净率估价，M 公司股票价值 = 2×16.7 = 33.4（元）

股票价格低于 33.4 元时，方可购买。

市净率估价模型的优点：首先，净利为负值的企业不能用市盈率估价，而净资产极少为负值，市净率可用于大多数公司；其次，净资产账面价值的数据容易取得，并且容易理解；最后，净资产价值比净利润稳定，也不像利润那样容易被人为操纵。局限性在于：有些行业企业的净资产所占比重小，净资产与企业价值的关系不大。另外有些企业净资产是负值，市净率没有意义。因此，市净率模型主要适用于需要拥有大量资产，净资产为正值的企业的估价。

## 【阅读材料 8-6】

### 股票和债券的区别

股票和债券虽然都是有价证券，都可以作为筹资的手段和投资工具，但两者却有明显的区别。

（1）发行主体不同。作为筹资手段，无论是国家、地方公共团体还是企业，都可以发行债券，而股票则只能是股份制企业才可以发行。

（2）收益稳定性不同。从收益方面看，债券在购买之前，利率已定，到期就可以获得固定利息，而不管发行债券的公司经营获利与否。股票一般在购买之前不定股息率，股息收入随股份公司的盈利情况变动而变动，盈利多就多得，盈利少就少得，无盈利不得。

（3）保本能力不同。从本金方面看，债券到期可回收本金，也就是说连本带利都能得到，如同放债一样。股票则无到期之说。股票本金一旦交给公司，就不能再收回，只要公司存在，就永远归公司支配。公司一旦破产，还要看公司剩余资产清盘状况，那时甚至连本金都会蚀尽，小股东特别有此可能。

（4）经济利益关系不同。债券和股票实质上是两种性质不同的有价证券。二者反映着不同的经济利益关系。债券所表示的只是对公司的一种债权，而股票所表示的则是对公司的所有权。权属关系不同，就决定了债券持有者无权过问公司的经营管理，而股票持有者，则有权直接或间接地参与公司的经营管理。

（5）风险性不同。债券只是一般的投资对象，其交易转让的周转率比股票较低，股票不仅是投资对象，更是金融市场上的主要投资对象，其交易转让的周转率高，市场价格变动幅度大，可以暴涨暴跌，安全性低，风险大，但却又能获得很高的预期收入，因而能够吸引不少人投进股票交易中来。

另外，在公司交纳所得税时，公司债券的利息已作为费用从收益中减除，在所得税前列支。而公司股票的股息属于净收益的分配，不属于费用，在所得税后列支。这一点对公司的筹资决策影响较大，在决定要发行股票或发行债券时，常以此作为选择的决定性因素。

## 本章小结

通过本章学习，应该理解：

1. 财务估价的基本方法是现金流量折现法，该方法涉及三个基本的财务观念：时间价值、风险价值和现金流量。本章结合具体估价对象讨论财务估价的问题，即债券估价和股票估价。现金流量折现法是通过预测公司将来的现金流量并按照一定的贴现率计算公司的现值，从而确定股票发行价格的定价方法。其现金流量贴现法的基本公式如下：

$$P = \sum_{t=1}^{n} \frac{CF_t}{(1+r)^t}$$

2. 债券价值计算的基本模型公式如下：

$$PV = \frac{I_1}{(1+i)^1} + \frac{I_2}{(1+i)^2} + \cdots + \frac{I_n}{(1+i)^n} + \frac{M}{(1+i)^n}$$
$$= M \times r \times (P/A, i, n) + M \times (P/F, i, n)$$

3. 平息债券价值的计算公式如下：

$$PV = \sum_{t=1}^{m} \frac{I/m}{(1+i/m)^t} + \frac{M}{(1+i/m)^t}$$

4. 纯贴现债券的价值计算公式如下：

$$PV = \frac{F}{(1+i)^n}$$

5. 永久债券的价值计算公式如下：

$$PV = \frac{I}{i}$$

6. 股票估价的基本模型如下：

$$V = \frac{D_1}{(1+r)^1} + \frac{D_2}{(1+r)^2} + \cdots + \frac{D_n}{(1+r)^n}$$

7. 固定股利模型公式如下：

$$P_0 = \frac{D}{r}$$

8. 固定股利增长率模型公式如下：

$$P_0 = \sum \frac{D_0(1+g)^n}{(1+r)^n}$$

9. 股利两阶段增长模型是两种模型的结合：第一个阶段股利现值为一个有限期间的股利现值，第二阶段为一个持续增长的固定股利增长率的现值。

## 复习思考题

1. 什么是财务估价？其主要方法是什么？

2. 现金流量折现法是指什么？其模型如何理解？
3. 如何理解现金流量折现法的运用前提和局限性？
4. 债券估价的决定因素包括哪些？
5. 如何理解债务估价的基本模型？
6. 什么是平息债券？其模型如何？
7. 什么是纯贴现债券？其模型如何？
8. 什么是永久债券？其模型如何？
9. 什么是可赎回债券？
10. 如何理解债券的收益率估价模型？
11. 股票价值的影响因素有哪些？
12. 如何理解股票估价的基本模型？
13. 什么是固定股利和固定股利增长率？对应的股票估价模型分别如何理解？
14. 如何理解股利多阶段增长模型的应用？
15. 如何理解股票估价的非折现模型？

### 维桑集团是否可进行股票投资？

维桑集团的必要报酬率为12%，准备投资购买A公司或B公司的股票，两只股票去年每股股利均为2元，其中：A公司的每股股利预计以后每年以6%的增长率增长。B公司的每股股利预计未来3年以20%的增长率高速增长，此后转为正常增长，增长率为6%。则A公司或B公司的股票价格分别为多少时，维桑集团方可购买？

# 第九章 财务管理方法

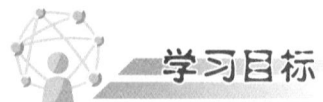

掌握财务预测的基本方法，会利用销售百分比法模拟财务报表和财务计划，并能利用计算机软件进行财务预测，能够利用敏感性分析和场景分析解决财务计划中的不确定性，并根据预测制定公司的计划。掌握财务决策中的筹资决策方式，并理解不同形式的债务筹资和权益筹资。掌握财务杠杆的概念，以及财务杠杆对企业的作用、与风险和收益间的关系。通过掌握无关论（M&M理论）和相关论，理解债务筹资的限度与公司价值。掌握筹资决策中的投资决策过程的评价方法及几种计算方法间的相互关系和区别。了解折旧、营运资本与自发性资源、沉没成本、间接成本、利润侵蚀、生产能力过剩和筹资成本的概念以及对现金流量的确定的影响。了解财务预算的相关概念，掌握财务预算编制的方法和预算的编制内容。掌握财务控制的概念、主体、客体及作用，了解财务控制的内容、财务控制的原则及方法。

## 第一节 财务预测

财务是一家公司计划活动的中心，从两个方面得以体现。第一，预测和计划大多使用财务术语，计划通常以财务报表的形式给出，计划的评估也多通过财务手段。第二，公司的每一项决策都牵涉到财务，即判断在公司资源有限的情况下该项计划是否可行。在财务计划中，财务预测是一项基本且十分重要的任务。财务预测有助于管理层确定公司经营活动变化的影响，识别存在问题并加以修正，能够为财务决策提供更好的指导，最重要的是，能够估计外部融资的需要量，从而使财务计划更加可行。

### 一、模拟财务报表

模拟财务报表是在财务预测中使用最广泛的方法之一。简单来说，模拟财务报表就是通过模拟来计算公司在预测期结束时财务报表看起来会是怎样的。这些预测可以是极为详尽的经营计划，也可以只是粗略大概的估计。但无论怎样，模拟预测都是通过合乎逻辑、内在统一的方式提供信息。

估计公司未来对外部资金的需求量是模拟预测最主要的目的之一，这是财务规划中至关重要的第一步。假如通过模拟财务报表预测发现某公司来年资产将上升至 10 000 元，但负债和所有者权益总额仅为 8 000 元，那么我们将很容易得知，公司来年需要通过外部融资 2 000 元。反之，如果我们预测发现该公司来年资产低于负债与所有者权益总和的 8 000 元，这意味着公司管理者将面对一项令人愉悦的任务——决定如何使用这笔富余现金。

## (一) 销售百分比法

在财务预测过程中,将利润表与资产负债表中的数字与未来的销售收入联系起来是一种直接且有效的方法,我们称该种方法称为"销售百分比法"。该方法的理论依据是,所有可变成本和大部分流动资产、流动负债的金额都会随销售收入的变动而发生变动。当然,这并不适用于财务报表的所有项目,某些项目,例如厂房、设备等需要进行单独预测。

销售百分比法的第一步是查看历史数据,确认哪些财务报表项目与销售收入成比例变化,可以按照销售百分比进行可靠估计,哪些项目需要通过其他信息来进行预测。第二步是预测销售收入。由于财务报表中的许多项目与销售收入成比例的联系到了一起,因此,尽可能准确的预测销售收入的金额至关重要。销售百分比法的最后一步,则是基于新估计的销售收入,按照历史比例来估计财务报表上单个项目的金额。例如,历史数据中,商品存货为销售收入的20%,预计来年的销售收入为10 000元,则可以推知来年的商品存货为2 000元。需要注意的是,模拟财务报表完成之后,最好对销售预测的合理变动范围进行敏感性测试。

【例9-1】现以A银行遇到的一个问题为例,对销售百分比法进行说明。B公司是一家经营玻璃制品的批发商,该公司是A银行的老客户,每年保持约21万元的存款额,五年来一直在使用一笔数额为35万元的可展期短期贷款。由于公司经营稳定,该笔贷款每年只要稍作分析即可得到展期。2018年底,B公司总经理到访A银行,请求银行在2019年内将该笔短期贷款增至350万元。总经理解释说,尽管公司业绩一直在增长,但应付账款不断增加,现金余额有所减少,近期原材料供应商说,如果不能及时收到货款,今后将对公司的采购采取一手交钱一手交货的方式进行。当A银行信贷负责人问及为什么需要350万元时,B公司总经理回答说,350万元"差不多"可以让他支付给态度最为强硬的原材料供应商,以恢复现金余额。

但众所周知,银行贷款审查部门在没有进行详细财务预测的情况下,不会批准此类大额贷款。因此,A银行信贷负责人提议与B公司总经理一起编制一份2019年模拟财务报表,以更准确地预测公司的贷款需求。

如例9-1内容所述,通过销售百分比法编制模拟财务报表的第一步,是查看公司的历史数据。表9-1为B公司2015年至2018年的财务报表数据。比率分析的结果见表9-2。从表9-2中可以很容易看出B公司总经理所担心的流动性降低和应付账款增加的问题,现金和有价证券从日销售收入的22倍缩减到7倍,而应付账款付款期由39天延长至66天。同时,我们还可以发现销售成本,销售和管理费用与销售收入的比例上升,利润未能与销售收入同步增长,这亦是一个需要担心的问题。

表9-1　　　　　　　　　　B公司财务报表(2015~2018年)　　　　　　　　单位:万元

| 利润表 | | | | |
|---|---|---|---|---|
|  | 2015年 | 2016年 | 2017年 | 2018年 |
| 净销售收入 | 7 833.0 | 9 634.8 | 11 272.8 | 14 429.1 |
| 销售成本 | 6 580.0 | 8 189.3 | 9 581.6 | 12 408.9 |
| 毛利 | 1 253.0 | 1 445.5 | 1 691.2 | 2 020.2 |
| 费用: | | | | |
| 销售和管理费用 | 713.3 | 867.3 | 1 127.0 | 1 586.9 |

续表

| 利润表 | | | | |
|---|---|---|---|---|
| | 2015 年 | 2016 年 | 2017 年 | 2018 年 |
| 财务费用 | 70.0 | 72.1 | 77.0 | 63.0 |
| 税前利润 | 469.7 | 506.1 | 487.2 | 370.3 |
| 所得税 | 211.4 | 227.5 | 219.1 | 166.6 |
| 净利润 | 258.3 | 278.6 | 268.1 | 203.7 |
| 资产负债表 | | | | |
| 资产 | | | | |
| 流动资产： | | | | |
| 　现金与有价证券 | 469.7 | 385.7 | 450.8 | 288.4 |
| 　应收账款 | 940.1 | 1 252.3 | 1 465.8 | 2 020.2 |
| 　存货 | 783.3 | 963.2 | 1 352.4 | 1 586.9 |
| 　预付费用 | 9.8 | 8.4 | 10.5 | 12.6 |
| 　流动资产合计 | 2 202.9 | 2 609.6 | 3 279.5 | 3 908.1 |
| 固定资产净值 | 89.6 | 86.8 | 206.5 | 200.9 |
| 资产合计 | 2 292.5 | 2 696.4 | 3 486.0 | 4 109.0 |
| 负债与所有者权益 | | | | |
| 流动负债： | | | | |
| 　银行借款 | 35.0 | 35.0 | 35.0 | 35.0 |
| 　应付账款 | 704.9 | 1 010.1 | 1 698.2 | 2 248.4 |
| 　一年内到期的长期负债 | 42.0 | 35.0 | 35.0 | 70.0 |
| 　应付工资 | 3.5 | 4.9 | 7.0 | 12.6 |
| 　流动负债合计 | 785.4 | 1 085.0 | 1 775.2 | 2 366.0 |
| 长期负债 | 672.0 | 637.0 | 602.0 | 532.0 |
| 普通股 | 105.0 | 105.0 | 105.0 | 105.0 |
| 留存利润 | 730.1 | 869.4 | 1 003.8 | 1 106.0 |
| 负债与所有者权益合计 | 2 292.5 | 2 696.4 | 3 486.0 | 4 109.0 |

表 9 – 2　　　　　　　　B 公司 2015 ~ 2018 年部分财务比率及 2019 年预测

| | 历史 | | | | 预测 |
|---|---|---|---|---|---|
| | 2015 年 | 2016 年 | 2017 年 | 2018 年 | 2019 年 |
| 销售收入年增长率 | — | 23% | 17% | 28% | 25% |
| | 与销售相关的各项比率 | | | | |
| 销售成本（占销售收入的百分比） | 84 | 85 | 85 | 86 | 86 |
| 销售和管理费用（占销售收入的百分比） | 9 | 9 | 10 | 11 | 12 |
| 现金与有价证券（现金销售收入天数） | 22 | 15 | 15 | 7 | 18 |
| 应收账款（回收期） | 44 | 47 | 47 | 51 | 51 |

续表

|  | 历史 | | | | 预测 |
| --- | --- | --- | --- | --- | --- |
|  | 2015年 | 2016年 | 2017年 | 2018年 | 2019年 |
| 存货（周转率） | 8 | 9 | 7 | 8 | 9 |
| 应付账款（付款期） | 39 | 45 | 65 | 66 | 59 |
|  | 其他百分比表示比率 | | | | |
| 所得税率 | 45 | 45 | 45 | 45 | 45 |
| 股利分配率 | 50 | 50 | 50 | 50 | 50 |

注：现金销售天数为365/（销售收入/现金有价证券）

表9-2最后一列是B公司总经理与A银行信贷负责人对于2019年共同作出的预测。根据近年经验，2019年的销售收入预计将比2018年增长25%。但由于劳资纠纷等问题，销售和管理费用将持续上升。将B公司的现金余额同历史数据及竞争对手的情况进行比较后，总经理认为现金和有价证券应至少提高至相当于18天的销售收入。现金与有价证券持有量代表了总经理认为能够有效展开经营活动所需要的最低持有量，若持有超过该数额的现金，则公司贷款需要继续增加，公司经营成本也随之增大。总经理还认为付款期将不超过59天，税率和股利分配率则保持不变。

基于表9-2中对于2019年各项财务比率做出的预测，可以得到如表9-3所示模拟财务报表。基于上述前提假设，报表中唯一还需要作进一步说明的项目是利润表中的财务费用。财务费用显然与公司所要求的贷款规模有关，不过由于我们不清楚贷款规模，因此先假定财务费用与上年持平。

表9-3　　　　　　　　　　B公司2019年模拟财务报表　　　　　　　　　　单位：万元

| 利润表 | | |
| --- | --- | --- |
|  | 2019年 | 项目计算说明 |
| 净销售收入 | 18 036.2 | 比2018年增加25% |
| 销售成本 | 15 511.3 | 销售收入的86% |
| 毛利 | 2 524.9 |  |
| 费用： |  |  |
| 　销售和管理费用 | 2 164.4 | 销售收入的12% |
| 　财务费用 | 63.0 | 假设与2018年持平 |
| 税前利润 | 297.5 |  |
| 所得税 | 133.7 | 税率为45% |
| 净利润 | 163.8 |  |
| 资产负债表 | | |
| 资产 | | |
| 流动资产： | | |
| 　现金与有价证券 | 889.7 | 18天销售收入（18 036.2×18/365） |
| 　应收账款 | 2 520.0 | 收款期51天（18 036.2×51/365） |

续表

资产负债表

| | 2019 年 | 项目计算说明 |
|---|---|---|
| 存货 | 1 723.4 | 周转 9 次（15 511.3/9） |
| 预付费用 | 14.0 | 大致估算 |
| 流动资产合计 | 5 147.1 | |
| 固定资产净值 | 196.0 | 见正文讨论 |
| 资产合计 | 5 343.1 | |
| 负债与所有者权益 | | |
| 流动负债： | | |
| 　银行借款 | 0.0 | 见正文讨论 |
| 　应付账款 | 2 507.4 | 付款期为 59 天（15 511.3×59/365） |
| 　一年内到期的长期负债 | 70.0 | 见正文讨论 |
| 　应付工资 | 15.4 | 大致估算 |
| 　流动负债合计 | 2 592.8 | |
| 长期负债 | 462.0 | |
| 普通股 | 105.0 | |
| 留存利润 | 1 187.9 | 见正文讨论 |
| 负债与所有者权益合计 | 4 347.7 | |
| 外部融资需求量 | 995.4 | |

接下来，我们对模拟财务报表中外部资金需求量的估计计算进行说明。对于企业大多数经营主管而言，公司的利润表比资产负债表更加重要，因为利润表可以衡量公司的盈利能力。而对于财务主管来说，情况则恰好相反，资产负债表才是他们关注的重点，当工作目标在于估计未来资金需求量时，利润表只有在它影响资产负债表的范围内才令人感兴趣。

在 B 公司模拟资产负债表中，首先需要说明的项目是预付费用及应付工资。这两个项目并不随销售增长而稳定变化，且无论预付费用还是应付工资均为小项目，金额少，对于后续预测影响较小，因此无需十分准确预测，大致估计即可。

第二个需要解释的项目是固定资产。B 公司总经理说公司已经通过了 2019 年一项为购入新设备的金额为 30.1 万元的资本预算。另外由于本年度折旧金额为 35 万元，所以 2019 年预计固定资产项目的金额为 196 万元（200.9 万元 + 30.1 万元 − 35 万元）。

这里，我们还需要对负债部分的银行贷款与长期负债金额进行说明。我们先令银行贷款为零，计算出外部融资需要量，然后再考虑可能的银行贷款。对于长期负债金额，在贷款协议中已明确表明，2020 年需要支付部分债务，金额为 70 万元，该笔债务应由长期负债转入流动负债中的"一年内到期的长期负债"中，因此，2019 年模拟资产负债表中长期负债金额为 462 万元（532 万元 − 70 万元）。

最后一个需要解释的项目是留存利润。由于 2019 年 B 公司不打算发行新股，因此普通股账户保持不变，留存利润账户可由以下计算得出。

2019 年留存利润 = 2018 年留存利润 + 2019 年净利润 − 2019 年股利分配

1 187.9 万元 = 1 106.0 万元 + 163.8 万元 - 81.9 万元

当公司的净利润高于股利时，超出部分计入留存利润。留存利润账户是连接利润表与资产负债表的重要桥梁，当净利润增加时，留存利润随之增加，所需贷款的金额将会相应的减少。

编制模拟财务报表的最后一步，即为估计外部融资需求量。通过资产负债表等式，我们可以计算出 B 公司所需的外部融资金额为 995.4 万元（5 343.1 万元 - 4 347.7 万元）。根据我们之前的预测，要达到 B 公司总经理的目标，该公司所需要的贷款金额接近 1 000 万元，而非原先预计的 350 万元。

对于以上预测结果，A 银行的信贷负责人可能会产生两种想法：第一，B 公司预计 2019 年的应收账款达到 2 520 万元，这可以为接近 1 000 万元的贷款提供相应的安全保障；第二，B 公司对待财务计划的草率态度和总经理对于公司今后的战略显示出的无知肯定会产生负面影响。同时，还需要注意的是，我们在模拟财务报表所展示的财务费用并没有包含新的、更大规模的贷款所致的利息支出增加。

## 【阅读材料 9-1】

### 销售预测的技术前沿——基于神经网络的数据挖掘方法

企业财务预测离不开销售预测，但传统的预测系统已远远不能满足要求。随着计算机技术、网络技术、通讯技术和 Internet 技术的发展和各个业务操作流程的自动化，企业产生了数以几十或上百 GB 的销售历史数据，面对这些海量数据，传统的预测系统越来越不适应新的预测要求，主要表现在：大量的历史数据处于脱机状态，变成了"数据坟墓"。预测涉及海量数据的处理，传统的方法无法满足运行效率、计算性能、准确率及存储空间的要求。预测所需的数据含有大量不完整（缺少属性值或仅包含聚集数据）、含噪声（错误或存在偏离期望的孤立点值）、不一致的内容（来源于多个数据源或编码存在差异），导致预测陷入混乱。传统的数据库技术在预测知识的表达、综合和推理方面能力比较薄弱，难以满足日益提高的预测要求。在这种情况下，数据挖掘（Data Mining）的出现引起广泛关注。

目前可用于销售预测的数据挖掘工具主要是一些统计分析方法，如时间序列分析、线性回归模型分析、非线性回归模型分析、灰色系统模型分析、马尔可夫分析法等，它是目前最成熟的数据挖掘技术。然而，一方面由于产品的需求往往是由许多因素综合决定的，传统的统计分析方法往往只是考虑了其中的一部分，而且影响需求的各种因素之间往往存在着各种错综复杂的相互作用，依传统方法建立的简单模型无法表达这种相互作用；另一方面，由于庞大的销售数据集的性质往往非常复杂，且非线性、持续性及噪音普遍存在，因此需要一种不同于传统的新的理论和方法去解决数据挖掘中的问题。而神经网络作为一种非线性自适应动力学系统，具有通过自学习提取信息的内部特征的优点，非常适合解决销售数据中的数据挖掘问题。自从 1987 年 Lapedes 和 Farber 首先应用神经网络进行预测以来，神经网络已成为一种非常有前途的预测方法，近年来已成为经济预测、管理决策、数据挖掘领域研究的热点。

神经网络可很好地胜任数据挖掘技术，它通过模拟人脑反复学习技术来工作的。对给出的样本数据，神经网络通过类似人类记忆过程的方式学习数据中的统计规律，归纳出能描述样本特征的数据模型，然后用已学会的数据模型分类新给出的数据。用神经网络挖掘知识时，分析者首先找出一组变量，这些变量中需要有导致实例结果的因素。神经网络通过反复学习，找出变量与结果的函数关系，再用这一函数对新数据分类、预测、评价等处理。目前已有一些神经网络模型已很好地运用于销售预测，分析、预测销售的未来波动等，表现出良好的运用前景。

资料来源：刘玲梅，孔志周. 数据挖掘在销售预测中的应用 [J]. 商业时代，2004 (17): 8 - 9.

### （二）财务费用

财务费用与负债之间的相互循环往往令入门者对模拟财务报表感到一筹莫展。正如前文提到的，只有外部融资需求量确定之后，才能准确估算出财务费用，但外部资金需求量又依赖于财务费用的多少，因此两者缺一则不可能得到正确的估计值。

解决这一困境通常有两种方法，最可靠的方法是运用 Excel 中迭代方法同时进行财务费用和外部融资需求量的计算，该方法将在后续内容中进行详细说明。另一种方法则更为简单粗暴，即忽略该问题。因为第一次运算的结果足够接近，且预测销售收入和其他变量时总会不可避免地发生误差，所以对财务费用的不准确判断导致的额外偏差往往无关痛痒。

我们在对 B 公司进行模拟财务报表第一次计算时，假定财务费用与上年持平（63 万元），资产负债表上显示有息负债总额为 1 527.4 万元（一年内到期的长期负债 70 万元、长期负债 462 万元与外部资金需求额 995.4 万元的总和），按 10% 的利率计算，财务费用大约为 152.7 万元，比初次计算时多了 89.7 万元。增加的财务费用对 B 公司的影响有多大，我们可以通过对利润表进行修正计算得出。首先，这 89.7 万元的财务费用是税前费用，因此，按 45% 的税率计算，净利润只会减少 49.3 万元，相应地，留存利润部分将会减少约 24.65 万元。由于留存利润的减少，我们在进行外部融资时需要再筹集 24.65 万元。然而，当我们外部资金需求量达到接近 1 000 万元时，多出来的 24.65 万元仅仅是九牛一毛。可以看出，增加财务费用会减少企业的净利润，但它对外部融资需求量的影响并不大。

## 二、模拟财务报表与财务计划

到目前为止，B 公司的模拟财务报表展现了公司经营计划的财务方面内容，当然，这只完成了工作的一半。现在，公司管理层需要认真地进行财务规划。他们需要考虑预测是可以接受的，还是需要针对某些问题进行修改调整。特别是管理层必须明确报表中预测的外部融资需求量是否过高，如果答案是肯定的，也就是说要么 A 银行不愿意贷这笔接近 1 000 万元的巨款，或是 B 公司不想借这么多，那么管理层必须要应对财务上的实际情况，修改其原先的计划。只有这样，企业的财务计划与经营计划才能协调一致。幸运的是，模拟财务报表的反复预测可以提供一个出色的模板。

为了解释模拟财务报表的调整过程，假设 A 银行认为 B 公司的管理层不够了解其财务状况，不愿意为其提供多于 700 万元的贷款。同时 B 公司不存在向其他银行贷款或者发行新股的可能性。此时 B 公司所面对的是调整其经营计划，减少约 300 万元外部融资的需求。

要完成这个任务，管理层有多种方法可以选择，每种方法都涉及企业成长性、盈利性和融资需求之间的平衡。由于我们无法完全了解 B 公司，因此无法像 B 公司的管理层一样权衡得失，但可以通过举例来说明模拟财务报表调整的机理。假设经过一番讨论，B 公司管理层决定测试以下调整后的经营计划：

（1）严格管理应收账款，令应收账款的收款期从原有的 51 天缩短至 47 天。

(2) 要求对赊购条件进行改进，令应付账款的付款期由原来的 59 天延长至 60 天。

由于更为严格的赊购条件会失去一些客户，更长的付款期也会减少及时付款所带来的折扣。因此我们假设在调整经营计划后，B 公司的销售增长率从原有的 25% 降低至 20%，同时，销售管理费用由原来的 12% 提高至 12.5%。

为了测试调整后的计划，我们将表 9-3 中相应项目进行了调整。调整后的模拟财务报表如表 9-4 所示。对于 B 公司来说，好消息是外部融资需求量由原来的 995.4 万元降至 687.8 万元，达到了 A 银行所提出的要求。但从利润表中可以看出，这个调整对净利润同样带来了较大的影响。经营计划调整后，对比表 9-3、表 9-4 可以看出，净利润从 163.8 万元降至 108.2 万元，下降了 33.9%。

调整后的计划是 B 公司的最优选择吗？是否有比现有调整方案更好的方法？很遗憾，对于这些问题，并没有明确的答案。但是通过学习，我们可以看出模拟财务报表预测能够对各种方案的预期收益和成本进行量化，为各种方案的可行性做出说明，对公司的未来规划具有不可忽视的作用。

表 9-4　　　　　　　　　　调整后的 B 公司 2019 年模拟财务报表　　　　　　　　　单位：万元

| | 利润表 | |
|---|---|---|
| | 2019 年 | 项目计算说明 |
| 净销售收入 | 17 315.3 | 比 2018 年增加 20% |
| 销售成本 | 14 891.2 | 销售收入的 86% |
| 毛利 | 2 424.1 | |
| 费用： | | |
| 　销售和管理费用 | 2 164.4 | 销售收入的 12.5% |
| 　财务费用 | 63.0 | 假设与 2018 年持平 |
| 税前利润 | 196.7 | |
| 所得税 | 88.5 | 税率为 45% |
| 净利润 | 108.2 | |
| | 资产负债表 | |
| 资产 | | |
| 流动资产： | | |
| 　现金与有价证券 | 853.9 | 18 天销售收入 [17 315.3×18/365] |
| 　应收账款 | 2 229.6 | 收款期 47 天 [17 315.3×47/365] |
| 　存货 | 1 654.6 | 周转 9 次 [14 891.2/9] |
| 　预付费用 | 14.0 | 大致估算 |
| 　流动资产合计 | 4 752.1 | |
| 固定资产净值 | 196.0 | 同表 9-3 |
| 资产合计 | 4 948.1 | |
| 负债与所有者权益 | | |
| 流动负债： | | |
| 　银行借款 | 0.0 | |

续表

| 资产负债表 | | |
|---|---|---|
| | 2019 年 | 项目计算说明 |
| 应付账款 | 2 447.9 | 付款期为 60 天 [14 891.2 ×60/365] |
| 一年到期的长期负债 | 70.0 | 同表 9 – 3 |
| 应付工资 | 15.4 | 大致估算 |
| 流动负债合计 | 2 533.3 | |
| 长期负债 | 462.0 | |
| 普通股 | 105.0 | |
| 留存利润 | 1 160.1 | 增加额为净利润的 50% |
| 负债与所有者权益合计 | 4 260.4 | |
| 外部融资需求量 | 687.8 | |

### 三、基于计算机软件的预测

除手工制作模拟财务报表进行预测外，利用计算机中的 Excel 等制表软件同样可以制作模拟财务报表，并进行相对复杂的风险分析。为了说明如何利用 Excel 制作模拟财务报表进行财务预测，表 9 – 5 摘录了 B 公司 2018 年财务数据，并对 2019 年的财务报表进行了预测。我们可以将表 9 – 5 视为一个虚拟的 Excel 表格，表中第一行 A、B、C 为 Excel 表格中的行号，第一列中数字为 Excel 表格中列号。虚拟表格的第一个区域汇集了编制模拟报表进行预测所需的必要信息和假设，现在假设该区域中 B 公司的数据与假设与前文中手工预测所使用数据相同。

在必要信息和假设输入完成后，便可进行预测。为方便解释，在预测利润表和预测资产负债表区域的 B 列输入了进行预测所需要的公式函数，在 Excel 中输入相同公式函数即可获得 C 列中数字。当然，在实际操作中，B 列中的公式函数并不会出现。

为完成预测利润表和预测资产负债表，需要进行两个步骤的操作。第一个步骤，是输入一系列连接输入数值和预测输出数值之间的公式（如 B 列所示）。这里以第一个公式为例进行简单说明。该公式为 "= B3 + B3 * C4"，其中 B3 单元格对应 2018 年净销售收入，C4 单元格对应 2019 年预计净销售收入增长率，其含义是告诉计算机从 B3 单元格取出数据，将它和与 C4 单元格相乘后的数据相加，即 14 429.1 万元 + 14 429.1 万元 ×25%。

所有公式函数中，只有三个较为复杂。第一个是关于 20 行财务费用的计算公式，这里，财务费用与长期负债、一年内到期长期负债以及外部融资需求量三个数据有关，然而正如之前文中所讨论过的，外部融资需求量与财务费用是相互关联的。第二个是第 32 行关于所有者权益的计算公式，这里所有者权益为期初所有者权益与本期留存利润之和。第三个是第 35 行外部融资需求量的计算公式，这里外部融资需求量应为资产合计和负债与所有者权益合计之差。

模拟报表计算的第二个步骤是解决财务费用与外部融资需求量之间的相互依存问题。若不进行调整，在输入财务费用公式时，Excel 会显示"循环引用"错误，并终止计算。为避免此情况的发生，需要在 Excel 中进行公式修正。在使用 Excel2010 以上版本时，点击表格界面左上角"文件"按钮,再点击"选项"按钮,在出现界面的左侧选项栏中点击"公式"按钮,并在右侧界面的"计算选项"栏中勾选"启用迭代计算",最后点击"确定",此时预测工作应该已经完成。

现在,假设由于一些现实中的原因,我们在必要信息和假设区域的某些信息或假设需要修改,此时,我们只要在表格中修改相应的数据,然后按下键盘上"F9"键,便可发现 Excel 表格已经进行了重新计算,并将修改后的预测数值显示出来。可见,相比手工计算,Excel 可以帮助我们进行更加精确的计算(例如处理财务费用和外部融资需求量之间的相互关系),还可以帮助我们在情况发生变化时,更加迅捷地进行应对处理。

表 9-5　　　　　　　　　使用 Excel 进行 B 公司模拟财务报表预测　　　　　　单位:万元

| | A | B | C |
|---|---|---|---|
| 1 | 年份 | 2018 年实际值 | 2019 年 |
| 2 | 净销售收入 | 14 429.1 | |
| 3 | 净销售收入增长率 | | 25.0% |
| 4 | 销售成本/净销售收入 | | 86.0% |
| 5 | 销售和管理费用/净销售收入 | | 12.0% |
| 6 | 长期负债 | 532.0 | 462.0 |
| 7 | 一年内到期的长期负债 | 70.0 | 70.0 |
| 8 | 年利率 | | 10.0% |
| 9 | 所得税率 | | 45.0% |
| 10 | 股利分配率 | | 50.0% |
| 11 | 流动资产/净销售收入 | | 29.0% |
| 12 | 固定资产净值 | | 196.0 |
| 13 | 流动负债/净销售收入 | | 14.5% |
| 14 | 所有者权益 | 1 211.0 | |
| | 预测利润表 | | |
| 15 | 年份 | 公式函数 | 2019 年预测值 |
| 16 | 净销售收入 | = B3 + B3 * C4 | 18 036.4 |
| 17 | 销售成本 | = C5 * C19 | 15 511.3 |
| 18 | 毛利 | = C19 − C20 | 2 525.1 |
| 19 | 销售和管理费用 | = C6 * C19 | 2 164.4 |
| 20 | 财务费用 | = C9 * (C7 + C8 + C40) | 161.6 |
| 21 | 税前利润 | = C21 − C22 − C23 | 199.2 |
| 22 | 所得税 | = C10 * C24 | 89.6 |
| 23 | 净利润 | = C24 − C25 | 109.5 |
| 24 | 股利 | = C11 * C26 | 54.8 |
| 25 | 留存利润 | = C26 − C27 | 54.8 |

续表

| A | B | C |
|---|---|---|
| 预测资产负债表 | | |
| 26 流动资产 | = C12 * C19 | 5 230.5 |
| 27 固定资产净值 | = C13 | 196.0 |
| 28 资产合计 | = C31 + C32 | 5 426.5 |
| 29 流动负债 | = C14 * C19 | 2 615.3 |
| 30 长期负债 | = C7 | 462.0 |
| 31 所有者权益 | = B15 + C28 | 1 265.8 |
| 32 负债与所有者权益合计 | = C35 + C36 + C37 | 4 343.0 |
| 33 外部资金需求量 | = C33 - C38 | 1 083.5 |

## 四、不确定性的处理

### （一）敏感性分析

实际工作中财务计划必然会存在不确定性，有一些方法可以帮助我们解决这个问题，其中最简单的方法就是敏感性分析。所谓敏感性分析，简单来说就是我们常说的"如果……将会怎样"这样的问题。倘若B公司的销售收入按15%而非25%增长将会怎样？倘若销售成本是销售收入的80%而非86%又会怎样？敏感性分析是有规律的改变模拟财务报表的某个假设来观察预测数值的变化。

敏感性分析有两个用途。第一，它能够提供有关可能范围的信息。例如，对B公司的模拟财务报表进行敏感性分析可能会显示，根据未来可达到的销售收入，公司对外部资金的需求大概在900万元~1 500万元之间。这就告诉我们，融资计划需要有足够的灵活性，以便随着未来的发展，公司能够获取超过预想结果的额外资金。第二，敏感性分析能够促进公司进行例外管理。敏感性分析的结果可以告诉我们哪些假设对预测结果的影响最大，哪些次之，从而令管理层在收集数据、预测分析以及在将来的财务计划实施过程中，能够将注意力集中在那些最为关键的影响因素上。

### （二）场景分析

敏感性分析在财务预测中具有较高的实用性，但是，财务实务当中，预测很少只在一个假设上出错，任何使得某个预测变得不合理的事件都有可能在影响某一假设的情况下同时影响其他相关假设。

举例来说，我们想估计B公司在销售收入增长率从25%下降到15%时所需的外部融资需求量。若进行敏感性分析的话，只需要将表9-5中销售增长率由25%改为15%，进行重新预测即可。仔细思考不难发现，此时我们的做法基于这样一个假设，即销售收入的减少不会影响构成预测的其他假设条件。然而实际的生产经营过程中，随着销售量跌破预期水平，存货首先会增加，一旦公司为维持销量需要大幅降价，则销售利润也会随之下降。倘若这才是正确的情况，没有将这些假设之间的相互作用考虑进去就会导致对于外部融资需求量的低估。

场景分析能够从更为广阔的视角看待一系列假设因某一特定经济事件而产生的变化，而不是一次仅仅调整一个假设。场景分析的第一步，是对挑选出的一系列可能会发生的事件或场景进行判别。例如，公司失去一个主要客户，成功推出一种新的主打商品，或者一个有竞争力的新对手的入场等。分析的第二步工作是对于每一个挑选出来的场景，重新思考原始预测中的各个变量以及重新确认原有假设是否合理。分析的最后一步是对每一个场景分别加以预测，最后得到有限几个详细计划，这些计划将包括公司可能面对的各种情形。

### 五、预测与公司的计划制定

在一家运营良好的公司里，财务预测仅仅位于计划"冰山"的顶端。公司的管理层们在发展战略和经营计划上花费了大量的时间和精力，这些战略和计划最终将成为公司财务计划的基础。这种正规的计划程序在规模较大、部门较多的公司里尤其重要，因为它通常是公司组织内部协作、沟通和激励的关键手段。

在一家公司里，有效的计划制定通常包括四个正式的阶段，每年循环一次。大致上，这些阶段可以被看成是经过深思熟虑的战略抉择的逐步细化。

在第一阶段，公司总部高级管理层和部门经理需要经过仔细的斟酌制定出公司的战略计划，全面分析市场威胁和公司机会，评价公司自身的优势与劣势，确定公司各业务单位共同追求的目标。在这个最初阶段，整个过程富有创造性，大部分是定性分析，财务预测的作用主要在于总体预测公司面临的资源限制以及验证各种备选战略的财务可行性。

在第二阶段，部门经理和部门员工将第一阶段制定的市场导向的定性目标转化为达成既定目标所必需的一系列部门内部的行动计划。例如，若第一阶段的目标是在今后 18 个月将产品 P 的市场份额提高至少 5%，那么第二阶段的计划要明确规定部门的管理层应当怎样做才能达成目标。此时，尽管还没有通过具体的支出计划，但最高管理层可能已经大致分配了各部门资源。所以，部门经理需要至少做出大概的财务预测，方能确保其计划与高级主管所配置的资源大体一致。

在第三阶段，部门员工要依据第二阶段所制定的行动计划制定出一套定量的计划和预算，这实质上相当于给部门的行动计划贴上一个价格标签。该价格标签通常以经营预算、财务预算两种形式体现出来，本章第三节将主要介绍该部分内容。

在最终阶段，总部高级管理层会将这些详细的部门预算进行综合后编制出公司的财务预测计划。如果部门经理在整个计划的制定过程中很现实地估计了可获取的资源，那么总部管理层的预测将不会出现什么意外。若高级管理层发现在汇总预测中，部门支出计划超出了资源限制，那么就有必要对部门预算进行修正。

在公司计划从高层战略逐渐细化到相应的具体操作指令过程中，本节介绍的预测方法起到了越来越重要的作用。首先，这些方法把公司所选择的战略在财务上清晰地勾勒出来；其次，这些方法还可以测试不同的战略方案；最后，财务预测是一系列技术方法，可以把创造性的想法和战略转化成具体的行动方案。尽管这些方法的使用未必能够保证公司的成功，但缺少它们将会增加失败的概率。

## 第二节　财务决策

大学生在毕业前，面临升学或是就业的人生选择，大家通常会对两种方案进行比较，决定出适合自己的方案。企业面临不同财务方案时，同样需要对其进行比较分析，从而做出决定。我们把这个过程称为财务决策。可见，财务决策的目的在于确定合理可行的财务方案。在实际生产经营活动中，企业主要面临筹资方案和投资方案的选择，即选择合理的获取资金的途径，以及合理的使用资金的途径，这两种财务决策过程，通常称为筹资决策与投资决策。本节内容分别对筹资决策和投资决策进行阐述说明。

### 一、筹资决策

一个高级财务主管的大部分工作就是筹集资金为公司现在的经营和未来的增长提供保障。当我们进行筹资决策时，会面临两个问题。第一个问题是需要多少外部资金，这通常是第一节阐述的财务预测的直接结果。当然，这只是解决问题的开端。接着管理层应对金融市场以及能够成为公司筹资资本的项目作审慎的考虑。假如公司认为难以为拟定的项目筹足所有资金，就应当着手修改原有经营计划，以将新的筹资项目纳入预算约束。

当筹集的外部资金额已经确定，将会面临第二个问题，选择需要出售的证券。这是筹资决策的核心问题。管理层可以从金融市场上选择不同种类的证券，恰当的选择将为公司项目提供必需的资金，而不当的选择将导致公司成本过高、风险过大甚至难以出售证券。在本部分内容中，需要注意的是，大多数经营中的公司都是依靠创造性地获取和配置资产来赚钱，而不是依靠巧妙的筹资途径。这意味着筹资决策应当支持公司的经营战略，而且应该小心避免那些实施时看起来很合理但偏离了公司经营战略的筹资方案。换句话说，面对一项筹资成本更高但能够潜在服务经营战略的筹资项目和筹资成本更低但会让公司经营战略冒险的筹资项目，聪明的管理层会选择前者。

为方便起见，我们将着重讨论单个筹资选择。假设 ABC 公司今年需要筹资 2 亿元，它应当发售债券或股票吗？这里需要注意几点。首先，债券和股票只是能够发行的众多种类的证券中的极端例子。其次，许多企业，特别是中小企业，经常不愿意或无法发行股票。最后，也是非常重要的一点，筹资决策很少是一次性的事件。实际上，在任意时点上的资金筹集仅仅是逐次形成的筹资战略过程中的一个事件。ABC 公司今年需要 2 亿元，明年可能需要 1.5 亿元，未来几年中可能需要更多资金。因此，影响 ABC 公司当前筹资决策的一大要素是今天的选择对公司未来筹资能力所起的作用。归根结底，公司的筹资决策是和它的长期经营目标密不可分的。

如何选择最好的方式给企业筹集资金？对于这个问题，在本部分学习完基础概念之后的案例中，同学们会发现，实际上并没有正确答案，但却有很多错误的答案。对于筹资决策的学习很难给我们一个最正确的答案，但是可以让我们避免许多错误的答案。

#### （一）筹资方式

财务主管作为企业的高级管理层之一，拥有一种特殊的产品——对公司未来现金流的所有权。这种所有权必须进行包装和出售，以便使公司的股票价格达到最高。财务主管的客户包括债权人和投资者,他们因为预期企业未来会产生现金流,所以把资金投入到企业经营中。作为交换,这些客户将会取得一张诸如股票、债券或者贷款协议的凭证,这类凭证说明客户对企业未来现金流的所有权性质。

在包装产品时,为满足公司的需要,以及吸引潜在的客户,财务主管必须对证券进行选择和设计。这就要求他们具有金融工具方面的知识,以及各种金融工具的优缺点。作为基础,我们首先应当了解在进行债务筹资和权益筹资时可以使用的基本金融工具。

1. 债务筹资

债务筹资,简单来说就是指通过负债的方式来筹集资金。不同于权益筹资,债务筹资具有固定的成本,需要在规定的时期偿还规定的金额,且偿还与企业经营业绩的好坏没有任何关系。在现实世界中,几乎没有企业不依靠债务融资即可满足其资金需求。因此,债务筹资对于财务主管来说一种非常重要的筹资方式。

(1) 短期债务。债务筹资按照偿还的期限可以分为短期债务和长期债务,短期债务要求企业在1年以内偿还。由于借入时间短、取得方便,使用起来具有一定的灵活性。但短期内偿还同样给企业带来的一定的风险。

短期债务中最常见的便为短期借款,除此之外,商业信用也是一种重要的短期债务筹资方式。短期借款是企业向银行和其他金融机构借入,期限在1年以内的债务,需要在规定的期限内偿还本金及利息。而商业信用中,除应付票据需要在本金之外偿还利息,应付账款及预收账款均不会产生利息。

(2) 长期债务。长期债务包括了长期借款及债券。与短期借款类似,长期借款同样是企业向银行和其他非银行金融机构借入的资金,与短期借款最根本的不同点是,长期借款具有更长的偿还期,同时,长期借款的金额通常较大。

债券不同于长期借款,其筹资资金的对象不再限于银行等金融机关,而是公开向社会出售的一种筹资方式。在资金需求量较大时,发行债券是一种常见的筹资方法。正如第八章所描述的,构成债券特征的三个变量是:面值、票面利率和到期日。长期借款和债券将是我们在筹资决策中讨论的重点。

2. 权益筹资

股票通常被定义为公司发行给股东来证明其在公司投资入股的权益凭证。其构成了企业的原始资本,也是将来吸收其他或筹措各种债务资本,以及进行资产投资的保证。

(1) 普通股。普通股是一种表示剩余索取权的证券。股东对支付完包括债务利息在内的所有债务后剩下的任何收益享有所有权。如果公司经营良好,则股东便会成为最大的受益者,如果公司走向衰败,股东则会损失惨重。除了股票价格的增长外,股东每年能够获得的钱取决于公司所决定支付的股利。当然,董事会没有一定要支付股利的义务,这点大家需要注意。

(2) 优先股。优先股作为权益的一种,同时具有债务和权益两方面的特征。如同债务,优先股是一种固定收益证券,它承诺每年固定支付给投资者相当于证券票面利率乘以其面值的股利。如同权益,董事会除非自己选择否则无须一定支付这份股利。当然,公司董事会通常会支付优先股股利,其动机在于两方面:第一,在股利支付上,优先股比普通股具有优先权;第二,公司错过一次股利支付后,欠付金额将会积累。同样需要注意的是与普通股的股利一样,优先股的股利同样无法带来避税的效果。鉴于优先股股利的优先支付权以及股利无法带来避税的效果,优先股并不是一种常用的筹资方式。

【阅读材料 9-2】

中小企业的筹资方式——私募筹资

私募筹资是与公募筹资相对应的概念。公募筹资是以社会公开方式向公众投资人筹资,比如面向社会公众发行股票以及之后的增发、配股,或者面向社会公众出售债权,公开发行债券。私募筹资则是面向特定投资人进行的筹资,主要是通过协商或招标等方式来确定投资人,然后向他们出售股份或债权,筹资人因此达到筹资的目的,而投资人则成为筹资企业的股东或债权人。企业实行公募筹资,必须满足有关法律法规提出的企业准入资格和条件,并严格履行有关报批、备案等程序,然后还要及时披露企业信息等。要想公开发行股票和债券,我国的大多数中小企业是不具备准入资格和条件的。相比之下,私募筹资方式比较灵活,条件比较宽松,当事人之间可以通过协商来约定筹资条件和方式。因此,私募筹资成了中小企业获得资金支持的一个十分重要的渠道或方式。

私募筹资不同于非法集资。非法筹资是指筹资主体通过筹资牟取暴利,因而会损害社会大众利益的一种筹资方式,为法律所禁止。2014 年 8 月 21 日,中国证监会发布《私募投资基金监督管理暂行办法》,对私募筹资有明确规定。这意味着私募筹资在一定程度上得到了国家认可。私募筹资是特定市场主体的一种投资行为,投资行为的收益高低取决于投资对象经营状况的好坏。从这个意义上说,私募筹资是特定市场主体的一种合法募集资金的方式。在私募筹资法律关系中,筹资主体与特定投资主体是具有平等地位的市场主体之间的民事法律关系主体,都需要并应当遵循民事法律的平等、自愿、等价有偿原则。也就是说,私募筹资关系是一种受民法调整的法律关系。

从立法上看,可以说已经构建起了市场主体私募融资制度的基本框架,但尚存在以下问题:

第一,有关法律内涵亟待明晰。《公司法》第 77 条关于公司"募集设立"方式规定中,"特定对象"指向的具体市场主体有哪些?与"特定对象"进行融资的步骤及方式是否可参照股份公司的募集方式进行?这些问题在相关法律中都应该进一步明晰。对私募融资界定模糊,中小企业通过私募融资方式进行融资,则可能被实务界认定为非法融资行为。

第二,没有关于强制性信息披露的规定。相对于公募融资而言,私募融资最大的优势或许是可在信息披露方面做简化处理。《公司法》《证券法》和《私募投资基金监督管理暂行办法》,都未明确要求市场主体向特定的融资对象进行强制性的信息披露。进入市场主体的假设前提是"理性人"假设,市场主体进入市场是为追求利益最大化,会尽量简化或不对融资对象进行信息披露。法律法规中没有关于信息披露的明确规定,不利于投资主体规避风险。

第三,相关制度缺乏可操作性。多数中小企业都在通过私募方式进行融资,但对此却缺乏有力的监管。对中小企业的私募融资行为,究竟应当采取什么样的监管方式,是直接运用监管公募融资的方式,还是只需在公司设立时对融资主体、投资主体、管理主体等作必要的限制,还是应该针对私募融资的特点专门设立监管制度,学界也没有共识。实践中,监管主体不明,权责不清。证监会对证券业进行统一监管,央行则监管信托业。中小企业私募融资是信托业与证券业重心所在,证监会和央行都应该管。多主体监管如果能够相互配合、相互制衡，那就会产生理想的监管效应；但如果是分工不明、权责不清，结果就会相互纠缠、互相推诿，出现重复监管、监管不力和监管缺位。

资源来源：杨小辉. 中小企业私募融资法律规制探析［J］. 重庆科技学院学报（社会科学版），2015（10）：34－35＋39.

### （二）财务杠杆

在物理学中，杠杆是通过固定支点与较长的力臂、用较小的力量移动较重物体的一种工具。在财务管理中，通过增加风险来为公司所有者增加收益的工具，便是财务杠杆。也就是说，财务杠杆引入了具有固定成本的债务筹资来替代所有者权益，这种替代带来了利息费用的增加，同时也带来了所有者收益变动的增加。可见，财务杠杆是一把双刃剑，既能增加所有者的收益，也同时带来了风险的增大。

表9－6以非常简单的风险投资形式对财务杠杆进行了说明。在不考虑税收的情况下，某笔投资需要在今天支出1 000元，在一年后有50%的可能性获得900元，另有50%的可能性获得1 400元。此处，我们感兴趣的是当筹资方式发生变化时，所有者的预期收益率和风险会产生何种变化。表中情形A假设完全采用权益方式进行筹资，即1 000元全部为权益筹资，情形B增加了债务筹资的使用，债务筹资占到筹资总额的80%，即800元，与之对应，权益筹资额为200元。

表9－6　　　　　　　　有无财务杠杆的预期收益率及风险比较

| 情形A 100%使用权益筹资，所有者投资1 000元（不使用财务杠杆） | | | |
|---|---|---|---|
| 产出 | 概率 | 所有者获得 | 所有者收益率 |
| 900 | 50% | 900 | －10% |
| 1 400 | 50% | 1 400 | 40% |
| 预期收益率 | 15% | | |

| 情形B 80%使用债务筹资，1年贷款利率10%，所有者投资200元（使用财务杠杆） | | | |
|---|---|---|---|
| 产出 | 概率 | 偿还债务 | 所有者剩余 | 所有者收益率 |
| 900 | 50% | 880 | 20 | －90% |
| 1 400 | 50% | 880 | 520 | 160% |
| 预期收益率 | 35% | | | |

从情形A中可以看出，所有者收益率的可能范围在－10%到40%之间，在该情形下投资的预期收益率为15%（－10%×50%＋40%×50%）。当我们逐渐增加负债至B情形，可以看到，由于负债的使用，所有者的投入减少至200元，但在预计产出不变的情况下，所有者的剩余现金流发生了显著的变化。因为在所有者取得收益前，需向债权人支付本金及利息共880元（本金800元＋利息80元）。此时，摆在所有者面前的是投入200元，回收20元或回收520元两种情况。所有者收益的可能范围由情形A的－10%到40%扩大到了－90%至160%，预期收益率也提升至更为吸引人的35%。

这个例子清楚地表明，债务筹资给所有者带来了两种东西：更高的预期收益率，以及更高的风险。同时该例也说明，一个简单的投资可以通过简单的变换筹资方式变成一个变化无穷的风险收益组合。想要最小化投资风险和收益，采用权益方式筹资即可，想要更高的收益，则需要冒些风险，采用部分债务筹资。

研究财务杠杆的第二种方法是注意到它与经营杠杆是近亲。经营杠杆是生产中固定成本法对变动成本法的替代。例如，把按小时计费的工人换成机器，增加了经营杠杆，因为机器的初始成本会使固定成本增加，而机器有更长的工作时间且无须增加额外工资则减少了变动成本。这产生了两种作用：销售额必须补偿固定成本的增加额，而一旦达到盈亏平衡点，利润将随销售额的增加而较快的增加。与之类似，用债务取代权益进行筹资的方式，以支付较高的利息和本金的形式使固定成本增加，但由于债权人并不分享公司的收益，它又能使变动成本减少。因而财务杠杆的增大也有两种作用：需要有较多营业利润来补偿固定的筹资成本，不过一旦达到盈亏平衡点，所有者的收益将随营业利润的增大而较快地增长。

为了更清楚地看到财务杠杆的作用，我们将 ROE 的公式进行分解重构，形成如下表达式：

$$ROE = ROIC + (ROIC - i')D/E$$

其中 ROIC 为公司的投资资本收益率，定义为税后 EBIT 除以必得收益的全部现金来源，$i'$ 为税后利率，定义为 $i \times (1-t)$，$D$ 为有息负债，$E$ 为所有者权益的账面价值[①]。此处可将 ROIC 视为公司在考虑财务杠杆之前的收益。对于 $i'$，在第七章资本成本中，我们已经知道，利息是可抵税的，因此，每当公司利息费用增加时，它的税款就相应减少了，$i'$ 反映的便是利息的节税作用。

通过表 9–7 中财务信息，我们将对该表达式进行说明。表的左边部分是 T 公司财务报表信息摘要，根据这些信息，我们可以将 T 公司的 ROE 写成：

$$ROE = 16\% + (16\% - 8\%) \times \frac{3\,000}{2\,000} = 16\% + 12\% = 28\%$$

其中，8% 为 T 公司的税后利息率（$10\% \times (1-20\%)$），3 000 万元为 T 公司有息债务，2 000 万元是 T 公司所有者权益的账面价值。T 公司在其资产上获得了 16% 的基本收益率，通过将资本结构中的权益转换成 3 000 万元债务，它使该收益率在杠杆的作用下变为 28% 的所有者权益收益率。

表 9–7　　　　　　　　　　财务杠杆作用例（T 公司）

| 财务报表信息摘要 | | ROE 计算 | |
| --- | --- | --- | --- |
| 息税前利润（EBIT） | 1 000 万元 | 税后利率（$i'$） | 8% |
| 有息负债（D） | 3 000 万元 | D/E | 1.5 |
| 所有者权益（E） | 2 000 万元 | ROIC | 16% |
| 利息率（i） | 10% | ROE | 28% |
| 所得税率（t） | 20% | | |
| 净利润（NI） | 560 万元 | | |

修正后的 ROE 表达式一目了然。它清楚地表明，财务杠杆对 ROE 的影响依赖于 ROIC

---

① 把税后利益记作 $(EBIT - iD)(1-t)$，其中 EBIT 是息税前利润，$iD$ 是利息费用——写作利息率 $i$ 乘以发行在外的有息负债 $D$，$t$ 是公司所得税率。下式是正文中 ROE 公式的推导过程。

$$ROE = \frac{(EBIT - iD)(1-t)}{E} = \frac{EBIT(1-t)}{E} - \frac{iD(1-t)}{E} = ROIC \times \frac{D+E}{E} - i'\frac{D}{E} = ROIC + (ROIC - i')\frac{D}{E}$$

相对于 $i'$ 的大小。若 ROIC 大于 $i'$，则以 D/E 度量的财务杠杆使 ROE 增加，反之亦然。若 ROIC 小于 $i'$，财务杠杆使 ROE 减少。该表达式说明当一个公司在借来的资金上所赚取的钱比需要支付的利息多时，权益的收益率会上升，反之同样成立。如此，当经营状态良好时，杠杆作用使财务业绩获得改善，而当经营状态欠佳时，杠杆作用使财务业绩变得糟糕。

需要注意的是，在现实的企业经营过程中，赚取一笔高于借款成本的收益并非易事。例如，在 2010 年 S&P 的跟踪调查中发现，非金融类上市公司中只有 43% 能够赚取高于借款成本的收益，即便在销售收入超过 2 亿美元的大公司中，能够达到此目标的企业也仅仅只有 60%。做生意与人生历程一样，预期的结果常会无法实现。

### （三）财务杠杆对企业的作用

为具体考察债务筹资的风险及收益的度量问题，我们将通过一个具体案例进行分析。假设现有一家公司 XYZ，该公司是一家稳定的、保守筹资的公司，其业绩与行业平均水平类似，但正在提高。

现在公司面临一项重要的筹资决策。在 2018 年下半年，XYZ 公司达成一项临时协议，以 4.5 亿元的协议价格收购 YSL 公司的一家分公司。XYZ 公司首席财务官必须决定如何为其提供最优筹资。公司的投资银行家们指出，公司可以通过以下两种方式之一来筹集所需资金。

（1）以每股 37.5 元发售 1 200 万股普通股新股。

（2）发售 4.5 亿元利率为 6%，期限为 10 年的债券，且该债券将每年转记 2 500 万元的偿债基金，剩下 2 亿美元将在到期日一笔还清。

历史上，XYZ 公司通常希望能够将资本支出限制在一定金额内，在筹资时，一般采用相对保守的方式，通过企业留存的资金以及少量的新增借贷筹资来满足其资金需求。然而，董事会认为本次投资计划过于重要以至于无法采用原有的方式进行筹资，因此命令首席财务官为下一次董事会会议准备一份可供考虑的筹资建议书。然而，令本次筹资计划更加复杂化的是，资深管理层中的部分人公开批评认为 XYZ 公司的筹资政策过于谨慎保守，没有把企业的财务杠杆调动起来，从而难以使股东获得更多好处。他们对于债务筹资的热情部分原因在于如下观念：较高的财务杠杆将增加每股收益，而每股收益是决定公司高层管理人员奖励的关键因素。这批资深管理层把当前局面看作是通过债务筹资来拨乱反正的机会。这导致 XYZ 公司首席财务官踌躇不决。

通过对未来经营的预测，XYZ 公司的首席财务官认为这次收购能够使公司的息税前利润（EBIT）在 2019 年增加到约 2.5 亿美元。如表 9-8 所示，在过去的几年中，XYZ 公司的息税前利润非常稳定。首席财务官预计，除非出现其他的收购机会，否则公司在今后若干年内对外部资金的需求不会太多。2019 年公司预计将按照每股 0.85 元支付股利，若将来要减少股利支付金额，董事会将难以认同。

**表 9-8　　　　　　　　XYZ 公司历年息税前利润**　　　　　　　　　　单位：亿元

| 年份 | 2011 年 | 2012 年 | 2013 年 | 2014 年 | 2015 年 | 2016 年 | 2017 年 | 2018 年 | 2019 年（F） |
|---|---|---|---|---|---|---|---|---|---|
| 息税前利润 | 1.31 | 1.29 | 1.12 | 1.29 | 1.47 | 1.62 | 1.58 | 1.73 | 2.50 |
| 利润增长率 | — | -1.5% | -13.2% | 15.2% | 14.0% | 10.2% | -2.5% | 9.5% | |

注：（F）表示该年度为预测值。

选择权益筹资还是债务筹资，首席财务官非常犹豫。基于公司财务数据，首席财务官制作了如表9-9所示的筹资方式选择的信息摘要。表中显示，在没有任何新的筹资时，XYZ公司需要偿还1 700万元利息费用、2 000万元本金，同时公司还有3亿元债务需要偿还。这些数据将在新增4.5亿元债务筹资后急剧增加。相对，若采用权益筹资，发行在外的普通股将由原来的5 000万股增加到6 200万股，股利支付金额将从4 300万元增加至5 300万元。

表9-9　　　　　　　　　　XYZ公司筹资选择信息摘要　　　　　　　　　　单位：百万元

| | 筹资前 | 权益筹资 | 债务筹资 |
|---|---|---|---|
| 发行在外的有息负债 | 300 | 300 | 750 |
| 利息费用 | 17 | 17 | 44 |
| 本金偿还 | 20 | 20 | 45 |
| 所有者权益（账面价值） | 1 100 | 1 550 | 1 100 |
| 发行在外的普通股数量 | 50 | 62 | 50 |
| 股利支付（每股0.85元） | 43 | 53 | 43 |

1. 财务杠杆与风险

在分析公司的筹资选择方面，XYZ公司的首席财务官的首要任务应当是确定公司是否能够安全地承载新的债务所带来的财务负担。若无法承担新的债务，将会给公司带来违约等一系列棘手的事件。完成该项任务的最好方法是将公司所预测的经营性现金流与债务所施加的财务负担进行比较。可行性方法有两种：编制如第一节所讨论的模拟财务报表，以及敏感性分析或场景分析，或者简单地计算出几个偿债比率。此处，我们着重讨论偿债比率。

在表9-9所示的两种筹资选择下，XYZ公司的税前及税后债务负担如下所示（表9-10）。由于我们希望将这些债务与公司息税前利润进行对比，对于本金支付和普通股股利支付金额，应当调整为税前金额，即将税后金额除以（1-所得税率t）。其中需要注意的是，利息费用作为税前抵扣项，不需要进行调整。

表9-10　　　　　　　XYZ公司2019年预计债务负担与偿债比率　　　　　　　单位：百万元

预测息税前利润（EBIT）=250；所得税率（t）=40%

| | 权益 | | 债务 | | 计算说明 |
|---|---|---|---|---|---|
| | 税后 | 税前 | 税后 | 税前 | |
| 债务负担 | | | | | |
| 利息费用① | | 17 | | 44 | 税前抵扣项，无需调整 |
| 本金支付② | 20 | 33 | 45 | 75 | 税前=税后②/（1-t） |
| 普通股股利③ | 53 | 88 | 43 | 72 | 税前=税后③/（1-t） |
| 偿债比率/EBIT下降百分比 | (A) | (B) | (A) | (B) | |
| 利息倍数 | 14.7 | 93% | 5.7 | 82% | EBIT/① |
| 债务负担倍数 | 5.0 | 80% | 2.1 | 52% | EBIT/（①+税前②） |
| 普通股债务负担倍数 | 1.8 | 45% | 1.3 | 24% | EBIT/（①+税前②+税前③） |

在表 9-10 中，前三项数字分别为使用权益筹资和债务筹资情况下所要承担的债务负担。紧跟债务负担的是利息倍数、债务负担倍数和普通股债务负担倍数三项偿债比率。计算说明栏中对三项偿债比率的计算方法进行了说明。此处应当注意的是，在本表中比起新增债务产生的负担，我们更关心新增与现有债务累加的总负担。

偿债比率相关数据中，（A）列表示基于给定 EBIT 数据计算所得相关偿债比例，（B）列百分数表示 EBIT 下降百分比。EBIT 下降百分比给出了另外一种解释偿债比率的方法。它表示偿债比率在下降到 1.0 时，EBIT 的预期数值减少的百分比。例如，债务筹资下的利息费用是 4 400 万元，当使用债务筹资的利息倍数由 5.7 降到 1.0 时，EBIT 将会从 2.5 亿元降至 4 400 万元，减少了 82%。换句话说，若 EBIT 降低 82%，利息倍数将低至 1.0。1.0 的偿债比率是临界值，因为任何低于此数的偿债比率意味着营业利润将不足以偿还相应的债务负担，需要另外寻找现金的来源。

从表中可以看出，对比权益筹资方法，债务筹资存在较大的风险。在使用债务筹资的情况下，任何一项偿债比率都显示 XYZ 公司所要承担的债务负担远高于权益筹资。事实上，使用债务筹资的话，只要 EBIT 从预期的 2.5 亿元下降 24% 至 1.9 亿元，就会使企业的股利分配陷于危险之中。虽说无法支付股利并不会像无法支付利息或本金那样将企业拖至违约的边缘，但它仍然是绝大多数公司避之不及的事件。但从另一个角度来说，表 9-8 提供的早期数据来看，8 年间公司 EBIT 的最大降幅也仅为 13.2%，远低于我们所担心的数字，因此，对于 XYZ 公司来说，债务筹资所面临的风险或许是可控的。

2. 财务杠杆与收益

通过对 XYZ 公司两种筹资方式的简要考察，我们发现由于公司业绩相对稳定，债务筹资虽然具有一定的风险性，但仍具有一定的可行性。接下来，XYZ 公司首席财务官的任务是考察两种筹资方案将如何影响到财务报表中所披露的利润和股东权益收益率。对于此任务，可以通过考察两种方案下 XYZ 公司模拟的利润表来完成。表 9-11 显示了在萧条和繁荣两种条件下 XYZ 公司的模拟利润表。这里，我们暂时忽略公司筹资选择影响其销售或经营利润的可能性。从表中，可以看到 XYZ 公司 2019 年模拟利润表中，繁荣时期的 EBIT 可以达到 4 亿元，但在萧条时期，EBIT 则将会衰退到 1 亿元。

表 9-11　　2019 年萧条及繁荣情境下 XYZ 公司模拟利润表　　单位：百万元

| | 萧条 | | 繁荣 | |
| --- | --- | --- | --- | --- |
| | 权益筹资 | 债务筹资 | 权益筹资 | 债务筹资 |
| EBIT | 100 | 100 | 400 | 400 |
| 利息费用 | 17 | 44 | 17 | 44 |
| 税前利润 | 83 | 56 | 383 | 356 |
| 所得税（40%） | 33 | 22 | 153 | 142 |
| 净利润 | 50 | 34 | 230 | 214 |
| 股票数量 | 62 | 50 | 62 | 50 |
| 每股盈利（元） | 0.81 | 0.68 | 3.71 | 4.28 |
| 权益账面价值 | 1 550 | 1 100 | 1 550 | 1 100 |
| ROE（%） | 3.2 | 3.1 | 14.8 | 19.5 |

表 9 – 11 中的数字解释了若干需要注意的问题。首先，我们可以看到，使用债务筹资可以带来税收上的优势。比起权益筹资，XYZ 公司在使用债务筹资的情况下，应缴所得税可以减少 1 100 万元，这使得公司能够留下了更多的现金分配给股东和债权人。许多人认为，这种利息费用带来的税收优惠是债务筹资的主要利益所在。它对任何利用债务筹资的公司都行之有效，唯一的前提是公司有足够多的应税收入。其次，从表中可以发现，债务筹资减少了最后归属于股东的净利润，无论在萧条还是繁荣的假设条件下，使用债务筹资的情况下获取的净利润都比使用权益筹资降低了 1 600 万元。这显然是债务筹资的不利之处。然而，重要的是认识到这只是故事的一半，因为尽管债务筹资减少了归属于股东的净利润，但与此同时也减少了股东在公司中的投资金额。而且，相信大部分人比起从 1 000 元的投资中赚取 100 元，更愿意从 500 元投资中赚取 90 元。为体现赚取利润和投资金额两方面的影响，考察每股收益（EPS）和所有者权益收益率（ROE）这两个被广泛关注的业绩指标是很有用的。表中 EPS 与 ROE 数据揭示了财务杠杆的预期影响：在繁荣条件下，债务筹资的 EPS 比权益投资高出 15%，ROE 则高出 31%，但在萧条条件下，状况则恰好相反，无论 EPS 还是 ROE，债务筹资均低于股权筹资。

为了展示更加丰富的相关信息，XYZ 公司的首席财务官制作了一张收益范围图（图 9 – 1）。为得到该图，只需将表 9 – 11 中计算所得 EBIT 与 ROE 数对在图上描点，并用直线进行连接即可。该图给出了两种筹资选择方案下 XYZ 公司在任意 EBIT 水平时所对应的 ROE。

图 9 – 1 中有两个方面是我们感兴趣的。其一是如果 XYZ 公司选择债务筹资而非权益筹资，则它在预期 EBIT 水平上 ROE 将会增加至 25%，这是一个非常吸引人的数字。同时，表示债务筹资的直线具有较大的斜率，表明债务筹资会将 XYZ 公司置于更快增长的轨道上。即 EBIT 每增加 1 元，债务筹资下的 ROE 增加的更多。但是，不能忽视的是，EBIT 每减少 1 元，ROE 在债务筹资时减少的也更多。

图中另一个让我们感兴趣的是，债务筹资并不是总能够产生更高的 ROE。若 XYZ 公司的 EBIT 下降到 1.1 亿元的临界点以下时，采用权益筹资时的 ROE 将高于债务筹资方式。XYZ 公司的预期 EBIT 远高于临界值，但对于未来，谁都没法保证。可见债务筹资带来的较高 ROE 具有不确定性。

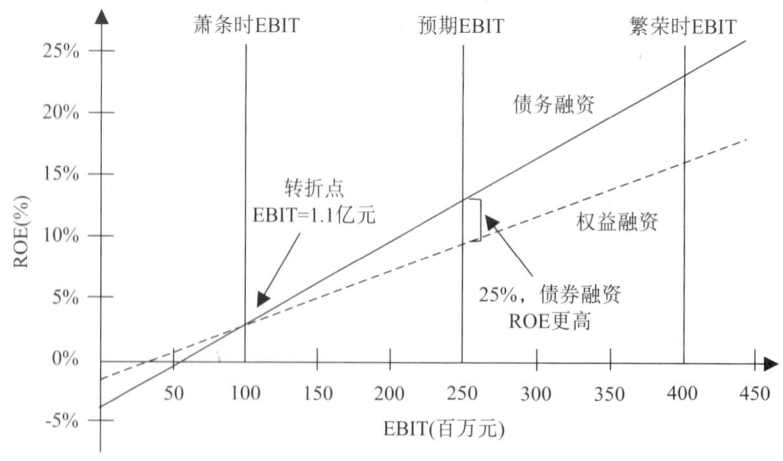

图 9 – 1　XYZ 公司不同情况下不同融资方案收益范围图

### (四) 债务筹资的限度与公司价值

偿债比率、模拟预测与收益范围图带给我们关于 XYZ 公司在不同金额债务的承担能力以及不同债务水平对股东收入的影响等方面的重要信息。在此基础之上，我们回到筹资决策的中心问题：公司最优的债务筹资水平是多少？XYZ 公司到底应当发行股票还是发行债券？一般认为，公司筹资决策的目的在于提高股东价值，但是在具体筹资决策中，这一目标的隐含意义是什么？从前面的分析能够注意到，现有技术水平之下，难以给这个问题提供一个明确的答案。但是，对于筹资决策，我们仍可以在识别关键决策变量的基础上，提出可行的指导意见。接下来，我们会对影响借贷的关键因素及理论进行简单的说明。

1. 无关论

一般来说，筹资决策通过两个可能的渠道影响公司价值：一是给定经营性现金流，增加投资者加于其上的价值；二是增加现金流本身。1958 年，佛朗哥·莫迪利亚尼（Franco Modigliani）与莫顿·米勒（Merton Miller）两位经济学家在《美国经济评论》上发表了名为《资本成本、公司财务与投资理论（The cost of capital, corporation finance and the theory of investment）》的论文，排除了第一个渠道，即在给定的预期经营性现金流下，公司的负债水平不影响其价值，因此经理和股东在追求价值最大化时无需关注公司的负债水平。我们通常把该理论称为 M&M 理论。在该理论下，对于公司来说，债务筹资总资产占 90% 与 10% 并无区别。无关论的意义重大，并非因为它描述了现实情况，而是因为它直接关注了筹资决策中的关键：理解筹资决策如何影响现金流。

（1）无税的情况。想必大家都听说过这样一个笑话：一位客人到披萨店点了一份披萨，当服务员问需要将披萨切成 8 片还是 12 片时，客人回答道："切成 8 片吧，切成 12 片我怕吃不下"。在没有公司所得税的情况下，公司的财务决策宛如客人的披萨，无论将公司的现金流如何分割，公司还是这个公司，获利能力不变，因而具有相同的市场价值。高财务杠杆带来的股东回报升高恰好被风险完全抵消，因此市场价值与财务杠杆无关。

现在假设有两家可以投资的公司：U 公司与 L 公司。U 公司没有使用任何债务，全部采用权益筹资，而 L 公司 80% 依赖于年利率为 10% 的债务筹资。除此之外，两家公司在每个方面都完全一致。两家公司均拥有 1 000 万元的资产，并且每年均可以产生 400 万元的预期息税前利润。为方便理解，我们假设两家公司每年都把净利润以现金股利的形式派发给股东。

表 9-12 的前两列显示在没有所得税的情况下，两家公司模拟利润表的部分信息。在公司收益的部分，U 公司由于没有利息费用，因此显示出较高的净利润。基于净利润与投资额，可以计算出 U 公司的年收益率为 40%。与之相对，L 公司由于大胆地使用了债务融资，因此只需要投资 200 万元即可获得公司的所有权益，同时，该笔投资每年可以获得 320 万元的净利润，因此，收益率也大大增加，达到了可观的 160%。

但在学习了本书前面章节的知识便可知道，所有者权益的预期回报率基本会随着债务的增加而增加，L 公司收益率高于 U 公司并不令人惊讶。同时，我们注意到，这两笔投资所面对的风险并不相同，对于具有不同风险偏好的投资者来说，直接对比 U 公司与 L 公司的收益率并不正确。

进一步来说，我们可以通过一系列操作，对 U 公司进行投资，同样可以复制出 L 公司的数据。在表 9-12 前两列的个人收入部分，可以看到，如果我们以 10% 的年利率借入 800

万元,连同自己账户的 200 万元购买 U 公司的全部股票,在得到股利收入,并偿还 80 万元利息后,最终总收入同投资 L 公司一样,为 320 万元。此时,投资 U 公司同样可以获得 160% 的收益率。

从上例中可以看出,在没有税收的情况下,当投资者可以用自制财务杠杆来替代公司财务杠杆时,企业的筹资方式并不会影响所有者的总收益率。进而,也不会影响到公司价值。换句话说,倘若投资者个人可以用自己的账户复制公司借贷的财务杠杆效应,那么,投资者没有理由为有财务杠杆的公司支付比没有财务杠杆公司更多的钱,即有财务杠杆的公司的价值不会高于没有财务杠杆的公司。

表 9-12 有无所得税时投资收益率 单位:万元

| | 无税 | | 有税(公司所得税率40%) | |
|---|---|---|---|---|
| | U 公司 | L 公司 | U 公司 | L 公司 |
| 公司收益 | | | | |
| EBIT | 400 | 400 | 400 | 400 |
| 利息费用 | 0 | 80 | 0 | 80 |
| 税前利润 | 400 | 320 | 400 | 320 |
| 所得税 | 0 | 0 | 160 | 128 |
| 净利润 | 400 | 320 | 240 | 192 |
| 投资额 | 1 000 | 200 | 1 000 | 200 |
| 收益率 | 40% | 160% | 24% | 96% |
| 个人收入 | | | | |
| 股利收入 | 400 | 320 | 240 | 192 |
| 利息支出 | 80 | 0 | 80 | 0 |
| 总收入 | 320 | 320 | 160 | 192 |
| 权益投资 | 200 | 200 | 200 | 200 |
| 收益率 | 160% | 160% | 80% | 96% |

(2)有税的情况。在一个有税收的世界里,情况又会是怎样呢?让我们重复之前的长篇大论。表 9-12 的后两列显示的是有企业所得税(税率为 40%)时 U 公司和 L 公司的公司收益情况。在有税的情况下,U 公司的投资收益率变为 24%,相对的,L 公司的收益率变为了 96%。在个人收入部分,我们可以看到,通过自制财务杠杆无法获得与无税时相同的结果,即使选择通过个人借贷借入 800 万元来替代公司借贷,最终的投资收益率也仅为 80%。有财务杠杆的 L 公司提供了更高的收益率,如此一来,L 公司的价值也将会高于 U 公司。

在有税收的情况下,为什么债务筹资增加了公司的价值?从所得税这一行,我们可以找到答案。U 公司需要缴纳的所得税为 160 万元,而 L 公司仅为 128 万元,节省了 32 万元。有三个方面的利息相关者分享了公司的收益:债权人、股东与政府税务部门。例子显示,由于利息费用的抵税作用,债务筹资减少了税务部门拿走的部分,从而增加了所有者,也就是股东的预期现金流。

分析至此,我们会得到一个令人不安的结论,即为了使公司价值最大化,公司的管理者应当完全使用债务筹资。但这只是一个开头,在接下来的相关论部分,我们将继续讨论债务筹资时其他影响公司价值的因素。

2. 相关论

没有哪个高管会相信 M&M 无关论在现实中是正确的，但大多数人认为它是现实考虑融资决策如何影响企业价值的出发点。通过论证企业现金流索取权的产生方式，即发行股权还是债权，无法影响企业的价值，M&M 理论将我们的注意力引向第二个渠道：即筹资决策可能会影响企业的现金流水平，从而影响企业的价值。

接下来，我们将基于迈克尔·波特（Michael Porter）的理论，检验公司的筹资决策影响其现金流的五种方式（图 9-2）。该图表明单独考虑时每个因素的直接影响。例如，单独考虑税收利益会鼓励采用债务筹资，而考虑财务困境成本则会促使公司采用权益筹资。

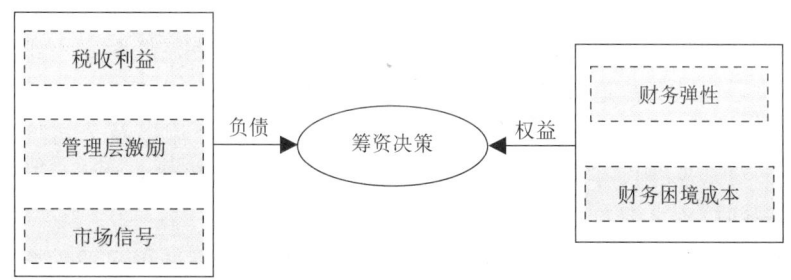

**图 9-2 筹资决策影响企业现金流的五种方式**

（1）税收利益。债务筹资的税收利益是显而易见的。正如表 9-11 中所能看到的，当 XYZ 公司增加 4.5 亿元债务时，每年所需缴纳的所得税减少了 1 100 万元，这给公司及股东带来了确实的收益。随着需缴税款的减少，能够分配给所有者和债券人的现金流则会增加，从而增加了公司的价值。

（2）财务困境成本。关于选择合适的债务水平的一种流行观点，是把筹资决策看成是债务筹资的税收利益与公司过度使用债务所产生的不同成本之间的一种权衡。整体而言，这些成本被认为是财务困境成本。基于这一观点，在较低的债务水平上，债务筹资的税收利益占绝对优势，但随着债务的逐渐增加，财务困境成本被提高到某一转折点，并于此点超过税收利益（如图 9-3）。于是，合适的债务水平涉及在这些相互抵消的成本与利益间的审慎权衡。

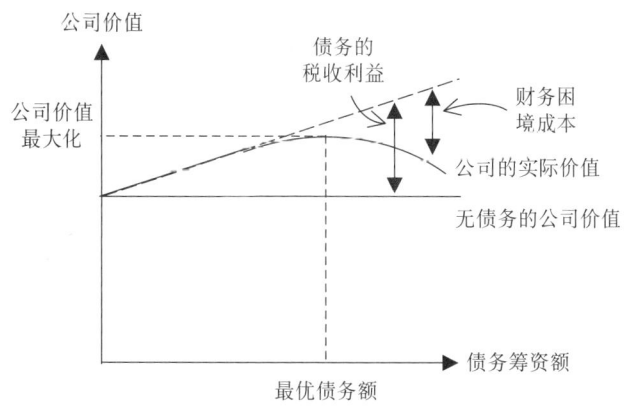

**图 9-3 税收利益与财务困境成本对公司价值的影响**

(3) 财务弹性。税收利益—财务困境成本的观点把筹资决策当成好像是一次性发生的事件来处理。另一个更广泛的观点则是在长期财务战略的内容里来看待这样一种个别的决策，长期财务战略的大部分是根据公司的增长潜力和它多年来对资本市场的进入情况来计划的。换句话说，企业的管理层必须担心的不仅是关于长期目标比率，而且是关于今天的决策如何影响公司未来对资本市场的进入。这就是财务弹性的概念：今天的决策不应危害到未来的筹资决策。

为说明财务弹性对公司的重要性，现在请考虑 A 公司面临的挑战：快速增长的业务和对外部资金持续性的需求。即使当下债务筹资看起来很有吸引力，A 公司的管理层也必须了解大量的依赖债务筹资最终将使公司达到债务极限，在这之后，A 公司只能依靠股票市场来获取外部的资金。这是一种危险的状态，以为权益筹资可能是一种变幻无常的资金来源。权益依赖于市场条件和公司近期业绩，它可能达不到合理的价格，甚至卖不出去。而那时 A 公司将会由于缺乏先进而被迫放弃有利可图的投资机会。没有能力进行对有竞争力的项目进行投资最终会导致公司市场份额的丧失。毫无疑问，公司现金流以及公司价值也会一落千丈。因此，处于对未来增长筹资的关心，A 公司应避免过于依赖债务筹资，从而维持其财务弹性以满足将来的应急之需。

(4) 市场信号传递。对未来财务弹性的关心习惯上会偏爱进行权益筹资。然而，一种反对股票筹资的有说服力的论点是关于股票市场的可能反映。保罗·阿斯奎斯（Paul Asquith）和戴维·马林斯（David Mullins）在 1986 年发表的研究《股权发行与稀释（Equity issues and offering dilution）》中发现，其样本企业中的 80% 在股票筹资的公开宣告日经历股票价格的下跌，而且，这种下跌现象并没有在随后的交易中恢复回来，它继续留下来变成了现有股东的永久损失。

对于该种现象的一种常见的解释是稀释效应，也就是说新股发行将公司这个蛋糕切割成了更多的小块，从而减少了现有股东所拥有的份额。但大家发现，虽然股票发行可能类似于把蛋糕切成了更多小块，但蛋糕本身也因为股票发行而变得更大。因此，稀释效应难以说服众人。

一个更有趣的解释涉及所谓"市场信号传递"。该观点把公司管理层看作是自私自利的投资者，他们会采取机会主义行为，在股票定价过高时发售股票，在股票定价过低时回购股票。无论管理层是否出于对公司未来的担心或是出于欺骗投资者而选择发行新股，信号都是一样的：新股发行公告是坏消息，而股票回购是好消息。

基于此，斯图尔特·迈尔斯（Stewart Myers）推论认为，公司在筹资时会采用"优序融资"的方法。在等级次序最上端的，是最受喜爱的筹资工具：留存收益、折旧和从历年利润留存中积累出的多余现金所组成的内部资金。外部资金来源在偏好上低于内部资金，其中债务筹资与股票筹资相比，具有压倒性优势，因为债务筹资过程中的信息不一致性较低，传递负面信号的可能性较小。而股票筹资，由于上述市场信号传递的原因，处于等级次序的最下端。

(5) 管理层激励。激励效应与大多数筹资决策不相关，但一旦与之相关，其影响可能是决定性的。

在许多公司里，管理者们能够获得一定程度的自治，而在人类的本性中，他们倾向于利用这点自治去追求他们自身的利益，而不是公司所有者的利益。所有权与控制权的分离使管理者纵容自己对某些方面的偏好，例如把收益留在公司而不是分配给所有者，以盈利性为代价追求成长性，以及安于合格业绩而不追求卓越等。

激进的负债筹资的益处在于，它在某种程度上能减少所有者与管理者之间的利益鸿沟。作用机制很简单：当公司利益和基本支付压力很大时，即便是最顽固的管理者也明白他必须有足够的现金流，否则就会失业。有债务偿还压力在其身后，管理者很快发现投资时不动脑筋或稍微不尽力就没有生存空间了。这种高杠杆公司的所有权就像一根胡萝卜，对突出业绩给予鼓励，而高负债水平就像一根棍子，对差的业绩给予处罚。

（6）筹资决策与公司增长。我们已经检验了公司筹资决策影响其价值的五个因素。筹资决策的关键在于，对给定的公司权衡这五个要素的相对重要性。为了说明这个过程，让我们来考虑这些要素对负债水平应当如何变化以适应公司的增长。

①快速增长。快速增长公司与高负债是一个危险的组合。首先，在快速增长的企业里，推动价值创造最有力的驱动是新的投资，而不是利息的避税利益或者可能伴随着负债筹资的激励影响。因此，对于快速增长企业来说，最好通过争取保持进出筹资市场的自由，把筹资当作是服务企业增长的工具。这就意味着适度的负债，保证公司的财务弹性。其次，极端地看，快速增长的公司通常是不稳定的，当利息偿债比率下降时，财务困境发生的可能性就会快速升高。最后，快速增长公司的大部分价值在于其未来的成长机会，这类公司的预期破产成本将会是很高的。

鉴于上述原因，快速增长公司应当采取以下的筹资策略：

a. 维持一个保守的财务杠杆，保证今后的借贷能力。

b. 采取一个适当的、能够让公司进行充足内部资金融资的股利支付政策。

c. 把现金、短期有价证券和未使用的借贷能力作为暂时的流动性缓冲品，以备不时之需。

d. 在必须使用外部资金的情况下，若财务杠杆未威胁到财务弹性，则使用债务筹资。

e. 当无法使用其他方法进行筹资时，应当选择发行股票而非限制增长。

②低速增长。与快速增长的公司相比，低速增长的公司的主要财务问题在于摆脱多余的经营性现金流。财务弹性、市场信号传递等问题的担心对这类公司来说无关痛痒。对于此类没有多少吸引人的投资机会以及寻求通过大胆利用债务筹资为股东创造价值的公司，利用良好的经营性现金流作为借入债务的一块磁铁，然后使用这些借入资金去回购股票是一个不错的选择。

这样一种策略可以向股东保证至少有三种可能的报酬。第一，增加利息避税，减少所得税，把更多的钱留给投资者。第二，股票回购公告将产生积极的市场信号，从而提高股票价格。第三，高财务杠杆能够显著提升管理层的激励动机。

事实上，关于以上说法是否成立，实证研究提供了足够的证据。约翰·麦康奈尔（John McConnell）和亨利·瑟维斯（Henri Servaes）在其研究《所有者权益与债务的两面性（Equity ownership and the two faces of debt)》中发现，对于快速增长的企业，提高财务杠杆会减少企业价值，而对于缓慢增长的企业，一切与之相反。

3. XYZ公司的筹资决策

前文中，我们对XYZ公司的财务状况进行了分析，并对债务筹资的限度及其对企业价值的影响进行了理论上的阐述，所以对于XYZ公司，其筹资决策应当是怎样的？我们难以给出一个所谓的正确答案,但是基于 XYZ 公司的情况,我们可以提供一些具有参考性的建议。

基于前面章节中获取的全部信息,我们的建议是进行债务筹资。首先,由于债务筹资产生的 1 100 万元的避税利益非常不错,相反,权益筹资所带来的信号传递成本则会让公司陷入困境。与此同时,由于公司在未来几年将不会再从外部渠道募集资金,所以财务弹性对于这个决策并不会有什么影响。此外,新增债务会激励管理层更加努力和精明地进行工作。至于债务筹资所带来的风险,由于 XYZ 公司历年来现金流非常稳定,预期的财务困境成本可以保持在适当的水平。最后,债务筹资能够帮助 XYZ 公司解决长久困扰它的问题,即如何处置公司多余的现金。未来这些现金可以用来偿还新的债务。总之,这是一个不错的方案。

## 二、投资决策

公司在当前进行的投资是决定公司前景的重要因素。投资的产生与评价不仅仅涉及公司的财务管理人员,它需要公司所有管理层参与其中。在一家规范的公司里,投资过程是从战略层面开始的。先由指定参与何种竞争业务并决定竞争方式的高级管理层设定公司的战略目标,再由执行经理们将这些战略目标转化成投资方案的具体计划。目标是否达成要以当前的货币支出在未来是否有预期的收益增加来衡量。本部分主要着眼于投资方案的具体计划,讨论投资决策的具体判别方法。

### (一) 投资决策的评价方法

对任何一种投资机会的财务评估都包括三个步骤:
(1) 估计投资项目相关现金流量。
(2) 选择合适的投资方案评价方法,计算投资项目价值。
(3) 对项目价值和可接受标准进行比较。

项目价值是计算所得的投资经济价值的一项数值,项目价值的计算需要将与投资相关联的繁杂的现金流入量与流出量转换成综合其经济价值的单一数字。同时,可接受标准是一种用于比较的标准,它帮助决策者决定一项投资的价值数字是否能够被接受。

虽然计算项目价值和确定可接受标准似乎是最先看到的困难,但评价投资价值的第一步——估计项目相关现金流量,实际上更具有挑战性。计算项目价值基本是机械的,而现金流量估计则更具艺术感,它需要对公司的市场、竞争地位以及长期计划具有全面的了解。从常见的折旧、筹资成本、流动资金投资,到资源共享、生产力过剩、机会成本等问题均是估计现金流量的难点。因此,本部分先从较为简单的项目价值评价方法开始,在后半部分再回到项目投资相关现金流量的估计问题上。

为了开始对项目投资评价方法的讨论,这里先考虑一个简单的数值案例。CM 公司正准备在沿海地区建一个集装箱码头,该公司关于建造与经营该码头的 10 年期现金流量的估计见表 9-13。

表 9-13　　　　　　　　集装箱码头方案现金流量　　　　　　　　单位:亿元

| 年 | 0 | 1 | 2 | 3 | 4 | 5 | 6 | 7 | 8 | 9 | 10 |
|---|---|---|---|---|---|---|---|---|---|---|---|
| 现金流量 | -40 | 7.5 | 7.5 | 7.5 | 7.5 | 7.5 | 7.5 | 7.5 | 7.5 | 7.5 | 17 |

从表 9-13 中可以看出，建造该码头需要花费 40 亿元，且可以预期它在 10 年内每年将产生 7.5 亿元的现金流入量，此外，公司在码头的使用期限结束时获得 9.5 亿元残值，这可以使第 10 年的现金流入量达到 17 亿美元。

1. 回收期法与会计收益率法

CM 公司管理层想要知道码头的预期收益能否证明 40 亿元的投资是合理的。正如接下来的部分将要介绍的，这个问题的正确答案应当反映货币的时间价值。不过，在阐述这一问题之前，让我们先考虑两种不太精确的评价方法。这两种方法具有一定的普遍性，在从众多的小额投资项目中进行选择时，能够帮助管理层更快地选出合适的投资项目，但这两种方法存在比较显著的缺点。

其中，第一种评价方法叫做回收期法，该方法通过计算公司在初始投资获得补偿之前所需要的时间对项目进行判断。CM 公司的例中，码头的回收期是 5.3 年（= 40÷7.5），这说明公司需要 5.3 年的时间能够将初始投资的 40 亿元回收回来。

另外一种被广泛使用的方法是会计收益率法。会计收益率被定义为：

$$\text{会计收益率} = \frac{\text{年平均现金流入量}}{\text{现金流出总量}}$$

根据上述会计收益率的计算公式，可以得知 CM 公司建设码头的会计收益率为：

$$\frac{(7.5 \times 9 + 17)/10}{40} = 21.1\%$$

回收期法和会计收益率法最显著的缺点是其对现金流量的时间不敏感。例如，若将例子中码头的所有现金流入量均延至第 10 年，经过对货币时间价值学习可以很容易地发现，这种情况会减少投资的价值，但这对会计收益率没有影响。而回收期法不仅忽视了回收日之内的现金流入量的时间价值，对于回收日之后出现的现金流量的时间价值也同样不敏感。因为，即使码头在最后 1 年的残值由 9.5 亿变为 95 亿，它仍对回收期没有影响，但我们知道，这显然改变了这项投资的实际价值。

对于回收期法，虽然在投资价值评价时具有十分明显的缺点，但需要注意的是，它作为粗略衡量风险的尺度仍然是有用的。因为在大多数环境下，初始投资回收所使用的时间越长，其风险也就越大，这在公司管理者仅能对未来几年做出预测的环境中尤其正确。一项在预测能力之内无法回收资金的项目，就像一艘没有罗盘在海中航行的轮船一样。

2. 净现值法

（1）净现值的计算。我们在前面的章节已经学习了货币的时间价值，在这里，我们将运用这些概念来分析建设码头的投资问题。在计算码头回收资金的现在价值之前，我们已经知道了未来 10 年的预期现金流量，但折现率未知。此处，我们假设存在风险相当的其他投资机会，能够产生 10% 的收益率，则该码头建设项目的投资收益率也为 10%。

通过对每年的现金流量现值的计算，我们可以得到表 9-14。表中的现值计算让原始的现金流量转换成为第 0 年末的现金流量。面对表中的数字，我们的问题可以理解为对于现在价值 49.74 亿元的一系列未来现金流量，CM 公司应当投资 40 亿元吗？答案是显而易见的，支付 40 亿美元换取价值 49.74 亿元的东西是十分明智的。

表 9-14　　　　　　　　集装箱码头方案现金流量现值计算　　　　　　单位：亿元

| 年 | 0 | 1 | 2 | 3 | 4 | 5 | 6 | 7 | 8 | 9 | 10 |
|---|---|---|---|---|---|---|---|---|---|---|---|
| 现金流量 | -40 | 7.5 | 7.5 | 7.5 | 7.5 | 7.5 | 7.5 | 7.5 | 7.5 | 7.5 | 17 |
| 现金流量现值 | 49.74* | 6.82 | 6.2 | 5.63 | 5.12 | 4.66 | 4.23 | 3.85 | 3.5 | 3.18 | 6.55 |

注：第 0 年现金流量现值为 1~10 年现金流量现值总和。

上表中的计算是为了得到一个十分重要的数字——净现值（我们通常也把它表示成为 NPV，Net Present Value 的缩写）。

$$NPV = 现金流入量的现值 - 现金流出量的现值$$

在本例中，投资码头的 NPV 为 9.74 亿元（49.74-40）。

（2）净现值法的判断标准。建设码头这项投资的 NPV 是 9.74 亿元，其内在的意义是什么？一项投资的 NPV 与衡量该投资能使财富增加多少的尺度是一致的。当 CM 公司建造码头时，它的财富将增加 9.74 亿元，因为它支付 40 亿元获得了一项价值 49.74 亿元的资产。

这是一项重要的见解。多年来，在学术界和实务界，越来越多的人认为，为公司所有者创造价值是管理者的生存目的。净现值法可以将投资的价值创造从口号转变为实际决策，该方法不仅指明了哪些投资活动可以创造价值，而且估计出创造价值的具体金额。如果想为公司的所有者创造价值，最好的做法是紧紧抓住净现值为正的投资项目，且净现值越高，投资创造的财富越多。与之相反，应当避免净现值为负的项目，将零净现值的投资看做是临界点，因为它既不创造财富，也不毁灭财富。用简单的数学公式来表示，就是：

当 NPV>0 时，可以接受投资方案；

当 NPV<0 时，拒绝投资方案；

当 NPV=0 时，投资方案是两可的。

3. 效益—成本比率法

效益—成本比率法是一种与净现值法类似的方法，该方法在政府领域十分流行，有时也被称为盈利能力指数法，其计算公式为：

$$盈利能力指数 = \frac{现金流入量的现值}{现金流出量的现值}$$

根据效益—成本比例法，前述码头建设项目的盈利能力指数为 1.24（49.74 亿元÷40 亿元）。显然，当盈利能力指数大于 1 时，投资方案是具有吸引力的，当盈利能力指数小于 1 时，我们应当拒绝该投资方案。

4. 内部收益率法

最受公司经理人欢迎的投资项目评价方法是与净现值有着密切联系的内部收益率（IRR）法。为了解释内部收益率，并证明其与 NPV 的关系，我们继续关注 CM 公司的码头建设项目。

现在，公司地区经理在以 10% 为折现率确定码头建设项目的 NPV 为正数之后，将该分析报告发送给了财务主管请求给予批准。但财务主管的回答是：虽然他对分析该项目中使用的评价方法给予高度评价，但他认为以当前的利率环境，折现率 12% 更为合适。因此地区经理以 12% 的折现率重新计算了 NPV，得到 NPV=5.44 亿元（如表 9-15 所示）。这一数字虽然仍为正数，但远小于之前计算的 9.74 亿元。

表 9 – 15　　　　　集装箱码头方案现金流现值再计算（折现率12%）　　　　单位：亿元

| 年 | 0 | 1 | 2 | 3 | 4 | 5 | 6 | 7 | 8 | 9 | 10 |
|---|---|---|---|---|---|---|---|---|---|---|---|
| 现金流 | -40 | 7.5 | 7.5 | 7.5 | 7.5 | 7.5 | 7.5 | 7.5 | 7.5 | 7.5 | 17 |
| 现金流现值 | 45.44* | 6.7 | 5.98 | 5.34 | 4.77 | 4.26 | 3.8 | 3.39 | 3.03 | 2.7 | 5.47 |

注：第 0 年现金流现值为 1 ~ 10 年现金流现值总和。

面对这一情况，财务主管勉强同意了接受该项目，并将方法发送给财务总监①。但财务总监比财务主管更加保守。他同样称赞了该评价方法，但同时声称，考虑到该项投资的所有风险和筹资的困难程度，折现率应该定为 18%。在地区经理再次计算 NPV 后，发现折现率为 18% 的情况下 NPV 变成了 -4.47 亿元（如表 9 – 16 所示）。

表 9 – 16　　　　　集装箱码头方案现金流现值再计算（折现率18%）　　　　单位：亿元

| 年 | 0 | 1 | 2 | 3 | 4 | 5 | 6 | 7 | 8 | 9 | 10 |
|---|---|---|---|---|---|---|---|---|---|---|---|
| 现金流 | -40 | 7.5 | 7.5 | 7.5 | 7.5 | 7.5 | 7.5 | 7.5 | 7.5 | 7.5 | 17 |
| 现金流现值 | 35.53* | 6.36 | 5.39 | 4.56 | 3.87 | 3.28 | 2.78 | 2.35 | 2 | 1.69 | 3.25 |

注：第 0 年现金流现值为 1 ~ 10 年现金流现值总和。

在此折现率条件下，NPV 变成了负数。经过净现值法学习的我们很容易就能判断出，我们应当拒绝该投资方案。地区经理的努力被证明是徒劳的，但在这一过程中，他帮助我们弄懂了 IRR。

表 9 – 17 总结了表 9 – 14 到 9 – 16 的计算结果。从这些数据可以看出，当贴现率从 10% 到 18% 变化的过程中，码头建设项目的投资价值显然突破了某个界限，在这个位置上，NPV 由正数变为了负数，投资方案由可以接受转变为了不可接受。使这种变化出现的临界折现率就是投资方案的 IRR。

表 9 – 17　　　　　码头建设项目在不同折现率下的 NPV

| 折现率（%） | 净现值（亿元） |
|---|---|
| 10 | 9.74 |
| 12 | 5.44 |
| IRR = 15% | 0 |
| 18 | -4.47 |

由此，我们可以看出，投资方案的 IRR 可以被定义为：

IRR = 使投资项目 NPV 为零时的折现率

IRR 同样也是一种项目价值数字。用来与 IRR 进行比较的判断标准是资本成本。若投资方案的 IRR 大于资本成本，则投资项目有吸引力，反之亦然。若 IRR 等于资本成本，则投资项目是两可的。将 K 设为资本成本，投资方案的判断标准用简单的数学公式来表示就是：

当 IRR > K，则接受投资方案；

---

① 此处我们看到 NPV 随折现率的增高而下降，这并不令人惊讶，因为码头所有的现金流入量均在未来出现，而较高的折现率会降低未来现金流量的现值。

当 IRR < K，则拒绝投资方案；

当 IRR = K，则投资方案是两可的。

通常情况下，IRR 和 NPV 会产生相同的投资决策。也就是说，在大多数情况下，根据 IRR 法判断具有投资价值的项目，也会具有正的 NPV。图 9-4 描述了码头建设项目的 NPV 与 IRR 之间的关系，它是由表 9-16 中的信息加以补充形成的连续曲线图。此处需要注意的是，在折现率为 15% 时，码头建设项目的 NPV = 0，而根据 IRR 的定义，该项目的 IRR 也正为 15%。当资本成本低于 15% 时，NPV > 0，而 IRR 也大于资本成本。此时，使用 IRR 法和 NPV 法得到的结论相同。同样，当资本成本高于 15% 时，无论使用 IRR 法还是 NPV 法，都会拒绝该投资方案。

图 9-4 显示了若干种对投资方案的 IRR 的解释方式。一种解释是，从投资方案在资本成本低于 IRR 时有吸引力、高于 IRR 时无吸引力来看，IRR 是盈亏平衡收益率。另一种也是比较重要的解释是，另一种也是比较重要的解释是，IRR 可以表现为与现有投资资金的增长率或复利利率之间的百分比。这样，IRR 在所有方面就都可与银行贷款或储蓄存款的利率进行比较。

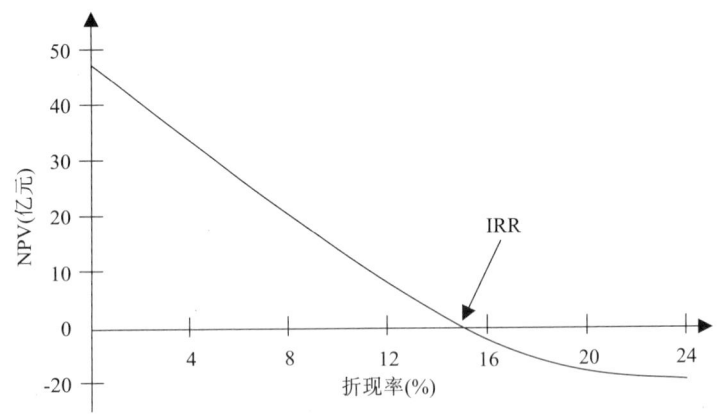

**图 9-4　码头建设方案在不同折现率下的 NPV**

关于 IRR，最后还有几个重要的思考。IRR 较之 NPV 和 BCR 有两个比较明显的优势。IRR 更加直观。例如，一项投资的 IRR 是 25% 给我们的感觉要比 NPV 为 1 200 万元更接近财务管理中常常提到收益率，更易于理解。

不幸的是，IRR 在应用中也存在若干技术性问题。首先，在极个别情况下，一项投资可能会有超过 1 个 IRR，它们都会使得项目的 NPV 为零；还有一些投资项目甚至无法求出 IRR，它们的 NPV 无论在何种情况下均为正数或负数。更值得关注的是，对于一项互斥项目，即由于资金限度或其他原因无法同时进行投资的项目，在不同的折现率下，基于 NPV 的数值，投资项目的决策会有所不同，但此时，IRR 便成为一个无用的尺度。如图 9-5 所示，尽管 A 项目具有更高的 IRR，但当资本成本为 4% 时，B 项目的 NPV 明显要高于 A 项目，此时，精明的管理层无疑会选择投资 B 项目，而非 IRR 更高的 A 项目。

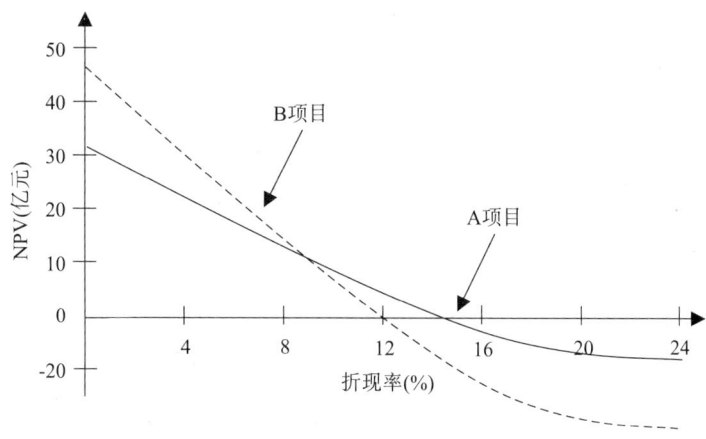

图 9-5 互斥项目中 IRR 存在的问题

【阅读材料 9-3】

### 资本成本之谜——资本成本的决定因素与影响因素

资本成本的决定因素与影响因素是在资本成本研究中经常容易被混淆的两个问题。客观而言，资本成本的决定因素源自于资本成本的性质。

在决定因素上的资本成本之谜表现为资本成本是由企业内部决定还是由企业外部决定。理论上讲，这些因素与资本成本之间的关系应当是客观存在且稳定不变的，因而资本成本应当具有科学而稳定的估算技术与估算值。然而，资本成本的决定因素之谜使得资本成本的估算技术纷繁多样，估算值更是扑朔迷离。综合所有决定资本成本的风险因素，大致可以划分为两类：企业内部因素与企业外部因素。换言之，如果是企业内部的风险因素决定了资本成本，那么管理层对于这些风险因素可以实施管理与控制，因而资本成本由企业及其管理者决定；如果是企业外部的风险因素决定了资本成本，那么资本市场以及投资者决定了资本成本水平的高低，而企业以及企业的管理者都无权干涉投资者在其报酬率要求上的权利。

资本成本影响因素是对决定因素的进一步深化。值得说明的是，影响因素并非是决定性的，且数量繁多，学术界对于资本成本的影响因素的探究一直没有停歇过，并且对于已经认可的影响因素与资本成本之间关系的研究也未取得一致的结果，因而形成资本成本的影响因素之谜。与决定因素之谜相对应，资本成本的影响因素之谜也可以划分为内部因素与外部因素两类。内部因素往往是企业可以主动采取措施实施管理与控制的因素，最主要的内部因素就是公司内部治理机制，如股权结构、自愿性信息披露等。外部因素超越了企业管理当局的控制范围，多是一些宏观的政策性因素，如强制性信息披露和投资者法律保护等公司外部治理机制、新会计准则的实施等。由此可以看出，公司治理机制通过企业内部、外部两个渠道深刻地影响着资本成本。

资料来源：汪平，邹颖. 资本成本之谜：到底是什么决定与影响了资本成本 [J]. 财会通讯，2012 (25)：6-9.

### （二）现金流量的确定

计算项目的投资价值需要理解货币的时间价值，是一项需要技术能力的工作，而确定投资项目的相关现金流量则要求业务判断力与洞察力。

确定现金流量有两个基本的指导原则。在进行抽象表示时二者是显而易见的,但实际应用时则可能困难重重。

(1) 现金流动原则。由于货币具有时间价值,因此只有在货币实际流动时,才记录投资产生的现金流量。若货币没有产生流动时,则不予考虑。

(2) 有无原则。想象有两个平行世界,投资在其中一个世界进行,而在另一个世界被拒绝。在这两个平行世界中,所有相异的现金流量都与投资决策有关,而相同的现金流量都与投资决策无关。

接下来的案例中,我们将对上述两项原则的实际应用展开讨论。

HZ 通信公司手机芯片部门新任命的总经理 Z 先生遇到一个问题。在他被任命之前,手机芯片部门的经理们提出建议,主张引进令人激动的 5G 通信芯片生产线。由该部门分析人员编制的数字看起来相当不错,可是,在建议案呈报公司后,受到了部分董事会成员的全方位攻击。为了避免矛盾激化,董事长决定搁置该提案,以待手机芯片部门总经理 Z 复审并作适当修改。Z 先生现在的任务是证实或纠正下属的工作成果。

表 9-18 显示了提交给董事会的新产品的预计成本和收益,其中最有争议的问题以粗体字表示。表的顶部给出了初始投资和 5 年后的预计残值。基于市场状况,经理们相信,由于手机芯片业务的高淘汰率,新产品预计将在 5 年内被淘汰。表的中部是新产品的预计利润表。表的下部则是以"自由现金流量"开头的财务分析。根据这些数字,新的生产线成本将是 46 亿元,且能保证 37% 的内部收益率。

自由现金流量是投资估计项的"最后一行"。它是投资每年花费或产生的现金总量的估计值。我们正是对这个现金流量系列进行折现,以计算 NPV 和 IRR 的。自由现金流量的一般定义是:

$$自由现金流量 = 净利润 + 非现金费用 - 投资$$

这里,我们将项目的残值看作是资金的回收。

表 9-18　　　　　手机芯片部门 5G 芯片生产线财务分析　　　　　单位:亿元

| | 年 | | | | | |
|---|---|---|---|---|---|---|
| | 0 | 1 | 2 | 3 | 4 | 5 |
| 工厂和设备 | -30 | | | | | 15 |
| 增加的营运资本 | -14 | | | | | |
| 预备工程 | -2 | | | | | |
| 过剩生产能力 | 0 | | | | | |
| 总投资 | -46 | | | | | |
| 总残值 | | | | | | 15 |
| 销售收入 | | 60 | 82 | 140 | 157 | 120 |
| 销售成本 | | 25 | 35 | 60 | 68 | 52 |
| 毛利润 | | 35 | 47 | 80 | 89 | 68 |
| 利息费用 | | 5 | 4 | 4 | 3 | 3 |
| 间接费用 | | 0 | 0 | 0 | 0 | 0 |
| 销售与管理费用 | | 10 | 13 | 22 | 25 | 19 |
| 总营业费用 | | 15 | 17 | 26 | 28 | 22 |

续表

|  | 年 | | | | | |
|---|---|---|---|---|---|---|
|  | 0 | 1 | 2 | 3 | 4 | 5 |
| 营业利润 |  | 20 | 30 | 54 | 61 | 46 |
| 折旧 |  | 3 | 3 | 3 | 3 | 3 |
| 税前利润 |  | 17 | 27 | 51 | 58 | 43 |
| 所得税（40%） |  | 7 | 11 | 20 | 23 | 17 |
| 净利润 |  | 10 | 16 | 30 | 35 | 26 |
| 自由现金流量 | −46 | 10 | 16 | 30 | 35 | 26 |
| 净现值（折旧率=15%） | 35 |  |  |  |  |  |
| 收益—成本比 | 1.76 |  |  |  |  |  |
| 内部收益率 | 37% |  |  |  |  |  |

注：表内数据已进行四舍五入处理。

1. 折旧

对于该提案，争论的第一点是该部门对折旧的处理。正如表9-18所示，该部门分析人员按照会计实务的惯例从毛利润中扣除折旧，以便计算净利润。由于看到这种做法，一部分董事会成员断言：这就是一种非现金费用，因而与决策无关。另有一部分董事会成员则赞成折旧与决策有关，但认为该部门的计算方法不正确。因此，Z先生首先应当确定正确的折旧方法。

该部门分析人员在项目评估中将资产设备在使用年限内的实质损耗纳入考虑，这显然是正确的。但我们需要注意，尽管折旧是一种非现金费用，并因此与投资项目分析无关，但年度折旧的确会影响到公司缴纳的税款，于是税收便与折旧产生了联系。因此我们必须通过以下两步对折旧进行调整，并将其反映到自由现金流量当中。

（1）利用权责发生制会计来计算应缴税款。

（2）再将折旧费用加回到净利润中，以计算自由现金流量。

从表9-19中，我们可以看到，手机芯片部门的分析人员只做到了第一步，而未做到第二步。他们在计算自由现金流量时忽略了将折旧费用加回到净利润的步骤。表9-19给出了计算第一年自由现金流量的完整两步过程。可以看出，基于分析人员的估计，第一年的自由现金流量应当为13亿元。此处需要注意的是，现在我们只讨论折旧问题，因此，此时13亿元是正确的数字。

表9-19　　　　　　第一年折旧的现金流量调整　　　　　　单位：亿元

|  |  |
|---|---|
| 营业利润 | 20 |
| 减：折旧 | 3 |
| 税前利润 | 17 |
| 减：所得税（40%） | 7 |
| 净利润 | 10 |
| 加：折旧 | 3 |
| 自由现金流量 | 13 |

2. 营运资本

除了增加固定资产外，许多投资，尤其是对于新产品的投资要求增加诸如存货和应收账款这样的营运资本项目。根据我们在本部分开头所讲的有无原则，投资决策的结果所产生的各项营运资本变动与决策有关。

因而，该部门的分析人员将营运资本的变动放入表格并无不妥（表9-18第二行）。然而，营运资本投资具有若干分析人员未能捕捉到的独有特征。第一，营运资本通常随着新产品销售量的增加而增加，相反，也会随着新产品销售量的减少而减少，它并不是一个单独出现的数字。第二，在投资寿命的末期，对于营运资本项目的清理通常会生成与初始现金流出量大致相等的现金流入量。或者换句话说，营运资本投资通常具有较高的残值。第三，许多要求增加营运资本的投资也生成自发性现金来源，它们产生于自然的经营过程且无明显的成本。例如应付账款、应计工资等无息短期债务的增加，均属于这种情况。对这些自发资源的恰当处置是，在计算项目营运资本投资时，将它们从营运资本中扣除。

作为说明，表9-20显示了为支持手机芯片部门新产品所需的营运资本的修正估计值，假设：（1）新的流动资产等于销售收入的20%。（2）营运资本在产品寿命末期全部收回。

表9-20　　　　　　　　　营运资本相关的现金流量调整　　　　　　　　　　单位：亿元

| 年 | 0 | 1 | 2 | 3 | 4 | 5 |
|---|---|---|---|---|---|---|
| 新手机的销售收入 | 0 | 60 | 82 | 140 | 157 | 120 |
| 为销售收入20%的营运资本 | 0 | 12 | 16 | 28 | 31 | 24 |
| 营运资本的变动值 | 0 | 12 | 4 | 12 | 3 | -7 |
| 收回的营运资本 | | | | | | 24 |
| 营运资本投资总额 | 0 | -12 | -4 | -12 | -3 | 31 |

3. 沉没成本

根据有无原则，沉没成本是过去已经发生且与现在决策无关的成本。无论接受抑或是拒绝投资方案，该项成本均已发生，因此，它与决策无关。因此在表9-18中第三行列示的，该部门已经支出的2亿元纳入初始工程费用显然是不正确的，故应将它删去。虽然这笔支出应当进行记录，但它应当记录在费用预算，而非此处的新产品提案当中。

这点似乎非常容易理解，但此处要给出两个在心理上难以忽略沉没成本的例子。假设你在1年前购入每股100元的某支普通股股票，而它现在正按照70元一股的价格交易。就算你相信在目前的情况下，70元一股是一个不错的价格，那么承认错误并卖出股票和抱着补偿原始投资的希望继续持有它，哪一个才是正确选择呢？有无原则认为，100元是沉没成本，除了可能的税收作用外，它与决策无关，所以应当卖出该股票。

另一个例子是，假定公司的研究开发部门已经用了10年时间，花费了1 000万元以完善某种新型长寿命LED灯泡。它的最初估计是开发时间2年，成本100万元，但由于该部门逐步延长开发时间且增加成本，每年都要花费100万元。现在该部门估计只要再花1年时间，且追加100万元便可完成该项目。由于这类LED灯泡的收益现值只有400万元，公司高级管理层认为应当撤销该项目。

仔细想一下便会明白，公司本来就不应该开始研制这种LED灯泡。即便获得成功，成本也将大大超过收益。然而在开发过程的任意时刻，包括当前的决策，继续开发始终是相当合理的。过去的开支是沉没成本,因此唯一可以争论的问题是,预期收益是否会超过完成开发所需的剩余成本。过去的费用仅在它影响到人们关于剩余成本是否估计得当的程度上才是有关的。所以,如果高级管理层相信现在的估计,LED 灯泡项目应该持续到下个年度。

4. 间接成本

适当处置投资评估中的折旧、营运资本和沉没成本是比较直截了当的。但现在面临一项较为复杂的问题。根据 HZ 公司的管理规定,使销售收入增加的新投资必须承担它们在公司管理费用中的合理份额。因而,所有新产品方案必须包括等于销售收入 14% 的年度管理费用。

然而,正如表 9 – 18 中所列示的,手机芯片部门的分析人员在新的 5G 芯片项目分析中忽略了这个规定。他们这样做的根据是:这项管理规定根本就是错的,因为将管理费用分配给新产品违背了有无原则,且扼杀了创造力。按照他们的说法是:如果有这样一个令人振奋的项目必须承担固定的公司管理成本,那么公司在行业内将会丧失竞争力。

在这里,问题的要点是:那些与新投资没有直接关联的费用,例如总裁的薪金、法律部门的费用和会计部门的费用,是否与决策有关。对于有无原则的直接解读表明:作为投资结果,假如总裁的薪金没有变动的话,那么它与决策无关,这同样适用于法律与会计部门。

但是,我们无法保证这些费用将不会随着新投资而变动。随着时间的推移,当公司成长时,总裁的薪金会增加,其他部门同样也会发展,这是毋庸置疑的。因此,问题不在于它们是否要被摊派费用,而在于他们是否随着业务规模的变化而变动。虽然我们很难观察到这些费用与销售收入增长之间的因果关系,但我们无法否认其存在。因此,要求所有销售增长型投资承担那些随着销售收入增加而增加的成本是有道理的。需要记住的是,这种间接成本未必是固定的。

5. 利润侵蚀

在会议过程中,来自另一部门的一位产品经理认为新的 5G 芯片计划是不完善和过于乐观的。他强调两点:第一,决策应该从公司层面,而不是一个部门层面做出。第二,从这个角度出发,现金流量预测应该反映推出新的 5G 芯片会侵蚀现有产品销量这一事实。换言之,随着 5G 芯片的推出,原本购买 4G 芯片的客户将会转向这一新产品,从而导致原有产品销量的下降。据他估计,新手机将会吸引他所在部门产品客户群的 10%,这将会导致他们失去大约 7 亿元的现金流量。他认为这个数字应当记入 5G 芯片产品现金流量预测的年度成本。

这位产品经理认为决策应该从公司的层面做出是正确的。此外,有无原则似乎也支持他关于新产品现金流量应当包含利润侵蚀损失的论点。但事实是否如此?HZ 公司并非唯一的芯片制造商,QC 公司、IN 公司等其他厂商同样会研制新的 5G 芯片。这样,上述的现金流量损失无论 HZ 公司是否做出新产品决策都会产生,所以这个损失同投资决策本身并无关系。从根本上来说,由利润侵蚀产生的损失同市场竞争程度有关。因此,表 9 – 18 中忽略利润侵蚀损失是一个正确的选择。

6. 生产能力过剩

对所提议的新产品的争辩还涉及到电脑芯片部门的过剩生产能力。电脑芯片部门三年前增添了一条新的生产线,目前它仅以 50% 的生产能力在运行。手机芯片部门的分析人员推测,他们可以在那里制造一些新的 5G 芯片,将闲置的生产能力利用起来。分析人员认为利用闲置生产能力将避免大笔的资本开支，节省公司的资金，因而他们对利用过剩生产能力假定了零成本。

但电脑芯片部门的总经理对这件事情持有非常不同的意见。他认为那些资产电脑芯片部门已经支付过费用，他要求手机芯片部门要么以合理的价格购买资产的闲置生产能力，要么自行建立生产线。他估计其过剩的生产能力至少值 20 亿元。而手机芯片部门的分析人员认为，过剩的生产能力已经支付过费用，因而对于当前的决策是沉没成本。

由于技术上的原因，企业常常必须获得高于实现目标所需的生产能力，于是就产生如何控制能力过剩的问题。在这个例子当中，正如常有的情况那样，答案取决于未来公司的计划。如果电脑芯片部门的过剩生产能力在现在或未来没有备选的用途，在手机芯片部门利用它时就不会产生现金流量，因而闲置生产能力是零成本的免费商品。但是，如果电脑芯片部门的过剩生产能力有备选用途或将来可能需要这部分生产能力，就会有一些与手机芯片部门利用过剩生产能力有关的成本，而他们应当出现在新产品的提案中。

眼下，我们假设电脑芯片部门预计在两年后需要这个过剩生产能力来适应它自己的成长。此时，更加合适的是如下做法：由于电脑芯片部门在 5G 芯片方案的前两年时间没有预定使用计划，因此利用过剩生产能力在前两年为零成本，但从第二年末开始，手机芯片部门需要承担新生产能力的成本。虽然手机芯片部门最终不能占用新的生产能力，但它对新的生产能力的取得取决于现在的决策，因而基于有无原则，它与该决策有关。在尘埃落定之后，手机芯片部门通过推迟两年对新生产能力支付费用而从暂时闲置的生产能力当中获得好处。

7. 筹资成本

筹资成本是指与公司打算用于为一项投资项目筹资的特定工具有关的任何股利、利息或本金支付。如表 9-18 所示，手机芯片部门的分析人员希望为产品成本的主要部分举债筹资，并在他们的债务利息成本预测中纳入额度项目（表中利息费用部分）。根据有无原则，由于货币鲜有免费的，因此筹资成本是和决策有关的，但此处分析人员确实犯了一个错误。

正如在第七章资本成本中学到的，计算现在价值时所使用的折现率应当等于公司年度资本成本。但从一项投资的年度现金流量中扣除筹资费用，同时还期望这项投资产生高于资本成本的收益，显然是对筹资成本进行了重复计算。因而，在估计现金流量时，标准的方法应该反映以折现率计算的货币成本，而忽略包括债务产生的利息费用在内的所有筹资成本。

经过一系列计算，Z 先生得到了 5G 芯片产品计划调整后的数字。这些数字列示于表 9-21，反映了所有提出修改的建议。其中增加的营运资本反映了表 9-20 中对于营运资本的调整。原有预备工程中的 2 亿元支出被记为沉没成本，因而该项变为零。同样，间接的管理费用同样被认为是合理的费用，因此每年占销售收入 14% 的分配费用同样被记录在表中。利息费用由于重复计算而不再进行扣除。对于折旧费用，由于从电脑芯片部门闲置生产能力获得的好处，5G 芯片生产的新生产成本从第二年末开始产生，其价值等于电脑芯片部门过剩生产能力的价值，即 20 亿元。且新生产线在第五年的残值为 14 亿元，因此，从第三年开始，每年的折旧费用在原有基础上增加 2 亿元，即从 3 亿元增加至 5 亿元。

新的计算结果表明，5G 芯片项目看起来仍然是有吸引力的，按照 15% 的折现率计算，其净现值有 25 亿元，内部收益率为 30%。因此 Z 先生现在有理由对自己的部门的提案更加自信。

通过上述例子，我们可以看到公司管理层在辨识新的投资机会中的相关成本与收益时所面对的挑战,以及为何这不只是财务人员,而是公司整体管理层的工作。

表 9-21　　　　　　　　　5G 芯片生产线部门修订财务分析　　　　　　　　单位:亿元

| 假设: | 增加的营运资本 | 销售收入的 20%,第 5 年末全部收回 | | | | |
|---|---|---|---|---|---|---|
| | 预备工程 | 已开支——沉没成本 | | | | |
| | 过剩生产能力 | 第 2 年新生产能力 20 亿元,年折旧 2 亿元 | | | | |
| | 利息费用 | 按折现率归类 | | | | |
| | 分配费用 | 变动分配成本等于销售收入的 14% | | | | |
| | | 年 | | | | |
| | 0 | 1 | 2 | 3 | 4 | 5 |
| 工厂和设备 | -30 | | | | | 15 |
| 增加的营运资本 | 0 | -12 | -4 | -12 | -3 | 31 |
| 预备工程 | 0 | | | | | |
| 过剩生产能力 | | | -20 | | | 14 |
| 总投资 | -30 | -12 | -24 | -12 | -3 | |
| 总残值 | | | | | | 60 |
| 销售收入 | | 60 | 82 | 140 | 157 | 120 |
| 销售成本 | | 26 | 35 | 60 | 68 | 52 |
| 毛利润 | | 34 | 47 | 80 | 89 | 68 |
| 利息费用 | | 0 | 0 | 0 | 0 | 0 |
| 分配费用 | | 8 | 11 | 20 | 22 | 17 |
| 销售与管理费用 | | 10 | 14 | 22 | 25 | 19 |
| 总营业费用 | | 18 | 25 | 42 | 47 | 36 |
| 营业利润 | | 16 | 22 | 38 | 42 | 32 |
| 折旧 | | 3 | 3 | 5 | 5 | 5 |
| 税前利润 | | 13 | 19 | 33 | 37 | 27 |
| 所得税(40%) | | 5 | 8 | 13 | 15 | 11 |
| 净利润 | | 8 | 11 | 20 | 22 | 16 |
| 加回折旧 | | 3 | 3 | 5 | 5 | 5 |
| 税后现金流量 | | 11 | 14 | 25 | 27 | 21 |
| 自由现金流 | -30 | -1 | -10 | 13 | 24 | 81 |
| 净现值(折现率=15%) | 25 | | | | | |
| 收益-成本比 | 1.64 | | | | | |
| 内部收益率 | 30% | | | | | |

注:表内数据已进行四舍五入处理。

## 第三节 财务预算

为什么有的公司，如谷歌、阿里巴巴能够成就非凡，而另外一些公司则在困境中苦苦挣扎？成功的公司均有其独到的战略眼光和特点，但不可忽视的一点是，它们的战略制定无一不建立在准确的内外部信息的基础之上。它们能够将其内部优势与外部机会很好地结合在一起。但是，仅拥有出色的战略尚不足以让其真正地迈向成功，公司还需要将战略转化为行动，这就需要预算。预算是为实现长短期目标而制定的详细计划。好的预算不仅能够促进成本控制，还能确保公司的日常运营与公司的总体目标保持一致。本节主要对财务预算的编制的概念、流程、方法等进行阐述。

### 一、预算的相关概念

#### （一）预算编制的流程

预算是一个企业的经营计划和控制工具，它用来确定在一段时间内为实现企业的目标所需要的资源和投入。财务预算为财务状况、损益以及现金流量设定了具体的目标。但预算的编制不仅是根据内外部信息提供具体的数字，还包括通过制定系统性的预算审批流程，协调相关方的运营活动，分析实际结果与预算的差异并提供适当的反馈，对初始编制的预算进行修正。从图9-6中，可以看到预算编制的整体流程。

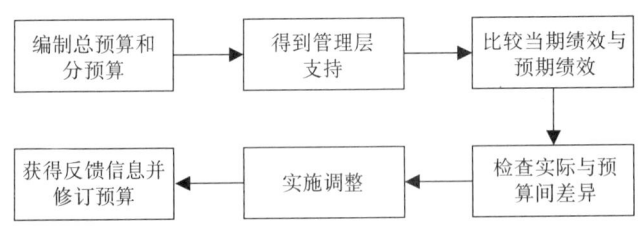

图9-6 预算编制的整体流程

#### （二）预算编制的原因

公司编制预算主要出于对计划、沟通、监控与评估四个方面考虑。

（1）编制预算能够促使公司仔细地审查未来。企业有必要确立收入预期、费用预期、人员需求预期及未来增长预期等指标。通过计划，可以使公司中的各方均能从不同的角度为公司的发展提出建议。计划的过程中可能会就公司的未来发展方向提供新的想法，或者就如何更好地实现公司既定目标提供新的见解。预算的编制为公司实现既定目标提供了一个框架。没有预算所提供的总体行动框架，单个管理层的决策难以把握方向，不同部门管理层之间的决策也会缺乏协调。没有预算，公司的运营将会十分被动，难以采取具有前瞻性的行动积极地应对未来的挑战。

（2）编制预算还能够提升公司内部的沟通与协调。从本章第二节的5G芯片投资方案的案例中便可以看出，在预算编制流程中，公司的各个部门均需要相互沟通各自的计划与需要，这样所有部门均能评估其他部门的计划与需要对本部门的计划和需要产生怎样的影响。

为实现预算目标，公司中的各方需要相互协调彼此的行动。

（3）预算设立了标准或绩效指标，管理层可以依此来监控公司目标的实现进度。通过比较某一期间的实际结果与预算结果，管理层能够明确公司是否偏离了其既定目标。将组织的总预算分解至每个部门，这样每一层级的活动均能得到评估。公司作为一个整体也许能实现其总目标，但下级部门可能无法达到预定绩效。我们称实际结果与预算之间的差为"差异（Variance）"。负向差异说明公司需要做出相应的调整，正向差异则说明可能出现了某些外部的机会。

（4）预算也可以作为员工绩效评估的指标。一旦确定了预算，管理层就需要承担与预算绩效相关的责任，管理层应努力完成预算中由自己负责的部分。通过比较实际结果与预算之间的差异，可以评估管理层的绩效。但此处需要注意的是，负向的差异并不总是意味着管理层的绩效不佳，有时它说明某部分的业务可能存在衰退，需要注意。同样，正向的差异也不总是意味着管理层绩效出色。

### （三）预算编制的注意事项

预算编制的任何一个环节出了问题都难以保证一份预算案能够成功。若想要预算编制成功，在编制过程中需要注意以下问题：

（1）预算必须与公司战略保持一致。
（2）预算中所给出的数据和事实在技术上应当没有错误。
（3）管理层必须充分认可该项预算。
（4）销售和管理费用的预算应足够详细，以使关键假设能够得到很好的理解。
（5）预算编制团队的上级部门必须审查并核定预算，确保其准确无误。

### （四）总预算

总预算是公司及其业务部门在一个年度、一个经营期间或者更短期限内的总体经营计划。总预算为所有经营活动确立定量目标，包括筹资与投资相关的相机计划。图 9-7 展示了 VC 公司战略目标、长期目标、预算和实施的流程，并揭示了总预算在其中的作用。

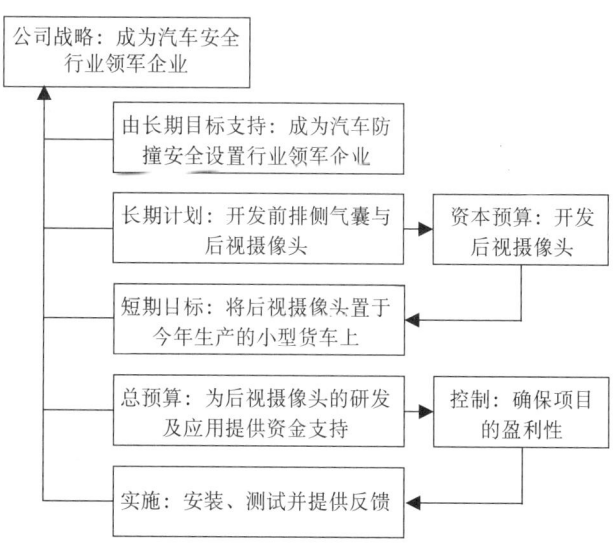

图 9-7　VC 公司战略目标、长期目标、预算及实施

总预算是揭示公司前进方向的路线图，精心设计的总预算能引领公司朝着战略和长期计划所指定的方向发展。与长期计划相比，预算更精确，时间更短，更专注于责任中心。总预算通常是由经营预算、财务预算和资本预算三个部分组成。其中经营预算确定经营所需资源以及如何通过购买或自制获得这些资源。生产预算、采购预算、销售预算以及人员配置预算都属于经营预算。财务预算则将资金来源与资金使用相匹配，以实现公司目标。财务预算主要包括现金流量预算、财务状况预算、经营收入预算以及资本支出预算。资本预算用于规划如何给具有长远意义的重大项目投资提供资源支持，比如采购新设备、投资新设施等。

## 二、预算编制的方法

为了能使预算作为一种有效的规划和管理工具，公司选择的预算方法必须能支持和强化公司的管理方式。公司应当根据自身的业务类型、组织结构、经营的复杂性以及管理理念的不同，选取合适的方法编制预算。在公司的实务当中，常见的预算编制方法有项目预算法、作业基础预算法、增量预算法、零基预算法、滚动预算法以及弹性预算法。这六种方法并非相互排斥，一家公司可以同时采用若干种方法进行预算编制。接下来我们首先对这六种方法进行简单的介绍。

### （一）项目预算法

当某个项目完全独立于公司的其他元素或是该公司的唯一元素时，项目预算法是比较合适的预算编制方法。例如，一艘轮船、一架飞机、一条公路等主要资产经常会用到项目预算。项目预算的时间框架就是项目的期限，但需要注意的是，跨年度的项目应当按年度分解编制预算。在编制项目预算时，过去的类似项目可以作为参考基准。在项目预算中，间接费用的预算比较简化，因为公司仅将一部分固定和变动间接费用分配到项目中去，剩余的间接费用则不再在项目预算中汇总考虑。

项目预算的有限在于它能够包含所有与项目有关的成本，因此很容易度量单个项目的影响。无论项目规模大小，项目预算均能很好地发挥作用，项目管理软件能够附注项目预算的编制和追踪。但是，一旦项目利用了受整个公司支配而非项目专用的资源时，项目预算潜在的局限性就会突显出来。在这种情况下，需要注意成本的划分和职权的理顺。

### （二）作业基础预算法

作业基础预算法（Activity-Based Budgeting, ABB）关注于作业而非部门或产品。每一项作业都有其相应的成本动因，成本动因是经营中所必须的某项工作或作业的成本度量单位。这种成本度量单位可以是基于数量的，例如人工工时，也可以是基于作业的，例如组装一天及其所需要的零部件数量。成本可以划分为若干成本池，如单位、批次、产品以及设施等。成本池由同质成本构成，随着生产的变化，同质成本也同比例变化。其中，固定成本一般属于同一个成本池，不同层次的变动成本通常被划分至不同的成本池当中。每次编制总预算时，都应对成本池划分的准确性进行评估。

作业基础预算法不同于传统的预算编制方法，比起资源投入，其更关注于增值作业并按照作业成本确定预算编制单位。作业基础预算法可以作为总预算编制流程的基础。由此编制的分预算会采用不同的成本度量方法，因此各项成本所占比重会有所不同。举例来说，表9-22展示了BJ公司采用作业基础法编制的间接费用预算，表中给出了各项作业的间接成本，包括生产调试、安装、组装、质量监控检验和工程变更等作业。由于材料和人工成本在作业基础预算中会得到更详尽的追踪，因此原本划分为间接费用的间接材料和间接人工，在作业基础预算法下将有一部分转化为直接材料和直接人工。

表 9 – 22　　　　　　BJ 公司采用作业基础预算法编制的间接费用预算　　　　　　单位：元

| 作业 | 作业量 | 单位作业成本 | 作业成本 |
| --- | --- | --- | --- |
| 机器调试 | 80 次调试 | 4 000/调试 | 320 000 |
| 安装 | 1 700 直接人工工时 | 5/直接人工工时 | 8 500 |
| 组装 | 6 000 直接人工工时 | 12/直接人工工时 | 72 000 |
| 质量检验 | 100 次检验 | 2 500/检验 | 250 000 |
| 工程变更 | 15 次变更 | 10 000/变更 | 150 000 |
| 总间接成本 | | | 800 500 |

作业基础预算法的优点是它可以更加准确地确定成本，尤其是在追踪多个部门或多个产品的成本时。但这一优点同样伴随着一项缺陷，即在设计和维持作业基础预算制度的成本可能会大于其所带来的成本节约。因此，作业基础预算法最适合于在产品数量、部门数量等方面比较复杂的大型企业。这是因为在公司经营环境趋于复杂时，传统的成本法较为粗略，效用不明显。

### （三）增量预算法

增量预算法是一种很常用的预算编制方法，它以上一年度的预算为起点，根据销售额和经营环境的预期变化，自上而下或自下而上地调整上一年度预算中的各个项目。增量预算法与零基预算法正好相反。其主要缺点是随着时间的推移，预算规模会逐渐增大。

### （四）零基预算法

为避免增量预算法中提到的缺点，一些公司开始使用零基预算法。顾名思义，零基预算是指从零开始编制预算。增量预算法关注于在前期预算的基础上做出变更，而零基预算法关注于每一个预算项目在当期的成本合理性。管理层必须深入审查在其控制下的各个领域，才能证明这些领域的成本合理性。

编制零基预算的第一步是要求各个部门经理按照重要性由高到低地顺序列示所有部门活动，并确立每项活动的成本。高级管理层会检查由部门经理提交的称为"决策包"的清单，并删除那些不太合理或是不重要的活动项目。高级管理层会提出各种疑问，例如"这项活动是否必须实施？如果不试试会有什么后果？"等。管理层也可以利用标杆指标或成本效益分析来决定应当删除哪些活动项目。只有那些得到批准的活动项目才会出现在预算中。可以通过与部门经理讨论和协商来确定已接收的活动项目的成本。一旦确定了预算指标，零基预算就成为总预算的基础。

零基预算的优点在于它能促使管理者审查所有元素，有助于创造一个高效、精简的公司。但其缺点也同样明显，一方面，因为担心下一个预算周期中可能会被分配较少的资源，管理层倾向于用光当前预算期间所有已分配资源。这可能会导致中大量浪费和不必要的采购。另一方面，零基预算法的年度审查流程极耗时间且成本较高。如果每年都编制零基预算，零基预算的优势就会逐渐退化，导致最终零基预算的实际效果可能会与增量预算无异，且处理起来更加麻烦。因此，为减轻零基预算相关的费用负担，一般情况下，公司会隔几年编制一次，在不编制零基预算的年份，采用其他预算方法。

### （五）滚动预算法

滚动预算是在每期期末，删除已过期的那部分预算，加上新一期的预算，这样预算中所包含的期间数会保持不变，且还能根据经营环境的变化持续更新预算。同前面介绍的方法一样，滚动预算法也可以作为实体的总预算。不同之处在于，在其他预算方法之下，所编制的预算在期末便告过期，但滚动预算法下，时间跨度保持不变，不论在什么时候，滚动预算总能提供对未来规定期限（一般为12个月）的预算信息。

与年度预算相比，滚动预算具有更强的相关性。滚动预算可以反映当前发生的事项和变化，并可用以调整将来的预算。它能够将一个复杂的过程分解成易于管理的步骤。采用滚动预算，管理层可以一直保有一个完整预算周期的数据，因而能从更长远的视角来审视决策。

当然，滚动预算的缺点也很明显，他需要设立预算协调人员，同时，管理层可能每月都需要为下个月的预算分散精力，这使得管理层的行动产生了机会成本，换句话说，管理层可以把用于计算月度预算的时间拿来处理对公司更有价值的事情。

### （六）弹性预算法

弹性预算法会为特定产出水平确立一个基准成本预算（成本—产量关系），在此基础上加上一个能反映不同产量水平下的成本行为的增量成本—产量关系。弹性预算只调整变动成本，固定成本保持不变。弹性预算最常见的应用是用以准确地匹配公司的销售预测。在决定如何调整下一周期的预算时，前一周期的弹性预算会很有帮助。采用实际产出数据的弹性预算不能作为一种总预算，因为实际产出水平在预算期结束前都是未知数。因此，弹性预算更多的是作为一种分析工具以确定实际结果与预算间的差异，而不是用于制定初始预算。

弹性预算法的优势包括，可以更好地利用历史数据来改进对未来的计划。弹性预算法没有明显的缺陷，唯一可能存在的不足之处在于，公司主要关注产出的弹性预算水平，而可能忽视未能达成销售目标这一事实。然而，大多数公司使用弹性预算的原因在于，弹性预算使得公司可以实施极为细致的差异分析。

例如，RN公司想要使用弹性预算法估计其直接人工成本耗用的实际发生额与预算额之间的差异。公司预计7月份的产品产量为72 000件，每件产品需要0.5个直接人工工时，每个直接人工工时的预算成本为15元。然而，7月份产品的实际产出仅有68 000件，每个直接人工工时成本为15.5元。表9-23给出了RN公司直接人工成本的预算额与实际发生额。

表9-23　　　　　　　　　　RN公司的原始预算与实际预算

|  | 原始预算 | 实际预算 |
| --- | --- | --- |
| 产量（件） | 72 000 | 68 000 |
| 直接人工工时/件 | 0.5 | 0.5 |
| 需要的直接人工工时 | 36 000 | 34 000 |
| 直接人工工时的单位成本（元） | 15 | 15.5 |
| 总直接人工成本（元） | 540 000 | 527 000 |

从表 9 - 23 中可以看出，RN 公司 7 月份的总直接人工成本预算似乎实现了 13 000 元的节约。然而，这并不是真实情况，因为 7 月份的产量没有达到预算水平。为了真实地评估其业绩，该公司应当编制一份弹性预算，并用单位产出的标准成本与实际产量而非预算产量相乘，求得总直接人工成本在弹性预算法下的发生额。表 9 - 24 展示了弹性预算的计算方法。

表 9 - 24　　　　　　　　　　RN 公司的弹性预算与实际预算

|  | 原始预算 | 弹性预算 | 实际预算 |
|---|---|---|---|
| 产量（件） | 72 000 | 68 000 | ← 68 000 |
| 直接人工工时/件 | 0.5 | 0.5 | 0.5 |
| 需要的直接人工工时 | 36 000 | 34 000 | 34 000 |
| 直接人工工时的单位成本（元） | 15 | 15 | 15.5 |
| 总直接人工成本（元） | 540 000 | → 510 000 | 527 000 |

从表 9 - 24 中可以看出，当产品实际产量仅为 68 000 件的情况下，总人工成本应为 510 000 元，而非初始预算的 540 000 元，因此，实际发生额比起弹性预算额高出了 17 000 元，而非表 9 - 22 中显示的低 13 000 元。

### 三、预算的编制的内容

我们在本节前面部分对总预算进行了简单的介绍。总预算是对公司所有预算的全面汇总，正如我们在第一节末尾提到的，它主要包括了两大部分的预算，即经营预算和财务预算。图 9 - 8 揭示了总预算中包含的各类预算及其相互关系。其中，经营预算主要包括销售预算、生产预算、直接材料预算、直接人工预算、间接费用预算以及销售管理费用预算等。财务预算主要包括现金预算和资本支出预算等。

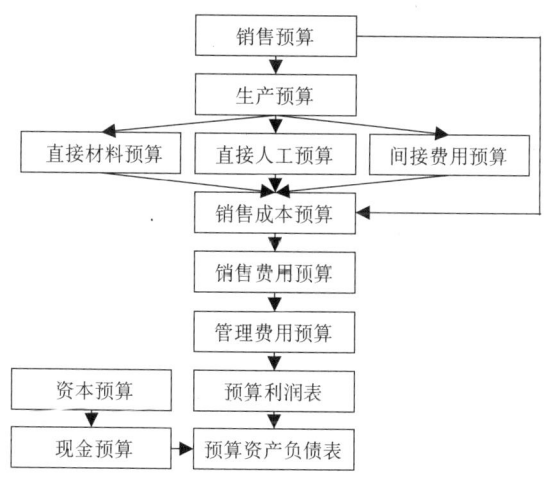

图 9 - 8　总预算组成要素与相互关系

### （一）经营预算

1. 销售预算

在编制销售预算之前，需要一份准确的销售预测。销售预测是进行销售预算的基础，其准确性直接左右了销售预算与相关预算的效果。销售预测不仅需要考虑历史销售趋势，还要考虑经济和产业状况、竞争者行为、定价和信用政策等各种因素以及销售经理对市场和客户需求的准确了解。一旦公司根据长短期目标确立了预测的销售水平，公司接下来就可以编制一份销售预算以实现这些目标。销售预算涉及两个关键要素，一是下一经营期间的预计销售数量，二是下一经营期间的预计销售价格。

表9-25展示了RN公司第三季度的销售预算。可以看出，经过销售部门严密的计算，7月到9月，产品预计的销售数量逐步提高，同时，在9月份，大家可以发现，产品的售价也有所提高。每月的总销售额反映的是当月预计销售数量和单位售价的乘积。可以看出，基于统计预测，RN公司的销售收入将会逐步增长，这是一个好的势头。

表9-25　　　　　　　　　　　RN公司季度销售预算　　　　　　　　　　　单位：元

|  | 7月 | 8月 | 9月 | 季度 |
| --- | --- | --- | --- | --- |
| 销售数量 | 70 000 | 72 000 | 77 000 | 219 000 |
| 单位售价 | 110.80 | 110.80 | 112.00 |  |
| 总销售额 | 7 756 000 | 7 977 600 | 8 624 000 | 24 357 600 |

这里需要再次强调的是，销售预算是所有经营预算的基本驱动要素，因为销售预算中确立了经营预算所需要的基本信息，是其他预算的编制基础。因此，虽然销售预算表看起来非常简单，但在其背后需要大量的数据信息及复杂的统计方法作为支撑，以确保其准确性。

2. 生产预算

在确定了想要实现的销售水平之后，就可以编制生产预算以明确如何满足预期需求了。生产预算是一份资源获得计划，公司需要利用这些资源以实现销售目标，同时维持一定的存货水平。在生产预算中，我们最终需要知道预算生产量，以便进行接下来的预算。这里，预算生产量通常使用预算销售量加上预期期末存货再减去期初存货来进行计算。

表9-26展示了RN公司第三季度的生产预算，公司应当保留多少期末存货，这一决策受到多种因素的影响，比如取决于公司感到满意的安全存货水平、公司存货管理系统的成熟度、公司与供应商之间的关系等等。当然，在不会对销售产生负面影响的前提下，存货水平应当尽可能的低。同时，在表中我们应当注意的是，7月份的期末存货将成为8月份的期初存货，这对9月份也通常成立。然而，当我们以季度为单位编制预算时，本季度的期初存货应当是本季度第一个月，也就是7月份的期初存货，而季度的期末存货应当是本季度最后一个月，也就是9月份的期末存货。

表9-26　　　　　　　　　　　RN公司季度生产预算　　　　　　　　　　　单位：件

|  | 7月 | 8月 | 9月 | 季度 |
| --- | --- | --- | --- | --- |
| 预算销售量 | 70 000 | 72 000 | 77 000 | 219 000 |
| 加：预期期末成品存货 | 10 000 | 11 000 | 12 000 | 12 000 |
| 需生产的数量 | 80 000 | 83 000 | 89 000 | 231 000 |
| 减：期初成品存货 | 8 000 | 10 000 | 11 000 | 8 000 |
| 预算生产量 | 72 000 | 73 000 | 78 000 | 223 000 |

## 3. 直接材料预算

直接材料预算用来确定生产中所需好用的材料及其质量水平。表9-25告诉我们，生产预算只确定所要生产的数量，而直接材料预算确定生产所需的材料数量以及材料成本，以及为满足生产需求，必须采购的材料数量和采购材料成本。为确定所需采购的材料数量和采购材料成本，在编制直接材料预算的同时，还需编制直接材料采购预算。表9-27展示了RN公司的直接材料耗用预算。

与生产预算中的存货一样，7月份的期末存货将成为8月份的期初存货，8月份的期末存货也将成为9月的期初存货。同样，在以季度编制预算时，本季度的期初存货应当是本季度第一个月，也就是7月份的期初存货，而本季度的期末存货应当是本季度最后一个月，也就是9月份的期末存货。

表9-27　　　　　　　RN公司季度直接材料耗用预算　　　　　　　单位：元

| | 7月 | 8月 | 9月 | 季度 |
|---|---|---|---|---|
| 生产中耗用的直接材料 | | | | |
| 预算产量 | 72 000 | 73 000 | 78 000 | 223 000 |
| 每单位产品所需的原材料 | 5 | 5 | 5 | 5 |
| 所需原材料总量 | 360 000 | 365 000 | 390 000 | 1 115 000 |
| 期初原材料存货 | 35 000 | 35 000 | 35 000 | 35 000 |
| 每单位成本 | 13.00 | 13.00 | 13.25 | 13.00 |
| 期初存货总成本 | 455 000 | 455 000 | 463 750 | 455 000 |
| 原材料采购总成本 | 4 680 000 | 4 836 250 | 5 253 500 | 14 769 750 |
| 可用于生产的原材料成本 | 5 135 000 | 5 291 250 | 5 717 250 | 15 224 750 |
| 预期期末存货数量 | 35 000 | 35 000 | 40 000 | 40 000 |
| 每单位预期期末存货成本 | 13.00 | 13.25 | 13.30 | 13.30 |
| 预期期末存货总成本 | 455 000 | 463 750 | 532 000 | 532 000 |
| **生产中耗用的原材料总成本** | **4 680 000** | **4 827 500** | **5 185 250** | **14 692 750** |

表9-28展示了RN公司的直接材料采购预算。表中所需采购直接材料应等于生产中耗用的直接材料与预期期末直接材料存货之和，再减去期初直接材料存货。当然，仔细的读者也许会发现，表9-28中的大部分信息已经反映在表9-27当中。但为了让采购预算更加清晰，通常会以另一张预算表的形式来展示公司的直接材料采购预算。

表9-28　　　　　　　RN公司季度直接材料采购预算　　　　　　　单位：元

| | 7月 | 8月 | 9月 | 季度 |
|---|---|---|---|---|
| 生产中需要的直接材料总量 | 360 000 | 365 000 | 390 000 | 1 115 000 |
| 加：预期期末存货 | 35 000 | 35 000 | 40 000 | 40 000 |
| 所需的直接材料总量 | 395 000 | 400 000 | 430 000 | 1 155 000 |
| 减：期初直接材料存货 | 35 000 | 35 000 | 35 000 | 35 000 |
| 直接材料采购量 | 360 000 | 365 000 | 395 000 | 1 120 000 |
| 每单位采购价格 | 13.00 | 13.25 | 13.30 | |
| **直接材料采购成本总计** | **4 680 000** | **4 836 250** | **5 253 500** | **14 769 750** |

### 4. 直接人工预算

生产预算中的生产要求，不仅决定了直接材料预算，它同样也决定了生产中所需要的直接人工预算。直接人工预算通常由生产经理和人力资源经理共同编制，该预算用来确定为满足生产要求，所需要的直接人工工时数及其成本。用预期产量乘以单位所需的直接人工工时数（Direct Labor Hours，DLH），就可以得到生产中所需的直接人工工时数。然而用生产中所需的直接人工工时数，乘以直接人工工时的单位成本，就可以求出直接人工成本的预算额。

表 9-29 对 RN 公司的直接人工成本进行了展示。表中的预算产量来源于表 9-26 的生产预算表。直接人工预算能帮助公司规划生产流程，并使全年的生产平稳运行，同时还可以使人力规模与生产要求保持一致。本例中虽然没有进行更加细致的划分，但在实际运用中，人工预算可以按照人员类别进行划分，比如完全熟练工人、半熟练工人以及非熟练工人等。

表 9-29　　　　　　　　　　RN 公司季度直接人工预算

| | 7月 | 8月 | 9月 | 季度 |
|---|---|---|---|---|
| 预算产量（件） | 72 000 | 73 000 | 78 000 | 223 000 |
| 生产单位产品所需的直接人工工时数 | 0.5 | 0.5 | 0.5 | |
| 生产中所需的直接人工工时数 | 36 000 | 36 500 | 39 000 | 111 500 |
| 小时工资 | 15 | 15 | 15 | |
| 直接人工工资总计（元） | 540 000 | 547 500 | 585 000 | 1 672 500 |

### 5. 间接费用预算

在生产成本中，有一部分未划入直接材料预算或直接人工预算中。对于这部分生产成本，均予以编制间接费用预算。间接费用预算有时也被称为固定成本预算，因为列入间接费用预算中的大部分成本均不随产量的变化而发生变化。例如，无论产量如何变化，厂房的租金、保险费用都不会发生变化。当然，也存在一些随着产量变化而变化的间接成本，例如表 9-30 的间接费用预算表中上半部分所展示的维护费用、电力等消耗品的费用等。固定成本很容易进行预算编制，但变动成本则需要根据生产的产品数量、生产方法等因素进行确定。

在表中，我们可以看到变动工厂间接费用中包含了附加福利，这里主要是指员工的各类保险及退休福利等。当然，RN 公司也会将一部分员工福利分配记入到直接人工预算当中去。

表 9-30　　　　　　　　　　RN 公司季度工厂间接费用预算　　　　　　　　　　单位：元

| | 分摊率（每 DLH） | 7月 | 8月 | 9月 | 季度 |
|---|---|---|---|---|---|
| 直接人工工时总数 | | 36 000 | 36 500 | 39 000 | 111 500 |
| 变动工厂间接费用 | | | | | |
| 消耗品 | 0.20 | 7 200 | 7 300 | 7 800 | 22 300 |
| 附加福利 | 4.10 | 147 600 | 149 650 | 159 900 | 457 150 |
| 公用事业 | 1.00 | 36 000 | 36 500 | 39 000 | 111 500 |
| 维护费 | 0.50 | 18 000 | 18 250 | 19 500 | 55 750 |
| 变动工厂间接费用总计 | 5.80 | 208 800 | 211 700 | 226 200 | 646 700 |
| 固定工厂间接费用 | | | | | |

续表

| | 分摊率（每DLH） | 7月 | 8月 | 9月 | 季度 |
|---|---|---|---|---|---|
| 折旧 | | 20 000 | 20 000 | 20 000 | 60 000 |
| 工厂保险 | | 800 | 800 | 800 | 2 400 |
| 财产税 | | 1 200 | 1 200 | 1 200 | 3 600 |
| 管理人员薪水 | | 10 000 | 10 000 | 10 000 | 30 000 |
| 间接人工 | | 72 000 | 72 000 | 72 000 | 216 000 |
| 公用事业 | | 4 000 | 4 000 | 4 000 | 12 000 |
| 维护费 | | 900 | 900 | 900 | 2 700 |
| 固定工厂间接费用总计 | | 108 900 | 108 900 | 108 900 | 326 700 |
| 工厂间接费用总计 | | **317 700** | **320 600** | **335 100** | **973 400** |

注：本例中假设直接人工工时数（DLH）是工厂间接费用的成本动因。

6. 销售成本预算

销售成本预算（Cost of goods sold budget）主要列示了某一期间与已销售产品的生产相关的总成本。因为销售成本预算中通常也会包含存货项目，因此，也会被称为制销成本预算（Cost of goods manufactured and sold budget）。销售成本预算需要在生产预算、直接材料预算、直接人工预算以及间接费用预算编制完成后开始编制，因为销售成本预算主要是对前述各项的一个总结。

表9-31揭示了RN公司的销售成本预算。从表中我们可以看出，商品制造成本是由三项成本加总而来，即耗用直接材料成本、耗用直接人工成本以及间接费用成本。这意味着商品制造成本可以进一步划分为变动成本和固定成本两个类别，其中变动成本包括耗用的直接材料成本、直接人工成本以及变动的间接费用，而固定成本则由间接费用中的固定费用构成。将商品制造成本进行如此分类可以帮助公司确定产品的单位边际贡献和总边际贡献。此处单位边际贡献与总边际贡献分别可由以下公式计算：

单位边际贡献 = 产品的单位售价 - 产品的单位变动成本
总边际贡献 = 总销售收入 - 总变动成本

边际贡献反映了销售收入高出变动成本的部分，用于弥补固定成本。一旦固定成本能够得到补偿，剩余的边际贡献则会进入公司的经营利润中去。当然，这里需要提醒大家的是，虽然本例中没有发生，但非制造环节发生的变动成本，例如变动的销售管理费用，同样应当纳入考虑。

表9-31　　　　　RN公司季度销售成本预算　　　　　单位：元

| | 7月 | 8月 | 9月 | 季度 |
|---|---|---|---|---|
| 期初成品存货 | | | | 624 000 |
| 耗用的直接材料（表9-28） | 4 680 000 | 4 827 500 | 5 185 250 | 14 692 750 |
| 耗用直接人工（表9-29） | 540 000 | 547 500 | 585 000 | 1 672 500 |
| 间接费用（表9-30） | 317 700 | 320 600 | 335 100 | 973 400 |
| 商品制造成本 | 5 537 700 | 5 695 600 | 6 105 350 | 17 338 650 |

续表

|  | 7月 | 8月 | 9月 | 季度 |
|---|---|---|---|---|
| 可供出售的商品成本 |  |  |  | 17 962 650 |
| 减：期末成品存货 |  |  |  | 936 000 |
| 销售成本 |  |  |  | **17 026 650** |

7. 销售管理费用预算

前面所讲的直接材料成本、直接人工成本以及间接费用均与制造本身相关。但公司经营中产生的费用不仅包括生产部分，还包括一些非制造费用。对于这些非制造费用，通常将其归入一个单独的预算中，我们通常称其为销售管理费用预算，或非制造成本预算。

表9-32中展示了RN公司的销售管理费用预算。从中我们可以看出，销售管理费用中包含了产品生产前期的调查设计费用、市场营销费用，产品运输过程中产生的运输费用、产品售后过程中产生的产品支持费用以及包括了管理人员工资、法律与专业服务费用、保险费用、消耗品费用等一系列的管理费用等。这些费用不能分摊给生产流程，并且必须计为销售当期费用。与间接费用一样，销售管理费用也可以进一步划分为变动费用和固定费用两类。一般而言，销售费用中通常既包含变动费用也包含固定费用，而管理费用中主要是固定费用。

表9-32　　　　　　　　　　RN公司销售管理费用预算　　　　　　　　　　单位：元

|  | 7月 | 8月 | 9月 | 季度 |
|---|---|---|---|---|
| 调研/设计 | 95 000 | 95 000 | 100 000 | 290 000 |
| 市场营销 | 240 000 | 280 000 | 290 000 | 810 000 |
| 运输 | 135 000 | 140 000 | 150 000 | 425 000 |
| 产品支持 | 90 000 | 90 000 | 95 000 | 275 000 |
| 管理 | <u>185 000</u> | <u>190 000</u> | <u>192 000</u> | <u>567 000</u> |
| 总计 | **745 000** | **795 000** | **827 000** | **2 367 000** |

销售管理费用预算中的成本通常是为了满足长期目标，如客户服务目标，因此销售管理费用通常不容易削减。在这里需要再次提醒大家，在计算边际贡献时，销售管理费用中的变动费用同样需要纳入考量。同时，值得注意的是，销售管理费用的变动与固定成本分离可以让销售管理费用预算用于内部绩效评价，并揭示哪些成本属于可控成本。

8. 模拟利润表

在第一节财务预测中，我们已经接触到了模拟财务报表。当然，在那部分内容中，我们主要讨论了模拟资产负债表在预测公司将来所需资金中的应用。在本部分内容中，我们将继续展开对模拟财务报表的讨论。这里，我们主要讨论基于前文所编制的预算表如何生成模拟利润表。

模拟利润表可以解释公司在满足其预算要求并且各项假设前提正确无误的条件下，公司在期末所能获得的利润。如果模拟利润表中所得到的利润小于最初设定的目标，管理层则会采取修正预算的行动。可见，模拟利润表是绩效评估的基准。

表9-33揭示了RN公司的季度利润表。在该表的计算中运用到了前面表格中所展示的

销售预算、销售成本预算、销售管理费用预算中的信息。从表中可以看出，RN 公司预计第三季度的净利润为 312 万元。若这个数字小于管理层最初设想的目标，那很遗憾，各个部门经理就需要开始修正各自的预算了。

表 9-33　　　　　　　　　　　RN 公司季度模拟利润表　　　　　　　　　　　单位：元

|  | 季度（7~9 月） |
| --- | --- |
| 销售额（表 9-25） | 24 357 600 |
| 减：销售成本（表 9-31） | 17 026 650 |
| 毛利 | 7 330 950 |
| 减：销售管理费用（表 9-32） | 2 367 000 |
| 经营利润 | 4 963 950 |
| 减：利息费用 | 140 361 |
| 税前利润 | 4 823 589 |
| 减：所得税（35%） | 1 702 165 |
| **净利润** | **3 121 424** |

## （二）财务预算

在编制完经营预算并制定了模拟利润表后，公司接下来就需要编制必要的财务预算，以确认为支持组织的经营所必需的资产和资本。财务预算包括资本预算、现金预算、模拟资产负债表及模拟现金流量表。

1. 资本预算

资本预算阐明公司在选定的资本项目上计划投资的金额，所选定的资本项目包括购买房地产、厂房和设备、以及收购新企业或新产能等等。资本预算可以用于评估和选定需要大额融资的项目，这些项目可能会为公司带来长久的利益。

我们在第一节财务预测中所讲到的对于资金需求量的计算，也包括我们在第二节财务决策中所讲的面对资金需求量，如何选取筹资方式，以及如何对投资决策进行评估。这些都是进行资本预算的基础，因此，我们对于资本预算在这里不再赘述。但我们需要知道，资本预算首先必须要与公司的战略保持一致，并且必须不断调整公司战略以充分利用公司内部优势及外部机会。

2. 现金预算

公司的经营活动必须保持有足够的流动性，现金预算就是为了确保流动性而编制的一份计划。有了现金预算，公司就能有序地安排融资，并合理规划各项投资的期限，以便在需要资金时能及时将投资变现。现金预算编制比较频繁，许多公司会选择每月编制一次。由于公司经营的所有领域都需要现金，因此现金预算中的数据来自总预算的各个部分。

现金预算通常可以划分为三个部分，即现金收入、现金支出以及现金结余（或短缺）。其中现金收入是当期的全部现金收款，这些现金收款通常来自于当期或先前各期的应收账款及其他收入来源，例如短期有价证券的利息收入。现金支出则包括材料采购、工资、经营费用、税金、利息费用等各项现金支付。现金结余（短缺）便是期初现金余额与当期现金收入减当期现金支出和最小现金余额要求。结余的现金可以用于投资，而短缺的现金则需要通过筹资来获取（本章第二节筹资决策中的案例）。

现金预算中的现金收入部分和现金支出部分受很多因素影响。公司通常会编制模拟财务报表来估计其现金收入和现金支出。模拟现金收入表用来估计每期的回款百分比，使用的是我们接下来的案例将要介绍的应收账款余额模式法。模拟现金支出表通常会将现金支出分解为材料采购、直接工资、一般管理费用等多个部分，它也可以用支付百分比模式。

应收账款余额模式是一种预测工具，用于估计现金流入的时间以及由于赊销产生的应收账款余额。通常来说，公司会分析历史回款情况来预计未来的现金回收情况。表 9-34 反映了 RN 公司根据历史现金回收信息制定的应收账款回收百分比。

表 9-34　　　　　　　　　　　RN 公司应收账款回收比率

| 回收时间 | 回收百分比 |
| --- | --- |
| 当月回收 | 40% |
| 一个月后回收 | 30% |
| 两个月后回收 | 20% |
| 三个月后回收 | 10% |

从表 9-34 中可以看出，RN 公司的应收账款在当月便能回收 40%，在一个月后能够继续回收 30%，两个月后能够再回收 20%，三个月后则可将应收账款完全收回。此处应当注意的是，在很多情况下，公司的应收账款难以做到 100% 回收，从而产生坏账损失。从表中给出的信息，我们便可利用回款历史来推导出每月应收账款的回收模式，并用来预计下一期间的现金回收情况。

现在我们假设 RN 公司 3 月份的实际销售额为 9 200 000 元，4 月份的销售额为 9 500 000 元，5 月份的销售额为 9 032 000 元，6 月份的销售额为 8 520 000 元。7~9 月份的销售额来源于表 9-25 中我们在销售预算中所预计的数字。我们根据表 9-34 便可推出表 9-35 中数字。

表 9-35　　　　　　　　RN 公司应收账款余额模式　　　　　　　　单位：元

|  | 6 月 | 7 月 | 8 月 | 9 月 |
| --- | --- | --- | --- | --- |
| 当月销售额 | 8 520 000 | 7 756 000 | 7 977 600 | 8 624 000 |
| 当月现金流入 | 8 937 600 | 8 414 800 | 8 125 040 | 8 246 080 |
| 至 8 月底当月销售额中应收账款余额 | 852 000 | 2 326 800 | 4 786 560 |  |
| 至 8 月底当月销售额中应收账款余额占比 | 10% | 30% | 60% |  |

例如，6 月份的现金流入应当为 6 月销售额的 40% 加上 5 月销售额的 30%、4 月销售额的 20% 以及 3 月销售额的 10%，即 8 937 600 元（8 520 000×40% + 9 032 000×30% + 9 500 000×20% + 9 200 000×10%）。7~9 月的当月现金流入同理。

至 8 月底，6 月份的销售额中 90% 已被回收，此时，6 月份的应收账款余额已剩 852 000 元（8 520 000×10%）。相应的，7 月份的应收账款中，已回收的金额为 2 326 800 元，占当月销售额的 70%，仍有 30% 尚未回收，而 8 月份的应收账款中，只有当月的 40% 已被收回，剩余的 60% 为应收账款余额。

虽然本例中没有这种情况发生，但是在实际编制现金流入表时，应当注意公司可能有额外的非销售收入，例如投资短期有价证券产生的利息收入。在这种情况下，应将非现金收入与现金收入相加得到总的现金收入。

当我们根据应收账款余额模式计算出现金收入和现金支出情况后，便可编制现金收入表和现金支出表。在 RN 公司的例子中，我们把现金收入表和现金支出表合并为表 9-36。

表 9-36　　　　　RN 公司模拟季度现金收入/支出表　　　　　单位：元

| | 7 月预期 | 8 月预期 | 9 月预期 |
|---|---|---|---|
| 销售额（表 9-25） | 7 756 000 | 7 977 600 | 8 624 000 |
| 直接材料采购成本（表 9-27） | 4 680 000 | 4 836 250 | 5 253 500 |
| 现金收入 | | | |
| 销售额当月回收（40%） | 3 102 400 | 3 191 040 | 3 449 600 |
| 销售额下月回收（30%） | 2 556 000 | 2 326 800 | 2 393 280 |
| 销售额两个月后回收（20%） | 1 806 400 | 1 704 000 | 1 551 200 |
| 销售额三个月后回收（10%） | 950 000 | 903 200 | 852 000 |
| 总现金收入 | 8 414 800 | 8 125 040 | 8 246 080 |
| 现金支出 | | | |
| 直接材料采购成本当月支付（50%） | 2 340 000 | 2 418 125 | 2 626 750 |
| 直接材料采购成本下月支付（50%） | 1 640 000 | 2 340 000 | 2 418 125 |
| 当月支付直接人工成本（表 9-29） | 540 000 | 547 500 | 585 000 |
| 下月支付变动工厂间接费用（表 9-30） | 188 500 | 208 800 | 211 700 |
| 下月支付固定工厂间接费用（表 9-30） | 88 900 | 88 900 | 88 900 |
| 下月支付销售管理费用（表 9-32） | 705 000 | 745 000 | 795 000 |
| 长期债务利息费用 | 120 000 | | |
| 预付税金 | | 1 702 165 | |
| 资本支出 | 880 000 | 5 360 000 | 51 000 |
| 总现金支出 | 6 502 400 | 13 410 490 | 6 776 475 |

注：由于折旧是非现金费用，因此每月固定工厂间接费用中扣除折旧费用 20 000 元。

为了对现金收入支出表作出说明，在表中除了在之前经营预算的各个表中列示的数据外，我们假设 RN 公司在 6 月份的实际直接采购成本为 3 280 000 元，工厂变动间接费用为 188 500 元，实际工厂固定间接费用（减去折旧）为 88 900 元，销售管理费用为 705 000 元。采购成本的 50% 在采购当月支付，另一半在下月支付。除此之外，在该季度，公司长期债务的利息支付为 120 000 元，该笔支付在 7 月份完成。同时，公司在该季度的预付所得税为 1 702 165 元，这笔支出在 8 月份完成。公司的资本支出预算额在 7～9 月份分别为 880 000 元、5 360 000 元、51 000 元。

从表中我们可以计算出 7～9 月的总现金收入和总现金支出，在明确了该季度的期初现金余额后，我们就可以编制该季度的现金预算了。通过现金预算，我们便可得知公司是否有现金结余或者现金短缺。

表 9-37 向我们展示了 RN 公司的现金预算表。在这里，我们假设公司不准备将结余现

金用作投资，且在发生现金短缺时，公司会通过筹借短期贷款的方式，使现金余额达到要求的最低水平。同时，我们还假设公司政策要求的最小现金余额为 250 000 元。

表 9 - 37　　　　　　　　　　　RN 公司季度现金预算表　　　　　　　　　　单位：元

| | 7 月 | 8 月 | 9 月 | 季度 |
| --- | --- | --- | --- | --- |
| 期初现金余额 | 1 587 000 | 3 499 400 | 250 000 | 1 587 000 |
| 加：现金收入 | 8 414 800 | 8 125 040 | 8 246 080 | 24 785 920 |
| 总可用现金 | 10 001 800 | 11 624 440 | 8 496 080 | 26 372 920 |
| 减：现金支出 | 6 502 400 | 13 410 490 | 6 776 475 | 26 689 365 |
| 最小现金要求 | 250 000 | 250 000 | 250 000 | 250 000 |
| 所需现金总额 | 6 752 400 | 13 660 490 | 7 026 475 | 26 939 365 |
| 现金余额（短缺） | 3 249 400 | - 2 036 050 | 1 469 605 | - 566 455 |
| 筹资 | | | | |
| 借入现金（期初余额） | - | - | 2 036 050 | 0 |
| 借入现金 | - | 2 036 050 | - | 2 036 050 |
| 偿还现金（期末）① | - | - | - 1 449 244 | - 1 449 244 |
| 利息支出② | - | - | - 20 361 | - 20 361 |
| 借入现金（期末余额）③ | - | 2 036 050 | 586 806 | 586 806 |
| 所需筹资总额 | - | 2 036 050 | - 1 469 605 | 586 806 |
| 期末现金余额 | 3 499 400 | 250 000 | 250 000 | 250 000 |

从表 9 - 37 中我们可以看出，总预算中的各个部分中得来的信息被用于编制公司的现金预算，这也揭示了现金预算与总预算其他组成部分之间的关系。来自销售预算的预测数据会影响到现金预算中的现金收入部分。直接材料预算、直接人工预算、间接费用预算、销售管理费用预算和资本支出预算中的数据会影响到现金预算中的现金支出部分。

与此同时，现金预算也会对总预算中的其他组成部分产生影响。现金预算中的所需筹资总额决定了公司的借款需要。短期借款将成为模拟资产负债表中的流动负债，短期借款的利息费用将成为模拟利润表中的利息费用。同样，使用结余现金进行短期投资将成为模拟资产负债表中的流动资产。

3. 模拟现金流量表

公司的模拟现金流量表反映了公司的预计资金来源和资金用途。模拟现金流量表使用利润表和资产负债表中的信息，将公司的现金流量分别归入到经营活动、投资活动和筹资活动中。关于现金流量表，我们在第四章财务报表分析中已经进行了详细阐述，在这里我们不再赘述，但需要注意的是，债务的利息支付属于经营活动产生的现金流量，而非筹资活动产生的现金流量。

---

① 当期只偿还本金 1 449 244 元。
② 该项为短期利息。
③ 下月利息将为 5 868 元。

## 第四节 财务控制

1995年，有着233年悠久历史的巴林银行轰然倒下，其根源在于一名雇员未经授权在新加坡国际货币交易所从事日经225股票指数期货合约交易失败，致使巴林银行亏损6亿英镑，远远超出其资本总额的3.5亿元。如果巴林银行的内部控制没有出现那么多漏洞，这家老牌银行也许不会走向破产的深渊。可见一个企业内部的控制是否健全有效关系到一个企业的生存与发展。如何加强组织内部的控制和管理是一项重要的制度设计，对于处在竞争和风险中的企业来说，加强内部控制，尤其是内部财务控制是不可忽视的任务。

财务控制的内容贯穿整个财务活动，包括了货币资金、存货、应收账款等流动资产的控制、固定资产及无形资产的控制、投资及筹资的控制、收入和成本费用控制以及风险控制等诸多内容。本节将从财务控制的基础出发，对财务控制的概念、内容及方法进行阐述，让读者对财务控制有一个基本的理解。

### 一、财务控制的概念

#### （一）财务控制的定义

从管理的角度理解，财务控制的本质就是从财务管理的角度实施管理控制。这是因为内部控制所涉及的企业活动都是与企业的财务资源息息相关的。同时，在内部控制过程中，计划的制定、控制标准的设计以及对控制效果的评估都离不开财务活动。可见，财务控制是内部控制的重要组成部分。

根据发起人委员会（COSO, The Committee of Sponsoring Organizations of the Treadway Commission）的报告，内部控制的整体框架是由控制环境、风险评估、控制活动、信息与沟通、监督这五项构成。作为内部控制的重要组成部分的财务控制，经过发展在企业经营管理中已经被经常使用。对于财务控制的定义，虽然不同的权威词典等存在一定的差异，但其基本释义并无太大区别。

简单来说，企业的财务控制就是控制主体以法律法规、制度和财务目标为主要依据，通过对财务活动进行约束、指导和干预，使之按照既定的计划进行，保证企业战略目标实现的过程。财务控制与财务预测、决策和分析等一起构成了整体的财务管理系统。

从定义中可以看出，财务控制贯穿在企业的整个财务活动之中。企业根据其战略目标，需要执行基于财务预测和决策的财务计划，而要使计划能够顺利执行，达到目标则需要相应的财务控制作为保障。因此，健全和完善的财务控制是提高企业财务管理水平的关键。它是内部控制的核心内容之一。

#### （二）财务控制的主体

财务控制的主体是指对财务控制起决定作用的参与者，即财务控制的实施者。过去传统的认识中，财务控制的主体是企业的财会人员，但在现代企业制度和公司治理结构下，财务控制的内容和范围已经有了很大的变化。

按照委托代理理论，公司的股东、管理层和员工之间都存在着委托代理关系，因此财务控制的主体并非简单的部门或者个人，而是一个多层次的综合系统。首先，财务控制主体系统的核心是公司的董事会。由于公司治理结构以董事会为中心进行构建，董事会对外代表公司进行各种主要活动，对内管理公司的财务和经营。因此只有董事会才能全方位地负责财务决策和控制。财务控制系统的第二层次便是公司的管理层。在规模较大的公司中，公司的高级管理层通常会将一部分财产交由下级管理层进行经营管理，这便产生了高级管理层和所属的下级管理层，以及管理层与员工之间的委托代理关系。因此，公司的各级管理层需要对下级进行约束和控制，以保证公司的财产安全、财务信息的真实可靠以及公司战略目标的实现。

### （三）财务控制的客体

财务控制的客体指的是财务控制的对象和要素，主要包括人力资源、财务资源以及各种财务关系。

（1）人力资源。财务控制是实施者对受控对象的制约过程，这里的受控对象一般是企业的财务活动。由于财务活动的执行者包括管理层和员工等利益关系者，可见，财务控制客体首先包括管理层和员工在内的各方面利益关系。

①管理者对于财务控制的影响表现在两个方面：一方面是管理者将财务控制作为一种重要的管理手段，在维护财务控制有效运行的同时，对控制的遗漏功能进行补充和完善，一旦企业内部财务控制疏漏造成员工舞弊，管理者需要承担相应责任。另一方面，管理者对于财务控制的权利一旦行使不当，或者在既定的制度环境下，自设特例绕过制度处理有关业务，便会使制度执行随着人的主观意志而产生不应出现的弹性，这样势必导致财务控制效果的削弱。因此，企业管理者的素质和品行将直接影响到企业的行为和财务控制的效果。

②作为财务控制政策的具体执行者，员工的素质、经验和知识水平层面的限制将会使内部控制系统产生缺陷。因此，企业应当建立一种激励与淘汰机制，使每一位员工的行为意愿都与财务控制实施主体的意图一致。

这是保证企业所有成员都具有一定水准的道德观和职业能力的人力资源政策、方针与实践，也是财务控制能够有效执行的关键因素之一。

（2）财务资源。财务资源是企业的资本以及与其对应的资产，财务资本是其基础。作为财务控制客体的财务资本包含了资本运动全过程中所体现的各种形态的资本。

（3）财务关系。财务关系包括企业在组织资本运动过程中形成的与各方面利益相关者之间的经济关系，例如企业与投资者之间、企业与债务人之间、企业与员工之间以及企业与政府之间的经济利益关系。这些财务关系同样也是财务控制的客体。财务控制活动只有把这些财务关系作为重要的控制内容和对象，才能使财务控制活动趋于完整。

### （四）财务控制的作用

从巴林银行和安然公司的破产都能看出，财务控制在财务管理过程中具有举足轻重的地位，其对于企业的作用是显而易见的。第一，财务控制能够让企业增强对财务会计法规实施的监管，加强会计核算，提高财务会计信息的质量，遏制财务会计造假行为，从而保护投资者的权益。第二，随着企业的规模扩大化、国际化，企业之间的竞争越发激烈，财务控制有助于企业提高国际竞争力，降低财务风险。第三，财务控制能够帮助企业建立现代化的制度，加强内部管理，从而提高经济效益。此外，由于企业所有权与经营权的分离产生的委托代理关系，若无法建立有效的财务控制制度，则会出现"逆向选择"及"道德风险"问题，通过进行财务数据造假等方式造成所有者利益遭受损失。

## 二、财务控制的内容

1. 货币资金控制

正如我们在会计学中所学的，货币资金包括库存现金、银行存款和其他货币资金。货币资金控制的主要内容是货币资金的收入、支出、结存等环节发生的经济业务。同时，由于货币资金的收支需要办理各种结算票据的填写和签章，因此，货币资金控制的内容还包括票据和公司印鉴的使用和保管环节。

2. 应收款项控制

应收款项控制的内容主要有应收账款、应收票据和其他应收款控制。在应收账款控制中，主要包括，应收账款信用控制、核算控制、余额控制、坏账控制、收账及其成本控制、业务流程控制以及变现控制等。应收票据控制主要包括应收票据的确认控制、折现控制、抵押控制、转让控制、保管控制以及注销控制等。其他应收款控制主要包括其他应收款变动控制、坏账损失控制、余额及清理控制等。

3. 存货控制

存货控制主要由对材料、半成品、产成品等存货在采购、生产、入库、出库、耗用、销售、盘点、处置和保管等环节发生的各种经济业务进行控制。

4. 投资控制

投资控制的内容主要是对于各种对外投资的发生、持有、减值、转让、处置和损益确认等环节发生的各种经济业务进行控制。

5. 固定资产控制

固定资产控制就是对各种固定资产的增加、使用、减少等环节实施控制。其中固定资产增加环节的控制主要包括外购固定资产的审批、计价、付款、安装、验收、交付使用、入账等环节进行控制，以及对自制固定资产的立项审批、建造、验收、交付使用、入账等环节进行控制。固定资产使用环节的控制主要包括折旧、维修、减值、保全等环节的控制。固定资产减少环节的控制主要包括正常及非正常报废、转售环节的控制。

6. 无形资产及其他资产控制

无形资产及其他资产的控制主要指对无形资产的取得、使用、摊销、减值、处置等环节以及其他资产的发生、摊销等环节的控制活动。

7. 负债控制

负债控制主要内容是对企业负债的发生、负债的偿还、负债总额、负债结构和期限以及债务重组等环节进行控制。

8. 所有者权益控制

所有者权益控制主要包括股本的增加与减少环节、资本公积的形成与使用环节、盈余公积的计提与使用环节以及未分配利润的再分配等环节所发生的经济业务的控制活动。

9. 收入控制

收入控制的内容是对收入实现过程中所发生的各项经济业务以及这些经济业务所涉及的各种单证的控制，主要包括销售定价控制、销售合同控制、销售发货控制、销售收款控制、销售发票控制、销售收入确认与计量控制等。

10. 成本费用控制

成本费用的控制主要是对各种成本费用在发生、确认、计量、记录等过程中所涉及的经济业务进行控制。

11. 利润控制

利润控制主要就是对利润形成过程和分配过程进行控制，包括利润总额控制、利润构成控制、净利润控制以及利润分配控制等。

12. 财务风险控制

财务风险控制主要是在对企业面对财务活动中各种不确定因素的影响导致企业价值变动的各种投资活动风险、筹资活动风险、经营活动风险、分配活动风险等进行的控制活动。

### 三、财务控制的原则

为了保证企业的财务控制活动能够顺利实施，完成企业的战略目标，在财务控制制度的制定过程中，应当遵循如下基本原则。

1. 合法合规原则

首先，企业财务控制制度的建立必须符合国家法律法规和政策，必须把法律法规及各种政策体现到财务控制制度当中。其次，由于每个企业的实际情况并不相同，现实中没有完全固定的财务控制模式，企业在制定财务控制制度时，必须要结合自身的具体情况，而非照搬其他企业的控制制度。

2. 全面性和系统性原则

企业财务控制制度应该涵盖企业内部涉及财务工作的各项经济业务及相关岗位，并针对业务处理过程中的关键控制点，将控制活动贯穿至决策、执行、监督和反馈等各个环节中去。其中全面性是指财务控制必须从会计核算、监督以及财务管理角度，将控制活动渗透到企业各个业务过程和操作环节中，覆盖所有部门和岗位。系统性要求企业在控制制度设计时，应当让各部门和岗位形成相互制约又纵横交错的统一整体，以保证各个部门和岗位均能按特定目标相互协调地发挥作用。

3. 内部牵制原则

企业部门与部门、员工与员工以及各个岗位之间所建立的相互验证、相互制约的关系，属于财务控制制度重要的组成部分。这要求在制定控制制度时，应当确保单独的人或部门没有对经济业务活动的完全处理权，必须经过其他部门或人员的查证核对，从而达到相互监督、相互制约、纠错及防止舞弊的目的。

4. 成本与效益原则

企业在制定财务控制制度时，应当以合理的控制成本达到最佳的控制效果。因此，在制度设计时，应当注意两点，一是实行有选择的控制，即应正确地选择控制点，以免控制点过多造成不经济，或是控制点过少造成没有效果。二是要降低控制的各种耗费，尽量精简机构和人员，改进控制方法和手段，提高控制效率。

5. 信息反馈原则

企业在制度设计过程中，应根据信息反馈过程及财务控制各阶段的特点，在企业内部设置严密的记录和报告等信息反馈系统，使各个控制主体能够及时了解控制措施的实施情况。

6. 权责明确、奖惩结合原则

企业在制度制定过程中，应根据各个岗位和部门的职能与性质，明确各部门和人员的责任范围，赋予其相应权限，规定操作程序和处理手续，确定追究、查处责任的措施与奖励办法等。

### 四、财务控制的方法

1. 制度控制法

制度控制法指按照国家和企业制定的法令、条例、制度、办法等进行的控制。包括财产物资、现金收支的管理及清查盘点制度，岗位责任制，财务管理基本业务程序制度。制度控制通常规定只能做什么，不能做什么。

2. 定额控制法

定额控制法是指以定额为标准，对经济活动或资金运动所进行的控制。符合定额的经济业务要给予支持，保证资金需要；超过定额的经济业务要分析超过的原因，再分别处理。一般地说，财务管理中的定额管理本质上是对财务管理各方面的工作明确提出定量、定时的要求，建立各种各样有科学依据、切实可行的定额，并按照它们的内在联系组成一个定额体系。

定额管理的实施要求企业做好两项基础性工作：计量与验收工作和信息记录工作。其中，计量与验收工作包括明确企业各种计量检测工具的配置、使用、管理、维修要求；规范企业商品、材料、物资的购进、入库、领用、转移、出库等各环节的管理工作。信息工作包括建立健全原始记录和财务资料的编制、审核、传递、反馈、档案管理的责任制，财务管理要求信息工作全面、及时、准确。

3. 授权控制法

授权控制法指在某项财务活动发生之前，按既定的程序对其正确性、合理性、合法性加以核准并确定是否让其发生的控制。授权管理的原则是：对授权范围内的行为给予充分信任，但对授权以外的行为不予认可。

授权通常分为一般授权和特别授权。一般授权是指企业内较低层次的管理人员根据既定的预算、计划、制度等标准，在其权限范围内对正常的经济行为进行的授权。特别授权是指对非经常经济行为进行专门研究做出的授权。与一般授权不同，特别授权的对象是某些例外的经济业务。这些例外的经济业务往往是个别的、特殊的，一般没有既定的预算、计划等标准所依，需要根据具体情况进行具体的分析和研究。例如，授权购买一项重要设备、授权降价出售商品等都是特别授权的事例。一般授权在企业中大量存在，授权给较低的管理人员就可以了。特别授权在企业中较少出现，较低层次的管理人员是无法处理的，需要较高层次的管理人员乃至最高领导人专门研究，做出决定。

4. 责任制度控制法

在现代组织形式下科学的组织结构、合理分工管理的基础上，进而建立适当的责任制度，是组织控制的一项重要内容。责任制度控制法是以明确责任、检查和考核责任履行情况为主要内容的控制方法。责任制度的具体形式主要有以下两种。

（1）部门责任制。部门责任制指按照企业各部门具备的职能来明确责任，考核责任的制度。实行部门责任制，首先要明确各个部门的工作内容、责任范围及部门之间的联系。其次要制订各个部门的工作标准,以及各部门之间的联系、协调制度,并经常检查执行情况,以使企业内部各部门既能各司其职,又能协调配合,从而有条不紊地完成各自的工作任务,实现企业的整体目标。

(2) 岗位责任制。岗位责任制指按照岗位明确责任、考核责任的制度。建立岗位责任制的目的是使企业内部各级组织和人员都有明确而具体的职权范围和工作责任,以做到人人有专责,事事有人管,办事有标准,工作有检查。实施岗位责任制的具体要求是:第一,在工作内容上要明确职责范围和权限,有时,一个岗位由几个人负责;有时,几个岗位由一个人负责。第二,在质量标准方面,质量标准要指标化。第三,在政策规定方面,要纪律严明,要经常性进行检查和监督。

5. 预算控制法

预算是一种控制机制,预算表现了执行主体的责任和奋斗目标,因而能约束预算执行主体的行为,最大限度地保证预算目标的实现。通过预算目标与实际业绩的比较,能使经理人员随时了解预算主体范围内的企业实际业绩的进展情况,通过分析目标与实际的差异,揭示产生差异的原因,以便反映原始预算的现实性与可行性,并由此决定是否修改原始预算,以使目标变得科学与合理。通过实际业绩与预算业绩的定期比较,可以最大限度地提高企业的经营效率。在集团内实施预算控制,更有利于落实责任,有利于企业的控制与经营。

6. 利益控制法

应当明确,参与财务活动的各行为主体的主要目的在于保证或增加自身的经济利益,不管是国家、部门还是企业概莫能外。当各行为主体间的利益界限清晰,各自的行为结果与其利益所得直接相关时,外来的利益调控措施就能发挥应有的作用。企业为了使自身的运行更顺利有效,常用留利分配比例、工资分配、奖金分配等杠杆调控内部的诸多财务关系。诚然,利益杠杆作用具有双向性,它一方面鼓励人们从事某种行为;另一方面也会抑制人们从事某种活动,通过利益的间接调控,尽可能地使各行为主体的财务活动符合调控主体的计划和目标。当市场氛围越来越浓时,利益激励机制将会成为调动职工积极性的主要动力。

7. 平衡控制法

平衡控制法指对系统内部各部分、各要素间能够按其固有的比例搭配并以特有的规律协调有效地控制运行。财务工作作为一种价值管理工作,不仅在总体上、在整个过程中,具有某种平衡性要求,且在每一局部和环节上也必然存在一个特定的配置比例要求。平衡性主要表现在以下三个方面。

(1) 财务收入与财务支出的平衡调控。财务收入与支出、资金的供应与需求永远是一对矛盾,二者之间可能在一系列外在条件约束下暂时地达成某种平衡,但很难永久处于自发平衡之中。一般地说,对资金的需求总是大于资金的供给,即一方面财力有限,另一方面又需求无限。这就要求财务调控积极发挥作用,分清轻重缓急,本着量入为出的原则,将有限的资金用于恰当的项目上,实现财务收支平衡。

(2) 资金运行与物资运行的平衡调控。资金流与物资流是企业的两大主流,二者之间可以平衡运行,也可以交叉运行。即资金流可以变为物质流,物质流也可以变为资金流,并且都与信息流相关。对于资金与物资的调控,应当以企业目标为出发点,适时地实现它们之间的衔接或转换,保证资金运动与物资运动的协调及企业生产经营的正常进行。

(3) 财务活动内部结构的平衡协调。当一个经济系统的结构和运行轨迹确定之后,其内部的财务结构也随之确定下来,处于一种相对稳定的暂时平衡状态。对于一个企业来说,当其生产能力、产品品种、工艺流程等确定之后,其生产经营的资金结构、成本结构、销售收入结构和利润分配结构也就确定下来,并且变得相对稳定。一旦某一结构发生变化,就应查找造成变化的内在原因,就要分析判断是企业内部因素的变化,还是外界因素的变化。若确是外界不可控因素发生了变化,就应当果断地改变原有的结构状态,适应形势的变化。

8. 限额控制法

限额是指根据经验或科学计算而对某种行为的消耗、占用或产出所做的数量规定,其主要理论依据是以前的行为具有历史延续性,环境的相对稳定性。但对于没有历史延续性的行为,或对于外界环境处于飞速变化的事件及各种非线性变量不断产生的系统,限额调控是难以奏效的。在财务管理中,常用于调控财务行为的限额有收支总额、流动资金占用额、工资定额、利润总额、销售总额等。

## 本章小结

通过本章学习,应该理解:

1. 模拟财务报表

(1) 模拟财务报表,是经营管理者预测其决策之财务后果的主要手段,是对期末公司财务报表的预计。常用于估计公司未来的资金需要量,是测试当前经营计划可行性的好办法。常基于销售百分比预测,该预测假设很多资产负债表和利润表项目与销售收入之间存在固定比例。

(2) 模拟财务报表包括四个步骤。

①回顾过去的财务报表,找到与销售收入同比例变动的历史数据关系。

②小心预测未来的销售收入。

③对与销售收入不存在历史比例关系的数字进行单独的预测,如固定资产。

④进行预测结果对预计销售收入的敏感性测试。

模拟财务报表严格地应用于仅针对预测日的预计,所以在处理季节性业务时应当注意。它包含设计利息费用和总债务的循环估计,可以很容易的利用计算及电子表格启动循环计算。是高效率财务规划的好平台,管理者小心的分析预测数字,以决定其是否可以接受,或是否必须制作出改变以避免所发现的问题。

(3) 处理财务预测不确定性的方法。

①敏感性分析:每次改变一个不确定的输入项目,观察预测结果的反应。

②场景法:模仿诸如主要客户流失或重大衰退之类的特定场景的发生,相应地改变几个输入项。

(4) 公司的计划制定过程包括。

①战略计划阶段:高级管理层进行主导。

②运营计划阶段:部门经理将定性的战略目标转变为具体的行动计划。

③预算阶段:实际上市为运营计划贴上价格标签。

在每个阶段对财务预测和规划技术的依赖都日益增加。

## 2. 财务决策

（1）财务决策：企业面临不同财务方案时，需要对其进行比较分析，从而做出决定的过程。财务决策的目的在于确定合理可行的财务方案。财务决策过程通常为筹资决策与投资决策。筹资方式分为：债务筹资（长期债务和短期债务）、权益筹资（普通股和优先股）。

（2）财务杠杆：在财务管理中，通过增加风险来为公司所有者增加收益的工具，便是财务杠杆。它是一个影响股东权益收益率和可持续增长的基本财务变量。

如同经营杠杆增加了盈亏平衡的销售一样。一旦盈亏平衡已经达到，财务杠杆可以提高每股收益率的增长率，还可增加预期的 ROE 和 EPS 及其变动率。可根据所使用的财务杠杆的总量在单一的风险投资里创造出大批量的风险—收益组合。根据经营利润的变动情况、同行的偿债比率和不同债券评级的类别解释公司的偿债比率。使用债务筹资可以带来税收上的优势。但是债务筹资减少了最后归属于股东的净利润。

（3）债务筹资的限度与公司价值。无关论认为在理想化的条件下且假设杠杆不会影响经济利润，融资决策不会影响企业或股东的价值。相关论认为筹资决策可能会影响企业的现金流水平，从而影响企业的价值。

（4）投资决策的判别方法。

①回收期法：通过计算公司在初始投资获得补偿之前所需要的时间对项目进行判断。

②会计收益率法：年平均现金流入量与现金流出总量之比。

但是回收期法和会计收益率法最显著的缺点是其对现金流量的时间不敏感。

③净现值（NPV）法：现金流入量的现值 - 现金流出量的现值。

净现值法的判断标准：

当 NPV > 0 时，可以接受投资方案；

当 NPV < 0 时，拒绝投资方案；

当 NPV = 0 时，投资方案是两可的。

④效益—成本比率法也被称为盈利能力指数法：盈利能力指数是现金流入量的现值与现金流出量的现值之比。

当盈利能力指数大于 1 时，投资方案是具有吸引力的，当盈利能力指数小于 1 时，我们应当拒绝该投资方案。

⑤内部收益率（IRR）法：使净现值（NPV）为零时的折现率。

判断标准：（K 为资本成本）

当 IRR > K，则接受投资方案；

当 IRR < K，则拒绝投资方案；

当 IRR = K，则投资方案是两可的。

通常情况下，IRR 和 NPV 会产生相同的投资决策。

## 3. 财务预算

在公司的实务当中，常见的预算编制方法有项目预算法、作业基础预算法、增量预算法、零基预算法、滚动预算法以及弹性预算法。这六种方法并非相互排斥，一家公司可以同时采用若干种方法进行预算编制。

总预算是对公司所有预算的全面汇总，它主要包括了经营预算和财务预算。经营预算主要包括销售预算、生产预算、直接材料预算、直接人工预算、间接费用预算以及销售管理费用预算等。财务预算主要包括现金预算和资本支出预算等。

4. 财务控制

企业内部的控制是否健全有效关系到一个企业的生存与发展。

财务控制的内容贯穿整个财务活动,包括了货币资金、存货、应收账款等流动资产的控制、固定资产及无形资产的控制、投资及筹资的控制、收入和成本费用控制以及风险控制等诸多内容。财务控制的方法主要包括制度控制、定额控制、授权控制、责任制度控制、预算控制、利益控制、平衡控制、区域控制、限额控制等方法。

## 复习思考题

1. 假设你为一家公司编制了一份模拟资产负债表,该公司的外部融资需要量估计为负数,对此你应作何解释?

2. 按照定义预测财务报表是对公司未来某个时点的财务报表的预测,但为什么在编制财务预测报表时公司的历史业绩很重要呢?

3. 为何提高财务杠杆会增加股东所承担的风险。

4. 一位基金经理打算向客户推销一项投资项目,该项目需要投资100万元,一年内预期回报为106万元。该客户表示6%的收益率没有太大吸引力,基金经理在回复里提议,向客户以4%的利率借90万元来帮助支付该笔投资款。

(1) 如果该客户借这笔钱,他的预期收益率是多少?

(2) 借这笔钱会让该投资项目更有吸引力吗?

5. 如第九章图9-1所示,请解释以下每个变化将如何影响公司的收益范围。哪个变化将会使提高财务杠杆更有吸引力?哪个变化将会使其没有吸引力?

(1) 提高准备募集新债的利率。

(2) 提高公司股票价格。

(3) 增加发行公司未来利益的不确定性。

(4) 增加普通股股票所支付的现金股利。

(5) 增加公司已经发行在外的债务金额。

6. 假设利率是8%,使1 000元的投资价值翻一番需要多长时间?

7. 公司计划投资一个项目,投资额是950万元,1年后可以获得1 000万元,若银行的存款利率为4%。

(1) 这个投资项目的现在价值是多少?NPV是多少?是否值得投资?

(2) 若银行利率为5.5%,这个项目是否值得投资?

(3) 银行利率为X%时,投资该项目和将资金存入银行价值是相同的?

8. 若投资一个项目,第一年年末能获得5 000元,第二年年末能获得4 000元,第三年年末和第四年年末需支付11 000元。

(1) 若收益率为10%,这个项目的NPV为多少?

(2) 该项目是否值得投资?

(3) 这个项目的IRR是多少?若IRR比资本成本高,请说明投资方案不予采用的理由。

# 第十章 期权与公司财务

掌握期权的概念与运作机理,以及常用期权术语。掌握期权的定价原理,期权价格的基本计算方法、二叉树模型和 Black-Scholes 期权定价模型。了解实物期权概念,及实物期权定价中的变量。

期权(Options),可以说是最重要的一类金融衍生品。不擅长数学的人,听到期权二字总会皱起眉头,然而期权的运作机理并不难理解。简单来说,期权可以看作一种"保险"。正如汽车保险可以用来规避事故造成的损失,期权合约可以规避股票、汇率、利率、商品等资产在交易中产生的风险。本章将对期权的概念、核心的运作机理、定价方式及其在公司财务管理决策中的应用进行阐述。

## 第一节 期权的概念与运作机理

### 一、期权的基本概念

期权合约是指在某一时点,能够以一定数量按照预定的价格买入或卖出股票、债券、货币、商品等资产的权利。与期货合约不同,期权并不要求合约持有者必须买入或卖出标的资产,即该合约并非一项义务。期权的期限、数量、价格等条件并无绝对限制,在交易之初可以随期权购买人的要求进行变换。因此,在期权市场上我们能够看到以同一标的资产为对象的各类期权。

期权合约以标的资产的"买入权"和"卖出权"作为对象进行交易。标的资产的"买入权"通常称为看涨期权(Call option),与之相反,标的资产的"卖出权"通常称为看跌期权(Put option)。期权合约的交易双方,在合约成立后会遵循以下四种基本模式进行交易。

购入看涨期权:购买标的资产的"买入权",今后可以选择购入标的资产;

卖出看涨期权:卖出标的资产的"买入权",合约持有者要求交易时,必须卖出标的资产;

购入看跌期权:购买标的资产的"卖出权",今后可以选择卖出标的资产;

卖出看跌期权:卖出标的资产的"卖出权",合约持有者要求交易时,必须购入标的资产。

在金融世界中，习惯将购入称为做多（Long），卖出称为做空（Short）。因此，以上四种模式也可以称为做多看涨期权（Long call）、做空看涨期权（Short call）、做多看跌期权（Long put）及做空看跌期权（Short put）。除此之外，表 10-1 中列举了其他常用的期权术语。

表 10-1　　　　　　　　　　　　常用期权术语

| 期权术语 | 释义 |
| --- | --- |
| 看涨期权 | 未来特定日期（或特定期限内）以事先约定的价格购入标的资产的权利。 |
| 看跌期权 | 未来特定日期（或特定期限内）以事先约定的价格卖出标的资产的权利。 |
| 欧式期权 | European options，只有到期日当天可以行权的期权。 |
| 美式期权 | American options，到期日前的任意时点均可行权的期权。 |
| 行权价格 | Strike price，期权合约中事先约定的标的资产的价格。 |
| 标的资产 | Underlying assets，作为期权合约交易对象的资产。 |
| 期权价格 | Option premium，购买期权时需要支付的价格，也叫做期权费。 |
| 价格波动 | Volatility，价格的波动率，即标准差。 |

## 二、看涨期权

假设，我们拥有 1 年以后以 120 元购买 ABC 公司股票的权利。该权利是一种"买入权"，可以看作是期限为 1 年，行权价格为 120 元的看涨期权。如果 1 年后，ABC 公司的股价升至 150 元，我们可以选择行权，以 120 元的价格购入价值 150 元的该公司股票，行权后以市价在股票市场将股票卖出便可获得（150 元－120 元）=30 元收益。反之，若 1 年后股价跌至 80 元，直接从股票市场购入 ABC 公司股票远比行权划算，作为合约持有者，我们可以放弃行使合约。此例中，最为重要的一点是该合约买方在到期日来临时选择行使合约或不行使合约，即买方具有选择权。

图 10-1 描述了看涨期权的到期日的股票价格、行使价格与期权合约买方的损益，该图通常称为损益报酬图（Payoff diagram）。

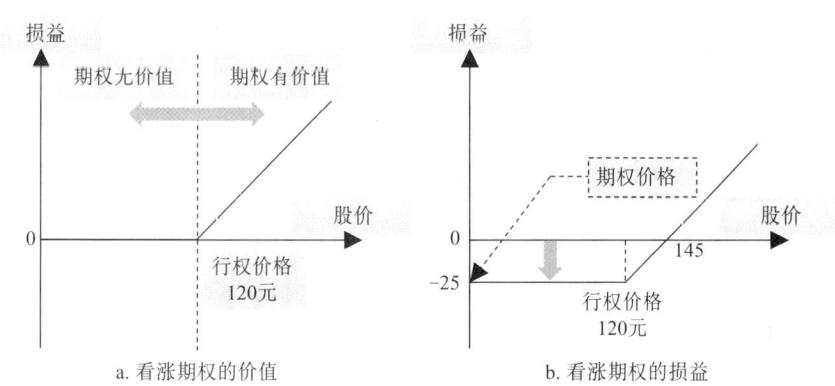

图 10-1　看涨期权的损益报酬图（买方）

从左侧图 10-1 的 a 图可以看出，当股票价格低于行权价格 120 元时，由于买方并不会行使权力，此时该看涨期权的价值为 0。当股票价格超过 120 元时，期权价值逐渐上升，股票价格越高，期权价值越大。然而，仔细的读者可能会发现 a 图并未正确表达持有该看涨期权的真实损益，其原因在于 a 图并未将购买期权时需要支付的期权价格纳入考虑。

在右侧图 b 中，假设行权价格为 120 元的看涨期权价格为 25 元，该部分成本会使期权价值曲线向下方移动。当股票价格低于行权价格 120 元时，合约买方并不行权，此时则会产生 25 元的损失。应当注意的是，无论股票价格如何下跌，该看涨期权的持有者的最大损失额并不会超过期权价格，即本例中的 25 元。当股票价格超过 145 元时，通过行权能够获取超过期权价格的收益。例如，当股票价格上升至 160 元时，通过行权可以获得（160 元 - 120 元）= 40 元的收益，从中扣除购买期权的成本 25 元，可以得到 15 元净利润。

当股票价格介于 120 元至 145 元之间时，又是怎样一种情形？从图 b 中可以看出，在此情况下，即使行权获得股票，也无法获得超过期权价格的收益。假设股票价格上升至 130 元，通过行权可以获得 10 元收益，然而由于购买期权已经支付了 25 元，最终即便股票价格超过了行权价格，仍会产生 15 元的损失。

将上例推广至一般情况，可以发现看涨期权的价值应等于股票价格与行权价格之差。当股票价格小于等于行权价格时，合约买方并不会行权，其价值应为 0。

即，到期日的看涨期权价值可由下列公式 10 - 1 表示：

$$V_C = \max[(S-X), 0] \tag{10-1}$$

此处 $V_C$ 为看涨期权的价值，$S$ 为股票的价格，$X$ 为行权价格。max 表示 $(S-X)$ 与 0 两者中的较大项。若期权价格为 $A$，则看涨期权买方最终的损益为期权价值与期权价格之差，即 $V_C - A$。

与图 10 - 1 相反，图 10 - 2 对看涨期权卖方的损益情况进行了描述。从图中可以看出，合约卖方的损益与买方完全相反。若股票的价格小于行权价格时，合约买方不会行权，因此合约卖方的收益即为期权的价格 25 元，同时，该部分对应合约买方的损失。当股票价格高于行权价格与期权价格之和时，合约卖方则会承担损失。承接上例，若股票价格为 160 元，合约买方会选择行权来获得 40 元（即 160 元 - 120 元）收益。此时，期权合约的卖方有义务将股票以 120 元的价格转让给合约买方，因此，卖方将会承受 40 元损失。若考虑出售期权带来的 25 元收益，则合约卖方实际承受的损失金额为 15 元。

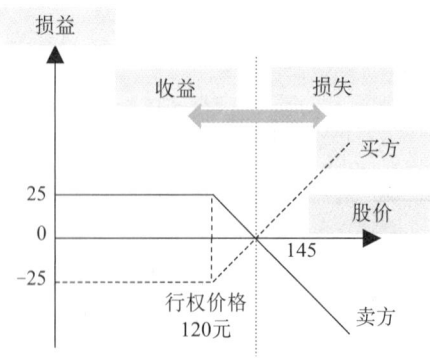

图 10 - 2　看涨期权的损益（卖方）

看涨期权合约的卖方应当注意的是，当买方希望行使其权利时，卖方必须按照买方要求履行合约，以行权价格出售资产，即期权的卖方没有选择的权利。当股票价格无穷大时，合约卖方由于不得不履行合约,其损失也为无穷大。然而在期权市场上仍然可以见到众多看涨期权的卖家,其原因在于若在到期日前股票价格没有高于行权价格的话,卖方便可获得期权价格等额的收益。

在期权交易中,还应当注意的一点是,买方获得的收益与卖方承受的损失金额相等,反之同样成立。换句话说,期权的买卖双方的总损益额为0,这类交易也被称作"零和博弈"。

### 三、看跌期权

与看涨期权不同,看跌期权是一种出售标的资产的期权合约。图10-3是行使价格120元、期权价格20元的看跌期权买方的损益报酬图。从图中可以看出,由于买方手握以120元卖出股票的权利,随着股票价格的下降,期权合约产生的收益随之上升。

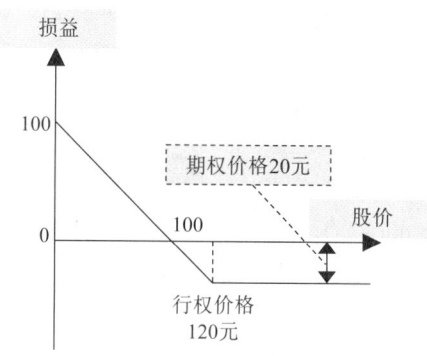

图 10 - 3  看跌期权的损益(买方)

在本例中,假设到期日当天的股票价格为80元,则合约买方可以将市场上标价80元的股票以120元的价格卖出,从而获取40元(120元 - 80元)的收益,因此期权合约的价值为40元。从中扣除已经支付的期权价格20元,合约买方的最终收益为20元。当股票价格超过行权价格120元时,合约买方不会行权,此时期权的价值为0。当股票价格介于100元与120元之间,如110元时,通过行权,合约买方可以获得10元(120元 - 110元)的收益,但由于事先支付的期权价格为20元,因此合约买方最终需承担10元损失。

将上例推广至一般情况,可以发现看跌期权的价值应等于行权价格与股票价格之差,当股票价格超过行权价格时,其价值为0。

即,到期日的看跌期权价值可由公式(10-2)表示:

$$V_P = \max[(X - S), 0] \tag{10-2}$$

其中,$V_P$ 为看跌期权的价值,$S$ 为股票的价格,$X$ 为行权价格。max 表示 $(X - S)$ 与 0 两者中的较大项。若期权价格为 $B$,则看跌买方最终的损益为期权价值与期权价格之差,即 $V_P - B$。

类似于看涨期权,看跌期权买方与卖方的损益同样是一种"零和博弈",因此看跌期权买方的收益对应卖方的损失,买方的损失对应卖方的收益。图10-3为看跌期权买方的损益报酬图,结合图10-4可以发现,看跌期权买方与卖方的损益基于X轴对称。

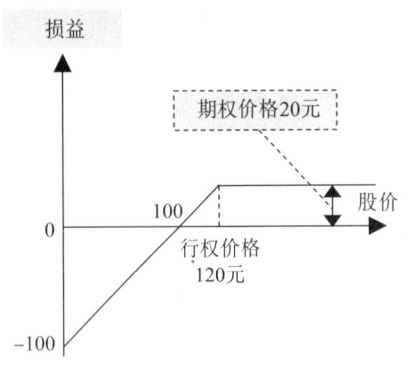

图 10-4 看跌期权的损益（卖方）

承接上例，若到期日股票价格为 80 元，合约买方行权，则看跌期权的卖方不得不以 120 元的价格回购股票，此时卖方不得不承受 40 元（120 元 - 80 元）损失。由于事先通过出售看跌期权获得 20 元收益，其最终损失为 20 元。

### 四、价内期权与价外期权

价内期权（In the money options）通常是指对于行权人有价值的期权，与之相对，价外期权（Out of the money options）是指对于行权人没有价值的期权。

对于看涨期权，当标的资产价格高于期权的行权价格时，一般称为价内（In the money，ITM）；当期权的行权价格高于标的资产价格时，一般称为价外（Out of the money，OTM）。对于看跌期权，价内与价外则正好相反，当行权价格高于标的资产价格时称为价内，标的资产价格高于行权价格时称为价外。当期权的行权价格与标的资产价格完全相等时，则称这种状态为平价（At the money，ATM）。

图 10-5 的 a、b 分别展示了看涨期权与看跌期权的价内与价外。

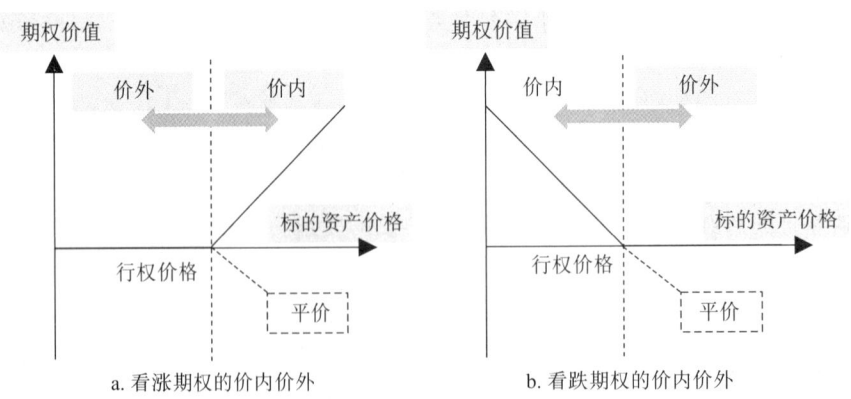

a. 看涨期权的价内价外　　　b. 看跌期权的价内价外

图 10-5　看涨期权与看跌期权的价内与价外

简单来说，在不考虑期权价格的情况下，当某一期权对期权买方有利，则该期权为价内期权，若该期权对期权买方不利，则该期权为价外期权，当是否行权对于期权买方无差别时，该期权则为平价期权。

## 五、期权的时间价值与内在价值

假设我们手中有一行权价格为 120 元的看涨期权,且尚未到期限日,现在股票价格为 100 元。在此情况下,该期权属于价外期权,即使现在行权也无法获得收益。此时理论上该期权的价值应当为 0。然而该期权真的没有任何价值吗?

实际上,由于距期限日仍有一段时间,虽然现在股票价格低于行权价格,但在到期日之前,股票价格上涨并高于行权价格的可能性并非为 0,因此该期权并非没有任何价值。换句话说,距离到期日的这段时间是具有价值的,这部分价值叫做期权的时间价值(Time value)。

当期权属于价内期权时,通过立即行权可以获得的价值称为期权的内在价值(Intrinsic value)。当期权属于价外期权时,由于行权无法获得任何回报,因此其内在价值为 0。

可见,期权的价值实际是由两部分构成,即其内在价值与时间价值。

从图 10-6 可以看出,到期日之前的时间内,对于价外期权,标的资产的价格存在超过行权价格的可能性,因此该期权具有时间价值。但需要注意的是,随着到期日的临近,标的资产的价格超过行权价格的可能性会越来越小,期权的时间价值也会逐渐降低,此类期权价值贬值的现象被称为时间耗损(Time decay)。

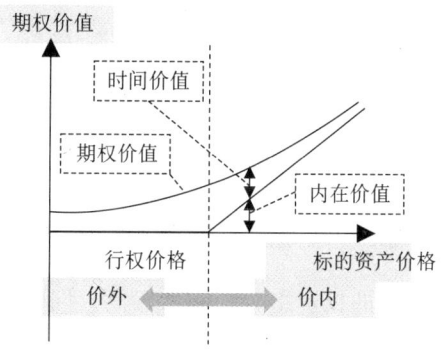

图 10-6 看涨期权的价值

对于价外期权,由于其内在价值为 0,期权的价值与时间价值一致。标的资产的价格与行权价格的差距越大,将来超过行权价格的可能性越小,期权的时间价值也就越低。反之,标的资产与行权价格的差距越小,将来超越行权价格的可能性则越高,期权的时间价值也就越高。当期权平价时,期权的时间价值达到最大。

对于价内期权,由于价内期权转变为价外期权,即标的资产的价格下降至行权价格以下的可能性较低,因此期权的时间价值也较低。同时,由于现时点标的资产的价格高于行权价格,因此其内在价值大于 0。标的资产的价格越高,内在价值也越高。价内期权的价值为内在价值与时间价值之和。

## 六、买权卖权平价关系

在期权市场上,期权的种类多种多样,通过投资组合,可以产生无数种可能的期权交易,其中包含了如下交易策略。

假设购买行权价格为 120 元的股票看涨期权,同时购入到期日与之相同的票面价值同为

120 元的零息债券。在该投资组合下,投资的损益可由图 10-7 表示。从图中可以看出,在到期日来临之时,无论股票价格是否超过行权价格,该投资组合最少可以保证 120 元的投资收益。

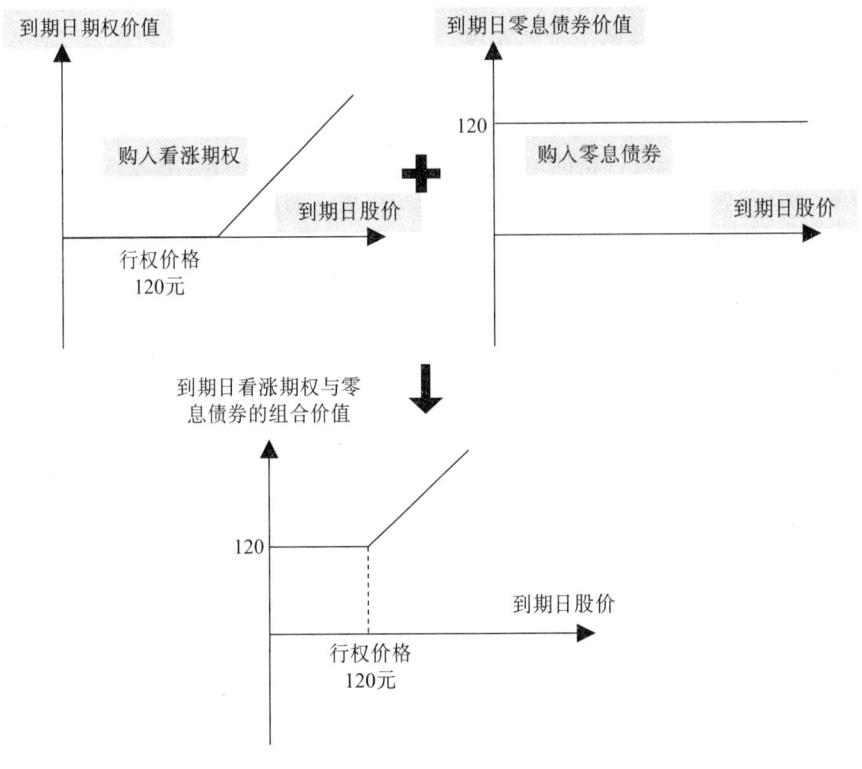

图 10-7　看涨期权与零息债券的回报

接下来构建一个与上例不同的投资组合:购入股票,同时购入以该股票为标的资产的看跌期权。该种投资组合通常被称为保护性看跌期权(Protective put)。该种投资组合的投资回报如图 10-8 所示。

在该投资组合中,无论股票价格如何变化,投资组合的回报均不会低于 120 元。当股票价格低于行权价格时,可以通过行权获得 120 元收益,当股票价格高于行权价格时,通过出售股票可以获得高于 120 元的回报。

对比图 10-7 与图 10-8 可以看出,该种投资策略与购入看涨期权与零息债券的投资策略具有相同的回报。如果两种投资策略的回报不同会出现怎样的情形?通过套利,最终两种投资策略的回报会达到一致。两种投资策略回报之间的关系被称为买权卖权平价关系(Put-call parity)[①],可用公式 10-3 表示。

看涨期权价格 + 行权价格的现在价值 = 股票价格 + 看跌期权的价格　　(10-3)

由公式 10-3 可知,第一种投资策略的成本为购入看涨期权的价格以及零息债券(行权价格)的现在价值,第二种投资策略的成本为购入股票及看跌期权的价格,两种投资策略的成本是也是一致的。

---

① 严格来说,只有在完备的金融市场条件下,没有股利支付且其他条件相同时欧式看涨期权和看跌期权之间平价关系成立。

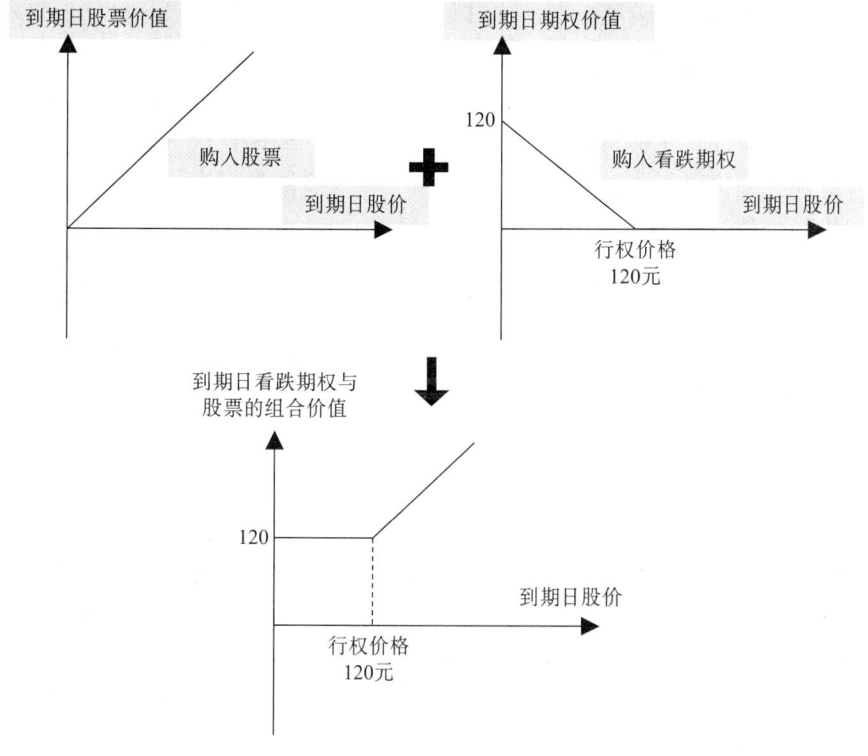

图 10-8 保护性看跌期权的回报

## 第二节 期权的定价原理

### 一、期权价格的影响因素

影响期权价格的因素较多,其中最直接的是标的资产的价格与行权价格,这两者会直接影响期权的价值。期权价格还会受到标的资产的波动性以及期权期限长短的影响,这两者则会影响到标的资产价格超过或低于行权价格的可能性。同时,利率也会从时间价值层面对期权价格产生影响。这五要素对期权价格的影响,如表 10-2 所示。

表 10-2　　　　　　　　　　　期权价格的变化

| 影响因素的增加 | 看涨期权价格变化 | 看跌期权价格变化 |
| --- | --- | --- |
| 标的资产价格 | 升高 | 降低 |
| 行权价格 | 降低 | 升高 |
| 标的资产的波动性 | 升高 | 升高 |
| 期限长短 | 升高 | 升高或降低 |
| 利率 | 升高 | 降低 |

第一，如果标的资产的价格升高，在其他条件不变的情况下，以行权价格购入标的资产的看涨期权价值便会升高，其价格则一同升高。相反，以行权价格卖出标的资产的看跌期权的价格则会降低。

第二，在其他条件不变的情况下，若行权价格提高，标的资产价格与行权价格之间的差距缩小，看涨期权的价值下降，其价格一同下降。对于看跌期权来说，行权价格越高，则其价值越大，价格越高。

第三，标的资产的波动性越高，其价格变动范围越大，超过或低于行权价格的可能性就越大。对于看涨期权，在其他条件不变的情况下，波动性大的资产其价格有更大的概率超过行权价格，因此获得高收益的可能性更大。当然，波动性更大的资产其价格低于行权价格的概率也更大，但是看涨期权买方最大损失额即为支付的期权价格，因此，标的资产波动性越大，看涨期权的价格越高。对于看跌期权，也是同样道理，因此，标的资产的波动性越大，看跌期权的价格也会越高。

第四，与波动性的原理类似，在其他条件不变的情况下，期权的期限越长，标的资产的价格超过或低于行权价格的概率越大，无论看涨期权还是看跌期权，通过行权获取收益的可能性均会升高，因此，从这一方面来说，看涨期权与看跌期权的价格都会提高。但另一方面，期限更长的期权，其行权价格的现在价值也更低，这会导致看涨期权价值的升高，看跌期权价值的下降。因此对于看跌期权来说，更长的期限既可能令看跌期权的价格升高，也可能令看跌期权的价格降低。

第五，在其他条件不变的情况下，利率会影响行权价格的现在价值。利率的升高会降低行权价格的现在价值，从而导致看涨期权价值的升高以及看跌期权价值的下降，引起期权价格的上升与下降。

## 二、期权价格的基本计算方法

明天股票的价格会是多少？相信没有人能够准确回答这个问题，即使在计算机技术发达的今天，无论使用何种预测模型都无法给出将来股票价格的准确数字。但是，统计学可以告诉我们股票价格将来出现在某一位置的概率，我们可以据此来计算期权的价格。

简单来说，在不考虑时间价值的情况下，只要知道两个要素：（1）期权行权的概率，即股票价格高于行权价格的概率；（2）行权可以获得的收益，即股票市价高于行权价格的金额，便可求得期权的价格。

将上述两要素代入公式10-4，便可得到期权价格：

$$期权价格 = \sum(行权概率 \times 行权收益) \qquad (10-4)$$

即，期权的价格应等于到期日行权获得收益的期望值。

接下来以看涨期权为例，来说明期权价格的基本计算。假设现有1年以后以50元的行权价格购入ABC股票的看涨期权，根据统计分析可知，ABC公司股票1年以后的概率分布如图10-9所示。

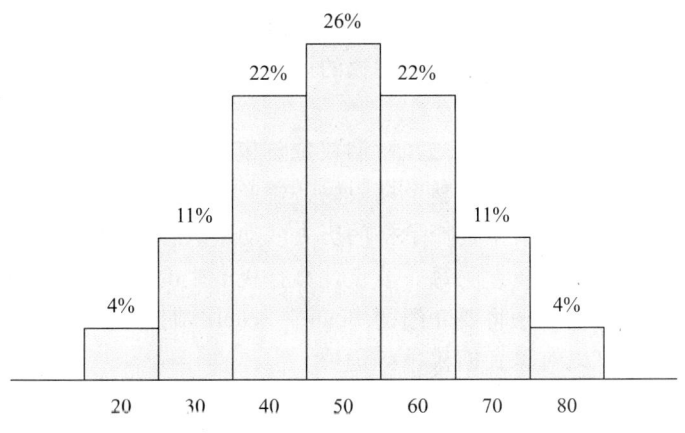

图 10-9  1 年后 ABC 公司的股价预测

从图 10-9 中可以看出，1 年以后，股票价格是 50 元的概率为 26%，40 元或 60 元的概率为 22%，30 元或 70 元的概率为 11%，20 元或 80 元的概率为 4%。该股票价格的概率分布左右对称。

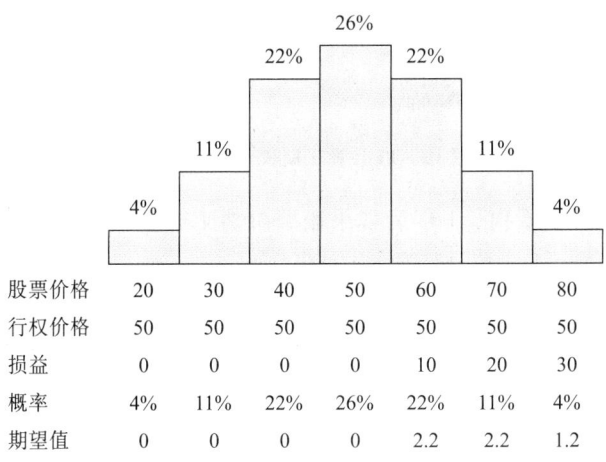

| 股票价格 | 20 | 30 | 40 | 50 | 60 | 70 | 80 |
|---|---|---|---|---|---|---|---|
| 行权价格 | 50 | 50 | 50 | 50 | 50 | 50 | 50 |
| 损益 | 0 | 0 | 0 | 0 | 10 | 20 | 30 |
| 概率 | 4% | 11% | 22% | 26% | 22% | 11% | 4% |
| 期望值 | 0 | 0 | 0 | 0 | 2.2 | 2.2 | 1.2 |

图 10-10  看涨期权价格计算

从图 10-10 可知，由于行权价格为 50 元，只有股票价格高于 50 元时，该期权的持有者才会行权。在到期日行权获得的收益用公式表示应为 $\max(S-50, 0)$。当股票价格低于 50 元时，收益为 0，当股票价格为 60 元、70 元、80 元时，收益分别为 10 元、20 元和 30 元。根据公式 10-4，可以算出，期权价格 = 0×4% + 0×11% + 0×22% + 0×26% + 10×22% + 20×11% + 30×4% = 5.6（元）。

严格来说，行权产生的收益是未来时点的收益，在计算期权价格时，应当考虑其时间价值，即利率产生的影响。在本例中，计算所得期权价格为 5.6 元，但实际的价格应为贴现后的现在价值。在使用该基本方法计算时，应当注意这点。

### 三、二叉树模型

从前面章节，我们可以发现，作为财务管理中的一项基本原则，在计算资产价格时，通常使用该资产未来产生的现金流量贴现后的现在价值。然而,该方法难以应用在期权定价中,其原因在于,随着股票价格的波动,期权的风险是在不断变化的,以至于无法给出一个确切的贴现率。

对于此问题,考克斯等人设计了二叉树期权定价模型①。二叉树模型假设资产价格可以向上和向下两个方向变动,且假设在整个期限内,资产价格每次波动的概率和幅度不变。模型将整个期间分为若干阶段,根据资产价格的历史波动率模拟出股票价格在整个期间内所有可能的发展路径,并对每一路径上的每一节点计算行权产生的收益,最终将其贴现,从而计算出期权价格。本方法与接下来将要介绍的 Black - Scholes 期权定价模型不同,不仅极少用到高等数学的方法,且可以对美式期权进行定价。

假设现有 XYZ 公司股票的看涨期权,该期权的行权价格为 110 元,期限为 1 年,XYZ 公司股票现在价格为 100 元。根据分析可知,1 年后该公司的股票价格可能上涨至 130 元,也有可能下跌至 90 元。

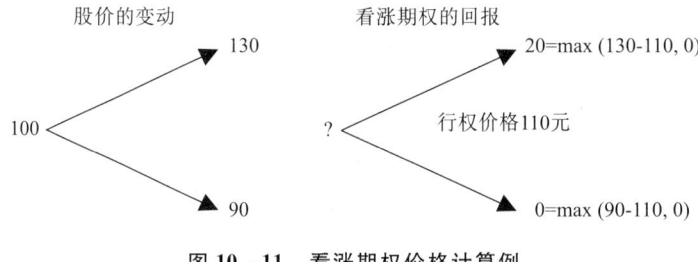

图 10 - 11　看涨期权价格计算例

从图 10 - 11 中,可以看出,1 年后如果股票价格上升至 130 元,则行权可以获得 20 元回报,若股价下降至 90 元,则期权的回报为 0。

现假设可以通过 6% 的无风险利率进行借贷款,我们可以利用股票和贷款,构建一个与图 10 - 11 中期权回报完全相同的复制投资组合。假定股票的购入数量为 $\Delta$(Delta),贷款金额为 $\beta$,根据例中数据可以建立以下方程组。该方程组中应当注意的是 1 年以后贷款金额应为本金与利息的合计,即 $1.06\beta$。

$$\begin{cases} 130\Delta - 1.06\beta = 20 & ① \\ 90\Delta - 1.06\beta = 0 & ② \end{cases} \qquad (10-5)$$

将公式 10 - 5 中方程①与方程②联立可得,$\Delta = 0.5$,$\beta = 42.45$ 元。由此可知,为了达到与看涨期权同样的回报,应当向银行贷款 42.45 元,同时购买 0.5 股 XYZ 公司股票。

从表 10 - 3 中,我们可以看出复制投资组合在 1 年后通过卖出股票所持有的 0.5 股股票可以获得股票价格一半的收益,同时需要向借款方支付 45 元(42.25 元 × 1.06)本息。在股票价格上涨时,该投资组合可以获得 20 元收益,在股票价格下跌时获得收益为 0。该组合与看涨期权具有相同的回报。

---

① 1979 年,考克斯(J. Cox)、罗斯(S. Ross)与鲁宾斯坦(M. Rubinstein)三人的文章《Option Pricing: A Simplified Approach(期权定价:一种被简化的方法)》中首次提出了二叉树期权定价模型。

表 10 – 3　　　　　　　看涨期权的回报与复制投资组合的回报比较

| 交易 | 到期回报 | |
|---|---|---|
| | 股价上涨至130元 | 股价下跌至90元 |
| ①购入看涨期权 | 20 | 10 |
| ②购入0.5股股票<br>以6%的利率贷款42.45元 | 65 | 45 |
| | -45 | -45 |
| | (-42.45×1.06) | (-42.45×1.06) |
| | 20 | 0 |

根据无套利原则,由于两种交易具有相同的回报,这两种交易的成本,即购入股票与贷款的成本和看涨期权的成本应当相同。因此,我们可以根据购入股票与贷款的成本去计算该看涨期权的价格。上例中看涨期权的价格应为 100 元 ×0.5 - 42.45 = 7.55（元）。

将上例扩展至一般情况,单一周期看涨期权的价格计算如图 10 - 12 所示①。其中 $S$ 为初始股票价格,$q$ 为资产价格额上涨的概率,$u$ 为资产价格上涨的程度,$d$ 为资产价格下降的程度,$\Delta$ 为购入资产数量,$\beta$ 为贷款金额,$r$ 为无风险利率,$C_u$、$C_d$ 分别为资产价格上涨和下跌时期权的价值。

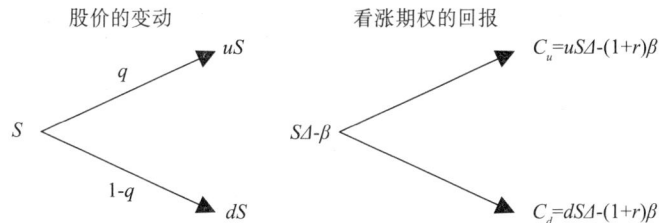

图 10 - 12　看涨期权价格计算的一般推广

与公式 10 - 5 类似,我们可以联立下列方程组复制看涨期权的回报。

$$\begin{cases} uS\Delta - (1+r)\beta = C_u & ① \\ dS\Delta - (1+r)\beta = C_d & ② \end{cases} \quad (10-6)$$

由公式 10 - 6,可以求得资产购买数量 $\Delta$ 与贷款金额 $\beta$。

$$\begin{cases} \Delta = \dfrac{C_u - C_d}{(u-d)S} & ① \\ \beta = \dfrac{uC_d - dC_u}{(u-d)(1+r)} & ② \end{cases} \quad (10-7)$$

最终,可以求得期权的价格应与该复制投资组合的成本相等,即 $C = S\Delta - \beta$。

### 四、Black – Scholes 期权定价模型

Black – Scholes 期权定价模型起源于 1973 年布莱克（Fisher. Black）与舒尔斯（Myron. Scholes）发表的论文《期权与企业债务的定价（The Pricing of Options and Corporate Liabil-

---

① 本书中看涨期权价格计算的推广并未考虑资产分红,如股票分配股利的情况。

ities)》,通过该模型可以估算欧式期权的价格。而后,该模型被莫顿(Robert. Merton)证明。1997年,舒尔斯与莫顿因该模型的发现与证明获得了诺贝尔经济学奖[①]。若要完全理解Black-Scholes模型需要十分扎实的数学功底,然而本部分尝试抛开数学,以相对简单的方式来释义该模型的基本理念。

首先,Black-Scholes模型的表达式如下列公式所示。

$$C = S_0 N(d_1) - X e^{-rT} N(d_2) \qquad (10-8)$$

$$d_1 = \frac{\ln(S_0/X) + (r + \sigma^2/2)T}{\sigma \sqrt{T}} \qquad (10-9)$$

$$d_2 = d_1 - \sigma \sqrt{T} \qquad (10-10)$$

其中,$C$ 为期权价格,$S_0$ 为股票当前价格,$X$ 为期权的行权价格,$T$ 为举例到期日的时间,$r$ 为无风险利率,$\sigma$ 为价格波动,$N(x)$ 为概率分布函数。

此处应当注意的是,该模型并非在任何条件下均可成立。为了使该模型成立,资产与金融市场应当服从以下假设:

(1) 无风险资产的收益率固定不变。
(2) 股票的瞬时收益率应当服从几何布朗运动。
(3) 股票并不支付股利[②]。
(4) 市场上无套利机会。
(5) 在市场上可以以无风险利率借入或贷出款项。
(6) 在市场上可以买入或卖出任何份额的股票。
(7) 市场上不存在交易成本。

接下来,我们通过具体案例,分三步对Black-Scholes模型下欧式期权价格的估算进行讲解。

假设现有ABC公司股票,当前价格为100元,且无支付股利的计划,该股票欧式看涨期权的行权价格为90元,还有6个月到期。已知该股票的价格波动率(股票收益率的标准差)为35%,市场上无风险利率为1%。

第一步,计算现在时点该期权的内在价值。若现在行权,则期权的内在价值应为行权产生的收益,即 $C = S_0 - X = 100 - 90 = 10$ 元。

第二步,在货币时间价值框架内计算该期权的内在价值。$S_0$ 是股票当前价格,而行权价格 $X$ 为半年后的价格,因此应当对 $X$ 贴现,计算该期权的内在价值,即 $C = S_0 - Xe^{-rT} = 100 - 90 \times e^{-0.01 \times 0.5} = 100 - 90 \times 0.9950 = 10.45$ 元[③]。

第三步,在股票价格波动的情况下,计算半年后到期时期权的价值。即 $C = S_0 N(d_1) - Xe^{-rT} N(d_2) = 100 N(d_1) - 89.55 N(d_2)$。公式中 $N(d_2)$ 表示股票价格在期限内到达行权价格 $X$ 的概率,$N(d_1)$ 表示股票价格离开当前价格的概率,总体来说 $N(d_1)$ 与 $N(d_2)$ 用来表示到期时期权在价内的概率。将数据代入公式10-9、10-10可得 $d_1$ 与 $d_2$。

---

① 文章另一作者布莱克于1995年去世,因此无缘该次诺贝尔经济学奖。
② 该假设在莫顿提出的修正模型中被放弃,即在股票支付股利的情况下,模型依然成立。但本部分的Black-Scholes模型仍以无股利支付为假设背景进行讲解。
③ 此处计算行权价格现在价值使用的是连续复利的现在价值计算公式。

$$d_1 = \frac{\ln(S_0/X) + (r+\sigma^2/2)T}{\sigma\sqrt{T}} = \frac{\ln(100/90) + (0.01+0.35^2/2) \times 0.5}{0.35 \times \sqrt{0.5}} = 0.5697$$

$$d_2 = d_1 - \sigma\sqrt{T} = 0.5697 - 0.35 \times \sqrt{0.5} = 0.3222$$

计算结果 0.5697 与 0.3222 被称作标准正态分布的 $Z$ 值。此处利用 Excel 中 NORMSDIST 函数,即可求得 $N(d_1)$ 与 $N(d_2)$。

最后,可以计算求得 $C = 100 \times 0.7155 - 90 \times 0.6263 = 15.46$(元)。我们可以发现第三步求得的期权价值比第一步中求得的期权价值多 5.46 元,该部分即为期权的时间价值,而第一步求得的期权价值为期权的内在价值。

## 第三节 实物期权

在进行项目决策时,NPV 法通常是管理层更为偏好的方法。1995 年前后,美国的部分大型企业在进行投资决策时尝试使用实物期权(Real option)的方法。该方法的技术基础正是前文所讲的期权定价模型。与 NPV 法相比,实物期权可以将延长或缩短项目时间、中止项目等情况导入项目评价过程当中,在投资决策中具有更大的灵活性。

### 一、实物期权定价中的变量

期权的标的资产通常为股票、汇率、利率、商品等金融资产,与之对应,实物期权的标的资产指的是实物资产(Real assets)。从期权的视角来看,面对一项有价值的投资项目,企业可以选择现在进行投资,亦或是在将来的某一时点进行投资,即企业持有一项投资机会的选择权,该选择权具有看涨期权的特征。

在使用实物期权方法进行投资项目价值判断时,通常选择 Black-Scholes 模型、二叉树模型,或蒙特卡洛模拟法[①]。尤其在使用 Black-Scholes 模型进行投资项目价值判断时,与金融资产期权定价类似,需要了解实物资产的标的资产价格、行权价格、期权到期期限、无风险利率以及价格波动率等变量。但要注意,由于实物资产具有不同于金融资产的特征,这些变量与金融资产期权定价模型中的定义略有不同。

(1)标的资产价格。在期权中,标的资产的价格是指资产当前的市场价格,但在实物期权中,标的资产价格指的是投资项目产生的现金流量的现在价值。

(2)行权价格。在期权中,行权价格指合约中约定的标的资产的交易价格,在实物期权中,行权价格指在决定进行项目投资时所要支付的成本,即获得标的资产所需要支付的价格。

(3)到期期限。期权的到期期限是指到行权为止的时间,实物期权的到期期限与之类似,即到决定是否投资为止的时间。

(4)无风险利率。期权与实物期权中所指的无风险利率为同一事物,但需要注意的是,在投资决策中,若使用 NPV 法,贴现率为加权平均资本成本,即该贴现率已反映投资项目的风险。在使用实物期权方法时,贴现率为无风险利率,原因在于投资项目的风险由变量价

---

① 蒙特卡洛模拟法是通过模拟标的资产价格路径预测期权的平均回报,并得到期权价格估值的方法。

格波动来进行衡量。

（5）价格波动率。期权中价格波动指的是标的资产的价格变动，即金融资产收益率的标准差，而在实物期权中，价格波动是指投资项目产生现金流量现在价值的变动。

## 二、实物期权投资决策实例

我国 N 航空公司考虑增开到 K 国的航线来拓展市场，若要增开该航线，需要获取通航许可证。为获取该许可证需要支付 5 000 万美元，同时还需要至少 1 架飞机来运营该航线，即航空公司应当新增 1 架价值 1.2 亿美元的客机满足要求。根据调查可知，该航线最多可允许 10 架飞机同时运行，每架飞机的折旧年限为 5 年，且无残值。5 年中，每架飞机能够产生的净现金流量分别为 2 000 万美元、3 000 万美元、5 000 万美元、4 000 万美元、3 000 万美元。假设加权平均资本成本为 15%，无风险利率为 3%。

若使用 NPV 法进行投资决策，可以得到如表 10-4 结果。

表 10-4　　　　　　　　N 航空公司的投资决策（NPV 法）　　　　　　单位：百万美元

| | A | B | C | D | E | F | G | H |
|---|---|---|---|---|---|---|---|---|
| 1 | | 0 | 1 | 2 | 3 | 4 | 5 | |
| 2 | 投资飞机产生的现金流量 | -120 | 20 | 30 | 50 | 40 | 30 | |
| 3 | 获取许可证产生的现金流量 | -50 | | | | | | |
| 4 | 总现金流量 | -170 | 20 | 30 | 50 | 40 | 30 | |
| 5 | 贴现率 | 15% | | | | | | |
| 6 | NPV（购入 1 架飞机的情况） | -59.26 | ← = B4 + NPV（B5，C4：G4） | | | | | |

从表 10-4 可以看出，最终 NPV 为 -5 926 万美元。若我们是企业 CEO，则会拒绝投资该项目，因为该项目的净现值小于 0，不具有投资价值。

如果换一个角度考虑，首先获取通航许可证，购入 1 架飞机进行试运行，若该航线乘客较多，航运情况较好，则在 1 年后购入剩余 9 架飞机，若该航线乘客数不如预期，则不再购入其他飞机，会是怎样一种情形？

当获取通航许可证，购入 1 架飞机时，N 航空公司获得了事业扩张机会（Option to expand），这样，在估计投资项目价值时，不仅要考虑其本身的价值，还需要考虑该机会的期权价值。因此，在本例中，实际上 N 航空公司持有一份若今后该航线对飞机需求较高，则在 1 年后继续购入剩余 9 架飞机，若该航线对飞机需求较低，则中止新的投资的实物期权。

该实物期权的行权价格即为购入剩余 9 架飞机的成本 10.8 亿美元（1.2 亿美元 ×9），标的资产价格为投资 9 架飞机产生的现金流量的现在价值 9.966 亿美元（1.1074 亿美元 ×9）。其中每架飞机的现金流量的现在价值 1.1074 亿美元（由表 10-4 中函数 NPV（B5，C4：G4）求得），期权期限为 1 年，无风险利率为 3%，此处假设价格波动率（即预期购入飞机产生的净现金流量的变动率）为 40%。

在已知上述变量的条件下，可以根据 Black-Scholes 模型求得该实物期权的价值。实物期权的价值计算如表 10-5 所示。可以看出，获取通航许可证，购入 1 架飞机，1 年后继续购入 9 架飞机的实物期权的价值为 1.376 亿美元。因此，该项目的总价值应为实物期权的价值与项目初始 NPV 价值之和，即 1.376 亿 + (-0.5926 亿) = 0.7834 亿美元。

与 NPV 法计算所得项目投资价值不同,在实物期权的视角下,该投资项目的价值变为正值,即该投资项目的最终价值大于零,该项目并不应当被放弃。

表 10-5  N 航空公司的投资决策（实物期权法）  单位：百万美元

| | A | B | C | D | E | F | G |
|---|---|---|---|---|---|---|---|
| 1 | | 0 | 1 | 2 | 3 | 4 | 5 |
| 2 | 投资飞机产生的现金流量 | -120 | 20 | 30 | 50 | 40 | 30 |
| 3 | 获取许可证产生的现金流量 | -50 | | | | | |
| 4 | 总现金流量 | -170 | 20 | 30 | 50 | 40 | 30 |
| 5 | 贴现率 | 15% | | | | | |
| 6 | NPV（购入1架飞机的情况） | -59.26 | =B4+NPV(B5,C4:G4) | | | | |
| 7 | | | | | | | |
| 8 | 实物期权 | | | | | | |
| 9 | 1年后购入飞机架数 | 9 | | | | | |
| 10 | 1年后购入飞机的实物期权价值 | 137.60 | =B26 | | | | |
| 11 | NPV（项目总体） | 78.34 | =B10+B6 | | | | |
| 12 | | | | | | | |
| 13 | Black-Scholes 模型 | | | | | | |
| 14 | 标的资产价格 | 996.63 | =NPV(B5,C4:G4)*9 | | | | |
| 15 | 行权价格 | 1 080.00 | =-B2*9 | | | | |
| 16 | 到期期限 | 1 | | | | | |
| 17 | 无风险利率 | 3% | | | | | |
| 18 | 价格波动率 | 40% | | | | | |
| 19 | | | | | | | |
| 20 | $d_1$ | 0.0742 | =LN(B14/B15)+(B17+B18^2/2)*B16/B18*SQRT(B16) | | | | |
| 21 | $d_2$ | -0.3258 | =B20-B18*SQRT(B16) | | | | |
| 22 | | | | | | | |
| 23 | $N(d_1)$ | 0.5296 | =NORMSDIST(B20) | | | | |
| 24 | $N(d_2)$ | 0.3723 | =NORMSDIST(B21) | | | | |
| 25 | | | | | | | |
| 26 | 看涨期权价格 | 137.60 | =B14*B23-B15*EXP(-B17*B16)*B26 | | | | |

注：与第九章表 9-5 类似,本表中 B10 单元格与 B26 单元格需进行迭代运算。

从上例中可以看出,NPV 法作为项目评估的常用方法,其优点是使评估定量化且方便可行,然而,与实物期权法相比,NPV 法表现出了它的不足。用实物期权法估算的项目的实际价值是扩展的净现值,或者说是有灵活性的实物期权的净现值,而用净现值法估算的项目的实际价值是静态价值,是没有灵活性的净现值。

可见投资项目的实际价值应在其原有的净现值的基础上加上战略自由度的价值,即选择权的价值。因此,在使用实物期权法评估项目投资价值时,项目价值应由式 10-11 表示。

$$投资项目价值 = 投资项目净现值 + 实物期权价值 \tag{10-11}$$

## 本章小结

通过本章学习,应该理解:

1. 期权(Options)是指在某一时点,能够以一定数量按照预定的价格买入或卖出股票、债券、货币、商品等资产的权利,是最重要的一类金融衍生品。标的资产的"买入权"和"卖出权"作为对象进行交易。

在看涨和看跌期权交易中,买方获得的收益与卖方承受的损失金额相等,反之同样成立。换句话说,期权的买卖双方的总损益额为0,这类交易也被叫做"零和博弈"。

在不考虑期权价格的情况下,当某一期权对期权买方有利,则该期权为价内期权,若该期权对期权买方不利,则该期权为价外期权,当是否行权对于期权买方无差别时,该期权则为平价期权。

距离到期日的这段时间是具有价值的,这部分价值叫做期权的时间价值(Time value)。当期权属于价内期权时,通过立即行权可以获得的价值称为期权的内在价值(Intrinsic value)。当期权属于价外期权时,由于行权无法获得任何回报,因此其内在价值为0。期权的价值实际是由两部分构成,即其内在价值与时间价值。

期权价格的基本计算公式:

$$期权价格 = \sum(行权概率 \times 行权收益)$$

2. 二叉树模型。二叉树模型假设资产价格可以向上和向下两个方向变动,且假设在整个期限内,资产价格每次波动的概率和幅度不变。模型将整个期间分为若干阶段,根据资产价格的历史波动率模拟出股票价格在整个期间内所有可能的发展路径,并对每一路径上的每一节点计算行权产生的收益,最终将其贴现,从而计算出期权价格。二叉树模型可以对美式期权进行定价。

3. Black–Scholes 期权定价模型可以估算欧式期权的价格。

Black–Scholes 模型的表达式:

$$C = S_0 N(d_1) - X e^{-rT} N(d_2) \tag{1}$$

$$d_1 = \frac{\ln(S_0/X) + (r + \sigma^2/2)T}{\sigma \sqrt{T}} \tag{2}$$

$$d_2 = d_1 - \sigma \sqrt{T} \tag{3}$$

其中,$C$ 为期权价格,$S_0$ 为股票当前价格,$X$ 为期权的行权价格,$T$ 为举例到期日的时间,$r$ 为无风险利率,$\sigma$ 为价格波动,$N(x)$ 为概率分布函数。

该模型成立,资产与金融市场应当服从以下假设:

(1)无风险资产的收益率固定不变。(2)股票的瞬时收益率应当服从几何布朗运动。(3)股票并不支付股利。(4)市场上无套利机会。(5)在市场上可以以无风险利率借出或带入款项。(6)在市场上可以买入或卖出任何份额的股票。(7)市场上不存在交易成本。

4. 实物期权的标的资产指的是实物资产(Real assets)。企业持有一项投资机会的选择权,该选择权具有看涨期权的特征。在使用实物期权方法进行投资项目价值判断时,与金融资产期权定价类似,需要了解实物资产的标的资产价格、行权价格、期权到期期限、无风险利率以及价格波动率等变量。

**复习思考题**

1. 该如何用股票、看涨期权、看跌期权复制面值为 100 元的纯贴现债券？

2. 股票价格为 100，看跌期权价格为 10，看涨期权价格为 15，试根据买权卖权平价关系计算债券的年利率。

3. 无风险利率比上题（题目 2）中利率低时，会有何种投机机会存在？

4. 用图来表示针对同一股票，以相同的行权价格发行的看涨期权和看跌期权的损益报酬图。

5. 以 4 000 元一股的价格购买 S 公司 1 股股票，同时以 4 000 元的行权价格购买 S 公司股票的看跌期权，画出该投资组合的损益报酬线。

# 参考文献

1. 荆新、王化成、刘俊彦主编. 财务管理学（第八版）[M]. 北京：中国人民大学出版社. 2018.
2. 曹剑峰主编. 财务管理 [M]. 北京：中国财经出版传媒集团、经济科学出版社. 2018.
3. 王满、程廷福主编. 财务管理基础（第2版）[M]. 大连：东北财经大学出版社. 2018.
4. 张功富、索建宏主编. 财务管理原理（第2版）[M]. 北京：首都经济贸易大学出版社、中国农业大学出版社. 2011.
5. 王玉春主编. 财务管理 [M]. 南京：南京大学出版社. 2012.
6. 中国注册会计师协会编. 财务成本管理 [M]. 北京：中国财政经济出版社. 2010.
7. 胡元木、姜红丽主编. 财务管理学基础 [M]. 北京：经济科学出版社. 2006.
8. 傅元略主编. 财务管理基础 [M]. 厦门：厦门大学出版社. 2008.
9. （美）威廉·L. 麦金森. 公司财务理论 [M]. 刘明辉主译. 大连：东北财经大学出版社. 2002.
10. （美）斯蒂芬·A. 罗斯等. 公司理财基础 [M]. 方红星译. 大连：东北财经大学出版社. 2002.
11. 张功富、索建宏主编. 财务管理原理（第2版）[M]. 北京：首都经济贸易大学出版社、中国农业大学出版社. 2011.
12. 金颖、黄艳艳编著. 财务管理学基础 [M]. 北京：清华大学出版社. 2015.
13. 王明虎主编. 财务管理原理（第3版）[M]. 北京：机械工业出版社. 2018.
14. 黎毅、齐灶娥、李建良主编. 财务管理 [M]. 大连：东北财经大学出版社. 2015.
15. 李伟、张楠主编. 财务管理基础 [M]. 大连：东北财经大学出版社. 2015.
16. 曹剑峰主编. 财务管理学 [M]. 北京：经济科学出版社. 2010.
17. 彭岚主编. 财务管理 [M]. 北京：清华大学出版社. 2008.
18. 马忠主编. 公司财务管理：理论与案例 [M]. 北京：机械工业出版社. 2004.
19. （英）彼得·阿特勒尔著. 赵银德、张华译. 财务管理基础（第3版）[M]. 北京：机械工业出版社. 2004.
20. （美）罗斯等著. 吴世农译. 公司理财 [M]（第8版）. 北京：机械工业出版社. 2009.
21. 熊剑、杨荣彦主编. 财务学原理 [M]. 北京：高等教育出版社. 2011.
22. 曹剑峰主编. 财务管理学 [M]. 北京：经济科学出版社. 2010.
23. 中国注册会计师协会编. 财务成本管理 [M]. 北京：中国财政经济出版社. 2010.
24. 荆新、王化成、刘俊彦主编. 财务管理学（第六版）[M]. 北京：中国人民大学出版社. 2012.

25. 王玉春主编. 财务管理 [M]. 南京：南京大学出版社. 2012.

26. 胡元木、姜洪丽主编. 财务管理学基础 [M]. 北京：经济科学出版社. 2004.

27. 彭岚主编. 财务管理 [M]. 北京：清华大学出版社. 2008.

28. 马忠主编. 公司财务管理：理论与案例 [M]. 北京：机械工业出版社. 2004.

29. （英）彼得·阿特勒尔著. 赵银德、张华译. 财务管理基础（第3版）[M]. 北京：机械工业出版社. 2004.

30. （美）罗斯等著. 吴世农译. 公司理财 [M]（第8版）. 北京：机械工业出版社. 2009.

31. Robert C. Hggins 著. Analysis for Financial Management (10th Edition) [M]. McGraw-Hill. 2012.

32. Clive. Marsh 著. Mastering Financial Management：A step – by – step guide to strategies, applications and skills. [M]. Pearson Education. 2009.

33. Richard. Pike, Bill. Neale 著. Corporate Finance and Investment：Decision and Strategies (6th edition) [M]. Prentice Hall. 2009.

34. 理查德·A. 布雷利，斯图尔特·C. 迈尔斯著. 公司财务原理（第9版）[M]. 机械工业出版社. 2009.

35. 斯蒂芬·A. 罗斯，伦道夫·W. 威斯特菲尔德，杰弗利·F. 杰富著. 公司理财（第8版）[M]. 机械工业出版社. 2009.

36. 刘淑莲主编. 公司理财 [M]. 中国人民大学出版社. 2012.

37. 美国管理会计师协会编. 财务规划、绩效与控制（第3版）[M]. 经济科学出版社. 2010.

38. 韦德洪、张星文著. 财务控制学 [M]. 北京：国防工业出版社. 2009.

39. 朱元午、马德林、强韶华、吴中春著. 财务控制 [M]. 复旦大学出版社. 2007.

40. John C. Hull 著. Option, Futures and Other Derivatives (6th Edition) [M]. Pearson Education. 2006.

41. John C. Hull 著. Fundamentals of Futures and Options Markets (7th Edition) [M]. Prentice – Hill. 2010.

42. 唐·M. 钱斯著. 衍生金融工具与风险管理 [M]. 北京：中信出版社. 2004.

43. 叶永刚、彭红枫主编. 金融工程学（第3版）[M]. 东北财经大学出版社. 2014.

44. 石野雄一著. 道具としてのファイナンス [M]. 日本実業出版社. 2005.

45. Black. F. and Scholes, M., 1973. The Pricing of Options and Corporate Liabilities. Journal of Political Economy, 81 (3). pp. 637 – 65.